R을 활용한 선형회귀분석

강근석 · 유현조 지음

LINEAR REGRESSION ANALYSIS Using R

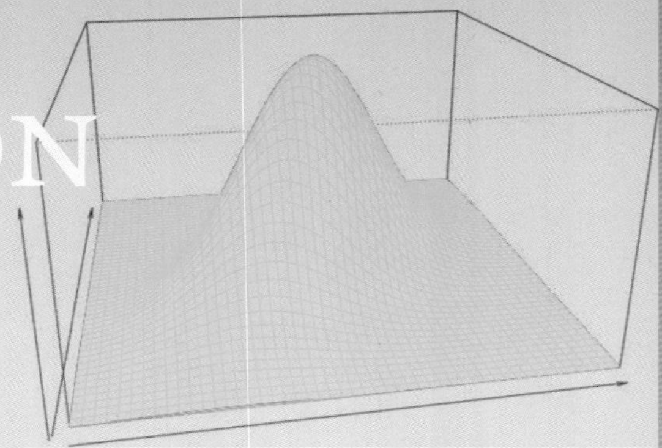

KYOWOO

머리말

먼저 전작(前作) 인 「SAS를 활용한 선형회귀분석」(2013년; 교우사) 책에 많은 관심을 보여준 독자들에게 이 지면을 통해 감사의 말씀을 드린다. 회귀분석의 전반적인 이론을 대부분 다루면서도 기본 개념을 가급적 쉽게 설명하려고 한 점이 인정을 받은 것 같다. 그리고 이론 중심으로 고급 이론까지 다룬 「회귀분석」(초판 1999년, 2판 2010년 출간; 교우사)에 비해 SAS를 활용하여 자료 분석을 중심으로 설명해 나간 것이 책의 장점이라 할 수 있는데 많은 독자들이 이 점에 호응을 해준 것이 아닌가 한다.

「SAS를 활용한 선형회귀분석」으로 스스로 공부하면서 질문을 해온 독자들도 있었지만 대부분은 대학교의 회귀분석 과목 교재로 사용되었다. SAS를 사용할 수 있는 환경에서는 책과 함께 제공되는 데이터와 코드로 자료 분석을 쉽게 실습하면서 회귀분석을 배워 나갈 수 있었다. 한편 고가의 SAS가 없는 경우에는 대부분 다른 통계 패키지인 R을 사용하게 되어 교재로서의 한계가 있었다. 「SAS를 활용한 선형회귀분석」을 교재로 하면서, 자료 분석은 R로 하는 경우도 있었는데 이를 위해서는 별도로 R에 대한 보조 교재를 작성하여 함께 사용하였다. 그렇지만 R로 자료 분석을 하면서 SAS로 설명된 교재를 사용하는 것은 불편하고 도리가 아니라고 생각한 것이 이 책을 저술한 이유라 할 수 있다.

새 책의 저술은 기존의 회귀분석 책에서 자료 분석 도구인 SAS만 R로 대체하면 되는 작업이었기에 처음에는 쉽게 시작을 하였으나 작업을 할수록 많은 어려움이 있었다. 먼저 SAS나 R 모두 처음 학습 단계에서는 부분적으로 배워 나가야 하지만, 일단 궤도에 오른 다음에는 SAS의 경우에는 모든 회귀분석 요소를 한꺼번에 설정하여 분석하는 방식이 편한 반면, R의 경우에는 고급 사용자의 경우에도 대화식으로 단계적으로 분석을 해 나가기 때문에 회귀분석 이론의 전개 방식에도 약간의 차이를 둘 수밖에 없었다. 또한 R이 사용이 편한 도구이기도 하고 이미 R에 대한 여러 책이 시중에 나와 있지만, 이왕에 새로운 책을 저술하는 차에 R을 사용하여 회귀분석을 수행하는 규범적인 사례를 보이고자 하였다. 이 책에 주어진 R 함수들의 사용 예들을 직접 실행해 나가면서 문제를 풀어나가면 회귀분석뿐만 아니라 R에 대해서도 전문가가 될 수 있을 것이다.

이 책에 있는 회귀분석에 관한 이론적인 설명은 기본적으로 「SAS를 활용한 선형회귀분석」의 내용과 거의 유사하다. 단지 설명을 더 다듬고 R의 특성에 맞추고자 부분적으로 수정을 하였다. 본문의 예제들과 분석 자료들은 동일한 것을 사용하였으며, 예제에서의 자료 분석 설명은 R의 사용에 맞게 전면적으로 수정되었다. 분석 자료에 대한 설명은 「SAS를 활용한 회귀분석」의 서문을 참조하기 바란다. 연습문제들도 R의 사용에 맞게 수정하였고 새로운 문제들을 추가하였다.

이 책에서는 R의 다양하고 유용한 기능을 많이 보여주면서도, 가급적 기본적으로 제공되는 함수들만 사용하고자 하였다. 그렇지만 R의 기본 패키지라 할 수 있는 `MASS` 같은 것은 사용하였으며, 기존의 함수를 사용하더라도 코드가 너무 길어지는 경우에는 따로 묶어 함수로 만들 수밖에 없었다. 이들 함수와 책에서 사용하는 분석자료들은 '`regbook`'이라는 이름의 패키지로 만들어 제공하고 있다.

R에 대한 보조교재 작성부터 이 책의 저술까지 삼년 정도의 시간이 걸린 것 같다. 그동안 기존 책에 대해 많은 조언을 해준 독자들에게 감사를 드린다. 일일이 이름을 적지 못하는 것을 양해해 주기 바란다. 그리고 이 책을 있게 한, R로 자료 분석을 하면서 SAS로 설명된 책을 교재로 사용해 온 많은 학생들에게도 감사를 전한다. 이 책의 발간으로 그 학생들이 겪은 불편이 어느 정도 보상이 되었으면 하는 바람이다. 두 번의 전작에서 공저자로 함께 하였던 부산대학교의 김충락 교수가 학교에서 중요 보직을 맡은 연유로 이번 작업에 함께 하지 못한 점을 매우 아쉽고도 미안하게 생각한다. 끝으로 항상 함께 하며 에너지를 충전해 준 소중한 가족들에게 무한한 사랑을 전한다.

원고를 보면 볼수록 첨삭의 욕심이 멈추지 않는다. 이제는 아쉬운 감이 있지만 그만 손을 놓고 부족한 점은 '카페회귀분석'을 통하여 보충하고자 한다.

2016년 2월

저자들 드림

통계 소프트웨어

이 책에서 다루고 있는 모든 회귀분석 계산과 그림은 R을 이용하여 얻을 수 있다. R의 설치와 기본적인 사용법은 부록에서 자세히 설명하고 있다. R 코드에는 고정폭 글꼴을 사용하고 함수에는 괄호를 붙여 `mean()`과 같이 표시하였다. 사용 예제는 대부분 다음과 같이 대화형 모드에서 사용자가 내린 명령과 출력 결과를 함께 보여주는 형식으로 제시하였다.

```
> 3 + 4
[1] 7
```

프롬프트인 '>' 기호로 시작하는 행이 사용자가 입력하여야 할 명령이고, 아래에 이어지는 내용은 출력 결과이다. 출력 결과 없이 R 코드를 보일 때에는 다음과 같이 프롬프트 없이 명령문들만 제시하였다.

```
fit <- lm(dist ~ speed, cars)
plot(dist ~ speed, cars)
abline(fit)
```

패키지와 예제 자료

선형회귀분석은 R에서 기본적으로 제공하는 기능만으로도 충분히 가능하나 이 책에서는 편의를 위하여 'regbook' 패키지를 제공하고 있다. 이 패키지에는 이 책의 모든 예제 자료가 포함되어 있으며 일부 계산과 그림을 쉽게 처리할 수 있는 함수도 제공하고 있다. 다음 명령으로 설치할 수 있다.

```
install.packages("devtools")
library(devtools)
install_github("regbook/regbook")
```

설치한 후 'regbook'을 사용하기 위해서는 다음 명령으로 패키지를 읽어 들여야 한다.

```
library(regbook)
```

패키지에 포함된 예제 자료의 목록은 다음 명령으로 확인할 수 있으며 각 자료에는 도움말이 제공된다.

```
data(package="regbook")
```

이 책의 찾아보기에서도 예제 자료의 목록을 확인할 수 있다. 패키지에서 제공하고 있는 함수는 R 찾아보기 중 `regbook` 아래에서 찾아볼 수 있다.

웹사이트

이 책을 포함하여 회귀분석에 관련된 정보를 아래 홈페이지와 카페에서 제공하고 있다.

- *http://regbook.github.io*
- *http://cafe.naver.com/allthatregression*

차 례

1

기초통계분석

이 장에서는 회귀분석에서 필요로 하는 통계학의 기초개념을 정리하여 설명하고, 회귀분석의 사전단계에서 수행되는 기초적인 통계분석 과정을 예제 자료를 이용하여 소개한다. 고급 통계분석기법을 사용하는 경우에도 그 시작점은 분석에 포함된 개개의 변수에 대한 정확한 이해라고 할 수 있다. 한 변수에 대한 통계분석기법은 주로 기초통계학에서 다루어지기 때문에 회귀분석을 배우기 위해서는 사전에 기초통계학 과정을 거치는 것이 정도이다. 그러나 많은 중요한 내용이 여기에서 복습되므로 기초통계학을 배우지 않은 경우에도 우선 이 장의 내용을 충분히 이해하고, 필요에 따라 추가적인 내용을 보충하면 회귀분석을 무난하게 배워나갈 수 있다.

1.1 확률변수

1.1.1 확률변수와 확률분포

통계학에서는 대개 수치적인 결과를 갖고 분석을 하게 되는데 이를 위하여 확률변수라는 개념을 사용한다. **확률변수**(random variable)는 분석대상인 변수들이 갖는 각 결과에 하나의 실수값을 대응시켜주는 함수로 정의되며, 보통 영어 대문자 X, Y, Z 등으로 표시된다. 여기에서 확률(random)의 의미는 확률변수가 갖는 값의 범위는 사전에 설정되지만 실제로 관측하기 전에는 어떠한 값이 될지는 알 수 없으며, 대신 특정값에 대한 확률은 계산이 가능하다는 것이다. 이를테면, 동전을 100번 던질 때 앞면이 나올 횟수는 0과 100 사이의 정수값을 가지지만 실제로 던져보기 전에는 그 정확한 값을 알 수는 없으며, 그렇지만 앞면이 나올 횟수가 30번일 확률 또는 30번에서 40번 사이에 있을 확률 등은 계산할 수 있다.

확률변수도 일종의 변수이므로 평균과 분산 등을 정의하여 구할 수 있다. 이러한 측도들을 계산할 때 확률변수가 갖는 값에 따라 사용하는 수학적 방법이 달라지므로, 확률변수가 갖는 값들의 개수가 유한개이거나 정수값을 갖는 경우는 **이산확률변수**(discrete random variable), 값들이 실수로 주어지는 경우는 **연속확률변수**(continuous random variable)로 나누어 구분한다.

앞에서 언급한대로 확률변수의 값은 사전에 알 수 없지만 각 가능한 값에 대한 확률을 구할 수는 있다. 확률변수의 모든 가능한 값에 확률을 대응시킬 수 있는데 이것을 확률변수의 **확률분포**(probability distribution)라 한다. 확률분포는 이산확률변수의 경우에는 표, 그림, 수식으로, 연속확률변수의 경우는 그림 또는 수식으로 나타내어진다.

d개의 가능한 값 $y_1, y_2, \cdots, y_d$를 갖는 이산확률변수 Y의 확률분포는 각 값에서의 확률을 나타내는 확률함수

$$f_Y(y_i) = \Pr[Y = y_i], \quad i = 1, 2, \cdots, d$$

로 주어진다. 이것을 보통 **확률질량함수**(probability mass function)라 부른다. 위의 확률질량함수는 Y가 y_i일 확률을 나타내므로 0과 1 사이의 값을 가지며, 특히 모든 점에서의 확률을 더하면 1이 되어야 한다. 즉,

$$\sum_{i=1}^{d} f_Y(y_i) = 1$$

기초통계학에서 소개되는 이항분포, 포아송분포 등이 여기에 해당된다. 예를 들어, n을 시행횟수, π를 성공확률이라 할 때 이항분포의 확률질량함수는 다음과 같이 주어진다.

$$\Pr[Y = y] = \binom{n}{y} \pi^y (1-\pi)^{n-y}, \quad y = 0, 1, \cdots, n$$

연속확률변수의 경우는 확률변수가 실수값을 가지므로 각 점에서의 확률은 무의미하다(실제로 한 점에서의 확률은 0으로 간주된다). 대신 확률변수의 값이 어느 구간에

있을 확률을 생각하게 된다. 연속확률변수의 확률분포는 **확률밀도함수**(probability density function)를 이용하여 나타낸다. 연속확률변수 Y의 확률밀도함수를 $f_Y(y)$라 하면 $f_Y(y)$는 양의 값을 갖는 함수이며, 구간 $[a, b]$에서의 확률은

$$\Pr[a \le Y \le b] = \int_a^b f_Y(y)\, dy$$

즉, 구간 $[a, b]$에서 함수 $f_Y(y)$ 아래 부분의 면적으로 주어진다. 특히 임의의 값 y보다 작을 확률

$$\Pr[Y \le y] = \int_{-\infty}^{y} f_Y(y)\, dy$$

을 누적확률이라 하며, 이 누적확률을 나타내는 함수를 **누적분포함수**(cumulative distribution function, cdf)라 부르고, 보통 $F(y)$로 나타낸다. 이산확률분포의 경우와 다찬가지로 모든 구간에서의 확률 합은 1이 된다. 즉,

$$\int_{-\infty}^{\infty} f_Y(y)\, dy = 1.$$

연속확률분포의 예로는 정규분포, 지수분포, t 분포, 카이제곱분포, F 분포 등이 있다.

1.1.2 확률변수의 기댓값과 분산

확률변수 Y의 평균 또는 **기댓값**(expected value)은 $\mathrm{E}[Y]$로 나타내며, 이산확률변수의 경우에는 합기호를 이용하여 다음과 같이 정의된다.

$$\mathrm{E}[Y] = \sum_{i=1}^{d} y_i f_Y(y_i)$$

즉, 이산확률변수 Y의 기댓값은 $f_Y(y_i)$가 가중치로 주어지는 가중평균이다. 연속확률변수의 경우는 적분을 이용하여 다음과 같이 정의된다.

$$\mathrm{E}[Y] = \int_{-\infty}^{\infty} y f_Y(y)\, dy$$

확률변수 Y의 기댓값은 보통 기호 μ_Y로 나타내기도 한다. μ('뮤'라 읽음)는 그리스문자로 통계학에서는 평균을 나타내는데 사용된다.

다음으로 기댓값의 몇 가지 성질을 살펴보자. 지금부터는 연속확률변수의 경우만을 생각하기로 하자. 그렇지만 모든 성질은 이산확률변수의 경우에도 동일하게 성립한다. 먼저 확률변수 Y의 함수 $g(Y)$도 확률변수이며 기댓값은 다음과 같이 정의된다.

$$\mathrm{E}[\,g(Y)\,] = \int_{-\infty}^{\infty} g(y) f_Y(y)\, dy$$

이 정의를 이용하면 기댓값함수의 다음과 같은 유용한 성질을 증명할 수 있다. 즉, a와 b를 상수라 하면

$$\mathrm{E}[\,a + bY\,] = a + b\mathrm{E}[\,Y\,]$$

가 성립함을 보일 수 있다.

확률변수 Y의 **분산**(variance)은 σ_Y^2 또는 $\mathrm{Var}(Y)$로 나타내며 함수 $(Y - \mathrm{E}[Y])^2$의 기댓값으로 정의된다. 즉,

$$\sigma_Y^2 = \mathrm{Var}(Y) = \mathrm{E}[\,(Y - \mathrm{E}[Y])^2\,]$$

그리고 분산의 제곱근

$$\sigma_Y = \sqrt{\sigma_Y^2}$$

를 Y의 **표준편차**(standard deviation)라 한다. 그리스문자 σ('시그마'라 읽음)는 통계학에서 표준편차와 분산의 기호에 사용된다. 분산과 표준편차는 확률변수 Y의 산포도를 나타내는 측도이다. 표준편차는 확률변수 Y와 같은 단위를 가지므로 기댓값과 덧셈, 뺄셈의 연산을 할 수 있는 장점을 가진다. 예를 들어, Y의 단위가 m이면 분산은 m^2의 단위를 가지며, 표준편차는 m의 단위를 가진다. 그리고 $\mathrm{E}[\,Y\,]$도 m의 단위를 가지므로 $\mathrm{E}[\,Y\,] \pm 2\sigma_Y$ 등의 연산이 가능하다.

분산의 공식에서 제곱을 전개하여 정리하면 다음과 같은 유용한 관계식을 얻는다.

$$\mathrm{Var}(Y) = \mathrm{E}[\,Y^2\,] - (\mathrm{E}[\,Y\,])^2$$

확률변수 Y의 선형함수에 대하여 분산은 다음 성질을 갖는다. 즉, 상수 a와 b에 대해

$$\mathrm{Var}(a + bY) = b^2\,\mathrm{Var}(Y)$$

에는 각각 dnorm(), pnorm(), qnorm(), rnorm()으로 주어진다. 이들 함수를 이용하여 본문에 주어진 값들을 구해보아라.

풀이 먼저 표준정규분포의 누적확률은 함수 pnorm()을 이용하여 구할 수 있다. pnorm(q)는 표준정규분포에서 $-\infty$에서 q까지의 확률을 계산해준다. 따라서 본문에 주어진 확률값들은 각각 다음과 같이 구해진다.

```
> pnorm(0)
[1] 0.5
> pnorm(1)
[1] 0.8413447
> pnorm(1.96)
[1] 0.9750021
> pnorm(-1)
[1] 0.1586553
```

그리고 $(-1.96, 1.96)$과 같은 특정 구간에 대한 확률은 다음과 같이 구할 수 있다.

```
> pnorm(1.96) - pnorm(-1.96)
[1] 0.9500042
```

R에서는 기본적으로 상위 분위수가 아닌 하위 분위수를 계산해준다. 따라서 상위 0.05 분위수와 상위 0.025 분위수는 각각 왼쪽의 확률값을 입력하여 구해야 한다. 즉,

```
> qnorm(0.95)
[1] 1.644854
> qnorm(0.975)
[1] 1.959964
```

또는 lower.tail=FALSE 옵션을 이용하면 상위 분위수를 직접 구할 수도 있다.

```
> qnorm(0.05, lower.tail=FALSE)
[1] 1.644854
> qnorm(0.025, lower.tail=FALSE)
[1] 1.959964
```

참고로 다음은 표준정규분포 확률밀도함수의 $z = 0$에서의 높이를 구한 값이다.

```
> dnorm(0)
[1] 0.3989423
```

정규분포의 대표적 성질 중 하나는 정규분포를 따르는 확률변수의 선형함수 역시 정규분포를 따른다는 것이다. 확률변수 Y가 평균이 μ이고 분산이 σ^2인 정규분포를

따를 때, 선형함수 $a+bY$는 평균이 $a+b\mu$이고 분산이 $b^2\sigma^2$인 정규분포를 따른다. 즉,

$$a+bY \sim N(a+b\mu, b^2\sigma^2)$$

예를 들어, 임의의 정규분포 $N(\mu,\sigma^2)$을 따르는 확률변수 Y를 표준화하면 표준정규분포를 따르게 된다. 즉,

$$Z = \frac{Y-\mu}{\sigma} \sim N(0,1)$$

그리고 이 사실을 이용하면 임의의 정규분포를 따르는 확률변수 Y에 대한 모든 확률식의 값을 표준정규분포를 이용하여 다음과 같이 구할 수 있다.

$$\begin{aligned}\Pr[a<Y<b] &= \Pr\left[\frac{a-\mu}{\sigma} < \frac{Y-\mu}{\sigma} < \frac{b-\mu}{\sigma}\right] \\ &= \Phi\left(\frac{b-\mu}{\sigma}\right) - \Phi\left(\frac{a-\mu}{\sigma}\right)\end{aligned}$$

예를 들면,

$$\Pr[\mu-2\sigma<Y<\mu+2\sigma] = \Phi(2)-\Phi(-2) = 0.9772-0.0228 = 0.9544$$
$$\Pr[\mu-3\sigma<Y<\mu+3\sigma] = \Phi(3)-\Phi(-3) = 0.9987-0.0013 = 0.9974$$

등을 구할 수 있어, 우리는 정규분포에서 평균을 중심으로 $\pm2\sigma$ 또는 $\pm3\sigma$ 구간 내의 면적이 각각 0.9544와 0.9974로 주어짐을 알 수 있다.

예제 1.2

R 함수 `pnorm()`을 이용하여 정규분포 $N(170, 6^2)$를 따르는 확률변수 Y가 175보다 클 확률과 $(175, 180)$ 사이에 있을 확률을 계산하여라.

풀이 먼저 표준화를 이용하는 방법으로 구해보자. 주어진 확률들은 표준화를 하면

$$\Pr[Y>175] = \Pr[Z > \frac{175-170}{6}]$$
$$\Pr[175<Y<180] = \Pr[\frac{175-170}{6} < Z < \frac{180-170}{6}]$$

토 표현되므로 다음과 같이 구할 수 있다.

```
> 1 - pnorm( (175-170)/6 )
[1] 0.2023284
> pnorm( (180-170)/6 ) - pnorm( (175-170)/6 )
[1] 0.154538
```

한편 R에서 help(pnorm)을 실행하여 함수 pnorm()의 도움말을 보면, 아래와 같이 평균과 표준편차를 명시할 수 있는 인자들이 있어 일반정규분포에도 사용할 수 있음을 알 수 있다(명시하지 않으면 기본으로 평균 0, 표준편차 1, 즉, 표준정규분포로 설정됨).

```
pnorm(q, mean = 0, sd = 1, lower.tail = TRUE, log.p = FALSE)
```

따라서 표준화를 이용하지 않고 다음과 같이 직접 구할 수도 있다.

```
> 1 - pnorm(175, 170, 6)
[1] 0.2023284
> pnorm(180, 170, 6) - pnorm(175, 170, 6)
[1] 0.154538
```

□

정규분포는 통계학에서 가장 많이 사용되는 확률분포이다. 그러나 모순적인 것은 정규분포를 정확하게 따르는 변수는 현실적으로 없다는 것이다. 왜냐하면 정규분포는 우선 $(-\infty, \infty)$에서 정의되어야 하고, 모든 구간에서의 확률이 0보다 커야 한다는 조건이 주어지기 때문이다. 그러므로 이를테면 항상 양수값만을 갖는 사람들의 키가 정규분포를 따른다고 가정하는 것은 엄격하게 보면 잘못된 것일 수 있다. 그렇지만 이 가정이 타당성을 갖는 이유는 정규분포에서는 위에서 주어졌듯이 $(\mu - 3\sigma, \mu + 3\sigma)$의 구간에 99.74%라는 거의 모든 확률이 포함되어 있기 때문이다. 키의 경우 표준편차 σ가 아주 크지 않는 경우에는 음수부분은 거의 확률이 존재하지 않는 것으로 보아도 무방하게 된다.

1.1.3 결합분포와 조건부분포

두 개 이상의 확률변수들에 대해 정의된 확률분포를 **결합확률분포**(joint probability distribution)라 한다. 예를 들어, 두 개의 연속확률변수 Y_1, Y_2에 대해 결합확률밀도함수

$f(y_1, y_2)$가 정의되면 누적분포함수는

$$\Pr[\,Y_1 \le y_1,\; Y_2 \le y_2\,] = \int_{-\infty}^{y_1} \int_{-\infty}^{y_2} f(y_1, y_2)\, dy_2\, dy_1$$

로 주어진다. 또한 각각의 확률변수가 갖는 분포를 **주변확률분포**(marginal probability distribution)라 하는데, 결합확률분포가 주어지면 주변확률분포는 쉽게 구해진다. 이를테면, 위에서 Y_1의 주변확률분포가 갖는 주변확률밀도함수 $f_{Y_1}(y_1)$은 결합확률밀도함수 $f(y_1, y_2)$를 Y_2의 전 구간에 대해 적분하면 얻어진다. 즉,

$$f_{Y_1}(y_1) = \int_{-\infty}^{\infty} f(y_1, y_2)\, dy_2$$

그렇지만 이와는 반대로 Y_1, Y_2 각각의 주변확률분포가 주어졌을 때 결합확률분포를 구하는 것은 일반적으로 쉽지 않다.

확률변수 Y_2가 사전에 주어진 상수값을 가질 때 Y_1이 갖는 확률분포를 **조건부확률분포**(conditional probability distribution)라 하며, 조건부확률밀도함수는 다음과 같이 정의된다.

$$f(y_1 \,|\, Y_2 = y_2) = \frac{f(y_1, y_2)}{f_{Y_2}(y_2)}$$

즉, Y_2의 값이 y_2로 주어질 때 Y_1의 조건부확률밀도함수는 Y_1, Y_2의 결합확률밀도함수를 Y_2의 주변확률밀도함수로 나눈 것으로 정의된다.

결합확률분포의 예로 이변량 정규분포를 소개한다. 두 연속확률변수 Y_1, Y_2의 결합확률밀도함수가

$$f(y_1, y_2 | \mu_1, \mu_2, \sigma_1^2, \sigma_2^2, \rho) = \frac{1}{(2\pi)\sigma_1\sigma_2\sqrt{1-\rho^2}} \exp\left[-\frac{1}{2(1-\rho^2)} \left\{ \left(\frac{y_1-\mu_1}{\sigma_1}\right)^2 - 2\rho\left(\frac{y_1-\mu_1}{\sigma_1}\right)\left(\frac{y_2-\mu_2}{\sigma_2}\right) + \left(\frac{y_2-\mu_2}{\sigma_2}\right)^2 \right\} \right]$$

으로 주어질 때, Y_1, Y_2는 각각 평균이 μ_1, μ_2이고, 분산이 σ_1^2, σ_2^2이며, 상관계수가 ρ인 **이변량 정규분포**(bivariate normal distribution)를 따른다고 한다. 여기에서 ρ('로'라고 읽음)는 Y_1, Y_2의 선형관계의 정도를 나타내는 **상관계수**(correlation coefficient)이다(1.3절 참조). 일변량인 경우와 마찬가지로 두 변수의 평균이 0이고, 분산이 1인 경우를 **이변량 표준정규분포**라 하는데, [그림 1.2]는 상관계수가 0.5인 이변량 표준정규분포의

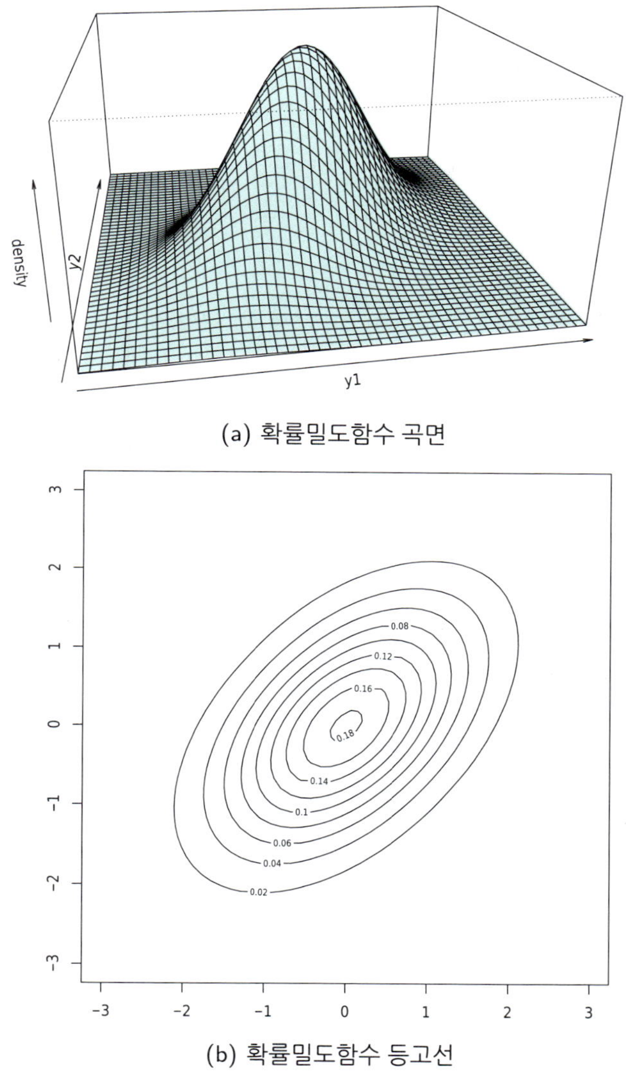

[그림 1.2] 이변량 표준정규분포의 확률밀도함수($\mu_1 = 0, \mu_2 = 0, \sigma_1 = 1, \sigma_2 = 1, \rho = 0.5$)

확률밀도함수를 보여준다.

이변량 정규분포의 여러 특성들 중 중요한 것은 주변확률분포와 조건부확률분포가 역시 정규분포로 주어진다는 것이다. 위의 경우 확률변수 Y_i는 각각 평균이 μ_i이고

분산이 σ_i^2인 정규분포를 따르게 된다. 즉,

$$Y_i \sim N(\mu_i, \sigma_i^2), \quad i = 1, 2$$

그리고 조건부확률분포 역시 정규분포를 따르는데, 예를 들어, Y_1의 $Y_2 = y_2$에 대한 조건부확률분포는 평균이

$$\mu_{1\cdot2} = \mathrm{E}[\,Y_1 \,|\, Y_2 = y_2\,] = \mu_1 + \rho\frac{\sigma_1}{\sigma_2}(y_2 - \mu_2)$$

이고, 분산이

$$\sigma_{1\cdot2}^2 = \mathrm{Var}(Y_1 \,|\, Y_2 = y_2) = \sigma_1^2(1 - \rho^2)$$

인 정규분포로 주어진다. 즉,

$$Y_1 \,|\, Y_2 = y_2 \sim N(\mu_{1\cdot2}, \sigma_{1\cdot2}^2)$$

위에서 주목할 사실은 Y_1의 조건부평균 $\mu_{1\cdot2}$가 y_2의 선형함수로 주어진다는 것과 조건부분산 $\sigma_{1\cdot2}^2$은 Y_2의 값에 관계없이 상수로 주어지며, Y_1의 분산 σ_1^2보다 작다는 것이다. 이와 같은 사실은 회귀모형의 해석과 밀접한 관계를 가지고 있다([연습문제 2.13] 참조).

두 확률변수 Y_1, Y_2의 결합확률밀도함수가 각각의 주변확률밀도함수의 곱으로 주어질 때, 즉,

$$f(y_1, y_2) = f_{Y_1}(y_1) f_{Y_2}(y_2)$$

가 성립하면 Y_1, Y_2는 서로 **확률적으로 독립**(stochastically independent), 또는 간단히 **독립**(independent)이라 한다. Y_1, Y_2가 서로 독립이면 다음 식이 성립한다.

$$\mathrm{E}[\,Y_1 Y_2\,] = \mathrm{E}[\,Y_1\,] \cdot \mathrm{E}[\,Y_2\,] \tag{1.1}$$

즉, 두 확률변수들의 곱의 기댓값은 각 확률변수의 기댓값의 곱과 같다. 그리고 독립인 확률변수들의 함수들도 서로 독립이 된다. 즉, 서로 독립인 Y_1, Y_2의 임의의 두 함수 $g(Y_1)$과 $h(Y_2)$도 서로 독립이다.

확률변수들의 독립성은 주변확률분포가 주어졌을 때 결합확률분포를 쉽게 구할 수 있는 조건이다. 이를테면, 확률변수 $Y_i\,(i = 1, 2, \cdots, n)$들이 서로 독립이고 각각 주변

확률밀도함수 $f_{Y_i}(y)$를 갖는 확률분포를 따를 때, Y_i들의 결합확률밀도함수는 다음과 같이 각 주변확률밀도함수들의 곱으로 주어진다.

$$f(y_1, y_2, \cdots, y_n) = f_{Y_1}(y_1) f_{Y_2}(y_2) \cdots f_{Y_n}(y_n) = \prod_{i=1}^{n} f_{Y_i}(y_i)$$

특히, 확률변수 $Y_1, Y_2, \cdots, Y_n$들이 서로 독립이고 같은 확률분포를 따를 때 이를 **확률표본**(random sample)이라 한다.

1.1.4 확률변수들의 선형결합

통계학에서 사용되는 많은 측도들은 n개의 확률변수 $Y_1, Y_2, \cdots, Y_n$들의 **선형결합**(linear combination)

$$\sum_{i=1}^{n} a_i Y_i = a_1 Y_1 + a_2 Y_2 + \cdots + a_n Y_n$$

으로 나타내어진다. 이와 같은 선형결합도 하나의 확률변수이며 기댓값과 분산은 다음과 같이 주어진다.

$$\mathrm{E}\left[\sum_{i=1}^{n} a_i Y_i\right] = \sum_{i=1}^{n} a_i \mathrm{E}[Y_i] \tag{1.2}$$

$$\mathrm{Var}\left(\sum_{i=1}^{n} a_i Y_i\right) = \sum_{i=1}^{n}\sum_{j=1}^{n} a_i a_j \mathrm{Cov}(Y_i, Y_j)$$

위의 식에서 $\mathrm{Cov}(Y_i, Y_j)$는 Y_i와 Y_j간의 **공분산**(covariance)을 나타낸다(1.3절 참조). 만약 Y_i들이 서로 독립이면 $\mathrm{Cov}(Y_i, Y_j) = 0 (i \neq j)$이므로 다음 식이 성립한다.

$$\mathrm{Var}\left(\sum_{i=1}^{n} a_i Y_i\right) = \sum_{i=1}^{n} a_i^2 \mathrm{Var}(Y_i) \tag{1.3}$$

위의 결과들을 이용하면 정규분포를 따르는 확률변수들의 선형결합에 대한 특성을 더욱 일반화 할 수 있다. n개의 확률변수 $Y_1, Y_2, \cdots, Y_n$들이 정규분포를 따르면 이들의 선형결합 $\sum_{i=1}^{n} a_i Y_i$도 정규분포를 따르고, Y_i들이 서로 독립이고 각각 정규분포

$N(\mu_i, \sigma_i^2)$을 따르면 식(1.2)와 (1.3)에 의해 선형결합의 분포는 다음과 같이 주어진다.

$$\sum_{i=1}^{n} a_i Y_i \sim N\left(\sum_{i=1}^{n} a_i \mu_i, \sum_{i=1}^{n} a_i^2 \sigma_i^2\right)$$

만약 모든 Y_i들이 같은 정규분포 $N(\mu, \sigma^2)$을 따르면 평균과 분산의 식은 다음과 같이 간단해진다.

$$\sum_{i=1}^{n} a_i Y_i \sim N\left(\mu \sum_{i=1}^{n} a_i, \sigma^2 \sum_{i=1}^{n} a_i^2\right) \tag{1.4}$$

통계분석에서 많이 사용되는 표본평균은

$$\overline{Y} = \frac{1}{n} \sum_{i=1}^{n} Y_i$$

로 정의되는데, 이것은 식(1.4)에서 모든 a_i들이 $1/n$로 주어지는 경우이다. 따라서 Y_i들이 정규분포를 따르는 경우 표본평균의 분포는 아래와 같이 주어진다.

$$\overline{Y} \sim N(\mu, \frac{\sigma^2}{n})$$

Y_i들이 정규분포를 따르지 않는 경우에도 Y_i들의 선형결합이 갖는 분포를 근사적으로 구할 수 있다. 특히 다음의 **중심극한정리**(central limit theorem)는 많은 응용문제들에서 확률의 계산과 통계분석을 간단하게 해준다.

중심극한정리

확률변수 $Y_1, Y_2, \cdots, Y_n$들이 평균이 μ이고 분산이 $\sigma^2(< \infty)$인 확률분포를 따르며 서로 독립일 때, 표본의 크기 n이 적당히 크면 표본평균 $\overline{Y}$의 분포는 근사적으로 평균이 μ이고 분산이 σ^2/n인 정규분포에 가까워진다. 즉,

$$\sqrt{n}(\overline{Y} - \mu) \rightarrow N(0, \sigma^2)$$

이 성립한다.

1.2 통계적 추정과 검정

1.2.1 그래프와 기본측도를 이용한 자료분석

통계분석의 궁극적인 목적은 모집단(population)의 특성을 밝히는 것이다. 특히 분석의 대상인 변수의 분포 형태를 파악할 수 있으면 모든 통계분석을 쉽게 수행할 수 있다. 그러나 대부분의 경우 정확한 분포는 알 수 없으므로 우리는 경험이나 이론에 의해 변수의 분포를 가정하거나, 또는 관측된 자료를 이용하여 그 분포의 형태를 추정해야한다.

분포를 추정하는 방법에는 우선 표와 그림이 많이 사용되는데 기본적으로 도수분포표(frequency table), 막대그래프(bar graph), 히스토그램(histogram) 등을 사용하며, 그 외에도 원형차트(pie chart), 점도표(dot diagram), 줄기-잎 그림(stem-leaf plot), 상자그림(box plot) 등을 사용할 수 있다. 이들 표와 그림의 작성방법 및 해석방법에 대한 자세한 설명은 참고문헌(강근석 외, 2003)을 참조하기 바란다. 회귀분석에서는 주로 히스토그램, 상자그림, 산점도(scatter plot)를 많이 사용하고 있다.

분포를 추정하는 다른 방법으로 여러 종류의 평활(smoothing) 개념을 도입하여 분포의 형태를 추정하기도 한다. 이들 방법은 학부의 수준을 넘기 때문에 사용에 어려움이 있었으나 최근에는 대부분의 통계패키지에서 제공하고 있어 많이 활용되고 있다.

예제 1.3

기술표준원에서는 우리 국민이 사용하는 의류, 가구, 주택, 자동차 등 모든 산업제품과 생활공간 설계에 필요한 인체치수자료를 확보하기 위하여 2003년부터 2년간 한국인의 인체치수 및 인체형상을 측정 조사하는 제5차 한국인 인체치수조사사업(Size Korea)을 수행하였다. 자료 '`hweight`'는 이 중에서 표본으로 추출된 20~24세 남녀들의 키(`height`)와 몸무게(`weight`)에 대한 것이다. 남자들의 키와 몸무게에 대한 히스토그램을 작성하여라.

풀이 남자에 해당하는 자료만 분석할 것이므로 우선 편의를 위해 '`hweight`' 자료에서 `subset()` 함수를 이용하여 남자에 해당하는 관측값만 뽑아 `male`이라는 이름의 새로운 데이터프레임을 만들어보자.(이 책의 본문과 연습문제에서 사용되는 모든 데이터들은

regbook 패키지를 설치하면 사용할 수 있다. regbook 패키지의 설치방법은 서문에 설명되어 있다.)

```
library(regbook)
data(hweight)
male <- subset(hweight, gender=="M")
```

R에서 히스토그램은 hist(x) 함수를 사용하여 그릴 수 있다. 남자의 키에 대한 히스토그램은 다음과 같이 그릴 수 있다.

```
hist(male$height)
```

세로축을 빈도가 아니라 비율로 하려면 probability=TRUE 옵션을 추가한다. 여기에 density(x) 함수로 확률밀도함수를 추정한 후 lines()로 곡선을 추가할 수 있다.

```
hist(male$height, probability=TRUE)
lines(density(male$height))
```

[그림 1.3]은 남자 344명에 대한 키와 몸무게의 히스토그램으로 regbook 패키지의 histf() 함수를 이용하여 그린 것이다. 히스토그램 위에 정규분포의 확률밀도함수 곡선과 히스토그램을 평활한 곡선을 함께 그려준다.

```
histf(male$height)
```

이 히스토그램에서 우리는 20~24세 남자 전체의 분포를 유추할 수 있는데 두 변수 모두 대략적으로 좌우대칭의 분포형태를 가진다고 추론할 수 있다.

□

회귀분석에서는 분포의 대칭 여부뿐만 아니라 특이값들의 존재 여부도 알려주는 상자그림을 많이 활용한다. 상자그림은 변수의 사분위수 값들을 사용하여 작성되는 것으로 이를 위해서는 변수들의 기본 측도들에 대한 언급이 필요하다.

모집단이나 변수의 통계적 특성은 어떤 수치로 표현될 수 있는데 이를 **모수**(parameter)라 한다. 모수의 예로는 모집단의 중심위치를 나타내는 평균(mean), 중앙값(median), 최빈값(mode)과 값들이 중심에서 퍼져있는 정도, 즉, 산포도를 나타내는 범위(range), 편차(deviation), 표준편차(standard deviation), 분산(variance) 등이 있다. 이 외에도 사분위수(quartile)와 사분위수범위(interquartile range)들도 사용된다. 이들 모수의 값은 대부분의 경우 알려져 있지 않으므로 표본을 이용하여 값을 추정하게 된다.

모수에 대응하여 표본의 특성을 나타내는 수치를 **통계량**(statistic)이라 한다. 통계량은 표본을 이용하여 계산되므로 각 모수에다 '표본'을 붙여 나타낸다. 예를 들어,

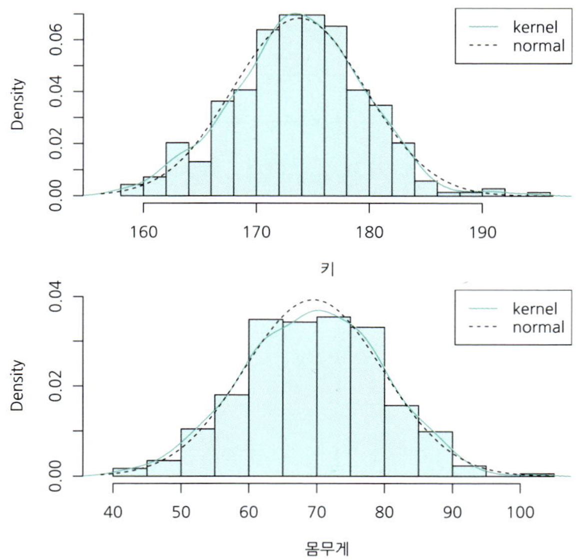

[그림 1.3] 20~24세 남자 344명의 키와 몸무게의 히스토그램. 실선은 히스토그램을 평활한 곡선을 나타내고, 점선의 곡선은 정규분포의 확률밀도함수를 나타낸다.

표본평균(sample mean), 표본분산(sample variance) 등은 통계량을 나타낸다. 이들 측도에 대한 자세한 설명은 참고문헌(강근석 외, 2003)을 참조하기 바란다. 모수들은 일반적으로 그리스문자로, 통계량은 영어 대문자 또는 소문자를 사용하여 나타낸다. 예를 들어, 모집단의 평균은 μ로 표시되며, 표준편차와 분산은 각각 σ, σ^2으로 나타낸다. 한편 이들의 표본에 대응되는 값들인 표본평균은 $\overline{y}$, 표본표준편차와 표본분산은 각각 s, s^2으로 나타낸다.

사분위수는 전체 자료를 작은 것부터 큰 것까지 순서대로 배열하였을 때 25%씩 나누는 값으로, 작은 값부터 25%, 50%, 75%에 해당되는 값을 각각 **제1사분위수**(1st quartile, Q_1으로 표시), **제2사분위수**(2nd quartile, Q_2로 표시), **제3사분위수**(3rd quartile, Q_3로 표시)라고 정의한다. 정의에 따라 제2사분위수 Q_2는 중앙값(Me)과 동일하다. 산포의 측도로 사용되는 **범위**(range)는 자료의 '최대값과 최소값의 차이'를 나타내는데, 범위는 계산은 간편하나 특이값이 있을 경우 올바른 측도가 되지 못한다. 이를 보완한 것이 **사분위수범위**(interquartile range, IQR로 표시)로 제3사분위수와 제1사분위수의 차이로 정의된다. 즉,

$$IQR = Q_3 - Q_1$$

예제 1.4

자료 'hweight'에서 남자들의 키에 대한 기본측도들을 계산하여라.

풀이 R에서 편리하게 변수들의 기본측도들을 계산해 주는 함수로는 summary(x)가 있다. 최대, 최소, 사분위수, 평균을 계산해 준다.

```
> male <- subset(hweight, gender=="M")
> y <- male$height
> summary(y)
   Min. 1st Qu.  Median    Mean 3rd Qu.    Max.
  158.1   170.2   173.8   173.8   177.6   194.5
```

R에서는 기본적인 통계량을 구하기 위한 함수들을 많이 제공하고 있다. 합 sum(x), 평균 mean(x), 중앙값 median(x), 분산 var(x), 표준편차 sd(x), 사분위수범위 IQR(x) 함수를 사용하여 계산해보자.

```
> length(y)
[1] 344
> sum(y)
[1] 59779.6
> mean(y)
[1] 173.7779
> median(y)
[1] 173.8
> var(y)
[1] 33.9391
> sd(y)
[1] 5.825728
> IQR(y)
[1] 7.35
```

분위수를 구하는 quantile(x) 함수는 인자없이 사용하면 사분위수를 계산해 준다. probs 인자를 추가하여 특정한 분위수를 구할 수도 있다. 최소 min(x), 최대 max(x), 범위 range(x) 등도 이용해 보자.

```
> quantile(y)
    0%    25%    50%    75%   100%
158.10 170.25 173.80 177.60 194.50
> quantile(y, probs=c(0.1, 0.9))
   10%    90%
166.53 181.10
> min(y)
[1] 158.1
> max(y)
[1] 194.5
> range(y)
```

```
[1] 158.1 194.5
> diff(range(y))
[1] 36.4
```

이와 같은 다양한 통계값을 항상 모두 사용할 필요는 없으며 현재의 분석에 적절한 통계값을 선택하여 사용하면 된다.

□

상자그림(box plot)은 사분위수에 관한 자료의 정보를 그림으로 나타내는 방법이다. 상자그림의 작성방법은 여러 가지가 있으나 R에서는 먼저 제1사분위수와 제3사분위수를 네모상자로 연결한 다음 중앙값을 상자 안에 표시하고, $(Q_1 - 1.5 \times IQR)$와 $(Q_3 + 1.5 \times IQR)$를 경계로 하여 상자와 선으로 연결한다. 그리고 경계 밖의 값은 **특이값**(outlying value)으로 표시한다. 만약 최소값과 최대값이 경계 내에 위치하는 경우(즉, 특이값이 없는 경우)에는 경계값을 최소값과 최대값으로 대체한다. 문헌에 따라서는 특이값을 세분화하여 구간 $(Q_1 - 3 \times IQR, Q_3 + 3 \times IQR)$ 밖에 있는 점을 **극단값**(extreme value)으로 분류하기도 한다. 상자그림을 이용하면 분포의 대칭성, 자료의 중심위치, 산포의 정도, 특이값 등을 쉽게 파악할 수 있다. 이러한 상자그림은 여러 집단의 비교에도 매우 유용하다.

예제 1.5

자료 '`hweight`'에서 키에 대한 남녀별 상자그림을 작성하여라.

풀이 R에서 상자그림은 `boxplot`$(y \sim x)$를 사용하여 그릴 수 있다. [그림 1.4]의 남녀별 상자그림은 다음과 같이 그릴 수 있다. `horizontal` 인자는 가로 방향으로 상자를 그리기 위한 것이다.

```
boxplot(height ~ gender, hweight, horizontal=TRUE)
```

상자그림을 통해서도 히스토그램에서와 같은 비슷한 결론을 얻을 수 있다. 상자그림에서는 수직선으로 표시되는 중앙값의 위치로 자료 분포의 대칭성 여부를 판정하는데, 이 예제의 경우에는 각 상자그림에서 중앙값이 상자의 가운데에 위치하여 분포가 좌우대칭임을 알려주고 있다.

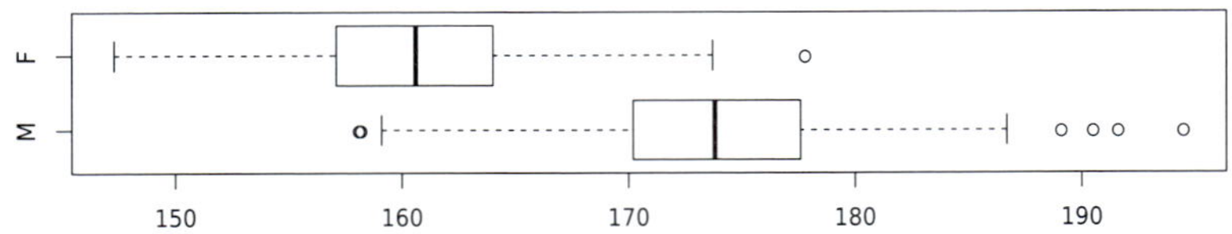

[그림 1.4] 20~24세 남여별 키의 상자그림

남자들의 위치측도(중앙값)가 여자들보다 크게 나타나며, 산포도는 남녀별로 큰 차이가 없음을 알 수 있다. 또한 남자들의 분포에서 5개 이상의 특이값이, 여자들의 분포에서는 1개의 특이값이 존재함을 알 수 있다. □

1.2.2 구간추정과 가설검정

확률변수 $Y_1, Y_2, \cdots, Y_n$ 들의 함수인 통계량이 미지의 모수 θ를 추정하는 공식으로 사용되는 경우 이를 **추정량**(estimator)이라 부르고, $\hat{\theta}(Y_1, Y_2, \cdots, Y_n)$ 또는 간단하게 $\hat{\theta}$ 으로 나타낸다. 예를 들어, 모평균 μ의 추정량은 표본평균공식

$$\hat{\mu} = \frac{1}{n}\sum_{i=1}^{n} Y_i$$

으로 주어지며, 모분산 σ^2 의 추정량으로는 표본분산공식

$$\hat{\sigma}^2 = \frac{1}{n-1}\sum_{i=1}^{n}(Y_i - \overline{Y})^2$$

이 사용된다. 표본평균과 표본분산은 가장 많이 사용되는 추정량들이므로 특별히 $\overline{Y}$ 와 S^2 으로 나타내기도 한다. 추정량들은 확률변수들의 함수이기 때문에 대문자로 표시되고 있으며, 실제 관측값 $y_1, y_2, \cdots, y_n$ 을 대입하면 추정량 역시 특정한 값으로 주어지므로

다음과 같이 소문자로 나타내는데

$$\overline{y} = \frac{1}{n}\sum_{i=1}^{n} y_i$$

$$s^2 = \frac{1}{n-1}\sum_{i=1}^{n}(y_i - \overline{y})^2$$

이를 **추정값**(estimate) 또는 **점추정값**(point estimate)이라 한다. 앞으로 항상 추정량은 대문자, 추정값은 소문자로 나타냄을 유의하기 바란다.

통계학에서 미지의 모수를 추정하는 방법은 항상 두 가지 이상 존재한다. 그러므로 해결하고자 하는 문제에 적합한 추정방법을 선택하는 것이 중요하고, 또한 각 추정방법에서 유도되는 추정량이 어떠한 성질을 갖고 있는지를 파악할 필요가 있다. 회귀분석에서는 추정방법으로 주로 **최소제곱법**(least squares method)과 **최대가능도법**(maximum likelihood method)을 사용한다. 추정량의 대표적인 성질로는 비편향성, 일치성, 최소분산성 등이 있다.

추정량 $\hat{\theta}$의 기댓값이 모수 θ와 같아지면, 즉,

$$\mathrm{E}[\,\hat{\theta}\,] = \theta$$

이면 $\hat{\theta}$을 **비편향추정량**(unbiased estimator)이라 부른다. 즉, 추정량의 값은 항상 추정오차 $(\hat{\theta} - \theta)$를 가지나, 표본을 반복 추출하여 추정을 계속하면 이 추정오차의 값은 평균적으로 0이 된다는 뜻이다. 한편, 추정량 $\hat{\theta}$의 기댓값과 모수 θ의 차이, 즉,

$$\mathrm{E}[\,\hat{\theta}\,] - \theta$$

를 추정량 $\hat{\theta}$의 **편향**(bias)이라 부른다. **일치성**(consistency)은 표본의 크기가 커질수록 추정량 $\hat{\theta}$이 모수 θ에 가까워질 확률이 1이 되는 성질이다. 예를 들어, 표본평균 $\overline{Y}$의 기댓값은 모평균 μ가 되므로 $\overline{Y}$는 μ의 비편향추정량이 되며, 표본의 크기가 커지면 $\overline{Y}$의 분산인 σ^2/n은 0에 수렴하게 되어 $\overline{Y}$는 일치성을 만족하게 된다.

추정량 $\hat{\theta}$이 θ의 다른 추정량들보다 작은 분산을 가질 때 $\hat{\theta}$을 **최소분산추정량**(minimum variance estimator)이라 한다. 즉, 다른 모든 추정량 $\hat{\theta}^*$에 대해

$$\mathrm{Var}(\hat{\theta}) \le \mathrm{Var}(\hat{\theta}^*)$$

을 만족한다. 추정량의 분산이 작다는 것은 모수를 더욱 정확하게 추정할 수 있다는 것을 의미한다. 그러나 통계학에서는 모든 추정량보다 작은 분산을 갖는 추정량은 존재하지 않는다. 일반적인 접근방식은 추정량의 집합을 한정시켜 그 중에서 제일 작은 분산을 갖는 추정량을 찾는 것이다. 예를 들어, 비편향성을 만족하는 추정량들의 집합 중에서는 최소분산을 갖는 유일한 추정량이 존재하는데 이를 **최소분산비편향추정량**(uniformly minimum variance unbiased estimator)이라 한다.

추정량의 위와 같은 성질을 조사하거나, 추정값을 이용하여 구간추정과 가설검정을 하기 위해서는 추정량의 분포를 구해야한다(추정량의 확률분포를 **표집분포**(sampling distribution)라 부른다). 이를 위해서는 모집단에 대한 분포의 가정이 필요하다. 예를 들어, 우리는 앞 절에서 확률변수 $Y_1, Y_2, \cdots, Y_n$들이 정규분포 $N(\mu, \sigma^2)$을 따르는 모집단에서 추출된 확률표본이라 가정할 때, 모평균 μ에 대한 추정량 $\overline{Y}$의 확률분포(즉, $\overline{Y}$의 표집분포)가 다음과 같이 주어짐을 보였다.

$$\overline{Y} \sim N(\mu, \frac{\sigma^2}{n}) \tag{1.5}$$

위에서 $\mathrm{E}[\overline{Y}] = \mu$이므로 $\overline{Y}$가 비편향성을 만족함을 알 수 있다. 또한 최소분산성도 만족함을 어렵지 않게 증명할 수 있다. 그리고 다음의 표준화된 확률변수는 표준정규분포를 따른다.

$$\frac{\overline{Y} - \mu}{\sigma/\sqrt{n}} \sim N(0, 1) \tag{1.6}$$

모분산 σ^2의 추정량인 표본분산 S^2의 표집분포는 직접적으로는 주어지지 않고 대신 정규모집단 하에서 통계량

$$\frac{1}{\sigma^2}\sum_{i=1}^{n}(Y_i - \overline{Y})^2 = \frac{(n-1)S^2}{\sigma^2}$$

이 자유도 $(n-1)$인 카이제곱(χ^2)분포를 따른다. 이를 이용하면 식(1.6)에서 σ^2이 알려지지 않은 경우에 추정량 S^2을 사용한 t 통계량

$$T = \frac{\overline{Y} - \mu}{S/\sqrt{n}} \tag{1.7}$$

는 자유도 $(n-1)$인 t 분포를 따른다는 것을 보일 수 있다. 식(1.7)은 실제로는 다음

식을 간단히 하여 유도된 것으로 볼 수 있는데

$$\frac{\dfrac{\overline{Y}-\mu}{\sigma/\sqrt{n}}}{\sqrt{\dfrac{1}{\sigma^2}\displaystyle\sum_{i=1}^{n}(Y_i-\overline{Y})^2/(n-1)}}$$

위의 식에서 분자는 표준정규분포를 따르며 분모의

$$\frac{1}{\sigma^2}\sum_{i=1}^{n}(Y_i-\overline{Y})^2$$

은 자유도가 $(n-1)$ 인 χ^2 분포를 따르고, 또한 분자와 분모는 서로 독립이므로 t 분포의 정의에 의해 식(1.7)은 자유도가 $(n-1)$ 인 t 분포를 따르게 된다.

식(1.5)에서 표본평균 $\overline{Y}$ 의 표준편차는 $\sigma/\sqrt{n}$로 주어지는데 이 표준편차의 추정값을 **표준오차**(standard error)라 하며 다음과 같이 주어진다.

$$\mathrm{SE}(\overline{y}) = \frac{s}{\sqrt{n}}$$

식(1.7)의 t 통계량을 이용하면 모평균 μ에 대한 신뢰구간을 구할 수 있다. 자유도 $(n-1)$ 인 t 분포의 상위 α 분위수를 $t(\alpha;n-1)$이라 나타내면 t 분포의 대칭성에 의하여 다음 식이 성립한다.

$$\begin{aligned} 1-\alpha &= \Pr\left[-t(\tfrac{\alpha}{2};n-1) < \frac{\overline{Y}-\mu}{S/\sqrt{n}} < t(\tfrac{\alpha}{2};n-1)\right] \\ &= \Pr\left[\overline{Y} - t(\tfrac{\alpha}{2};n-1)\frac{S}{\sqrt{n}} < \mu < \overline{Y} + t(\tfrac{\alpha}{2};n-1)\frac{S}{\sqrt{n}}\right] \end{aligned}$$

따라서 정규분포 가정 하에서 평균 μ에 대한 신뢰수준 $100(1-\alpha)\%$ 신뢰구간은 위의 공식에 추정값을 대입하여 다음과 같이 얻어진다.

$$\overline{y} - t(\tfrac{\alpha}{2};n-1)\frac{s}{\sqrt{n}} < \mu < \overline{y} + t(\tfrac{\alpha}{2};n-1)\frac{s}{\sqrt{n}} \tag{1.8}$$

위의 신뢰구간을 다음과 같은 **신뢰한계**(confidence limits)로 나타내기도 한다.

$$\mu = \overline{y} \pm t(\tfrac{\alpha}{2}; n-1)\,\mathrm{SE}(\overline{y})$$

표본의 값이 관측되기 전에는 위의 구간은 μ를 포함할 확률이 $(1-\alpha)$인 일종의 **확률구간**(random interval)이다. 그러나 Y_i들의 관측값을 대입하여 계산된 구간은 모수 μ를 포함할 확률이 0 또는 1이 된다. 이때 신뢰수준의 의미는 크기 n의 표본들을 반복 추출하여 신뢰구간을 계산하면 이들 중에서 $100(1-\alpha)\%$의 구간들은 μ의 참값을 포함하고 있다는 것이다. 일반적으로 신뢰한계의 공식은 다음과 같은 형식을 가진다.

$$\text{모수} = (\text{점추정량의 값}) \pm c \times (\text{점추정량의 표준오차})$$

위의 식에서 상수 c는 점추정량이 갖는 확률분포의 상위 분위수로 $(1-\alpha)$의 신뢰수준이 만족되도록 선택된다.

평균 μ에 대한 가설검정도 식(1.7)의 t 통계량을 이용하여 할 수 있다. 귀무가설 $H_0 : \mu = \mu_0$ 하에서 검정통계량

$$T = \frac{\overline{Y} - \mu_0}{S/\sqrt{n}}$$

은 자유도 $(n-1)$인 t 분포를 따르게 된다. 위의 값은 모수 μ를 대신하는 $\overline{Y}$와 귀무가설에서 주어진 μ_0와의 차이가 오차의 몇 배인가를 나타내는 것으로, 그 값이 크면 $\overline{Y}$와 μ_0의 차이가 통계학적으로 크다는 의미이므로 귀무가설의 주장이 맞지 않다는 증거가 되어 귀무가설을 기각하게 된다. 기각역은 대립가설의 형태에 따라 유의수준 α하에서 다음의 세 가지로 주어진다.

귀무가설	검정통계량의 값	대립가설	H_0 기각역
		$H_1 : \mu < \mu_0$	$t < -t(\alpha; n-1)$
$H_0 : \mu = \mu_0$	$t = \dfrac{\overline{y} - \mu_0}{\mathrm{SE}(\overline{y})}$	$H_1 : \mu > \mu_0$	$t > t(\alpha; n-1)$
		$H_1 : \mu \neq \mu_0$	$\lvert t \rvert > t(\frac{\alpha}{2}; n-1)$

위의 검정에서 특히 양측검정의 경우, 기각역의 반대 영역은

$$|t| = \left| \frac{\overline{y} - \mu_0}{\mathrm{SE}(\overline{y})} \right| < t(\tfrac{\alpha}{2}; n-1)$$

로 주어지며 이 부등식을 μ_0에 대해 정리하면

$$\overline{y} - t(\tfrac{\alpha}{2}; n-1)\mathrm{SE}(\overline{y}) < \mu_0 < \overline{y} + t(\tfrac{\alpha}{2}; n-1)\mathrm{SE}(\overline{y})$$

와 같은 구간을 얻을 수 있다. 이 구간은 식(1.8)의 신뢰구간과 동일한 것으로, 이 사실에서 우리는 신뢰구간과 양측검정의 유사성을 찾을 수 있다. 일반적으로 어느 모수의 가설에 대한 양측검정에서 귀무가설에 주어진 모수의 값(위의 경우는 μ_0)이 $100(1-\alpha)\%$ 신뢰구간 밖에 있으면 귀무가설을 유의수준 α하에서 기각할 수 있다.

예제 1.6

자료 'hweight'에 있는 20~24세 남자들의 자료를 이용하여

(1) 남자들의 평균 키에 대한 95% 신뢰구간을 구하여라.

(2) 남자들의 평균 키가 173cm이라는 주장에 대한 양측 t 검정을 유의수준 $\alpha = 0.05$에서 실시하여라.

풀이 (1) R을 이용하면 다음과 같이 간단하게 신뢰구간을 구할 수 있다.

```
> male <- subset(hweight, gender=="M")
> y <- male$height
> n <- length(y)
> mean(y) + qt(c(0.025, 0.975), n-1) * sd(y) / sqrt(n)
[1] 173.1601 174.3957
```

(2) 이 문제에 대한 가설은 다음과 같이 설정된다.

$$H_0 : \mu = 173 \qquad H_1 : \mu \neq 173$$

위의 가설에 대한 t 검정을 하기 위해 필요한 통계값을 R을 이용하여 계산해보자.

```
> ( n <- length(y) )
[1] 344
> ( ybar <- mean(y) )
[1] 173.7779
> ( s <- sd(y) )
[1] 5.825728
> ( se <- s / sqrt(n) )
[1] 0.3141022
```

그러므로 t 검정통계량값은

$$t = \frac{\overline{y} - \mu_0}{\mathrm{SE}(\overline{y})} = \frac{173.778 - 173}{0.3141} = 2.477$$

로 주어진다. 위의 식은 귀무가설에서 주어진 값 173과 표본평균 173.778의 차이인 0.778이 오차 0.3141의 2.477배라는 것을 말해주고 있다.

t 통계량값의 유의성을 판단하기 위하여 t 분포에서 자유도 343에 대한 $t(0.025; 343)$ 값을 찾아 비교한다.

```
> qt(0.975, df=length(y)-1)
[1] 1.966904
```

위의 계산에서 얻어진 t 검정통계량의 값 2.477이 $t(0.025; 343) = 1.967$보다 크므로 우리는 귀무가설을 기각하여 대립가설의 주장에 타당성이 있다고 결론을 내린다. 참고로 자유도가 큰 경우 t 분포는 표준정규분포와 같아지므로 표준정규분포의 값 $z(0.025) = 1.960$과 비교하여도 된다.

일반적으로 통계패키지에서는 이와 같이 필요한 분위수를 구하는 불편함을 줄여주는 한편, 유의한 정도를 더욱 명확하게 나타내기 위하여 **p값**(p value)을 계산해주고 있다. p값은 귀무가설 하에서 검정통계량의 관측값보다 큰 값이 나올 확률로 정의되는데, 이 예제의 경우에는 양측검정이므로

$$p = \Pr[\,T > |\,t\,|\,] = 2 \times \Pr[\,T > 2.477\,]$$

로 계산된다. p값은 '귀무가설 H_0를 기각하는 결정이 잘못일 확률', 또는 '귀무가설 H_0가 타당한 증거의 정도를 나타내는 값' 등으로 해석될 수 있는 것으로, 일반적으로 주어진 유의수준이 α일 때

'p값 $< \alpha$이면 H_0를 기각'

하는 방식으로 사용하면 된다.

위의 t 검정에 대한 p값은 다음과 같이 계산할 수 있다. 이 값은 문제에서 주어진 유의수준 0.05 보다 작으므로 귀무가설을 기각하게 된다.

```
> 2*(1 - pt(2.477, df=length(y)-1))
[1] 0.01373061
```

이 문제에서는 양측검정을 하고 있다. 만일 단측검정을 한다면 p값은 양측검정에서의 p값의 반이 된다(이 예제의 경우에는 0.00686).

R에서는 위의 검정을 `t.test()` 함수를 이용하여 직접 수행할 수 있다. 아래에서 `mu` 인자는 귀무가설에서 설정한 모수의 값, `alternative` 인자는 대립가설의 형태 (`"two.sided"`, `"less"`, `"greater"`)를 지정한다.

```
> t.test(male$height, mu=173, alternative="two.sided")

        One Sample t-test

data:  male$height
t = 2.4766, df = 343, p-value = 0.01375
alternative hypothesis: true mean is not equal to 173
95 percent confidence interval:
 173.1601 174.3957
sample estimates:
mean of x
 173.7779
```

참고로 위의 출력물에는 모평균에 대한 95% 신뢰구간이 (173.16, 174.40)으로 주어져 있는데, 이를 이용하여 양측검정을 수행할 수도 있다. 즉, 귀무가설 H_0에 주어진 값이 위의 구간 밖에 있으면 귀무가설을 기각하게 되고, 아니면 기각할 수 없게 된다. 이 예제의 경우에는 173이 신뢰구간 밖에 있으므로 귀무가설을 기각하게 된다.

평균에 대한 구간추정과 t 검정은 분석변수가 정규분포를 따른다는 가정에 근거하고 있다. 따라서 정규성 가정의 타당성을 조사할 필요가 있는데, 이를 위해 [그림 1.5]와 같은 관측자료들의 히스토그램과 Q-Q그림을 이용한다. 왼쪽은 앞에서 설명한 히스토그램이며, 오른쪽은 정규분포에 대한 **Q-Q그림**(quantile-quantile plot)으로 점들이 일직선 위에 위치하게 되면 정규성을 만족한다고 판단한다. R에서는 `qqnorm`(x) 함수로 그릴 수 있으며, `qqline`(x) 함수로 직선을 추가할 수 있다.

```
qqnorm(y)
qqline(y)
```

이 그림에서는 좌우 꼬리 부분에 있는 5개 정도의 점([그림 1.4]의 상자그림에서 특이값으로 판정됨)을 제외하고는 모두 일직선 위에 있으므로 정규성이 만족된다고 볼 수 있다. 이것은 왼쪽의 히스토그램에서도 확인된다.

□

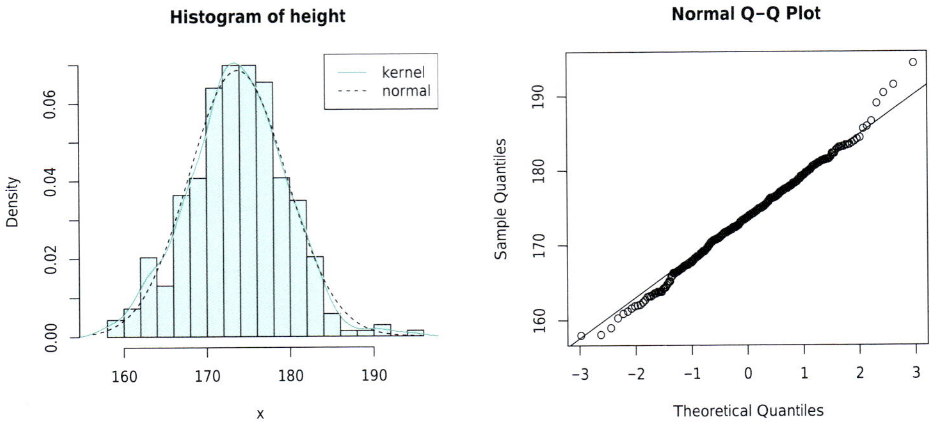

[그림 1.5] 20~24세 남자들의 키 자료에 대한 히스토그램과 Q-Q그림

1.3 상관분석

두 개 이상의 변수들의 관계를 분석하고자 하는 경우에는 두 변수가 모두 이산형변수이면 **분할표**(contingency table), 최소한 한 변수가 연속형변수이면 **산점도**(scatter plot)가 주로 사용된다. 산점도는 한 변수를 수평축(X축), 다른 변수를 수직축(Y축)으로 하여 각각의 관측값을 XY평면상의 좌표값으로 하여 점으로 나타낸 것이다. 이 산점도는 두 변수들의 관계에 대한 기초적이고 중요한 정보를 제공해주므로 회귀분석에서는 필수적으로 사전에 작성하여 살펴볼 필요가 있다. [그림 1.6]은 자료 'hweight'에서 남자들의 몸무게와 키에 대한 산점도를 작성한 것이다. 이 그림에서 우리는 일반적으로 키가 크면 몸무게가 많이 나간다는 상식적인 사실을 확인할 수 있다.(그러나 두 변수가 예상한 만큼의 밀접한 관계를 가지고 있는가?)

1.3.1 공분산과 상관계수

두 변수 간의 관계는 산점도와 같은 그래프를 이용하여 대략적으로 알 수 있다. 그러나 그 관계의 정도를 구체적인 수치로 나타내어주는 측도를 함께 이용하면 두 변수 간의 관계를 더욱 정확하고 객관적으로 파악할 수 있을 것이다. 이러한 용도로 공분산과 상관계수가 사용된다.

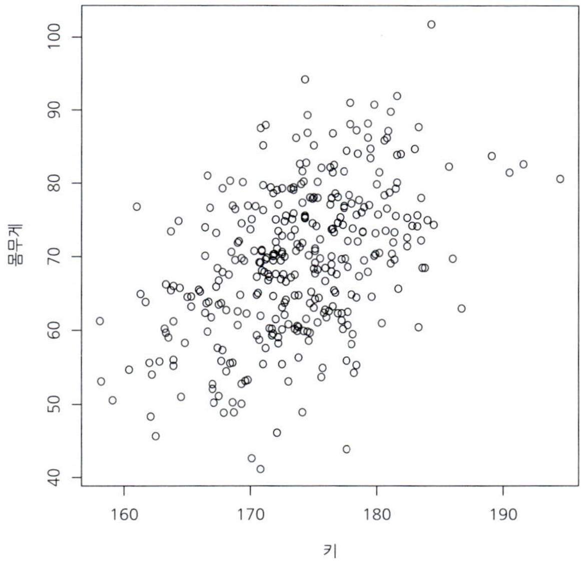

[그림 1.6] 20~24세 남자 344명의 몸무게와 키의 산점도

공분산(covariance)은 두 변수 간의 선형관계를 나타내는 측도로 두 확률변수 X, Y 간의 공분산 $\mathrm{Cov}(X,Y)$는

$$\mathrm{Cov}(X,Y) = \mathrm{E}[\,(X-\mu_X)(Y-\mu_Y)\,]$$

로 정의된다. 공분산의 의미를 파악하기 위해 X가 증가할 때 Y도 증가하는 경우를 생각해보자. 이 경우 μ_X보다 큰 X값에 대응하는 Y값 역시 μ_Y보다 크고, μ_X보다 작은 X값에 대응하는 Y값 역시 μ_Y보다 작다. 그래서 $(X-\mu_X)(Y-\mu_Y)$는 항상 양수값을 가지며 이들의 평균인 공분산 역시 양수값을 가진다. 이와는 반대로 한 변수의 값이 증가할 때 다른 변수의 값이 감소하면 공분산의 값은 음수가 된다는 것을 쉽게 알 수 있다. 그러므로 공분산은 **양의 선형상관**(즉, 한 변수의 값이 증가하면 다른 변수의 값도 선형적으로 증가)이나 **음의 선형상관**(즉, 한 변수의 값이 증가하면 다른 변수의 값은 선형적으로 감소)의 두 변수 간의 상호관계를 알려주는 측도가 된다.

공분산의 공식에서 곱을 전개하여 정리하면 다음과 같은 유용한 관계식을 얻는다.

$$\mathrm{Cov}(X,Y) = \mathrm{E}[\,XY\,] - \mu_X\mu_Y$$

이 식에서 두 확률변수 X, Y가 서로 독립이면 식(1.1)에 의하여 두 확률변수의 공분산은 0이 됨을 알 수 있다. 그러나 역은 일반적으로 성립하지 않는다. 다만, 정규분포에서는 두 확률변수의 공분산이 0이면 독립이 성립한다.

공분산 자체도 좋은 측도이나 공분산은 X와 Y의 단위에 의존하므로 다른 자료와 비교할 때 불편하다는 단점이 있다. 변수의 종류나 특정 단위에 관계없는 측도를 구하기 위해 공분산을 X와 Y의 표준편차인 σ_X와 σ_Y의 곱으로 나누어 표준화시키는데 이를 **모집단 상관계수**(population correlation coefficient)라 부르고 ρ라고 표시한다.(개발자의 이름을 붙여 Pearson의 곱적률(product moment) 상관계수라고도 한다.)

$$\rho = \frac{\mathrm{Cov}(X, Y)}{\sigma_X \sigma_Y}$$

상관계수 ρ는 다음과 같이 해석된다.

1. ρ는 변수의 종류나 특정 단위에 관계없는 측도로 -1과 $+1$ 사이의 값을 가지며, ρ의 값이 $+1$에 가까울수록 강한 양의 상관관계를, -1에 가까울수록 강한 음의 상관관계를 나타내며, 0에 가까울수록 선형관계는 약해진다.

2. X와 Y의 대응되는 모든 값들이 한 직선 상에 위치하면 ρ의 값은 -1(직선의 기울기가 음인 경우)이나 $+1$(직선의 기울기가 양인 경우)의 값을 가진다.

3. 상관계수 ρ는 단지 두 변수 간의 선형관계만을 나타내는 측도이다. 그러므로 $\rho = 0$인 경우에 두 변수의 선형상관관계는 없지만 다른 관계는 가질 수 있다.

1.3.2 상관계수의 추정과 검정

두 확률변수 X와 Y의 n개의 표본 $(X_1, Y_1), \cdots, (X_n, Y_n)$이 주어졌을 때 이들 표본에 대한 상관계수를 정의할 수 있는데, 이를 **표본상관계수**(sample correlation coefficient)라 부른다. 표본상관계수의 공식은 모집단상관계수의 공식에서 각각의 모수를 추정량으로 대체하여 얻을 수 있다. 즉, 두 변수 X와 Y의 공분산 추정량 S_{XY}는

$$S_{XY} = \frac{1}{n-1} \sum_{i=1}^{n} (X_i - \overline{X})(Y_i - \overline{Y})$$

와 같이 정의되므로, X와 Y의 표준편차 추정량을 각각 S_X, S_Y로 나타내면 상관계수의 추정량은 다음과 같이 주어진다.

$$R = \frac{S_{XY}}{S_X S_Y} = \frac{\sum_{i=1}^{n}(X_i - \overline{X})(Y_i - \overline{Y})}{\sqrt{\sum_{i=1}^{n}(X_i - \overline{X})^2 \sum_{i=1}^{n}(Y_i - \overline{Y})^2}}$$

추정량 R은 모집단상관계수 ρ의 점추정량으로 사용되며, 그 해석은 ρ의 해석과 같다. 위의 식에 관측값을 대신 사용하면 표본상관계수 r을 구할 수 있다.

$$r = \frac{s_{xy}}{s_x s_y} = \frac{\sum_{i=1}^{n}(x_i - \overline{x})(y_i - \overline{y})}{\sqrt{\sum_{i=1}^{n}(x_i - \overline{x})^2 \sum_{i=1}^{n}(y_i - \overline{y})^2}}$$

표본상관계수 r은 모집단상관계수 ρ의 가설검정에도 이용된다. ρ에 대한 가설검정에서 일차적으로 관심 있는 것은 $H_0 : \rho = 0$, 즉, 선형상관관계의 존재여부에 대한 것이다. 이에 대한 가설검정은 추정량 R을 t 분포를 따르도록 변환하여 다음과 같이 할 수 있다. 즉, 두 확률변수 X와 Y가 이변량 정규분포를 갖는다는 가정 하에 R의 함수

$$T = \sqrt{n-2}\frac{R}{\sqrt{1-R^2}} \tag{1.9}$$

는 귀무가설 $H_0 : \rho = 0$하에서 자유도 $(n-2)$인 t 분포를 따른다. 그러므로 이를 이용하여 다음과 같은 t 검정을 할 수 있다.

귀무가설	검정통계량의 값	대립가설	H_0 기각역
		$H_1 : \rho < 0$	$t < -t(\alpha; n-2)$
$H_0 : \rho = 0$	$t = \sqrt{n-2}\frac{r}{\sqrt{1-r^2}}$	$H_1 : \rho > 0$	$t > t(\alpha; n-2)$
		$H_1 : \rho \neq 0$	$\lvert t \rvert > t(\frac{\alpha}{2}; n-2)$

임의의 ρ값에 대한 가설검정은 다음에 정의된 피셔(Fisher)의 Z 변환을 이용하여 근사적으로 수행할 수 있다. 상관계수 추정량 R의 변환된 값

$$\frac{1}{2}\ln\frac{1+R}{1-R}$$

은 표본의 크기 n이 충분히 클 때 근사적으로 정규분포

$$N\left(\frac{1}{2}\ln\frac{1+\rho}{1-\rho},\ \frac{1}{n-3}\right)$$

를 따른다. 이 사실을 이용하면 표준화된 통계량

$$\begin{aligned} Z &= \frac{\frac{1}{2}\ln\frac{1+R}{1-R} - \frac{1}{2}\ln\frac{1+\rho}{1-\rho}}{1/\sqrt{n-3}} \\ &= \frac{1}{2}\sqrt{n-3}\ln\left[\frac{(1+R)(1-\rho)}{(1-R)(1+\rho)}\right] \end{aligned}$$

는 표준정규분포를 따르므로 ρ의 임의의 값에 대한 가설검정을 다음과 같이 할 수 있다.

귀무가설	검정통계량의 값	대립가설	H_0 기각역
$H_0: \rho = \rho_0$	$z = \frac{1}{2}\sqrt{n-3}\ln\left[\frac{(1+r)(1-\rho_0)}{(1-r)(1+\rho_0)}\right]$	$H_1: \rho < \rho_0$	$z < -z(\alpha)$
		$H_1: \rho > \rho_0$	$z > z(\alpha)$
		$H_1: \rho \neq \rho_0$	$\lvert z \rvert > z(\frac{\alpha}{2})$

예제 1.7

자료 'hweight'에 있는 20∼24세 남자들의 몸무게와 키의 자료에서

(1) 두 변수 간의 표본상관계수를 구하여라.

(2) 두 변수 간의 상관계수가 $\rho = 0.4$라는 가설을 유의수준 0.05에서 양측검정하여라.

풀이 (1) R에서 표본상관계수는 cor(x, y) 함수를 이용하여 계산할 수 있다.

```
> male <- subset(hweight, gender=="M")
> with(male, cor(height, weight))
[1] 0.4613025
```

상관계수에 대한 유의성 검정에는 `cor.test`(x, y) 함수를 이용할 수 있다.

```
> with(male, cor.test(height, weight))

        Pearson's product-moment correlation

data:  height and weight
t = 9.6152, df = 342, p-value < 2.2e-16
alternative hypothesis: true correlation is not equal to 0
95 percent confidence interval:
 0.3737944 0.5406705
sample estimates:
      cor
0.4613025
```

위의 결과에서 두 변수 간의 표본상관계수는 $r = 0.46130$임을 재확인하자. 가설 $H_0 : \rho = 0$에 대한 t 검정통계량값이 9.62로 매우 크며(자유도는 342), p값이 아주 작게 주어졌다('`p-value < 2.2e-16`'은 p값이 2.2×10^{-16}보다 작다는 뜻임). 그러나 이것은 상관계수가 0이라는 가설에 대한 것이므로 여기에서는 의미가 없다.

(2) 몸무게와 키 간의 상관계수가 0.4라는 가설에 대해서는 본문에 주어진 피셔의 Z 변환 통계량값을 계산하여 정규검정을 하게 된다. 이 검정을 직접 수행해도 되지만 대안으로 위의 R 출력물에 있는 피셔의 Z 변환 통계량에 근거하여 계산된 신뢰구간을 사용하여 할 수도 있다. 상관계수 ρ에 대한 95% 신뢰구간이 $(0.374, 0.541)$로 주어지는데, 귀무가설의 값 0.4가 이 구간 내에 있으므로 우리는 귀무가설을 기각할 수 없게 된다. ρ에 대한 신뢰구간 공식은 연습문제에 주어져 있다([연습문제 1.8] 참조).

피셔의 Z 변환에 의한 검정통계량은 R 출력물에 제시되어 있지 않다. 앞에 주어진 공식을 이용하여 직접 계산해보자.

```
> male <- subset(hweight, gender=="M")
> ( n <- nrow(male) )
[1] 344
> ( r <- with(male, cor(height, weight)) )
[1] 0.4613025
> rho <- 0.4
> ( z <- 1/2 * sqrt(n-3) * log( ((1+r)*(1-rho)) / ((1-r)*(1+rho)) ) )
[1] 1.390793
> ( p.value <- 2 * (1 - pnorm(z)) )
[1] 0.1642883
```

이것으로 $z = 1.391$이고, 이에 해당하는 p값은 0.164이므로 귀무가설을 기각할 수 없음을 확인할 수 있다.

□

연습문제

1.1 어느 대학교의 통계학 수업에서 학생들의 결석횟수(Y)를 조사한 결과 아래의 분포를 얻을 수 있었다.

Y	0	1	2
$\Pr[Y=y]$	0.8	0.15	0.05

결석횟수의 기댓값과 분산을 계산하여라.

1.2 생산 공장에서 특정한 기계가 작동되는 비율(Y)의 분포는 다음과 같은 확률밀도함수로 표현될 수 있다.

$$f(y) = 2y, \quad 0 \le y \le 1$$

(1) Y의 기댓값과 분산을 구하여라.

(2) 기계를 가동할 때 매주 발생되는 수익(W)은 $W = 200Y - 60$으로 주어진다. 수익의 기댓값과 분산을 구하여라.

1.3 확률변수 Y의 평균이 μ_Y이고 표준편차가 σ_Y일 때, Y의 표준화 확률변수

$$Z = \frac{Y - \mu_Y}{\sigma_Y}$$

의 평균이 0이고, 분산은 1이 됨을 보여라.

1.4 두 확률변수 Y_1, Y_2의 결합확률분포가 아래의 표와 같이 주어진다.

	Y_2		
Y_1	0	1	2
0	1/9	2/9	1/9
1	2/9	2/9	0
2	1/9	0	0

(1) 확률 $\Pr[Y_1 \le 1, Y_2 \le 1]$을 계산하여라.

(2) Y_1, Y_2의 주변확률분포를 각각 구하여라.

(3) $Y_1 = 0$으로 주어질 때 Y_2의 조건부확률분포를 구하여라.

(4) 확률변수 Y_1, Y_2는 서로 독립인가?

(5) 확률변수 Y_1, Y_2의 주변확률분포가 (2)에서 구한 것으로 주어지고, 두 확률변수가 서로 독립이라 가정할 때 두 확률변수의 결합확률분포를 구하여라.

1.5 두 확률변수 Y_1, Y_2의 결합확률밀도함수가 다음과 같이 주어진다.

$$f(y_1, y_2) = 4y_1y_2, \quad 0 \le y_1 \le 1,\ 0 \le y_2 \le 1$$

(1) 확률 $\Pr\left[Y_1 \le \frac{1}{2}, Y_2 \le \frac{3}{4}\right]$을 계산하여라.

(2) Y_1의 주변확률밀도함수를 구하여라.

(3) Y_2의 주변확률밀도함수를 구하여라.

(4) $Y_1 = y_1$으로 주어질 때 Y_2의 조건부확률밀도함수를 구하여라.

(5) 확률변수 Y_1, Y_2는 서로 독립인가?

1.6 본문의 1.1.3절에 주어진 이변량 정규분포의 결합확률밀도함수를 참조하여, 정규분포의 경우 상관계수가 0이면 두 확률변수는 독립이 됨을 설명하여라.

1.7 표준정규분포를 따르는 확률변수 Z에 대해 다음 각 질문에 답하여라.

(1) 확률변수 Z의 평균, 중앙값은 얼마인가?

(2) 제1, 제3 사분위수인 Q_1과 Q_3 간에는 $Q_1 = -Q_3$가 성립함을 설명하여라.

(3) Q_3의 값이 대략 0.675 임을 확인하여라.

(4) $IQR = Q_3 - Q_1$을 이용하여 구간 $(Q_1 - 1.5 \times IQR, Q_3 + 1.5 \times IQR)$은 $(-4Q_3, 4Q_3)$가 됨을 보여라.

(5) 확률변수 Z가 구간 $(Q_1 - 1.5 \times IQR, Q_3 + 1.5 \times IQR)$ 밖에 있을 확률이 근사적으로 0.007이 됨을 보여라. 이 결과에서 우리는 정규분포의 경우 특이값이 발생할 확률은 약 0.7%가 됨을 알 수 있다.

1.8 상관계수 추정량 R에 대한 피셔(Fisher)의 Z변환을 사용하면 상관계수 ρ에 대한 근사 신뢰구간을 구할 수 있다. 본문에서 통계량 $Z = \frac{1}{2}\sqrt{n-3}\ln\left[\frac{(1+R)(1-\rho)}{(1-R)(1+\rho)}\right]$가 근사적으로 표준정규분포를 따르므로, 통계량 Z가 $(-z(\frac{\alpha}{2}), z(\frac{\alpha}{2}))$사이에 있을 확률이 $1-\alpha$가 된다.

(1) 위의 사실을 이용하여 ρ에 대한 신뢰구간이 다음과 같이 주어짐을 보여라.

$$\left(\frac{1-C_U}{1+C_U},\ \frac{1-C_L}{1+C_L}\right)$$

단, 위에서 $C_L = \frac{1-r}{1+r}\exp\left(-z(\frac{\alpha}{2})\frac{2}{\sqrt{n-3}}\right)$, $C_U = \frac{1-r}{1+r}\exp\left(z(\frac{\alpha}{2})\frac{2}{\sqrt{n-3}}\right)$이다.

(2) 자료 'hweight'에서 남자의 키와 몸무게의 관계를 분석해 보자. 자료수는 $n = 344$이며, 표본상관계수는 $r = 0.4613$이다. 이 값을 위의 공식에 대입하여 95% 신뢰구간을 계산하고, R의 cor.test() 함수를 사용한 결과와 일치함을 보여라.

1.9 수리통계학 교재 등 관련 있는 참고문헌을 찾아 다음 사실들을 확인하여라.

(1) 자유도가 무한대로 커지면 t 분포는 표준정규분포와 동일하게 된다.
(2) 표준정규분포를 따르는 확률변수의 제곱은 자유도 1인 카이제곱분포를 따른다.
(3) 자유도가 v인 t 분포를 따르는 확률변수의 제곱은 분자의 자유도가 1이고 분모의 자유도가 v인 F 분포를 따른다.

⋆ ⋆ ⋆

1.10 R의 hist() 함수를 사용하여 자료 'hweight'에 있는 20~24세 여자들의 키와 몸무게에 대한 히스토그램을 작성하여라(density() 함수와 lines() 함수를 사용하여 히스토그램 위에 평활곡선을 추가할 것). 작성한 히스토그램을 참조하여 여자들의 키와 몸무게의 분포의 특성을 각각 설명하여라.

1.11 자료 'hweight'에 있는 20~24세 남녀별 몸무게와 키에 대하여

(1) 기본 함수인 plot()을 사용하여 전체 자료에 대해 키를 수평축, 몸무게를 수직축으로 하는 산점도를 작성하여라. plot() 함수에서 col 인자를 지정하면 남녀별 관측값을 다른 색으로 구별하여 표시할 수 있다.

```
plot(weight ~ height, col=gender, data=hweight)
```

또는 lattice 패키지의 xyplot() 함수를 사용하면서 group 인자를 지정하여 그릴 수도 있다.

```
library(lattice)
xyplot(weight ~ height, groups=gender, data=hweight)
```

남녀별 분포를 비교 설명하여라.

(2) `boxplot()` 함수를 사용하여 남녀별 몸무게에 대한 상자그림을 작성하고, 몸무게의 분포를 남녀별로 비교 설명하여라. 중심위치는 어느 집단이 큰가? 남자와 여자들의 산포도가 차이가 나는가? 특이값은 존재하는가?

1.12 자료 '`hweight`'에 있는 여자들의 키에 대한 기본측도들을 계산하여라.

(1) 자료의 개수는?
(2) 표본평균과 중앙값은 각각 얼마인가?
(3) 표본분산과 표본표준편차는 각각 얼마인가?
(4) 표본평균의 표준오차는 얼마인가?
(5) 주어진 정보를 이용하여 모평균에 대한 95% 신뢰구간을 구하여라.
(6) 주어진 정보를 이용하여 모평균에 대한 가설 $H_0 : \mu = 165$, $H_1 : \mu > 165$를 검정하기위한 t 통계량 값을 계산하여라. 어느 가설이 타당한가?

1.13 `t.test()` 함수를 이용하여 자료 '`hweight`'에 있는 여자들의 키에 대한 가설 $H_0 : \mu = 160$, $H_1 : \mu > 160$에 대한 검정을 수행하여라.

(1) t 검정통계량의 값은 얼마인가?
(2) p값은 얼마인가? 가설검정의 결과에 대해 설명하여라.
(3) 만약 대립가설이 양측가설, 즉, $H_1 : \mu \neq 160$으로 주어지면 p값은 얼마인가?
(4) 모평균에 대한 95% 신뢰구간을 구하여라.
(5) 신뢰구간을 이용한 검정도 위의 양측 t 검정결과와 일치하는가?
(6) `qqnorm()`, `qqline()` 함수를 이용하여 Q-Q 그림을 그리고, 자료의 정규성에 대하여 판단하여라.

1.14 `plot()` 함수를 이용하여 자료 '`hweight`'에 있는 여자들의 키와 몸무게에 대한 산점도를 작성하여라.

(1) 두 변수 간의 상관계수는 대략 얼마 정도라고 예상하는가?
(2) 본문에 있는 남자들의 키와 몸무게의 산점도와 비교할 때 두 변수 간의 관계에 있어서 남녀 간에 차이가 있는가?
(3) `cor()` 함수를 사용하여 여자들의 키와 몸무게에 대한 상관계수를 추정하여라.

(4) 두 변수 간의 상관계수가 $\rho = 0.4$라는 가설에 대한 양측검정을 유의수준 0.05에서 수행하여라.

1.15 자료 'waist'는 허리둘레(waist)와 목둘레(neck) 간에 어떠한 관계가 있는지를 알아보기 위해 대학생 16명을 무작위로 추출하여 조사한 자료이다(측정단위: inch).

(1) 허리둘레를 수직축, 목둘레를 수평축으로 하는 산점도를 작성하여라.
(2) cor() 함수를 사용하여 두 변수 간의 상관계수를 추정하고, 상관계수가 $\rho = 0.9$라는 가설에 대한 양측검정을 유의수준 0.05에서 수행하여라.
(3) 목둘레의 값으로 허리둘레를 예측하는 것이 타당하다고 생각하는가?

1.16 자료 'examscore'는 어느 대학교 회귀분석 과목의 중간고사(mid)와 기말고사(final) 점수이다.

(1) 기말점수를 수직축, 중간점수를 수평축으로 하는 산점도를 작성하여라.
(2) 산점도를 보고 두 점수의 평균값을 추측해보아라. 산포도는 어느 점수가 더 큰가? 상관계수의 값은 대략 얼마 정도라고 짐작되는가?
(3) R로 통계값을 계산하고 위의 추측결과를 확인하여라. 함수 sapply(d, f)를 이용하면 데이터프레임 d의 각 열(변수)에 대해 함수 f를 적용한 결과를 얻을 수 있다. 예를 들어, 아래와 같이 실행하면 각 열(변수)의 표본표준편차를 계산할 수 있다.

```
> sapply(examscore, sd)
     mid    final
14.01794 10.84672
```

(4) 중간점수와 기말점수의 평균값과 표준편차를 각각 $\overline{x}, \overline{y}$와 s_x, s_y로 나타내자. 산점도 위에 abline(a, b) 함수를 이용하여 두 점 $(\overline{x}, \overline{y})$와 $(\overline{x}+s_x, \overline{y}+s_y)$를 연결하는 직선을 그어라(이 직선을 **SD직선**(SD line)이라 한다). SD직선을 기준으로 볼 때 중간고사 성적이 상위권에 있던 학생들의 기말고사 성적은 어떠한가? 하위권 학생들의 경우는?

1.17 두 변수 X, Y의 관측값 5개가 다음 표와 같이 주어진다.

X	1	2	3	4	5
Y	2	4	5	4	3

(1) 두 변수의 표본상관계수 r을 구하여라.

(2) 모집단상관계수 ρ가 0 이라는 가설을 검정하여라.

(3) 위의 값들의 산점도를 작성하고 두 변수가 어떤 관계에 있는지 설명하여라.

1.18 아래는 신뢰구간에서 신뢰수준의 의미를 설명하기 위해 작성된 모의실험용 R 함수이다. 이 함수를 여러 번 실행하여 출력되는 그림과 값들을 관측한 다음 결과를 해석하여라. 또한 설정된 인자들의 값을 변경하여서도 여러 번 실행해보아라.

```
sim.ci <- function(nci=100, alpha=0.10, n=30, mu=10, sigma=10) {
     xbar <- numeric(nci)
     for( i in 1:nci ) xbar[i] <- sum(rnorm(n, mu, sigma)) / n
     width <- qnorm(1-alpha/2) * sigma / sqrt(n)
     matplot( rbind(xbar-width, xbar+width), rbind(1:nci,1:nci),
              type='l', lty=1, xlab="mu", ylab="")
     abline(v=mu)
     title(main="Confidence Interval Simulation for Normal Population Mean")
     conflevel <- sum( (xbar-width < mu) & (mu < xbar+width) ) / nci
     conflevel
}
```

1.19 이항분포, 포아송분포 등 특정 분포에 대해 중심극한정리를 시각적으로 보여주는 고의실험을 위한 R 함수를 [연습문제 1.18]을 참조하여 작성해보아라.

2

단순선형회귀분석

이 장에서는 회귀분석의 기초개념으로 회귀모형의 설정 및 의미, 관련된 용어들에 대하여 설명한다. 그리고 가장 간단한 경우로 두 변수 간의 관계만을 생각하는 단순선형회귀모형에 대하여 회귀분석에 필요한 여러 가지 기초적인 분석방법들을 설명한다. 구체적으로 회귀모형의 설정, 모형에 포함된 모수들의 추정 및 추론, 적합도 조사, 그리고 잔차분석 등의 문제들을 다룬다.

2.1 회귀분석의 기초개념

대부분의 자연현상이나 사회현상들은 관련된 여러 변수들의 상호작용에 의하여 발생한다고 볼 수 있다. 과학의 목적은 이와 같은 현상들을 이해하고 규명하고자 하는 것으로 통계학은 이를 위한 여러 가지 방법들을 제시하고 있다. 특히 어떤 현상이 변수들의 인과관계에 의하여 나타날 때 그 관계를 수학적으로 설명하기 위하여 사용되는 통계적 방법들 중의 하나가 회귀분석(回歸分析, regression analysis)이다. 회귀분석에서는 먼저 변수들 간의 관계를 나타내는 타당한 수학적 모형을 과학적 이론이나 경험에 근거하여 설정하고, 변수들의 관측된 값을 이용하여 그 모형을 추정한 다음, 추정한 모형에 의해 변수들 간의 관계를 설명하거나 예측 등의 분석에 응용하게 된다. 예를 들어, 어떤 화학공정에서 생산품의 한 특성(Y)과 온도(X_1)와 압력(X_2)의 두 변수 사이의 관계에

대한 수학적 모형

$$Y = f(X_1, X_2)$$

를 설정하였다고 하자. 이 경우에 우리는 이 모형을 이용하여 생산품의 특성이 온도와 압력에 따라 어떻게 변화하는지를 설명할 수 있어 그 화학공정에 대한 이해를 할 수 있을 뿐만 아니라, 그 특성의 특정 값에 대한 온도와 압력의 조건을 추론할 수 있어 결과적으로 생산비용을 줄이거나 또는 생산품의 품질을 향상시키는 등의 효과를 얻을 수 있다.

변수들 간의 관계를 나타내는 수학적 모형은 일반적으로 두 가지 형태, 즉, **결정적 모형**(deterministic model)과 **통계적 모형**(statistical model)으로 분류될 수 있다. 결정적 모형은 변수들 간의 관계가 오차(error)가 존재하지 않는 정확한 수학적 함수관계로 설정된 모형을 뜻한다. 예를 들면, 아인슈타인의 공식

$$E = mc^2$$

은 에너지(E)와 질량(m) 간의 정확한 관계를 나타낸다. 또 다른 예로, 자유 낙하된 공의 낙하거리 Y는 시간 t의 함수로

$$Y = \frac{1}{2}gt^2$$

와 같이 주어진다(g는 중력상수).

통계적 모형은 이와는 달리 변수들 간의 관계에 오차를 허용하는 모형이다. 이와 같은 모형을 생각하는 이유는 대략 세 가지로 설명할 수 있다. 첫 번째는 변수들 간의 관계가 이론적으로 어떤 정확한 수학적 함수관계에 있다 하더라도 변수들의 값을 관측하는 경우에는 측정오차 등 여러 가지 잡음(noise)으로 인하여 설정된 함수관계가 완벽하게 만족되지는 않는다는 것이다. 예를 들어, 위의 공 낙하 문제에서 시간 t의 여러 값에서 공의 낙하거리를 측정하면 측정오차, 풍속, 풍향 등 여러 가지 요인으로 인하여 정확하게 위의 식을 만족하지 않는다. 그러므로 이들 외적요인들을 오차(error)로 생각하면

$$Y = \frac{1}{2}gt^2 + \varepsilon$$

와 같은 형태의 통계적 모형을 생각할 수 있다. 이 식에서 ε은 측정오차 등 모든 잡음을 통합적으로 나타내는 오차항으로 각 관측값들이 이론적 관계를 벗어나는 정도를 나타낸다. ε('엡실론'이라 읽음)은 그리스문자로 통계모형에서 오차를 나타낸다.

통계적 모형을 생각하는 두 번째 이유는 많은 문제들에 있어서 변수들 간의 관계가 정확하게 알려져 있지 않거나, 또는 알려져 있다 하더라도 복잡한 형태로 주어지는 경우 근사적 모형을 사용한다는 것이다. 예를 들어, 위의 생산품 특성과 온도, 압력과의 관계에 대한 수학적 모형을 정확하게 설정할 수 없을 때, 만일 변수들 간의 관계가 거의 선형적이라면 우리는 근사적 모형으로 온도와 압력의 일차식

$$f(X_1, X_2) \approx \beta_0 + \beta_1 X_1 + \beta_2 X_2$$

을 가정하고, 이 근사식의 사용으로 인한 오차를 ε에 포함시켜 통계적 모형

$$Y = \beta_0 + \beta_1 X_1 + \beta_2 X_2 + \varepsilon \tag{2.1}$$

을 설정할 수 있다. 오차항을 반영하는 세 번째 이유는, 위의 화학공정 예제에 있어서 생산품 특성은 실제로는 온도와 압력 외에 다른 많은 변수들에 의해서도 영향을 받게 된다. 그러나 이러한 모든 변수들을 모형에 포함시켜 분석하는 것은 어려우므로 우선 온도와 압력의 영향에 대해서만 분석하고자 할 때, 생산품의 특성과 관련된 그 외 변수들의 영향을 오차항에 포함시켜 나타내고자 하는 것이다. 그러므로 오차항은 단지 잡음들의 집합이 아니라 우리가 미처 생각하지 못한 중요한 정보를 가지고 있을 수도 있는 모형의 일부분이 될 수도 있다.

그러므로 변수들의 관계가 이론적 근거에 의하여 설정되든 또는 근사적으로 설정되든지에 관계없이 통계적 모형은 타당한 분석도구가 될 수 있다. 오차항 ε은 모형의 설정에 중요한 역할을 하는데, 실제 회귀분석은 ε에 대한 몇 가지 가정들에 근거하여 수행된다 (2.6절 참조).

회귀분석에서는 위와 같은 통계적 모형을 **회귀모형**(regression model)이라 부른다. 그리고 변수들 간의 관계를 나타내는 $f(X_1, X_2) = \beta_0 + \beta_1 X_1 + \beta_2 X_2$ 등의 관계식을 **회귀식**(regression equation)이라 하며, 서로 관계를 가지고 있는 변수들 중에서 다른 변수에 의해 영향을 받는 변수를 **종속변수**(dependent variable)라 한다. 종속변수는 우리가 설명하고자 하는 변수로, 주로 다른 변수들에 대한 반응으로 관측되므로 **반응변수**(response variable)라고도 한다. 그리고 종속변수에 영향을 주는 변수를 **독립변수**(independent variable)라 부른다. 또는 종속변수를 설명하는데 이용되는 변수이므로 **설명변수**(explanatory variable)라고도 한다.

통계학에서는 전통적으로 종속변수와 독립변수라는 용어를 많이 사용해왔으나 그 의미가 명확하지 않아 잘못 해석되는 경우가 많았다. 특히 회귀분석은 종속변수인 Y를 분석하기 위해 사용하는 통계기법으로, Y가 주된 변수인데 이를 "종속" 변수라고 칭하는 것은 정확한 의미전달이 아닐 수 있다(실제로 사회과학, 경제학 등에서는 조금씩 다른 명칭을 사용하고 있다). 그래서 이 책에서는 앞으로 종속변수 대신에 반응변수, 독립변수 대신에 설명변수의 용어를 사용하도록 한다. 앞의 예에서 온도와 압력의 변화에 따른 생산품의 특성의 변화를 분석하는 것이 목적이라면 생산품의 특성은 반응변수에, 온도와 압력은 설명변수에 해당된다. 회귀모형(2.1)에서 각 항의 계수 $\beta_0, \beta_1, \beta_2$는 미지의 모수로 이를 **회귀계수**(regression coefficient)라 한다. 회귀식을 추정한다는 것은 곧 이들 회귀계수들의 값을 추정하는 것이 된다.

회귀모형은 사용되는 회귀식의 특성에 따라 몇 가지로 분류할 수 있다. 우선 회귀식에 포함된 설명변수의 개수에 따라 설명변수가 1개인 단순회귀모형과 모형(2.1)과 같이 설명변수가 2개 이상인 경우의 중회귀모형(3장)으로 구분된다. 또한 회귀식의 형태에 따라서도 분류할 수 있는데, 회귀식이 모형(2.1)에서와 같이 모수의 선형함수로 주어지는 선형회귀모형과 회귀식이 모수의 비선형함수로 주어지는 비선형회귀모형(9장)으로 구분할 수 있다. 예를 들어, 위의 예제에서 생산품의 특성과 온도, 압력과의 관계식으로 선형함수가 적당하지 않은 경우에는 분석자는 모형(2.1) 대신에

$$Y = \beta_0 + \beta_1 e^{\beta_2 X_1} + \beta_3 e^{\beta_4 X_2} + \varepsilon$$

와 같은 비선형회귀모형을 제시할 수도 있을 것이다.

회귀(回歸)라는 용어는 영국의 생물학자 프랜시스 골턴(Francis Galton)이 아버지의 키와 아들의 키의 관계를 분석한 연구에서 처음 사용되었다. 그는 아들들의 키는 아버지들의 키를 닮아 가는 경향과 함께 사람들의 평균키에 가까이 가려는 현상이 있음을 밝혔다. 구체적으로 [그림 2.1]을 참조하여 보면, 평균키보다 큰 아버지들의 집단에서 태어난 아들들의 키의 평균은 전체 아들들의 평균키보다는 크지만 아버지들의 평균키보다는 대체로 작으며, 이와 반대로 평균키보다 작은 아버지들의 집단에서 태어난 아들들의 키의 평균은 전체 아들들의 평균키보다는 작지만 아버지들의 평균키보다는 대체로 크게 됨으로써 사람들의 키는 항상 균형을 유지하려는 경향이 있다는 것이다. 골턴은 이 현상을 '평범으로의 회귀(regression towards mediocrity)'라고 설명하였다.

골턴이 아버지의 키와 아들의 키의 관계를 분석한 것과 같이 변수들의 관계를 분석

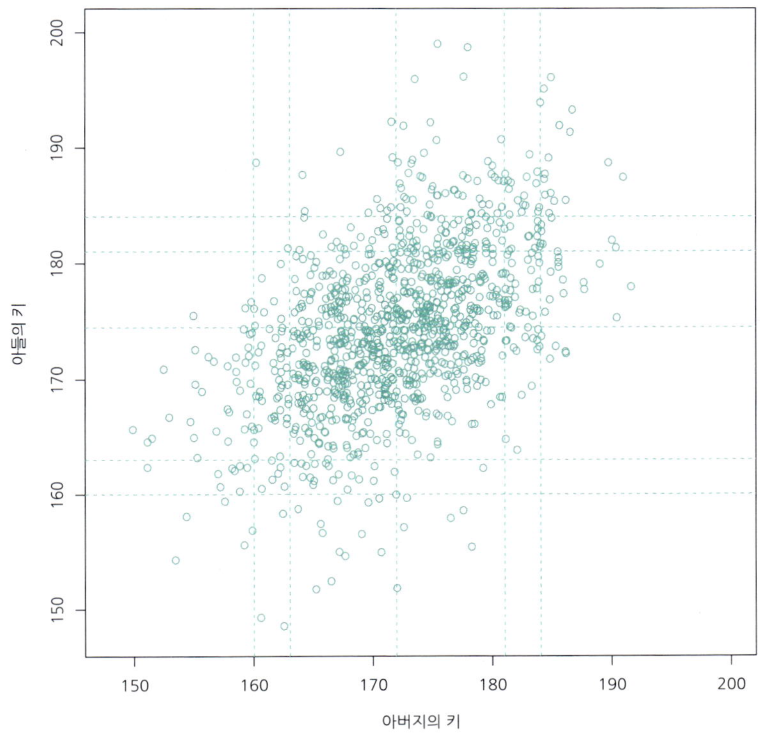

[그림 2.1] 골턴의 키 자료: X, Y 축의 가운데 점선은 평균값을 나타내며, 양축에 구간 $[160, 163]$과 $[181, 184]$가 역시 점선으로 표시되어있다. 구간 $[181, 184]$에서 보면 아버지들의 키가 평균(171.93)보다 크므로 대부분 아들들의 키 역시 평균(174.46)보다 크다. 그러나 상당수가 자신들의 아버지 키보다는 작다.

하는 방법을 회귀분석이라 일컫게 되었으나, 실제 회귀라는 용어는 분석방법과는 전혀 관계가 없다고 할 수 있다. 이와 같은 역사를 가진 회귀분석은 1970년대 이후 컴퓨터의 발달과 함께 그 적용범위를 넓혀가기 시작하여 현대통계학에서는 모든 학문분야에서 가장 널리 사용되는 통계분석 방법으로 자리를 잡고 있다. 이제 회귀분석이라는 용어는 단순한 하나의 분석방법이 아닌 변수들의 관계를 규명하기 위한 다양한 통계적 방법들을 통합적으로 지칭하는 것으로 사용되고 있다.

일반적으로 회귀분석을 하는 목적은

(1) 변수들 간에 성립하는 정확한 회귀모형의 구축(model building)
(2) 모형에 포함된 모수들의 추정(parameter estimation)
(3) 추정된 모형을 이용한 예측(prediction)

등을 들 수 있다. 모형의 구축에서는 설명변수들의 선택과 회귀식의 형태가 관심의 대상이고, 모수의 추정에서는 추정방법과 추정값의 통계적 유의성 여부가 중요하다. 그리고 예측을 목적으로 하는 경우에는 추정된 회귀모형의 예측정확도를 조사할 필요가 있을 것이다. 물론 이 세 가지를 모두 만족하면 좋겠지만 문제에 따라 분석목적의 순위가 다르므로 모든 경우에 적용할 수 있는 최적의 분석과정을 제시할 수는 없다. 그리고 목적에 따라 분석의 방향이나 방법이 다를 수가 있다. 예를 들면, 모형의 구축이 주목적인 경우에는 모수의 추정값이 통계적으로 유의하지 않은 경우에도 해당 설명변수를 분석자가 중요하다고 판단하면 모형에 포함시킬 수 있다. 따라서 분석자는 사전에 분석의 목적이 무엇인지를 명확하게 인식하고 그에 맞는 통계량과 분석방법을 선택해야 한다.

회귀분석은 앞에서 언급한 것처럼 현대통계학에서 제일 많이 사용되는 방법이므로 한 권의 책으로 전부 다룰 수 없는 많은 분석방법론과 연구결과들이 제안되어 있다. 이 책과 더불어 박성현(1990), Cook & Weisberg(1999), Draper & Smith(1998), Myers(1990) 등을 참조하면 회귀분석에 대한 좋은 길잡이가 될 것이다. 그리고 이 책의 상위 버전이라 할 수 있는 김&강(2010)을 참조하면 이론적인 면을 보강할 수 있을 것이다.

2.2 단순선형회귀모형

회귀모형에서 가장 간단한 형태가 하나의 설명변수만을 다루는 **단순선형회귀모형**(simple linear regression model)이다. 여기서 '단순'은 설명변수가 한 개임을 의미하며, '선형'은 회귀식이 모수들의 일차식으로 주어짐을 의미한다. 이 경우 오차항을 생략한 회귀식은 다음과 같이 나타내어질 수 있다.

$$Y = f(X) = \beta_0 + \beta_1 X \tag{2.2}$$

위의 식은 Y와 X의 미지의 직선관계를 나타내므로 이를 **모집단 회귀식**이라 부른다. 그리고 회귀계수 β_0와 β_1은 위의 직선식에서 각각 **절편**(intercept)과 **기울기**(slope)를 나타내는 미지의 모수이다.

참고로 위에서 설명변수의 의미에 대해서는 주의할 필요가 있다. 예를 들어, 회귀식이

$$Y = f(X) = \beta_0 + \beta_1 \frac{1}{X}$$

로 주어지면 Y와 X는 선형관계를 가진다고 할 수 없다. 그러나 $X^* = 1/X$로 두어

$$Y = f(X^*) = \beta_0 + \beta_1 X^*$$

이라 놓으면 Y와 '설명변수' X^* 사이에는 선형관계가 있다고 할 수 있다. 이와 같이 회귀식에 포함되는 설명변수의 형태에 관계없이 선형회귀식을 생각할 수 있다. 이러한 이유로 '선형'은 회귀식이 모수 β_0와 β_1의 선형함수로 주어짐을 의미한다.

회귀계수 β_0와 β_1을 추정하기 위해서는 반응변수 Y와 설명변수 X의 관측값들, 즉, 표본이 필요하다. 이때 이들 관측값들은 일반적으로 모두 일직선상에 위치하지는 않는다. 왜냐하면, Y와 X가 정확한 선형관계를 가지고 있다 하더라도 관측값에는 측정오차가 있을 수도 있고, 또는 실제로 Y와 X가 정확하게 선형관계를 형성하지 않을 수도 있기 때문이다(2.1절 참조). 그러므로 이들 오차를 함께 생각하여 회귀식을

$$Y_i = \beta_0 + \beta_1 X_i + \varepsilon_i, \quad i = 1, 2, \cdots, n$$

이라 쓸 수 있다. 여기에서 i는 전체 n개의 관측값 중 i번째 값을 나타내는 첨자이고, ε_i는 평균이 0, 분산이 σ^2인 오차를 나타내는 확률변수로 관측값 Y_i가 모집단 회귀식에서 ε_i만큼 떨어져 있음을 의미한다. 그리고 $\varepsilon_i\,(i = 1, 2, \cdots, n)$들은 확률적으로 서로 독립이라 가정한다. 위의 식에서 확률변수 ε_i를 첨가함으로써 Y_i 역시 확률변수가 되는데, 이 식은 미지의 모수 β_0, β_1과 σ^2을 포함하면서 확률변수에 의해 나타내어지는 통계적 모형이 되며 이를 단순선형회귀모형이라 부른다.

위의 모형에서 X_i들은 값이 주어진 상수라고 가정한다. 그리고 오차항 ε_i의 평균이 0이라는 가정에 의하여 식(2.2)의 모집단 회귀식은 다음과 같이 나타내어진다.

$$\mathrm{E}[Y_i] = \beta_0 + \beta_1 X_i \tag{2.3}$$

즉, 모집단 회귀식은 Y의 기댓값을 X의 함수로 나타낸 것으로 보면 된다. 더욱 정확한 표현은 조건부기댓값을 사용하여

$$\mathrm{E}[Y_i \mid X_i] = \beta_0 + \beta_1 X_i$$

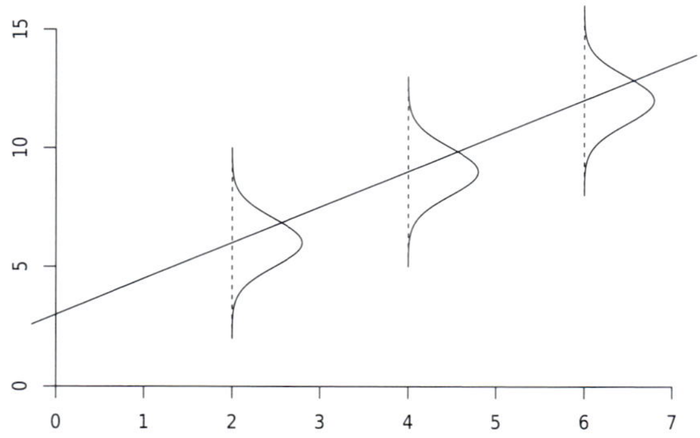

[그림 2.2] 반응변수 Y_i 의 조건부분포의 모양.

와 같이 나타내거나, 또는 X 값은 확률변수가 아닌 상수이므로 소문자를 사용하여

$$\mathrm{E}[\,Y_i \,|\, X = x_i\,] = \beta_0 + \beta_1 x_i$$

로 나타내는 것이다. 이 책에서는 혼동의 염려가 없는 한 이러한 표현들을 모두 사용하고 있다.

한편 X_i 들은 상수이므로, ε_i 의 분산이 σ^2 이라는 가정에 의하여 Y_i 의 분산 역시 σ^2 으로 주어진다. 따라서 Y_i 는 $X = x_i$ 로 주어질 때 평균이 $\beta_0 + \beta_1 x_i$ 이고, 분산이 σ^2 인 확률변수라 할 수 있다. 그리고 ε_i 들이 독립이므로 Y_i 들 역시 독립이다. [그림 2.2]는 모집단 회귀식을 따라 주어지는 Y 의 조건부분포의 모양을 보여준다. X 의 값에 따라 평균은 달라지지만 분산이 같으므로 각 점에서의 분포 모양은 동일하다.

회귀분석에서 회귀계수들의 올바른 해석은 중요하다. 식(2.3)에서 절편 β_0 는 설명변수 X 의 값이 0일 때 Y 의 평균값이며, 기울기 β_1 은 일반적으로 설명변수 X 가 한 단위 증가할 때 움직이는 Y 의 평균값의 변화량이라고 해석할 수 있다. 그러나 X 가 범주형변수인 경우에는 해석에 유의할 필요가 있다. 예를 들어, X 가 성별을 나타내는 변수인 경우(0=남성, 1=여성), β_1 은 여성의 평균값과 남성의 평균값의 차이를 나타낸다. 설명변수가 범주형으로 주어지는 경우들에 대한 자세한 설명은 7장에서 주어진다.

[표 2.1] 앞팔길이와 발길이 자료

표본	1	2	3	4	5	6	7	8	9	10	11	12	13	14	15	16
성별	남	남	남	남	남	남	남	남	남	남	남	남	남	남	남	남
앞팔길이	232	241	241	242	243	246	249	253	255	255	260	262	264	266	269	272
발길이	233	242	242	238	246	248	250	251	257	259	263	261	266	268	268	277

표본	17	18	19	20	21	22	23	24	25	26	27	28	29	30	31	32
성별	여	여	여	여	여	여	여	여	여	여	여	여	여	여	여	여
앞팔길이	201	208	222	227	228	230	230	231	232	232	232	233	234	235	240	244
발길이	200	210	223	224	223	228	225	233	225	235	233	235	240	230	240	245

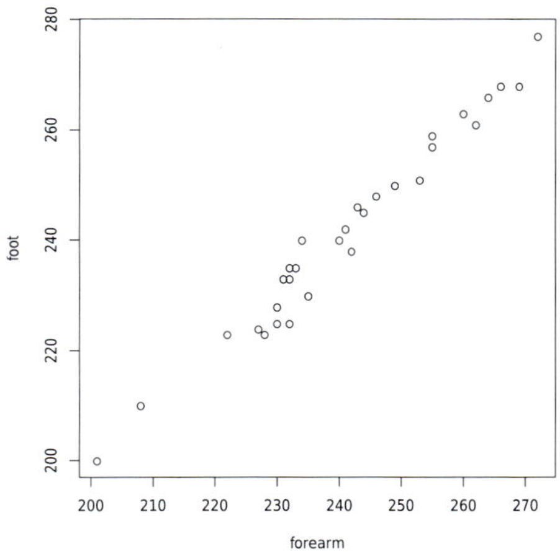

[그림 2.3] 발길이(foot)와 앞팔길이(forearm)의 산점도

예제 2.1

의학적으로 정확하지는 않지만 인체의 특성 중에는 양팔을 벌린 길이는 키와 같다든지, 목둘레는 허리둘레 또는 팔목굵기와 관계가 있다든지 하는 흥미로운 사실들이 많이 있다. [표 2.1]의 자료 '`aflength`'는 S 대학교 학생들 중 무작위로 남녀 각각 16명을 추출하여 조사한 자료로 발길이(`foot`)와 앞팔길이(`forearm`, 손목부터 팔꿈치가 접히는 부분까지의 길이)이다(단위:mm). 발길이는 양말을 벗은 상태로 측정하였고 오른쪽 발과 오른쪽 팔만으로 자료를 수집하였다. 두 변수의 산점도를 작성하고 두 변수에 대해 단순선형회귀모형을 설정할 수 있는지 분석하여라.

풀이 R에서 산점도는 `plot`$(x,\ y)$ 또는 `plot`$(y \sim x)$을 사용하여 그릴 수 있다. 다음 명령어로 앞팔길이를 X축 변수, 발길이를 Y축 변수로 하는 [그림 2.3]의 산점도를 작성할 수 있다.

```
plot(foot ~ forearm, aflength)
```

우리가 예상하듯이 발길이는 앞팔길이와 매우 밀접한 관계를 가지며, 그 관계의 형태가 직선을 이루고 있음을 알 수 있다. 이 산점도의 해석으로 단순선형회귀분석의 적용이 가능하다는 것을 알 수 있고, 따라서 발길이를 반응변수 Y, 앞팔길이를 설명변수 X라 하면 두 변수 간에 단순선형회귀모형

$$Y_i = \beta_0 + \beta_1 X_i + \varepsilon_i, \quad i = 1, 2, \cdots, 32$$

을 설정할 수 있다. 이 예제에서와 같이 회귀분석에서는 자료의 산점도가 변수들의 관계에 대한 일차적인 정보를 줄 수 있으므로 항상 사전분석으로 산점도를 작성하는 것이 매우 중요하다.

---□

이제 표본을 이용하여 추정된 절편과 기울기를 $\hat{\beta}_0$과 $\hat{\beta}_1$으로 나타내면(추정방법은 다음 절에서 설명됨), 다음과 같은 직선의 식을 생각할 수 있다.

$$\hat{Y}_i = \hat{\beta}_0 + \hat{\beta}_1 X_i$$

위의 식을 **표본회귀식**, **추정회귀식** 또는 **적합된 회귀식**(fitted regression equation)이라 한다. 이 식에서 $\hat{Y}_i$은 적합된 회귀식에 의해 $X = X_i$에서 예측된 Y의 값을 나타내는데 이를 **적합값**(fitted value) 또는 **예측값**(predicted value)이라 한다. 이들 예측된 값들은 Y의 실제 관측된 값들과 모두 일치할 수는 없는데, 이 두 값들의 차이를 **잔차**(residual)라 부르고, e_i로 표시한다. 즉, 잔차는 다음과 같이 정의된다.

$$e_i = Y_i - \hat{Y}_i, \quad i = 1, 2, \cdots, n$$

잔차는 적합오차(error of fit)로 관측값 Y_i가 적합된 회귀직선에서 떨어져 있는 정도를 나타낸다([그림 2.4] 참조). 잔차는 양수 또는 음수의 값을 가지는데 상수항이 있는 모형의 경우 모든 잔차들의 합은 항상 0이 된다.

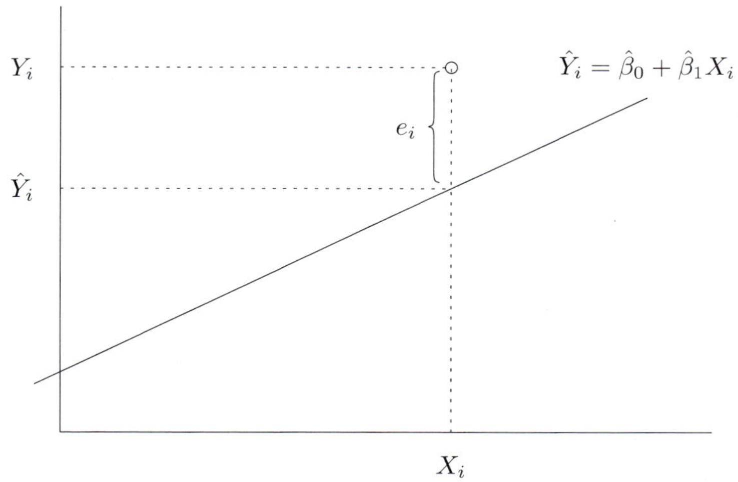

[그림 2.4] 표본회귀식과 잔차의 관계

잔차의 정의와 적합된 회귀식에서 우리는 다음과 같은 식을 유도할 수 있다.

$$Y_i = \hat{\beta}_0 + \hat{\beta}_1 X_i + e_i$$

위의 식은 모집단 회귀모형에서 모수 β_0와 β_1을 추정량 $\hat{\beta}_0$과 $\hat{\beta}_1$으로 대체하고, 오차항 ε_i를 잔차 e_i로 대체한 것으로 볼 수 있다. 따라서 잔차 e_i는 오차항 ε_i의 여러 가지 성질을 대변하는 값으로, ε_i에 대한 가정들의 타당성을 조사하는데 중요하게 사용된다 (2.6절과 5장 참조). 오차항 ε_i는 관측할 수 없는 값이지만, 잔차 e_i는 표본을 이용하여 회귀식이 적합되면 계산할 수 있는 값이다.

2.3 회귀계수의 추정

2.3.1 최소제곱법

회귀계수 β_0와 β_1은 미지의 모수이므로 모집단 회귀식 $\beta_0 + \beta_1 X$ 역시 미지의 직선식이다. 표본 $(X_1, Y_1), \cdots, (X_n, Y_n)$을 이용하여 β_0와 β_1을 추정한다는 것은 곧 이 미지의 직선식을 적합(fit)하는 것이다. 일반적으로 표본의 개수 n은 2보다 크고 모든 점들이 일직선 위에 위치하지는 않으므로, 모든 관측점들을 동시에 지나는 직선을 구할 수는 없다. $X = X_i$ 에서 관측된 Y 값과 적합된 회귀식 $\hat{\beta}_0 + \hat{\beta}_1 X_i$ 간에는 잔차 e_i 만큼의 차이가 있으므로, 만일 이 차이를 가장 작게 할 수 있는 직선식이 있으면 그것이 가장 이상적인 회귀식이라 할 수 있다. 그러나 모든 점에서 잔차의 값을 최소화할 수는 없고 잔차의 크기를 "전체적"으로 작게 하는 방법을 선택해야 한다. 이러한 방법들 중 가장 널리 사용되는 것은 각 오차의 제곱의 합을 최소로 하는 회귀식을 구하는 방법으로 이를 **최소제곱법**(method of least squares)이라 한다.

최소제곱법

반응변수 Y_i 와 모집단 회귀식 $\beta_0 + \beta_1 X_i$ 와의 차이인 오차 ε_i 들의 제곱의 합이 최소가 되도록 회귀계수를 추정하는 방법. 즉, 다음을 최소화하는 β_0 와 β_1 의 값을 구한다.

$$\begin{aligned} S(\beta_0, \beta_1) &= \sum_{i=1}^{n} \varepsilon_i^2 \\ &= \sum_{i=1}^{n} (Y_i - \beta_0 - \beta_1 X_i)^2 \end{aligned}$$

[그림 2.5]는 [예제 2.1]의 자료에 대한 오차제곱합 $S(\beta_0, \beta_1)$ 의 모양을 보여준다. $S(\beta_0, \beta_1)$ 의 최소값에 해당하는 β_1 의 값은 대략 1 근처에 위치하는 것을 알 수 있지만 β_0 의 값은 변화의 정도가 매우 작아 구체적인 값을 짐작하기는 쉽지 않다. 따라서 β_0 와 β_1 의 값을 정확하게 구할 수 있는 식의 유도가 필요하다.

최소제곱법에 의해 β_0 와 β_1 의 추정량 $\hat{\beta}_0$ 과 $\hat{\beta}_1$ 을 구하기 위해서는 제곱합 $S(\beta_0, \beta_1)$ 을 β_0 와 β_1 에 대해 각각 편미분한 다음, 각 식을 영으로 놓고 β_0 와 β_1 에 대해 풀면 된다.

$$\begin{aligned} \frac{\partial S}{\partial \beta_0} &= (-2) \sum_{i=1}^{n} (Y_i - \beta_0 - \beta_1 X_i) = 0 \\ \frac{\partial S}{\partial \beta_1} &= (-2) \sum_{i=1}^{n} (Y_i - \beta_0 - \beta_1 X_i) X_i = 0 \end{aligned}$$

추정량 $\hat{\beta}_0$ 과 $\hat{\beta}_1$ 은 위의 두 식을 만족하는 β_0 와 β_1 으로 주어지므로, β_0 와 β_1 대신에 각각

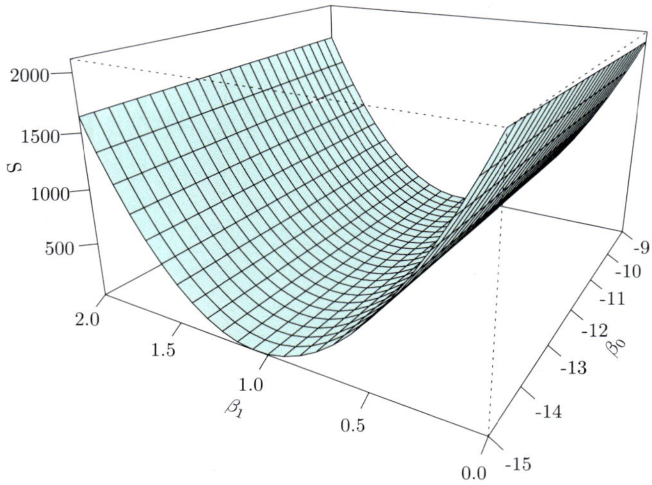

[그림 2.5] 발길이 예제 자료의 오차제곱합 함수

$\hat{\beta}_0$과 $\hat{\beta}_1$을 대입하여 정리하면 다음과 같은 이원연립방정식을 구할 수 있다.

$$n\hat{\beta}_0 + \hat{\beta}_1 \sum_{i=1}^{n} X_i = \sum_{i=1}^{n} Y_i \tag{2.4}$$
$$\hat{\beta}_0 \sum_{i=1}^{n} X_i + \hat{\beta}_1 \sum_{i=1}^{n} X_i^2 = \sum_{i=1}^{n} X_i Y_i$$

위의 $\hat{\beta}_0$과 $\hat{\beta}_1$에 대한 두 식을 **정규방정식**(normal equation)이라 한다. 이 정규방정식의 해를 구하기 위해 먼저 첫 번째 식에서 양변을 n으로 나눈 다음 $\hat{\beta}_0$에 대해 나타내면

$$\hat{\beta}_0 = \overline{Y} - \hat{\beta}_1 \overline{X}$$

을 얻고($\overline{X}$와 $\overline{Y}$는 각각 X와 Y의 표본평균을 나타낸다), 이것을 두 번째 식에 대입하여 $\hat{\beta}_1$에 대하여 풀면 다음의 해를 얻는다.

$$\hat{\beta}_1 = \frac{\sum_{i=1}^{n}(X_i - \overline{X})(Y_i - \overline{Y})}{\sum_{i=1}^{n}(X_i - \overline{X})^2} \tag{2.5}$$

이렇게 구한 $\hat{\beta}_0$와 $\hat{\beta}_1$를 β_0와 β_1의 **최소제곱추정량**(least squares estimator)이라 한다.

최소제곱추정량 $\hat{\beta}_0$과 $\hat{\beta}_1$의 의미는 모집단 회귀식에서의 모수 β_0와 β_1의 의미와 동일하다. 즉, $\hat{\beta}_0$과 $\hat{\beta}_1$은 각각 표본회귀식의 절편과 기울기를 나타내며, 특히 $\hat{\beta}_1$은 설명변수 X가 한 단위 변화할 때 반응변수 Y의 평균변화량의 추정값을 나타낸다. 그러나 식에서 알 수 있듯이 $\hat{\beta}_0$과 $\hat{\beta}_1$은 X와 Y 변수가 갖는 단위에 의존하므로 두 추정량의 값은 항상 이 단위들과 함께 해석되어야 한다(4.5절 참조).

최소제곱법은 프랑스의 수학자 르장드르(Legendre)에 의해 1805년에 처음으로 사용되었으며, 계산이 간편하고 최소제곱추정량 $\hat{\beta}_0$과 $\hat{\beta}_1$이 좋은 통계적 성질을 가지므로 가장 널리 사용되고 있다. 최소제곱법과는 다른 기준으로 오차의 절댓값의 합을 최소화하는 것을 생각할 수 있다. 즉,

$$\sum_{i=1}^{n} |\,\varepsilon_i\,| = \sum_{i=1}^{n} |\,Y_i - \beta_0 - \beta_1 X_i\,|$$

을 최소화하는 β_0와 β_1의 값을 구하는 것으로 이를 **최소절대편차추정량**(least absolute deviation estimator)이라 부른다. 이 추정방법은 계산이 최소제곱법에 비해 상대적으로 어려워 많이 사용되지는 않는다. 그러나 이 추정량은 특히 관측된 자료에 특이값(outlying value)이 있는 경우에는 최소제곱추정량보다 좋은 통계적 특성을 가지고 있다.

예제 2.2

자료 '`aflength`'에서 발길이를 반응변수, 앞팔길이를 설명변수로 하여 단순선형회귀분석을 할 때 절편과 기울기의 최소제곱추정값을 구하고, 추정된 회귀직선을 이용하여 각 관측점에서의 예측값과 잔차를 구하여라.

풀이 단순선형회귀분석의 경우 추정값의 계산은 간단하게 할 수 있으므로 우선 이를 살펴보자. 식(2.5)의 기울기 $\hat{\beta}_1$을 위한 계산공식에서 괄호를 전개하면 다음과 같이 주어짐을 보일 수 있다.(관측값을 나타내기 위하여 소문자를 사용하였다.)

$$\sum_{i=1}^{n}(x_i - \overline{x})(y_i - \overline{y}) = \sum_{i=1}^{n} x_i\, y_i - n(\overline{x})(\overline{y}),$$

$$\sum_{i=1}^{n}(x_i - \overline{x})^2 = \sum_{i=1}^{n} x_i^2 - n(\overline{x})^2$$

이 문제의 자료에서 계산된 필요한 통계량의 값들은 아래와 같다.

$$\overline{x} = 240.906, \quad \overline{y} = 241.188, \quad \sum_{i=1}^{32} x_i^2 = 1865717,$$
$$\sum_{i=1}^{32} y_i^2 = 1871256, \quad \sum_{i=1}^{32} x_i\, y_i = 1868337$$

```
> x <- aflength$forearm
> y <- aflength$foot
> ( xbar <- mean(x) )
[1] 240.9062
> ( ybar <- mean(y) )
[1] 241.1875
> ( sxx <- sum(x^2) )
[1] 1865717
> ( syy <- sum(y^2) )
[1] 1871256
> ( sxy <- sum(x*y) )
[1] 1868337
```

그러므로 최소제곱추정값은 다음과 같이 주어진다.

$$\hat{\beta}_1 = \frac{1868337 - 32(240.906)(241.188)}{1865717 - 32(240.906)^2} \approx 1.0527$$
$$\hat{\beta}_0 = 241.188 - (1.0527)(240.906) \approx -12.4192$$

```
> ( n <- nrow(aflength) )
[1] 32
> ( b1 <- ( sxy - n*xbar*ybar ) / ( sxx - n*xbar^2 ) )
[1] 1.052719
> ( b0 <- ybar - b1*xbar )
[1] -12.4192
```

R에서 선형회귀분석을 수행하기 위해서는 `lm()` 함수를 이용하면 된다. `lm` 함수에는 여러 가지 목적을 위한 인자들이 있지만 간단한 사용형태는 다음과 같다.

```
lm(formula=foot ~ forearm, data=aflength)
```

R에서는 통계모형식을 나타내는 표준방식으로 수식(`formula`)을 사용하는데 대체로 '반응변수 ~ 설명변수'의 형식을 가지고 있다. 즉, ~(tilde)로 반응변수와 설명변수를 구분하고 있으며, 상수항은 자동으로 포함된다. `data`에는 변수들의 관측값을 가지고 있는 데이터프레임 이름을 입력한다. R 함수에서 인자가 정해진 원래 위치에 올 때는 인자명은 생략하여도 된다. 따라서 더 간단하게 아래와 같이 사용할 수도 있다.

```
> lm(foot ~ forearm, aflength)

Call:
lm(formula = foot ~ forearm, data = aflength)

Coefficients:
(Intercept)      forearm
    -12.419        1.053
```

`lm` 함수는 회귀분석에 필요한 거의 모든 통계값을 계산해주는데, 구체적으로 명시하지 않으면 회귀계수 추정값만 보여주게 된다. 위의 출력물에서 '`(Intercept)`' 아래에 있는 값이 절편의 추정값 $\hat{\beta}_0$에 해당하고, '`forearm`' 아래에 있는 값이 설명변수 앞팔길이에 의한 기울기의 추정값 $\hat{\beta}_1$에 해당하는 것으로 앞에서 직접 계산한 값들과 일치하는 것을 확인할 수 있다.

적합된 회귀식은 다음과 같다.

$$\hat{y} = -12.419 + 1.053x$$

위에서 1.053은 직선의 기울기로 앞팔길이가 1mm 변하면 발길이는 평균적으로 약 1.053mm씩 변함을 의미한다. 그리고 앞팔길이가 260mm인 학생의 경우 위의 표본회귀식에 의하여

$$\hat{y} = -12.419 + (1.053)(260) \approx 261.288$$

```
> b0 + b1 * 260
[1] 261.2879
```

즉, 약 261.29mm의 발길이가 예상된다. 이것의 의미는 앞팔길이가 260mm인 모든 학생들의 발길이가 261.29mm가 된다는 것이 아니라 평균이 그 정도 된다는 것이다. 그러므로 개개의 학생들에 있어서는 약간의 차이가 있을 수 있다. 11번째 관측값 $X = 260$에서 Y의 관측값은 263이므로 이 점에서의 잔차는 다음의 값을 가진다.

$$e_{11} = 263 - 261.29 = 1.71$$

이제 R을 이용하여 적합값과 잔차를 계산해보자. R에서 `lm()`에 의한 회귀분석 결과는 기울기와 절편 외에도 다양한 정보를 포함하고 있다. 이를 이용하기 위해 우선 다음과 같이 회귀분석 결과를 변수에 저장하여 사용하는 것이 좋다.

```
aflength.lm <- lm(foot ~ forearm, aflength)
```

각 관측점에서의 적합값은 `fitted()` 함수를 적용하여 얻을 수 있다.

```
> fitted(aflength.lm)
    1     2     3     4     5     6     7     8     9    10    11
231.8 241.3 241.3 242.3 243.4 246.5 249.7 253.9 256.0 256.0 261.3
   12    13    14    15    16    17    18    19    20    21    22
263.4 265.5 267.6 270.8 273.9 199.2 206.5 221.3 226.5 227.6 229.7
   23    24    25    26    27    28    29    30    31    32
229.7 230.8 231.8 231.8 231.8 232.9 233.9 235.0 240.2 244.4
```

유사한 방식으로 잔차는 `resid()` 함수를 적용하여 얻을 수 있다.

```
> resid(aflength.lm)
    1     2     3     4     5     6     7     8     9    10    11
 1.19  0.71  0.71 -4.34  2.61  1.45  0.29 -2.92  0.98  2.98  1.71
   12    13    14    15    16    17    18    19    20    21    22
-2.39  0.50  0.40 -2.76  3.08  0.82  3.45  1.72 -2.55 -4.60 -1.71
   23    24    25    26    27    28    29    30    31    32
-4.71  2.24 -6.81  3.19  1.19  2.14  6.08 -4.97 -0.23  0.56
```

마지막으로 관측값(y_i), 적합값$(\hat{y}_i)$, 잔차(e_i)의 관계를 반복 확인해보자. $e_i = Y_i - \hat{Y}_i$ 이다. 따라서 다음과 같은 식으로 잔차를 구할 수도 있다.

```
aflength$foot - fitted(aflength.lm)
```

적합값과 잔차를 얻는 것 외에도 `lm()`의 결과물을 이용한 다양한 분석이 가능하다. 앞으로 관련 이론과 함께 순차적으로 소개될 것이다.

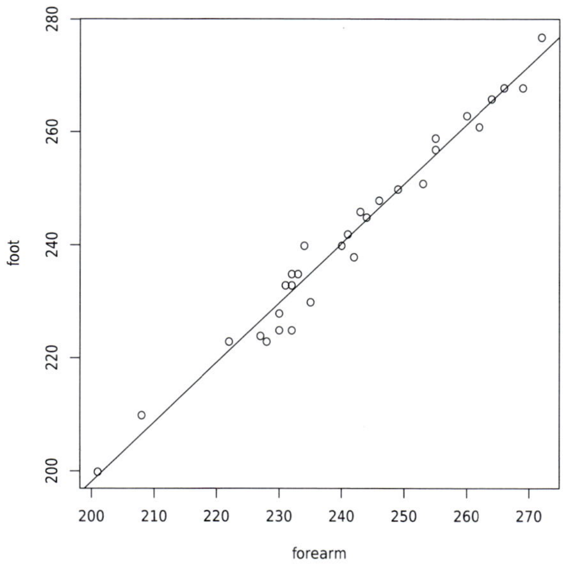

[그림 2.6] 발길이와 앞팔길이의 산점도와 추정회귀직선

단순회귀분석의 경우 적합된 회귀식을 자료의 산점도 위에 표시할 수 있다. [그림 2.6]은 아래 명령문으로 작성한 것으로 관측값들과 함께 표시된 추정회귀직선을 보여준다. 적합된 회귀식은 관측자료들의 관계를 어느 정도 잘 대표한다고 볼 수 있다.

```
plot(foot ~ forearm, aflength)
abline(aflength.lm)
```

R에서 **abline**(a, b)는 $y = a + bx$ 직선을 그리는 함수이다. 위의 예제에서는 회귀분석 결과에서 추정회귀식의 절편과 기울기의 추정값 정보를 가져와서 사용하고 있다.

최소제곱추정값 $\hat{\beta}_1$의 공식은 X와 Y 변수 간의 선형관계를 나타내는 표본상관계수 r과 관련이 있음을 보여준다. 1.3.2절에서와 같이 X와 Y의 표준편차 추정값을 각각 s_x, s_y로 나타내면, 기울기의 추정값 $\hat{\beta}_1$은 표본상관계수 r과

$$\hat{\beta}_1 = r\frac{s_y}{s_x}$$

의 관계가 있음을 보일 수 있고, 더 나아가 추정회귀식은

$$\frac{\hat{y}_i - \overline{y}}{s_y} = r\frac{x_i - \overline{x}}{s_x}$$

로 나타낼 수 있다. 따라서 추정회귀식은 두 변수의 평균값, 표준편차, 상관계수를 알면 계산할 수 있다. 위의 식에서 $r = 1$인 경우의 회귀식을 **SD직선**(SD line)이라 한다. 즉, SD직선은 X변수가 평균에서 표준편차의 c배(즉, $c \times s_x$) 움직일 때 Y변수 역시 표준편차의 c배(즉, $c \times s_y$)만큼 움직이는 궤적을 나타내고 있다. 위의 식에서 추정회귀직선의 기울기는 SD직선의 기울기보다 작은 것을 알 수 있다.

예제 2.3

골턴의 키 자료에서 아버지들과 아들들의 평균키는 각각 $\overline{x} = 171.93$cm, $\overline{y} = 174.46$cm로, 표준편차는 $s_x = 6.972$, $s_y = 7.149$로, 상관계수값은 $r = 0.501$로 주어진다. 아들의 키를 반응변수, 아버지의 키를 설명변수로 하여 단순선형회귀분석을 할 때 절편과 기울기의 최소제곱추정값을 구하여라.

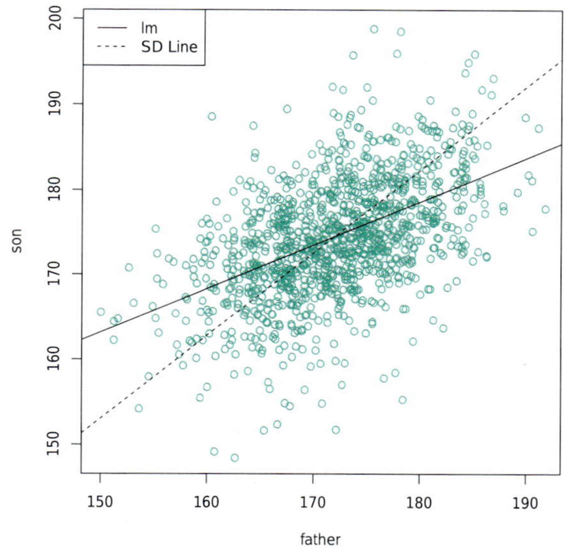

[그림 2.7] 골턴 자료의 산점도, 추정회귀식, SD직선

풀이 먼저 기울기의 추정값은

$$\hat{\beta}_1 = 0.501 \times \frac{7.149}{6.972} = 0.514$$

로 주어지며, 절편의 추정값은

$$\hat{\beta}_0 = 174.46 - 0.514 \times 171.93 = 86.088$$

로 주어진다. 참고로 이 예제에서 SD직선의 기울기는 $7.149/6.972 = 1.025$이다. [그림 2.7]에는 추정회귀직선과 SD직선이 같이 표시되어 있다. 대략적으로 보면 SD직선도 두 변수의 관계를 대표한다고 할 수 있지만, X 변수의 특정 구간들에서 보면 추정회귀식만이 구간 내의 점들의 평균점을 지나고 있음을 알 수 있다. □

위에서 추정회귀직선의 기울기가 SD직선의 기울기보다 작은 것을 **회귀효과**(regression effect)라고 한다. 예를 들어, 중간고사와 기말고사같이 두 번의 시험을 치르는 경우 모든 학생들이 첫 번째, 두 번째 시험에서 모두 비슷한 결과를 얻으면 점수들은 SD직선 위에 있게 된다. 그러나 보통은 첫 번째 점수가 높은 학생들의 다수는 두 번째 점수가 첫 번째

점수보다 상대적으로 낮게 나오고, 첫 번째 점수가 낮은 학생들의 다수는 두 번째 시험에서 상대적으로 첫 번째 점수보다 높은 점수를 얻게 된다. 이러한 현상을 회귀효과라고 하며, 소위 운동선수들의 2년차 징크스(jinx)도 이것으로 설명된다. 위의 키 예제에서도 아버지의 키를 첫 번째 점수, 아들의 키를 두 번째 점수라고 보면 골턴이 발견한 현상은 바로 회귀효과라고 할 수 있다.

2.3.2 최소제곱추정량의 성질

최소제곱추정량을 이용한 분석을 위해서는 이 추정량의 통계적 특성을 알아볼 필요가 있다. 특히 이들의 기댓값과 분산은 중요한 관심의 대상이다. 앞에서 우리는 오차항 ε_i에 대한 몇 가지 가정 하에서 확률변수 Y_i는 평균이 $\beta_0 + \beta_1 X_i$이고, 분산이 σ^2이며, 또한 서로 독립이라는 것을 알고 있다. 그리고 X_i들은 값이 주어진 상수라 가정하였다.

먼저 $\hat{\beta}_0$과 $\hat{\beta}_1$이 β_0와 β_1의 비편향추정량(unbiased estimator)이 됨을 알아보자. $\hat{\beta}_1$에 대한 식(2.5)에서 분자를 전개하고, $\sum_{i=1}^{n}(X_i - \overline{X}) = 0$임을 이용하면 다음 식이 성립함을 보일 수 있다.

$$\hat{\beta}_1 = \frac{\sum_{i=1}^{n}(X_i - \overline{X})Y_i - \overline{Y}\sum_{i=1}^{n}(X_i - \overline{X})}{SS_{XX}} = \sum_{i=1}^{n} w_i Y_i \tag{2.6}$$

위의 식에서 SS_{XX}와 w_i는 다음과 같이 정의된다.

$$SS_{XX} = \sum_{i=1}^{n}(X_i - \overline{X})^2, \qquad w_i = (X_i - \overline{X})/SS_{XX}$$

식(2.6)은 $\hat{\beta}_1$이 Y_i들의 선형함수로 주어짐을 보여준다. 그러므로 $\hat{\beta}_1$의 기댓값은

$$\begin{aligned}
\mathrm{E}[\,\hat{\beta}_1\,] &= \sum_{i=1}^{n} w_i \mathrm{E}[\,Y_i\,] \;=\; \sum_{i=1}^{n} w_i(\beta_0 + \beta_1 X_i) \\
&= \beta_0 \sum_{i=1}^{n} w_i \;+\; \beta_1 \sum_{i=1}^{n} w_i X_i \\
&= \beta_1
\end{aligned}$$

와 같이 주어진다. 위의 식의 유도에 필요한 다음 사실은 쉽게 보일 수 있다.

$$\sum_{i=1}^{n} w_i = 0, \qquad \sum_{i=1}^{n} w_i X_i = 1$$

절편 $\hat{\beta}_0$의 기댓값은 $\hat{\beta}_1$의 기댓값을 이용하여 아래와 같이 간단하게 구할 수 있다.

$$\begin{aligned}
\mathrm{E}[\,\hat{\beta}_0\,] &= \mathrm{E}[\,\overline{Y} - \hat{\beta}_1\overline{X}\,] \\
&= \frac{1}{n}\sum_{i=1}^{n}\mathrm{E}[\,Y_i\,] \; - \; \mathrm{E}[\,\hat{\beta}_1\,]\overline{X} \\
&= \frac{1}{n}\sum_{i=1}^{n}(\beta_0 + \beta_1 X_i) \; - \; \beta_1\overline{X} \\
&= \beta_0
\end{aligned}$$

기울기 $\hat{\beta}_1$의 분산은 1.1.4절의 분산함수의 성질을 이용하여 구할 수 있다. 즉, Y_i들이 서로 독립이고, 같은 분산 σ^2을 가지므로

$$\mathrm{Var}(\hat{\beta}_1) = \mathrm{Var}\left(\sum_{i=1}^{n} w_i Y_i\right) \; = \; \sigma^2\sum_{i=1}^{n} w_i^2 \; = \; \frac{\sigma^2}{SS_{XX}} \tag{2.7}$$

으로 주어진다. 절편 $\hat{\beta}_0$의 분산을 구하기 위하여 $\hat{\beta}_0$을 역시 Y_i들의 선형함수로 나타내는 것이 편리하다.

$$\begin{aligned}
\hat{\beta}_0 &= \overline{Y} \; - \; \hat{\beta}_1\overline{X} \\
&= \frac{1}{n}\sum_{i=1}^{n} Y_i \; - \; \left(\sum_{i=1}^{n} w_i Y_i\right)\overline{X} \\
&= \sum_{i=1}^{n}\left(\frac{1}{n} - w_i\overline{X}\right)Y_i \\
&= \sum_{i=1}^{n} w_i^* Y_i \qquad \left(\text{여기서, } \; w_i^* = \frac{1}{n} - w_i\overline{X}\right)
\end{aligned} \tag{2.8}$$

이므로

$$\mathrm{Var}(\hat{\beta}_0) = \mathrm{Var}\left(\sum_{i=1}^{n} w_i^* Y_i\right) = \sigma^2 \sum_{i=1}^{n} (w_i^*)^2 = \sigma^2 \left(\frac{1}{n} + \frac{\overline{X}^2}{SS_{XX}}\right) \qquad (2.9)$$

으로 주어진다.(식(2.7)과 (2.9)에서 $\sum_{i=1}^{n} w_i^2$ 과 $\sum_{i=1}^{n}(w_i^*)^2$ 의 계산은 연습문제로 남긴다.)

위에서 우리는 최소제곱추정량 $\hat{\beta}_0$과 $\hat{\beta}_1$의 비편향성을 보였고 각각의 분산을 유도하였다. 더 나아가서 이 분산들은 Y_i들의 선형함수로 주어지는 β_0와 β_1의 비편향추정량들이 갖는 분산들 중에서 제일 작다는 것을 보일 수 있는데 이를 **가우스-마르코프 정리**(Gauss-Markov theorem)라고 한다.

가우스-마르코프 정리

회귀모형에서 오차항들이 서로 독립이고 기댓값이 0일 때, 최소제곱추정량 $\hat{\beta}_0$과 $\hat{\beta}_1$은 Y_i들의 선형함수로 주어지는 β_0와 β_1의 비편향추정량들 중에서 제일 작은 분산을 갖는다. 즉, $\hat{\beta}_0$과 $\hat{\beta}_1$은 β_0와 β_1 각각의 **최량선형비편향추정량**(best linear unbiased estimator, BLUE)이다.

위의 정리의 증명은 김&강(2010) 등을 참고하기 바란다.

그 외 최소제곱추정량의 성질에서 다음의 몇 가지 유용한 사실들을 유도할 수 있다.

(1) 잔차들의 합은 0이다. 즉, $\sum_{i=1}^{n} e_i = \sum_{i=1}^{n}(Y_i - \hat{\beta}_0 - \hat{\beta}_1 X_i) = 0$.

(2) 잔차들의 X_i에 의한 가중합(weighted sum)은 0이다. 즉, $\sum_{i=1}^{n} X_i e_i = 0$.

(3) 잔차들의 $\hat{Y}_i$에 의한 가중합은 0이다. 즉, $\sum_{i=1}^{n} \hat{Y}_i e_i = 0$.

(4) 적합된 회귀식은 항상 평균점 $(\overline{X}, \overline{Y})$를 지난다.

(1)과 (2)는 각각 정규방정식에 의하여 성립하며, (3)은 (1)과 (2)의 결과로, (4)는 $\hat{\beta}_0$의 공식에서 $\overline{Y} = \hat{\beta}_0 + \hat{\beta}_1\overline{X}$ 이므로 성립한다.

2.3.3 오차분산의 추정

앞 절에서 유도한 최소제곱추정량 $\hat{\beta}_0$과 $\hat{\beta}_1$의 분산 공식은 모수 β_0와 β_1에 대한 구간 추정과 가설검정에 중요하게 사용된다. 그러나 이들 공식이 미지의 모수인 오차항의 분산 σ^2을 포함하고 있기 때문에 이 공식들을 사용하기 위해서는 σ^2의 추정이 필요하다. 오차항 ε_i는 측정할 수 없는 값이므로 대신 비슷한 역할을 하는 잔차 e_i의 값을 이용하여 σ^2을 추정할 수 있다. 잔차의 평균은 0이므로 잔차의 표본분산은

$$s^2 = \frac{1}{n-2}\sum_{i=1}^{n} e_i^2 = \frac{1}{n-2}\sum_{i=1}^{n}(Y_i - \hat{Y}_i)^2 \tag{2.10}$$

으로 주어진다. 이 s^2은 σ^2의 비편향추정량이 된다. 위의 표본분산 공식에서 $(n-1)$ 대신에 $(n-2)$를 사용한 이유는 잔차의 제곱합이 $(n-2)$의 자유도를 가지기 때문이다.(식(2.10)의 s^2은 추정량으로 확률변수이므로 대문자로 표현을 해야 하나 일반적으로 소문자로 표시하고 있다.)

s^2의 공식에는 n개의 잔차가 사용되지만, 잔차들 간에는 앞 절에서 보인 것처럼 $\sum_{i=1}^{n} e_i = 0$, $\sum_{i=1}^{n} X_i e_i = 0$의 두 가지 제약식이 존재하기 때문에 잔차의 제곱합은 $(n-2)$개의 자유도를 가진다. 또는 잔차의 제곱합을 계산하기 위해서는 먼저 두 개의 모수(β_0와 β_1)를 추정해야 하므로, 모수의 추정에 두 개의 자유도가 사용되어 $(n-2)$개의 자유도가 남았다고 해석할 수 있다. 그리고 모수의 추정량 $\hat{\beta}_0$과 $\hat{\beta}_1$은 각각 한 개의 자유도를 가진다.

예제 2.4

자료 '`aflength`'를 이용한 발길이의 앞팔길이에 대한 회귀분석에서 오차분산 추정량 s^2의 값을 구하여라.

풀이 R의 `lm()` 결과를 요약하여 보는 가장 일반적인 방법은 `summary()` 함수를 이용하는 것이다. 다음과 같이 작동한다.

```
> summary(aflength.lm)

Call:
lm(formula = foot ~ forearm, data = aflength)
```

```
Residuals:
    Min      1Q  Median      3Q     Max
-6.8117 -2.4320  0.7138  1.8205  6.0828

Coefficients:
             Estimate Std. Error t value Pr(>|t|)
(Intercept) -12.41920    7.86284  -1.579    0.125
forearm       1.05272    0.03256  32.328   <2e-16 ***
---
Signif. codes:  0 '***' 0.001 '**' 0.01 '*' 0.05 '.' 0.1 ' ' 1

Residual standard error: 3.015 on 30 degrees of freedom
Multiple R-squared:  0.9721,	Adjusted R-squared:  0.9712
F-statistic:  1045 on 1 and 30 DF,  p-value: < 2.2e-16
```

이 출력물에 있는 다양한 통계량 값들은 앞으로 순차적으로 설명될 예정이다. 먼저 잔차들에 대한 다섯 가지 요약통계값이 나오고, 회귀계수에 대한 추정값은 'Coefficients' 영역에 주어져 있다. 그 아래쪽에 'Residual standard error'에 제시된 3.015가 s 값이며 자유도는 30이다. 따라서 오차분산의 추정값은 $s^2 = 3.015^2 = 9.09$ 이다.

앞서 배운 공식을 이용하여 직접 계산하여 보자. 잔차는 lm() 결과물에 resid()를 적용하여 얻을 수 있다. 합은 sum()을, 제곱근은 sqrt()을 이용하여 계산한다.

```
> e <- resid(aflength.lm)
> ( n <- length(e) )
[1] 32
> ( sse <- sum(e^2) )
[1] 273
> ( s2 <- sse / (n-2) )
[1] 9.08826
> ( s <- sqrt(s2) )
[1] 3.014674
```

오차분산의 추정값은 잔차의 제곱합을 자유도로 나눈 값이다. 잔차의 제곱합과 자유도는 이어지는 내용에서 주요하게 반복해서 다루어질 것이다.

□

2.4 회귀직선의 적합도와 분산분석

2.4.1 그림을 이용한 적합도 분석

가정된 회귀직선을 추정한 다음에는 그 회귀식이 얼마나 타당한가를 조사해야 한다. 이를테면, 회귀분석의 목적은 반응변수를 설명변수의 함수로 설명하고자 하는 것이므로 과연 그 설명력의 크기가 어느 정도인지를 알아 볼 필요가 있다. 이와 같은 타당성 조사에는 우선 그림을 이용하여 회귀식의 적합정도를 시각적으로 나타내는 방법이 있다.

첫 번째 그림은 [그림 2.6], [그림 2.7]과 같이 자료의 산점도에 적합된 회귀식을 나타낸 것으로 적합된 회귀식이 자료를 얼마나 잘 대표하는지를 볼 수 있다. 적합정도를 추가적으로 나타내기 위하여 이 그림에 **loess 평활곡선**(loess smoothing line)을 추가하여 비교하기도 한다. Loess 평활곡선은 각 점에서 인접한 관측점들을 이용하여 구한 회귀식에 근거한 예측값을 부드러운 곡선으로 연결하여 작성한 것이다.(구체적인 계산방법은 이 책의 수준을 넘으므로 생략한다.) 이 평활곡선은 모형식이나 분포의 가정없이 순수하게 관측자료만 이용하여 추정되는 곡선으로, 그 자체로도 변수들 간의 관계를 볼 수 있는 좋은 도구가 되면서, 또한 가정에 근거하여 구한 회귀직선의 적합도가 얼마나 높은 지를 비교할 수 있는 도구로 사용할 수 있다. [그림 2.8]은 [그림 2.6]에 loess 평활곡선을 추

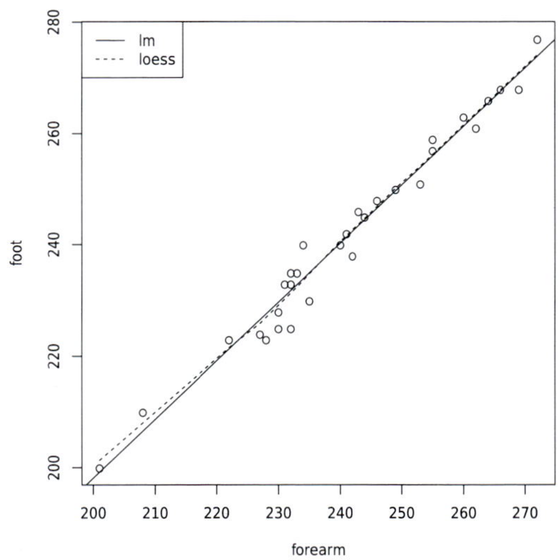

[그림 2.8] 앞팔길이 자료의 산점도, 추정회귀직선, loess 평활곡선

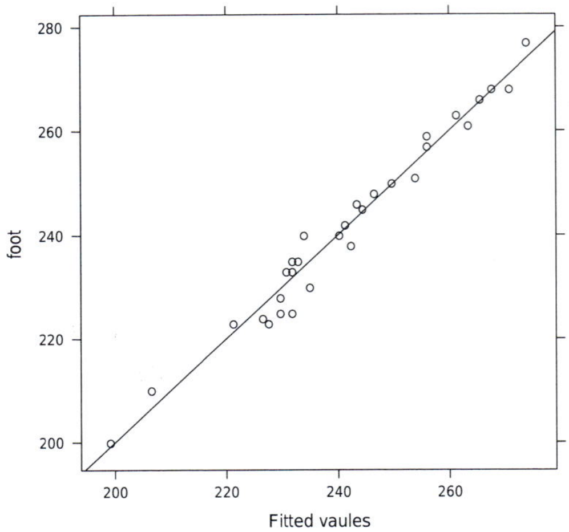

[그림 2.9] 앞팔길이 예제: y_i와 $\hat{y}_i$의 산점도

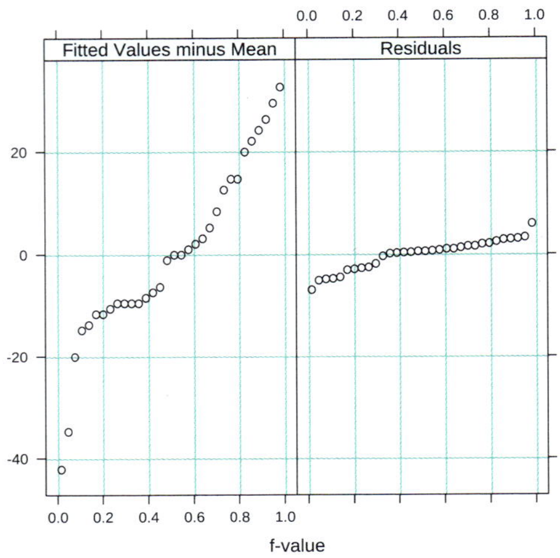

[그림 2.10] 앞팔길이 예제의 RF그림

가한 것으로 이 경우에는 평활곡선과 회귀직선이 구분할 수 없을 정도로 일치하고 있어 회귀직선의 적합도가 매우 높음을 알려주고 있다. 그러나 이 방법은 설명변수가 2개 이상인 경우에는 사용이 쉽지 않다.

두 번째 방법은 관측값과 예측값의 산점도를 이용하는 것이다. [그림 2.9]는 앞팔길이 예제에서의 y_i와 $\hat{y}_i$의 산점도를 보여준다. 이 그림에서는 두 값이 일치하는 정도가 모형의 타당성 정도를 나타낸다고 볼 수 있는데, 이 예제의 경우에는 일치하는 정도가 높아 적합된 회귀식이 타당함을 알 수 있다.

세 번째 방법은 **RF그림**(Residual-Fit plot)을 이용하는 것이다. 이 그림은 회귀분석에서 $(\hat{y}_i - \overline{y})$와 잔차의 분위수(quantile)를 각각 표시한 것으로, 자료에 있는 변동이 적합된 회귀식에 의해서 얼마나 설명이 되었고, 또한 잔차에 설명되지 않은 변동이 얼마나 남아있는지를 보여준다(Cleveland, 1993). [그림 2.10]은 앞팔길이 예제에서의 RF그림을 보여준다. 이 그림은 회귀식에 의해서 설명된 변동(왼쪽 그림)이 잔차에 남아있는 변동(오른쪽 그림)보다 매우 크다는 것을 보여주고 있으므로 다른 그림들과 비슷한 결론을 얻을 수 있다.

관측값과 예측값의 산점도와 RF그림은 설명변수의 개수와 무관하게 사용할 수 있다. Loess 평활곡선을 반영한 산점도의 작성방법은 [예제 2.9]에서 설명되며, y_i와 $\hat{y}_i$의 산점도와 RF그림의 작성방법은 [예제 2.8]에서 자세히 설명된다.

2.4.2 적합도 측도와 제곱합의 분할

앞 절에서의 그림을 이용한 방법 외에 회귀식의 적합도를 구체적인 수치로 나타내는 측도를 사용할 수도 있다. 대표적인 측도로 **잔차표준오차**(residual standard error)와 **결정계수**(coefficient of determination)가 사용된다.

잔차표준오차 s는 관측값들이 추정회귀직선의 주위에 흩어져 있는 정도를 나타내는 측도로 오차분산의 추정값인 s^2의 제곱근으로 정의된다. 즉,

$$s = \sqrt{\frac{1}{n-2}\sum_{i=1}^{n}(y_i - \hat{y}_i)^2} \tag{2.11}$$

잔차표준오차 s 또는 s^2의 값이 작으면 관측값들이 추정회귀직선에 근접해 있음을 나타내고, 이는 역으로 추정회귀직선이 두 변수 간의 관계를 잘 대표한다고 해석할 수 있다. 잔차표준오차 s는 그 값이 작으면 좋은 것이지만, 그러나 어느 정도의 값이 "작은" 것인지는 분명하지가 않다. 또한 s의 값의 크기는 Y의 단위에 의존한다. 이러한 이유로 s는 가능한 모형이 2개 이상 있는 경우에 적합도를 비교할 때 주로 유용하게 사용된다. 잔차표준오차 s의 단점을 보완하기 위해서는 상대적 측도가 필요하다. 다음에 정의되는 결정계수는 Y_i들이 갖는 총변동 중 회귀직선에 의해 설명되는 변동의 비(ratio)로 주어지므로 변수의 종류와 단위에 관계없이 사용할 수 있는 대표적인 상대 측도이다.

먼저 Y의 i번째 관측값 Y_i가 표본평균 $\overline{Y}$에 대해 갖는 편차(이를 **총편차**(total deviation)라 한다) $(Y_i - \overline{Y})$를 분석해 보자. 아래 식과 같이 이 편차를 다시 두 가지 다른 종류의 편차의 합으로 나타낼 수 있다.

$$(Y_i - \overline{Y}) = (Y_i - \hat{Y}_i) + (\hat{Y}_i - \overline{Y}), \quad i = 1, 2, \cdots, n \tag{2.12}$$

위의 식에서 마지막 편차 $(\hat{Y}_i - \overline{Y})$는 총편차의 식에서 Y_i 대신에 추정된 회귀식에 의해 주어지는 값 $\hat{Y}_i$을 대입한 값으로, 이를 회귀식에 의해 설명이 되는 부분이라 하여 **설명된 편차**(explained deviation)라고 한다. 예측값 $\hat{Y}_i$은 회귀식에 의하여 "설명된" Y_i의 값으로 해석할 수 있다. 이에 반해 잔차 e_i인 $(Y_i - \hat{Y}_i)$은 회귀식으로 설명이 되지 않은 나머지 부분이므로 이를 **설명되지 않은 편차**(unexplained deviation)라고 한다. [그림 2.11]은 이 세 편차들 간의 관계를 보여준다.

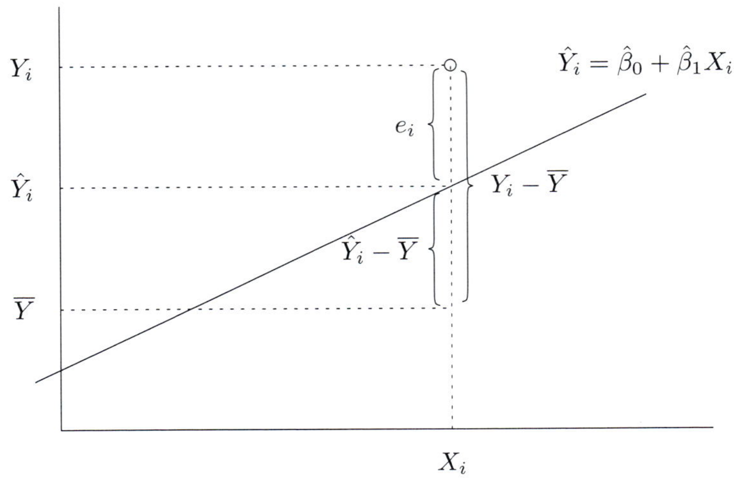

[그림 2.11] 세 편차들 간의 관계

식(2.12)에서 양변을 제곱한 다음 모든 i에 대해 합하면

$$\sum_{i=1}^{n}(Y_i - \overline{Y})^2 = \sum_{i=1}^{n}(Y_i - \hat{Y}_i)^2 + \sum_{i=1}^{n}(\hat{Y}_i - \overline{Y})^2 + 2\sum_{i=1}^{n}(Y_i - \hat{Y}_i)(\hat{Y}_i - \overline{Y})$$

이 되고, 이 식에서 오른쪽의 마지막 항은 0이 됨을 2.3.2절의 잔차의 성질에 의하여 쉽게 보일 수 있다. 즉,

$$\sum_{i=1}^{n}(Y_i - \hat{Y}_i)(\hat{Y}_i - \overline{Y}) = \sum_{i=1}^{n}\hat{Y}_i e_i - \overline{Y}\sum_{i=1}^{n} e_i = 0$$

그러므로 최종적으로 다음 식을 얻는다.

$$\sum_{i=1}^{n}(Y_i - \overline{Y})^2 = \sum_{i=1}^{n}(Y_i - \hat{Y}_i)^2 + \sum_{i=1}^{n}(\hat{Y}_i - \overline{Y})^2 \tag{2.13}$$

위의 세 가지 제곱합들은 다음과 같이 설명될 수 있다.

$\sum_{i=1}^{n}(Y_i - \overline{Y})^2$: Y 의 관측값들이 갖는 총변동을 나타내는 제곱합으로, 이를 **총제곱합**(total sum of squares)이라 하며 약자로는 SST로 나타낸다. SST는 자유도 $(n-1)$을 가지며 이 자유도로 나누면 Y_i값들의 표본분산이 된다.

$\sum_{i=1}^{n}(Y_i - \hat{Y}_i)^2$: 잔차들의 제곱합으로 Y 의 총변동 중 설명되지 않은 변동(unexplained variation)을 나타내며, 이를 **오차제곱합**(error sum of squares, SSE), 또는 **잔차제곱합**(residual sum of squares, RSS)이라 한다. 이 제곱합의 계산을 위해서는 두 개의 모수 β_0와 β_1을 추정해야 하므로, SSE는 $(n-2)$의 자유도를 가진다.

$\sum_{i=1}^{n}(\hat{Y}_i - \overline{Y})^2$: Y_i의 총변동 중 회귀식에 의해 설명된 변동(explained variation)을 나타내며 이를 **회귀제곱합**(regression sum of squares, SSR)이라 한다. 이 제곱합은 자유도 1을 가진다.

회귀제곱합 SSR이 하나의 자유도를 갖는 것은 SSR의 다른 계산공식을 유도하면 쉽게 설명된다. 적합된 회귀식은 $\hat{Y}_i = \hat{\beta}_0 + \hat{\beta}_1 X_i$ 이고, Y 의 표본평균은 $\overline{Y} = \hat{\beta}_0 + \hat{\beta}_1 \overline{X}$로 나타낼 수 있으므로, 이 두 식을 SSR의 공식에 대입하면

$$SSR = \sum_{i=1}^{n}(\hat{Y}_i - \overline{Y})^2 = \hat{\beta}_1^2 \sum_{i=1}^{n}(X_i - \overline{X})^2 \tag{2.14}$$

을 얻는다. 이 식에서 알 수 있듯이 SSR은 하나의 자유도를 갖는 추정량 $\hat{\beta}_1$의 함수로 주어지므로 역시 하나의 자유도를 갖는다. X_i들은 자유도가 없는 상수라는 것을 유의하기 바란다.

위의 세 가지 제곱합과 자유도들 간에는 다음과 같은 관계가 성립함을 알 수 있다.

제곱합과 자유도의 분할

제곱합 : $SST = SSE + SSR$

자유도 : $(n-1) = (n-2) + 1$

만일 추정된 회귀식이 표본의 모든 변동을 완전히 설명하고 있다면(즉, 모든 관측값들이 표본회귀직선 위에 있을 경우) 모든 잔차들은 0의 값을 가지므로, 설명되지 않은

변동 SSE의 값은 0이 될 것이다. 따라서 총제곱합 SST 중에서 SSE가 차지하는 부분이 작으면, 또는 SSR이 차지하는 부분이 크면 추정된 회귀식의 설명력이 높다고 할 수 있다. 이들 제곱합들의 크기를 시각적으로 나타낸 것이 [그림 2.10]의 RF그림이라 할 수 있다. 또는 회귀직선의 적합도를 나타내는 측도로 사용하기 위하여 총변동 SST 중에서 설명된 변동 SSR이 차지하는 비,

$$R^2 = \frac{\text{설명된 변동}}{\text{총변동}} = \frac{SSR}{SST} = 1 - \frac{SSE}{SST}$$

을 정의하는데, 이를 **결정계수**(coefficient of determination)라 한다. 결정계수의 값은 정의에서 알 수 있듯이 항상 0과 1 사이에 있으며, 그 값이 1에 가까울수록 관측값들이 회귀직선 주위에 밀집되어 있음을 뜻하고, 이는 추정된 회귀식이 관측값들을 잘 설명하고 있다는 것을 뜻한다.

결정계수는 그 의미가 명확하고 해석이 쉽기 때문에 회귀분석을 위한 측도들 중에서 가장 많이 사용되는 측도라 할 수 있다. 그러나 설명력(또는 적합도)이 높고 낮음을 나타내는 결정계수의 값의 크기에는 정해진 기준은 없다. 이를테면, 변수들의 관계를 고도의 정밀도로 밝힐 수 있는 자연과학이나 공학에서는 0.95 이상의 높은 값을 요구하기도 하지만, 변수들의 관계가 복잡하게 얽혀있고 인위적인 조정이 불가능한 사회과학의 문제들에서는 0.3 정도의 값도 의미있는 적합도로 해석하기도 한다. 그러므로 결정계수의 해석에는 각 응용분야에서 일반적으로 통용되는 기준을 적용하면 될 것이다.

회귀모형의 중요한 기능 중의 하나는 예측(prediction)이다. 따라서 추정된 회귀식이 관측된 두 Y, X 변수들의 값을 어느 정도 잘 대표하는가 하는 것도 중요하지만, 예측의 정확도 역시 이에 못지않게 중요한 문제이다. 그러나 위에서 소개된 결정계수와 잔차표준오차는 추정된 회귀식의 적합도(quality of fit)에 대해서만 알려주며, **예측의 정확도**(quality of prediction)에 대해서는 전혀 알려주지를 못한다. 실제로 결정계수의 값이 크고 잔차표준오차 값이 작은 경우에도, 추정된 회귀직선을 이용한 예측값은 정확하지 않을 수 있다는 것을 염두에 두어야 한다.

예측도를 나타내는 측도로는 **예측잔차제곱합**(predicted residual sum of squares)이라 불리는 $PRESS$가 있다. $PRESS$는 예측잔차, $y_i - \hat{y}_{i(i)}$, 들의 제곱합인

$$PRESS = \sum_{i=1}^{n} (y_i - \hat{y}_{i(i)})^2$$

으로 정의된다. 여기서 $\hat{y}_{i(i)}$은 i번째 관측치를 제외시킨 $(n-1)$개의 관측치로 현재모형을 추정한 다음, 추정된 회귀모형식에 X의 i번째 관측값인 x_i를 대입하여 구한 예측값을 나타낸다. $PRESS$는 이런 작업을 n번 반복하여 구한 제곱합이라 할 수 있다.($PRESS$의 계산과 모형선택 문제에서의 사용은 6.2.4절에서 다시 설명된다.) 만약 추정된 회귀식의 예측도가 높다면 $\hat{y}_{i(i)}$은 $\hat{y}_i$과 일치하게 되어 $PRESS$는 SSE와 비슷한 값을 가질 것이다. 따라서 역으로 $PRESS$의 값이 SSE의 값과 비슷하면 예측도가 높다고 할 수 있다. 또는 결정계수 공식에서 SSE 대신에 $PRESS$로 대체한 식

$$R^2_{Prediction} = 1 - \frac{PRESS}{SST}$$

을 정의하여 예측의 정도를 나타내기도 한다 .

한편 자료에 특이값이 있는 경우에는 이들 특이값들이 회귀식의 추정에 큰 영향을 주기 때문에 일반적으로 예측의 정도는 낮아지게 된다. 따라서 $PRESS$는 SSE보다 큰 값을 가지게 되므로, 역으로 큰 값의 $PRESS$는 특이값의 존재를 알려주는 측도로도 사용된다(5.2절 참조).

2.4.3 분산분석표와 F 검정

앞 절에서 정의된 세 가지 제곱합을 자유도로 나누면 각각은 일종의 분산이 된다. 이를테면, 총제곱합 SST를 자유도 $(n-1)$로 나누면 Y의 표본 $Y_1, Y_2, \cdots, Y_n$의 표본분산이 되며, SSE를 자유도 $(n-2)$로 나누면 오차분산인 σ^2의 비편향추정량인 s^2이 된다. 이러한 이유로 제곱합의 분할을 이용하여 회귀분석과 관련된 문제를 다루는 것을 **회귀의 분산분석**이라 한다. 계산된 제곱합과 자유도 등 분산분석에 필요한 정보는 [표 2.2]와 같은 **분산분석표**(analysis of variance table)에 정리될 수 있다.

[표 2.2] 단순회귀분석에서의 분산분석표

요인	제곱합	자유도	평균제곱	F비
회귀	SSR	1	$MSR = SSR/1$	$F_0 = MSR/MSE$
오차	SSE	$n-2$	$MSE = SSE/(n-2)$	
전체	SST	$n-1$		

분산분석표에서 제곱합을 자유도로 나눈 값을 **평균제곱**(mean square)이라 하는데 [표 2.2]에는 **회귀평균제곱**(regression mean square, MSR)과 **오차평균제곱**(error mean square, MSE)이 각각 정의되어 있다. 식에서 알 수 있듯이 MSE는 σ^2의 비편향추정량 s^2과 같은 통계량이다.

분산분석표의 마지막 열에 주어진 F비는 가설 $H_0 : \beta_1 = 0$ 대 $H_1 : \beta_1 \neq 0$의 검정에 사용된다. F비는 자유도로 조정된 일종의 설명된 변동 대 설명되지 않은 변동의 비로 볼 수 있으므로, 만약 β_1이 0이 아니라면 가정된 회귀식이 타당하여 Y의 변동이 회귀식에 의해 상당 부분 설명될 것이므로 F비는 클 것으로 예상할 수 있다. 그러므로 우리는 역으로, 계산된 F비가 충분히 크면 β_1이 0이 아니라고 결정할 수 있다.

F비를 검정통계량으로 사용하기 위해서는 F비가 갖는 확률분포를 구할 필요가 있다. 먼저, 정규분포의 가정 하에서 우리는 SSE/σ^2가 자유도 $(n-2)$인 χ^2 분포를 따른다는 것을 보일 수 있다. 그리고 $\beta_1 = 0$인 경우에 SSR/σ^2은 자유도 1인 χ^2분포를 따른다. 또한 SSE와 SSR은 서로 독립인 확률변수들이다. 그러므로 F 분포의 정의에 따라

$$F_0 = \frac{(SSR/\sigma^2)/1}{(SSE/\sigma^2)/(n-2)} = \frac{MSR}{MSE}$$

은 귀무가설 $H_0 : \beta_1 = 0$ 하에서 자유도 1과 $(n-2)$의 F 분포를 따른다. 제곱합들을 σ^2으로 나눈 통계량이 χ^2분포를 따른다는 사실과 SSE와 SSR이 서로 독립이라는 사실의 증명은 Graybill(1976), Seber(1977)를 참조하면 된다. 보다 일반적인 경우인 중선형회귀분석에서 행렬을 이용한 증명은 김&강(2010)을 참조하면 된다.

위의 사실을 이용하여 우리는 만약 F비가 자유도 1과 $(n-2)$의 F 분포에서의 상위 α 분위수보다 크면, 즉,

$$F_0 > F(\alpha; 1, n-2)$$

이면 가설 $H_0 : \beta_1 = 0$을 유의수준 α하에서 기각할 수 있다.

단순선형회귀분석에서의 F 검정

가설 : $H_0 : \beta_1 = 0$ 대 $H_1 : \beta_1 \neq 0$

검정 : $F_0 = \dfrac{MSR}{MSE} > F(\alpha; 1, n-2)$ 이면 H_0를 유의수준 α하에서 기각

가설 $H_0 : \beta_1 = 0$이 성립하는 경우에는 반응변수 Y와 설명변수 X가 서로 관련성이

없다는 것을 의미하며, 이 가설을 기각하는 경우에는 설명변수 X가 반응변수 Y에 대해 통계적으로 유의한 영향을 준다고 해석할 수 있다. 이때 주의할 점은 먼저 위의 결론들은 두 변수 간의 선형적인 관계에 대해서만 성립한다는 것이다. 이를테면, $\beta_1 = 0$인 경우에도 선형관계가 아닌 다른 형태의 함수관계가 두 변수 간에 존재할 수도 있다.

또 하나 주의할 점은 $\beta_1 \neq 0$의 결론은 단지 두 변수 간에 선형관계가 존재한다는 것만을 나타낼 뿐 추정된 회귀직선이 유용하다는 것을 직접 의미하지는 않는다. 물론 $\beta_1 \neq 0$인 경우 회귀직선의 적합도가 높을 가능성은 있지만, 다른 중요한 설명변수가 분석에 포함되지 않았다든지, 또는 잘못된 모형설정으로 인하여 적합도가 낮을 수 있기 때문이다. 회귀모형의 유용성에 대한 결론은 F 검정의 결과, 결정계수와 잔차표준오차 등의 값을 종합적으로 참조하여 내려야 한다.

예제 2.5

자료 '`aflength`'를 이용한 발길이의 앞팔길이에 대한 회귀분석에서

(1) 분산분석표를 작성하고 F 검정을 실시하여라.

(2) 잔차표준오차 s와 결정계수를 계산하여라.

(3) $PRESS$와 $R^2_{Prediction}$을 계산하여라.

풀이 (1) R에서 분산분석표는 `lm()` 결과물에 `anova()` 함수를 적용하여 얻을 수 있다. 다음과 같이 사용한다.

```
> aflength.lm <- lm(foot ~ forearm, aflength)
> anova(aflength.lm)
Analysis of Variance Table

Response: foot
          Df Sum Sq Mean Sq F value    Pr(>F)
forearm    1 9498.2  9498.2  1045.1 < 2.2e-16 ***
Residuals 30  272.6     9.1
---
Signif. codes:  0 '***' 0.001 '**' 0.01 '*' 0.05 '.' 0.1 ' ' 1
```

위의 출력물에서 SSE에 대한 정보는 '`Residuals`' 행에 나와있다. 자유도는 30이고 SSE는 272.6이다. '`forearm`'에는 SSR에 대한 정보가 출력되어 있다. 자유도는 1이고 SSR은 9498.2이다. 총제곱합에 대한 정보는 출력되어 있지 않으나 자유도는 $31(= 30 + 1)$이고 $SST = SSR + SSE = 9770.8$로 계산할 수 있다. 총제곱합은 반응변수의 제곱합이므로 다음과 같이 계산할 수도 있다.

```
> with(aflength, sum((foot - mean(foot))^2))
[1] 9770.875
```

계산된 F비는

$$F_0 = \frac{MSR}{MSE} = \frac{9498.2}{9.1} = 1045.1$$

임을 확인할 수 있다. 이 값은 F 분포에서 구한 값 $F(0.05; 1, 30) = 4.17$ 보다 크므로 유의수준 $\alpha = 0.05$에서 β_1이 0이라는 가설을 기각할 수 있다.

F비를 값 그대로 해석하면, 단위자유도별로 조정된 설명된 변동의 크기가 설명되지 않은 변동의 크기의 약 1,045배가 된다는 것으로, 설명변수가 반응변수의 변동을 충분히 설명하므로 회귀식에 설명변수를 포함시키는 것이 타당하다는 것이다. R 출력물에 있는 분산분석표에는 이 F비에 대한 p값이 주어져 있다. p값이 2.2×10^{-16} 보다 작으므로 유의수준 0.05에서 역시 귀무가설을 기각할 수 있다.

(2) 잔차표준오차 s와 결정계수는 분산분석표에 있는 정보를 이용하여 계산할 수 있다. 먼저 MSE는 s^2과 같은 통계량이므로 MSE값의 제곱근이 s가 되며, 결정계수 역시 SST와 SSR의 값을 이용하여 계산할 수 있다. 한편 이 두 값은 매우 중요한 통계값이므로 `summary`()에도 출력된다. 중간부분을 생략하고 출력 결과의 끝부분만 보면 다음과 같다.

```
> summary(aflength.lm)
(...)

Residual standard error: 3.015 on 30 degrees of freedom
Multiple R-squared:  0.9721,	Adjusted R-squared:  0.9712
F-statistic:  1045 on 1 and 30 DF,  p-value: < 2.2e-16
```

위 출력물에서 'Residual standard error'에 표시된 3.015가 s의 값이며 'Mutiple R-squared'에 표시된 0.9721이 결정계수 R^2의 값이다. 이것은 반응변수의 32개 관측값이 갖는 총변동의 97.21%를 하나의 설명변수를 사용한 회귀식으로 설명할 수 있다는 것을 의미하므로 이 회귀직선은 상당히 유용하다고 할 수 있다. 그리고 마지막 행의 'F-statistic'은 분산분석표에서의 F 검정 결과를 보여준다.

(3) R의 `lm`()을 이용한 분석에서는 $PRESS$의 값을 자동으로 계산하여 출력해 주지 않으므로 직접 계산해야 한다. 그 방법은 6.2.4절에서 설명될 것이다. 여기에서는 `regbook` 패키지에 포함된 `rpredict`() 함수를 이용해 예측잔차(predicted residual)를 계산해보자.

```
> rpredict(aflength.lm)
     1      2      3      4      5      6      7      8      9     10     11
 1.238  0.737  0.737 -4.480  2.694  1.502  0.304 -3.067  1.032  3.147  1.849
```

```
    12     13     14     15     16     17     18     19     20     21     22
-2.610  0.553  0.442 -3.151  3.598  1.051  4.100  1.850 -2.693 -4.846 -1.787
    23     24     25     26     27     28     29     30     31     32
-4.929  2.341 -7.099  3.323  1.238  2.221  6.315 -5.152 -0.241  0.574
```

따라서 예측잔차제곱합은 다음과 같이 구할 수 있다.

```
> r <- rpredict(aflength.lm)
> sum(r^2)
[1] 306.033
```

SSE의 값이 약 272.65, $PRESS$값은 약 306.03으로 주어진다. $PRESS$값이 SSE값에 얼마만큼 가까워야 좋은지에 대한 기준은 없으며, 역시 회귀분석이 사용되는 각 분야에서의 경험으로 판단해야한다. $PRESS$값을 사용한 예측정도를 나타내는 결정계수 $R^2_{Prediction}$의 값은

$$R^2_{Prediction} = 1 - \frac{306.033}{9770.875} \simeq 0.969$$

로 주어져 예측력 역시 높다고 할 수 있다.

---□

F비가 가설 $H_0 : \beta_1 = 0$의 검정에 타당한 검정통계량인 이유는 평균제곱의 기댓값을 이용해서도 설명될 수 있다. 오차평균제곱 MSE는 곧 s^2이므로 우리는 $\text{E}[MSE] = \sigma^2$임을 알고 있다. 그리고 회귀평균제곱 MSR의 기댓값은

$$\text{E}[MSR] = \sigma^2 + \beta_1^2 SS_{XX} \tag{2.15}$$

임을 쉽게 보일 수 있다([연습문제 2.7]). 그러므로 만일 β_1이 0이 아닌 경우에는 MSR의 기댓값은 MSE의 기댓값보다 항상 $\beta_1^2 SS_{XX}$만큼 크게 된다. 역으로, 만일 MSR의 기댓값이 MSE의 기댓값보다 충분히 크다면 이것은 β_1이 0이 아닌 증거가 되는 것이다. 물론 실제 F 검정에서는 평균제곱들의 기댓값이 아닌 개별 값들의 비를 사용하지만 비슷한 관계를 예상할 수 있다.

2.5 단순회귀분석에서의 추론

앞 절의 F 검정에서는 오차항 ε_i가 정규분포를 따른다는 가정이 사용되었다. 이 가정은 회귀계수 β_0와 β_1, 그리고 다른 중요한 모수들에 관한 추론을 하기 위해서도 필요하다. 오차항 $\varepsilon_i(i = 1, 2, \cdots, n)$가 서로 독립이며 평균이 0, 분산이 σ^2 인 정규분포를 따른다는 가정 하에 확률변수 $Y_i = \beta_0 + \beta_1 X_i + \varepsilon_i(i = 1, 2, \cdots, n)$ 역시 서로 독립이며, 평균이 $\beta_0 + \beta_1 X_i$, 분산이 σ^2 인 정규분포를 따름을 알 수 있다. 이 절의 결과들은 오차항에 대한 가정들이 타당한 경우에만 성립하기 때문에 이 가정들의 타당성을 조사하는 것은 매우 중요하다. 이것은 2.6절과 5장에서 구체적으로 다루어진다.

2.5.1 회귀계수에 대한 추론

회귀직선의 기울기인 모수 β_1은 반응변수와 설명변수 간의 선형관계 존재여부와 그 형태를 나타낸다. β_1에 관한 추론 중 특히 가설 $H_0 : \beta_1 = 0$에 대한 검정은 설명변수가 반응변수를 유의하게 설명하는 지에 대한 것으로 중요하게 사용된다.

우리는 앞에서 β_1의 점추정량으로 최소제곱추정량

$$\hat{\beta}_1 = \frac{\sum_{i=1}^{n}(X_i - \overline{X})(Y_i - \overline{Y})}{\sum_{i=1}^{n}(X_i - \overline{X})^2}$$

을 유도하였다. β_1에 대한 구간추정과 가설검정을 하기 위해서는 점추정량 $\hat{\beta}_1$이 갖는 확률분포를 유도할 필요가 있는데, 이는 $\hat{\beta}_1$의 선형성에 의하여 쉽게 주어진다. 즉, $\hat{\beta}_1$은 서로 독립이면서 정규분포를 따르는 $Y_1, Y_2, \cdots, Y_n$들의 선형함수로 주어지므로(2.3.2절), $\hat{\beta}_1$ 역시 정규분포를 따르게 된다(1.1.4절 참조). 그리고 정규분포는 평균과 분산에 의하여 정의되므로, 앞에서 유도한 결과들을 이용하면 $\hat{\beta}_1$은 평균이 β_1이고, 분산이

$$\mathrm{Var}(\hat{\beta}_1) = \frac{\sigma^2}{SS_{XX}}$$

인 정규분포를 따른다는 것을 알 수 있다. 또한 $\hat{\beta}_1$ 의 표준화된 값은 표준정규분포를 따른다. 즉,

$$\frac{\hat{\beta}_1 - \beta_1}{\sigma/\sqrt{SS_{XX}}} \sim N(0,1) \tag{2.16}$$

그리고 오차분산 σ^2 의 추정량 s^2 을 사용하면, $\hat{\beta}_1$ 의 표준오차는

$$\mathrm{SE}(\hat{\beta}_1) = \frac{s}{\sqrt{SS_{XX}}}$$

로 주어진다. 이제 다음의 t 통계량

$$t = \frac{\hat{\beta}_1 - \beta_1}{\mathrm{SE}(\hat{\beta}_1)} = \frac{\hat{\beta}_1 - \beta_1}{s/\sqrt{SS_{XX}}} \tag{2.17}$$

은 자유도 $(n-2)$ 인 t 분포를 따른다는 것을 보이자. 먼저 식(2.17)은 다음 식을 정리하여 얻을 수 있다.

$$t = \frac{\dfrac{\hat{\beta}_1 - \beta_1}{\sigma/\sqrt{SS_{XX}}}}{\sqrt{\dfrac{SSE}{\sigma^2}/(n-2)}} \tag{2.18}$$

위의 식에서 분자는 식(2.16)에 의하여 표준정규분포를 따르고, 분모에 있는 SSE/σ^2 은 자유도 $(n-2)$ 인 χ^2 분포를 따른다. 그리고 SSR과 SSE는 서로 독립이므로 $\hat{\beta}_1$ 과 SSE 도 서로 독립이다.($SSR = \hat{\beta}_1^2 \sum(X_i - \overline{X})^2$ 임을 상기하라.) 그러므로 식(2.18)의 분자와 분모는 서로 독립이 되며, t 분포의 정의에 따라 식(2.18), 즉, 식(2.17)은 자유도 $(n-2)$ 인 t 분포를 따르게 된다.

자유도 $(n-2)$ 인 t 분포의 상위 α 분위수를 $t(\alpha; n-2)$ 라 나타내면, 위의 사실과 t 분포의 대칭성에 의하여 다음 식이 성립한다.

$$\Pr\left[-t(\tfrac{\alpha}{2}; n-2) < \frac{\hat{\beta}_1 - \beta_1}{\mathrm{SE}(\hat{\beta}_1)} < t(\tfrac{\alpha}{2}; n-2)\right] = 1 - \alpha$$

따라서 1.2.2절에서 설명된 신뢰구간의 정의에 의하여 모수 β_1 에 대한 $100(1-\alpha)\%$ 신뢰구간은 다음과 같이 주어진다.

$$\hat{\beta}_1 - t(\tfrac{\alpha}{2}; n-2)\mathrm{SE}(\hat{\beta}_1) < \beta_1 < \hat{\beta}_1 + t(\tfrac{\alpha}{2}; n-2)\mathrm{SE}(\hat{\beta}_1)$$

β_1의 임의의 값 $\beta_{1,0}$에 대한 가설검정은 1장의 평균에 대한 가설검정방법을 이용하여 할 수 있다. 귀무가설 $H_0 : \beta_1 = \beta_{1,0}$ 하에서 검정통계량

$$t = \frac{\hat{\beta}_1 - \beta_{1,0}}{\mathrm{SE}(\hat{\beta}_1)}$$

은 자유도 $(n-2)$인 t 분포를 따르게 된다. 위의 값은 모수 β_1을 대신하는 $\hat{\beta}_1$과 귀무가설에서 주어진 $\beta_{1,0}$와의 차이가 오차의 몇 배인가를 나타내는 것으로, 그 값이 크면 귀무가설의 주장이 맞지 않다는 증거가 되어 귀무가설을 기각하게 된다. 기각역은 대립가설의 형태에 따라 유의수준 α하에서 다음의 세 가지로 주어진다.

귀무가설	검정통계량의 값	대립가설	H_0 기각역
$H_0 : \beta_1 = \beta_{1,0}$	$t = \frac{\hat{\beta}_1 - \beta_{1,0}}{\mathrm{SE}(\hat{\beta}_1)}$	$H_1 : \beta_1 < \beta_{1,0}$	$t < -t(\alpha; n-2)$
		$H_1 : \beta_1 > \beta_{1,0}$	$t > t(\alpha; n-2)$
		$H_1 : \beta_1 \neq \beta_{1,0}$	$\lvert t \rvert > t(\frac{\alpha}{2}; n-2)$

$\beta_{1,0}$의 값이 0으로 주어지는 가설 $H_0 : \beta_1 = 0$에 대한 양측 t 검정은 분산분석표의 F 검정과 이론적으로 같은 것이다. 실제로 이 경우 t 검정통계량의 제곱이 F 검정통계량과 같음을 증명할 수 있다([연습문제 2.9]). 2.4절에서 설명된 가설 $H_0 : \beta_1 = 0$에 대한 F 검정의 해석 시 유의할 점들도 마찬가지로 t 검정에도 적용된다.

회귀직선의 절편인 모수 β_0에 관한 추론 역시 관심의 대상이 될 수 있다. 사전에 주장된 값에 대한 타당성조사가 요구될 수도 있고, 특히 많은 경우에 있어서 회귀직선이 원점을 지나는지의 여부가 중요한 문제가 될 수 있다.(원점을 지나는 회귀직선에 대한 분석은 2.7절에서 상세히 설명된다.) β_0에 관한 추론은 β_1의 경우와 거의 동일하다. 실제 추정량의 분산만 달라질 뿐 그 외의 과정은 같다고 볼 수 있다.

절편 β_0의 점추정량으로 주어지는 최소제곱추정량

$$\hat{\beta}_0 = \overline{Y} - \hat{\beta}_1 \overline{X}$$

도 $Y_1, Y_2, \cdots, Y_n$들의 선형함수로 주어지므로(2.3.2절), $\hat{\beta}_0$ 역시 정규분포를 따르게

된다. 그리고 앞에서 유도한 결과들을 이용하면 $\hat{\beta}_0$은 평균이 β_0이고, 분산이

$$\mathrm{Var}(\hat{\beta}_0) = \sigma^2 \left(\frac{1}{n} + \frac{\overline{X}^2}{SS_{XX}} \right)$$

인 정규분포를 따른다는 것을 알 수 있다. 참고로 $\hat{\beta}_0$의 분산은 식(2.9)에서 구하였지만 정규성을 이용하면 더욱 쉽게 유도할 수 있다. 구체적으로 기울기 $\hat{\beta}_1$과 Y_i들의 표본평균 $\overline{Y}$의 공분산이 0임을 보일 수 있다([연습문제 2.14] 참조). 그리고 Y_i들이 정규분포를 따른다는 가정 하에서 두 통계량 $\hat{\beta}_1$과 $\overline{Y}$ 역시 정규분포를 따르게 되어 $\mathrm{Cov}(\hat{\beta}_1, \overline{Y}) = 0$은 $\hat{\beta}_1$과 $\overline{Y}$가 서로 독립임을 의미한다. 이 사실을 이용하면 $\hat{\beta}_0$의 분산은

$$\begin{aligned}\mathrm{Var}(\hat{\beta}_0) &= \mathrm{Var}(\,\overline{Y} - \hat{\beta}_1\overline{X}\,) \\ &= \mathrm{Var}(\,\overline{Y}\,) + \overline{X}^2\mathrm{Var}(\hat{\beta}_1) \\ &= \frac{\sigma^2}{n} + \overline{X}^2\frac{\sigma^2}{SS_{XX}}\end{aligned}$$

와 같이 구할 수 있다.

그리고 오차분산 σ^2의 추정량 s^2을 사용하면 $\hat{\beta}_0$의 표준오차는

$$\mathrm{SE}(\hat{\beta}_0) = s\sqrt{\frac{1}{n} + \frac{\overline{X}^2}{SS_{XX}}}$$

로 주어진다. 또한 이 표준오차를 이용하여 $\hat{\beta}_0$을 표준화시킨 다음의 t 통계량

$$t = \frac{\hat{\beta}_0 - \beta_0}{\mathrm{SE}(\hat{\beta}_0)}$$

은 $\hat{\beta}_1$의 경우와 같이 자유도 $(n-2)$인 t 분포를 따름을 보일 수 있다. 그러므로 모수 β_0에 대한 $100(1-\alpha)\%$ 신뢰구간은

$$\hat{\beta}_0 - t(\tfrac{\alpha}{2}; n-2)\mathrm{SE}(\hat{\beta}_0) < \beta_0 < \hat{\beta}_0 + t(\tfrac{\alpha}{2}; n-2)\mathrm{SE}(\hat{\beta}_0)$$

으로 주어진다.

그리고, β_0의 임의의 값 $\beta_{0,0}$에 대한 가설 $H_0 : \beta_0 = \beta_{0,0}$에 대해서도 자유도 $(n-2)$

인 t 분포를 따르는 검정통계량

$$t = \frac{\hat{\beta}_0 - \beta_{0,0}}{\mathrm{SE}(\hat{\beta}_0)}$$

을 이용하여 β_1의 경우와 동일하게 유의수준 α하에서의 t 검정을 할 수 있다.

예제 2.6

자료 'aflength'를 이용한 발길이의 앞팔길이에 대한 회귀분석에서 추정된 회귀계수에 대한 추론을 실시하여라.

풀이 R에서 lm()을 실행한 결과에 대해 summary()를 적용한 출력물 중 'Coefficients' 영역을 보면 다음과 같다.

```
> summary(aflength.lm)
(...)

Coefficients:
             Estimate Std. Error t value Pr(>|t|)
(Intercept) -12.41920    7.86284  -1.579    0.125
forearm       1.05272    0.03256  32.328   <2e-16 ***
---
Signif. codes:  0 '***' 0.001 '**' 0.01 '*' 0.05 '.' 0.1 ' ' 1

(...)
```

먼저 점추정값은 $\hat{\beta}_0 = -12.41920$, $\hat{\beta}_1 = 1.05272$이며, 표준오차는 $\mathrm{SE}(\hat{\beta}_0) = 7.86284$, $\mathrm{SE}(\hat{\beta}_1) = 0.03256$로 각각 주어져 있다.

오른쪽의 't value'는 점추정값을 각각의 표준오차로 나눈 값으로, 가설검정에 사용된다. 먼저 $H_0 : \beta_1 = 0$ 대 $H_1 : \beta_1 \neq 0$의 가설에 대한 검정을 보자. 검정통계량의 값은

$$t = \frac{1.05272 - 0}{0.03256} = 32.3317$$

인데 이 값이 32.328로 표시되어 있다. 이 값의 의미는 β_1과 0의 차이가 오차의 약 32배라는 것으로 그 차이가 매우 크다는 것을 알 수 있다. 실제로 이 값에 대한 p값이 2×10^{-16} 보다 작으므로 귀무가설 $H_0 : \beta_1 = 0$을 기각하고 우리는 'β_1이 0이 아니다'라고 할 수 있는데, 이 경우 '$\hat{\beta}_1$은 통계적으로 유의하다(statistically significant)'라고 표현한다.

가설 $H_0 : \beta_0 = 0$ 대 $H_0 : \beta_0 \neq 0$의 검정에서는 검정통계량의 값이 -1.579이고, p값은 0.125로 유의수준 α=0.05 보다 크므로 귀무가설을 기각할 수 없다. 즉, $\hat{\beta}_0$은 통계적으로 유의하지 않으며, β_0는 0으로 볼 수 있다.

다음으로 $t(0.025; 30) = 2.042$임을 이용하면, β_1에 대한 95% 신뢰구간은

$$\beta_1 = 1.05272 \pm (2.042)(0.03256) = 1.05272 \pm 0.06649$$

즉, $(0.98623, 1.11921)$로 얻는다. β_0에 대한 95% 신뢰구간 $(-28.47512, 3.63672)$도 같은 방법으로 구할 수 있다. 이들 신뢰구간을 이용하면 양측검정을 할 수 있다. β_1의 신뢰구간은 0을 포함하지 않으므로 귀무가설 $H_0 : \beta_1 = 0$을 기각할 수 있으며, β_0의 신뢰구간은 0을 포함하므로 귀무가설 $H_0 : \beta_0 = 0$을 기각할 수 없게 된다.

R에서 회귀계수에 대한 95% 신뢰구간은 `confint()` 함수를 적용하여 구할 수 있다.

```
> confint(aflength.lm)
                  2.5 %   97.5 %
(Intercept) -28.4772686 3.638869
forearm       0.9862158 1.119223
```

역시 계산오차 때문에 위에서 구한 값들과 약간의 차이가 나타난다. 95%가 아닌 신뢰수준은 `confint()` 함수에 `level` 인자를 추가하여 변경할 수 있다.

□

위의 예제에 대해 몇 가지 추가적 설명이 필요하다. 첫째, 앞에서 언급한대로 가설 $H_0 : \beta_1 = 0$에 대한 t 검정은 분산분석표의 F 검정과 일치한다. 위의 예제에서 구한 t 검정통계량 값의 제곱은

$$t^2 = (32.328)^2 = 1045.1$$

르 분산분석표의 F비와 같다는 것을 확인할 수 있다. p값은 너무 작아 확인이 되지 않지만 역시 일치한다. 즉, 단순선형회귀분석의 경우 두 가지 검정은 같은 것이다.

둘째, 기울기의 0이 아닌 다른 값에 대한 t 검정은 어떻게 수행할 것인가? 예를 들어, 위의 예제에서 β_0는 0으로 볼 수 있었으므로, 발길이와 앞팔길이가 같은 값을 가진다고 주장을 하면 가설을

$$H_0 : \beta_1 = 1 \;\; 대 \;\; H_1 : \beta_1 \neq 1$$

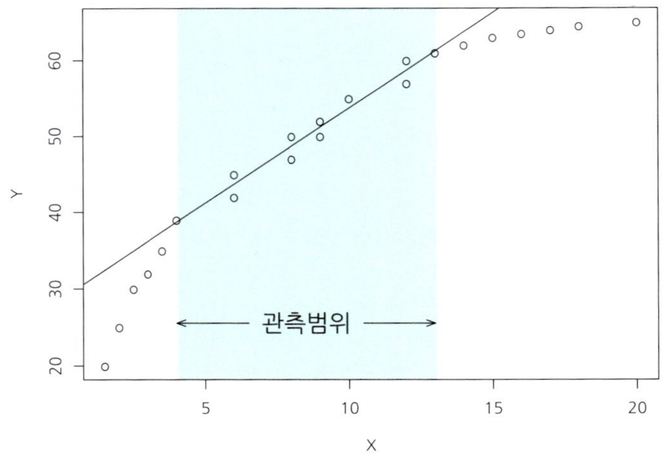

[그림 2.12] 두 변수가 관측범위 밖에서 비선형관계를 갖는 경우

와 같이 설정할 수 있다. 이에 대한 t 검정도 같은 방법으로 수행할 수 있다. 즉, t 검정 통계량의 값을

$$t = \frac{1.05272 - 1}{0.03256} = 1.619$$

와 같이 계산하면, 이 값은 $t(0.025; 30) = 2.042$보다 작으므로 귀무가설의 주장이 타당성을 가지게 된다. 또는 가설에서 주어진 값 $\beta_1 = 1$이 95% 신뢰구간에 포함되므로 같은 결론을 얻을 수 있다.

셋째, 절편에 관한 검정에서 주의할 점은 위의 예제에서처럼 설명변수 X의 관측값의 범위가 0을 포함하지 않은 경우에는 절편에 대한 검정의 결과를 그대로 받아들여서는 안된다는 것이다. 이 경우 관측된 자료는 $X = 0$ 근처에 대한 정보를 전혀 가지고 있지 못하기 때문이다. 앞에서 구한 회귀식은 두 변수 Y와 X가 직선의 관계를 가진다는 가정하에서만 성립하는 것인데, 관측하지 않은 두 변수값의 영역에서는 두 변수의 관계가 어떠한지는 알 수 없기 때문이다. 예를 들어, [그림 2.12]는 X의 관측범위 밖에서 두 변수가 비선형관계에 있는 경우를 보여 주고 있다. 일반적으로 회귀분석에서 가정되는 회귀모형은 한정된 범위의 X값에서만 유효하기 때문에 소위 **외삽**(extrapolation), 즉, 적합된 회귀식을 X의 관측값의 범위 밖에서 이용하는 것은 정확하지 않을 수 있다는 점을 주의해야 한다.

2.5.2 반응변수의 평균에 대한 추론

회귀분석의 중요한 목적 중의 하나는 예측이다. 추정된 회귀직선을 이용하여 우리는 설명변수 X의 특정한 값에서 반응변수 Y가 갖는 값에 대한 분석을 할 수 있다. 앞에서 X가 특정한 값 x로 주어질 때 반응변수 Y는 평균이 $\mathrm{E}[Y\,|\,x] = \beta_0 + \beta_1 x$ 이고, 분산이 σ^2인 정규분포를 따른다고 가정하였다. 이 경우 보통 두 가지 문제를 생각할 수 있다.

(1) X가 특정한 값 x로 주어질 때 평균 $\mathrm{E}[Y\,|\,x] = \beta_0 + \beta_1 x$의 추정

(2) X가 특정한 값 x로 주어질 때 새로운 Y값에 대한 예측

위에서 평균 $\mathrm{E}[Y\,|\,x] = \beta_0 + \beta_1 x$는 일종의 모수이므로 추정의 문제이고, 새로운 Y값은 확률변수이므로 예측의 문제가 된다.

(1) X가 특정한 값 x로 주어질 때 평균 $\mathrm{E}[Y\,|\,x] = \beta_0 + \beta_1 x$의 추정

Y의 평균 $\mu_{Y|x} = \beta_0 + \beta_1 x$는 두 모수 β_0와 β_1의 선형함수이므로, β_0와 β_1의 추정량 $\hat{\beta}_0$과 $\hat{\beta}_1$을 대입하여 추정량을 얻게 된다. 즉, Y의 평균 $\mu_{Y|x} = \beta_0 + \beta_1 x$에 대한 점추정량은 $X = x$에서 Y의 예측통계량

$$\hat{Y}(x) = \hat{\beta}_0 + \hat{\beta}_1 x$$

로 주어진다. 이 통계량의 기댓값은

$$\mathrm{E}[\,\hat{Y}(x)\,] = \mathrm{E}[\,\hat{\beta}_0 + \hat{\beta}_1 x\,] = \beta_0 + \beta_1 x$$

로 주어지므로 비편향성을 만족한다. 한편 이 추정량의 분산은

$$\begin{aligned}\mathrm{Var}(\hat{Y}(x)) &= \mathrm{Var}(\hat{\beta}_0 + \hat{\beta}_1 x) \\ &= \mathrm{Var}(\,\overline{Y} + \hat{\beta}_1(x - \overline{X}\,))\end{aligned}$$

이며, $\overline{Y}$와 $\hat{\beta}_1$은 서로 독립이므로(2.5.1절 참조)

$$\begin{aligned}\mathrm{Var}(\hat{Y}(x)) &= \mathrm{Var}(\overline{Y}) + (x-\overline{X})^2\mathrm{Var}(\hat{\beta}_1) \\ &= \sigma^2\left(\frac{1}{n} + \frac{(x-\overline{X})^2}{SS_{XX}}\right)\end{aligned} \tag{2.19}$$

로 주어진다. 그리고 σ^2 대신에 s^2을 사용하여 $\hat{Y}(x)$의 표준오차를 얻는다.

$$\mathrm{SE}(\hat{Y}(x)) = s\sqrt{\frac{1}{n} + \frac{(x-\overline{X})^2}{SS_{XX}}} \tag{2.20}$$

신뢰구간을 구하거나 가설검정을 위해서는 $\hat{Y}(x)$의 분포가 필요한데 추정량 $\hat{\beta}_0$과 $\hat{\beta}_1$이 정규분포를 따르므로 $\hat{Y}(x)$ 역시 정규분포를 따르게 된다. 그러므로 위의 표준오차를 사용하여 β_0와 β_1의 경우와 같이 t 분포를 이용한 신뢰구간의 계산이나 가설검정을 할 수 있다. 예를 들어, $\mu_{Y|x} = \beta_0 + \beta_1 x$에 대한 $100(1-\alpha)\%$ 신뢰구간은

$$\hat{\beta}_0 + \hat{\beta}_1 x - t(\tfrac{\alpha}{2}; n-2)\mathrm{SE}(\hat{y}(x)) < \beta_0 + \beta_1 x < \hat{\beta}_0 + \hat{\beta}_1 x + t(\tfrac{\alpha}{2}; n-2)\mathrm{SE}(\hat{y}(x))$$

로 주어진다.

평균 $\mu_{Y|x}$에 대한 신뢰구간 공식을 보면, 표준오차 $\mathrm{SE}(\hat{y}(x))$가 주어진 x의 값에 의존하므로 신뢰구간의 폭은 x의 값에 따라 달라진다. $\mathrm{SE}(\hat{y}(x))$의 공식에서 알 수 있듯이 이 폭은 $x = \overline{X}$ 일 때에 가장 좁고, x가 $\overline{X}$ 에서 멀어질수록 넓어진다. X의 각 점에서 Y의 평균값에 대한 신뢰구간을 구한 다음, 상한들과 하한들을 개별적으로 연결하면 표본회귀식 위아래로 곡선을 형성하게 되는데 이를 회귀직선의 **신뢰대**(confidence band)라 한다([그림 2.13] 참조).

(2) X가 특정한 값 x로 주어질 때 새로운 Y값에 대한 예측

이제 주어진 X값에서의 새로운 Y값에 대한 예측의 문제를 생각하여보자. 주어진 X의 값 $X = x$에서 관측될 수 있는 Y의 임의의 값을 $Y(x)$라 나타내면, $Y(x)$는 평균이 $\mu_{Y|x} = \beta_0 + \beta_1 x$이고, 분산이 σ^2인 정규분포를 따르는 확률변수이다. 즉,

$$Y(x) \sim N(\beta_0 + \beta_1 x, \sigma^2)$$

따라서 $Y(x)$의 예측통계량으로 평균의 추정량인 $\hat{Y}(x) = \hat{\beta}_0 + \hat{\beta}_1 x$을 고려하는 것이 당연하다.

다음으로 구간추정을 위하여 $Y(x) - \hat{Y}(x)$를 생각하자. 이 확률변수는 평균이

$$\mathrm{E}[Y(x) - \hat{Y}(x)] = (\beta_0 + \beta_1 x) - (\beta_0 + \beta_1 x) = 0$$

이고, $Y(x)$와 $\hat{Y}(x)$은 서로 독립이므로(왜냐하면 $Y(x)$는 $Y_1, \cdots, Y_n$과는 다른 별개의 Y값이다), 분산이

$$\begin{aligned}\mathrm{Var}(Y(x) - \hat{Y}(x)) &= \mathrm{Var}(Y(x)) + \mathrm{Var}(\hat{Y}(x)) \\ &= \sigma^2 + \sigma^2 \left[\frac{1}{n} + \frac{(x - \overline{X})^2}{SS_{XX}}\right] \\ &= \sigma^2 \left[1 + \frac{1}{n} + \frac{(x - \overline{X})^2}{SS_{XX}}\right] \qquad (2.21)\end{aligned}$$

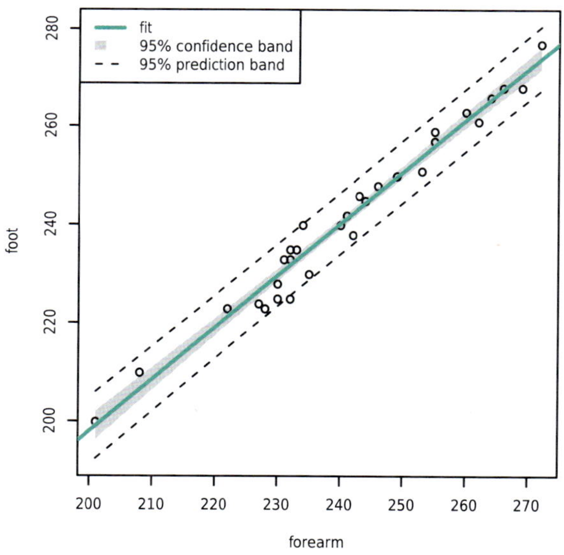

[그림 2.13] 표본회귀식의 신뢰구간과 예측구간: 직선은 추정회귀식, 음영으로 표시된 부분은 신뢰대, 점선으로 표시된 부분은 예측대를 나타낸다.

인 정규분포를 따른다. 그러므로 σ^2 대신에 s^2을 사용하면 통계량

$$\frac{Y(x) - \hat{Y}(x)}{s\sqrt{1 + \frac{1}{n} + \frac{(x - \overline{X})^2}{SS_{XX}}}}$$

은 자유도 $(n-2)$인 t 분포를 따름을 보일 수 있다. 이 식으로부터 $X = x$에서 Y의 새로운 값 $Y(x)$를 포함할 확률이 $(1-\alpha)$인 다음의 **예측구간**(prediction interval)을 얻을 수 있다.

$$\hat{Y}(x) \pm t(\tfrac{\alpha}{2}; n-2) \cdot s\sqrt{1 + \frac{1}{n} + \frac{(x - \overline{X})^2}{SS_{XX}}}$$

위의 식에서 알 수 있듯이 예측구간은 Y의 평균 $\mu_{Y|x}$에 대한 신뢰구간보다 폭이 넓다. 그리고 신뢰대의 경우처럼 예측구간의 상한들과 하한들을 개별적으로 연결하면 표본회귀식 위아래로 곡선을 형성하게 되는데 이를 **예측대**(prediction band)라 한다.

예제 2.7

자료 'aflength'에서 발길이의 앞팔길이에 대한 회귀분석의 결과를 가지고 $X = 260$에서 Y가 갖는 평균과 관측될 수 있는 새로운 Y값에 대한 추론을 하여라.

풀이 먼저 $X = 260$에서 Y의 평균 $\mu_{Y|260} = \beta_0 + \beta_1(260)$에 대한 신뢰구간을 구해보자. 점추정값은

$$\hat{y}(260) = -12.419 + (1.0527)(260) = 261.283$$

이며, 이에 대한 표준오차의 값은 식(2.20)에 의해($\overline{X}$와 SS_{XX}의 값은 따로 구해야 함)

$$\text{SE}(\hat{y}(260)) = (3.01467)\sqrt{\frac{1}{32} + \frac{(260 - 240.91)^2}{8570.72}} = 0.8188$$

이다. 그러므로 $X = 260$에서 Y의 평균에 대한 95% 신뢰구간은

$$\mu_{Y|260} = 261.283 \pm (2.042)(0.8188) = 261.283 \pm 1.6720$$

즉, (259.611, 262.955)로 주어진다.

이제 $X = 260$에서 관측될 수 있는 새로운 Y값, $Y(260)$에 대한 예측구간을 구해보자. 예측값은 평균의 추정값과 동일하게 $\hat{y}(260) = 261.283$로 주어지며, 표준오차에 해당하는 값은

$$s\sqrt{1+\frac{1}{n}+\frac{(x-\overline{X})^2}{SS_{XX}}} = (3.01467)\sqrt{1+\frac{1}{32}+\frac{(260-240.91)^2}{8570.72}} = 3.1239$$

로 주어진다. 그러므로 $X = 260$에서 관측될 수 있는 새로운 Y값에 대한 95% 예측구간은

$$261.283 \pm (2.042)(3.1239) = 261.283 \pm 6.3970$$

즉, (254.887, 267.687)로 주어진다. 그리고 이 예측구간은 위의 평균값에 대한 신뢰구간보다 넓은 폭을 가진다는 것을 알 수 있다.

R에서 각 관측값에 대한 신뢰구간과 예측구간은 `predict()`를 이용하여 구할 수 있다. 아무런 인자없이 사용할 경우 예측값만 출력되며, `se.fit=TRUE` 옵션을 줄 경우 각 점에서의 평균에 대한 표준오차가 함께 출력된다. 출력 결과는 예측값이 출력된 '`fit`' 영역과 표준오차가 출력된 '`se.fit`' 영역의 첫 행만 제시하고 나머지는 생략하였다.

```
> predict(aflength.lm, se.fit=TRUE)
$fit
       1        2        3        4        5        6        7
231.8117 241.2862 241.2862 242.3389 243.3916 246.5498 249.7079
(...)

$se.fit
 [1] 0.6067283 0.5329329 0.5329329 0.5341129 0.5372677 0.5581408
(...)
```

각 관측값에서의 반응변수 Y의 평균에 대한 신뢰구간을 구하려면 `predict()` 함수의 `interval` 인자에 `"confidence"`를 지정하면 된다. 다음 출력 결과에서 '`lwr`'은 각 신뢰구간의 하한(lower bound), '`upr`'은 상한(upper bound)을 의미한다.

```
> predict(aflength.lm, interval="confidence")
       fit      lwr      upr
1 231.8117 230.5726 233.0508
2 241.2862 240.1978 242.3746
3 241.2862 240.1978 242.3746
4 242.3389 241.2481 243.4297
5 243.3916 242.2944 244.4889
6 246.5498 245.4099 247.6897
(...)
```

Y의 새로운 값에 대한 예측구간을 구하려면 `interval` 인자에 `"prediction"`을 지정하면 된다.

```
> predict(aflength.lm, interval="prediction")
        fit      lwr      upr
1  231.8117 225.5315 238.0920
2  241.2862 235.0339 247.5384
3  241.2862 235.0339 247.5384
4  242.3389 236.0862 248.5916
5  243.3916 237.1378 249.6454
6  246.5498 240.2884 252.8112
(...)
```

만약 주어진 X값이 현재의 자료에 없는 값인 경우에는 새로운 데이터프레임을 생성하여 사용해야 한다. 예를 들어, $X = 260$이 새로운 값이라면 Y의 평균에 대한 신뢰구간과 하나의 Y값에 대한 예측구간은 다음과 같이 구할 수 있다.

```
> newdata <- data.frame(forearm=260)
> predict(aflength.lm, newdata, interval="confidence")
       fit      lwr      upr
1 261.2879 259.6154 262.9603
> predict(aflength.lm, newdata, interval="prediction")
       fit     lwr      upr
1 261.2879 254.908 267.6678
```

[그림 2.13]은 관측값들의 산점도, 추정된 회귀직선과 함께 95% 신뢰대와 예측대를 보여준다. R에서 이 그림을 그리기 위해서는 `regbook` 패키지에서 제공하는 `fitplot()` 함수를 이용할 수 있다.

```
fitplot(aflength.lm)
```

가운데 굵은 선은 적합된 회귀식이며, 음영으로 표시된 부분이 95% 신뢰대, 바깥쪽 점선으로 된 부분이 95% 예측대를 나타낸다.

□

2.6 잔차분석

앞 절에서의 각 모수에 대한 추론은 모두 모집단 회귀모형에 포함된 오차항 ε에 대한 몇 가지 가정에 바탕을 둔다. 그러므로 올바른 추론을 하기 위해서는 이들 가정의 성립이 중요한 전제조건이 된다. 그러나 오차항 ε은 관측될 수 없는 값이기 때문에 일종의 "추정량"인 잔차를 이용하여 이들 가정의 타당성을 조사하는데 이를 **잔차분석**(residual analysis)이라 한다. 먼저 회귀분석에서의 가정들과 그 의미를 구체적으로 살펴보자.

(1) 설정된 모형 $Y_i = \beta_0 + \beta_1 X_i + \varepsilon_i$은 옳다 : Y와 X는 선형관계에 있으며, X가 아닌 다른 설명변수들의 Y에 대한 영향은 무시할 수 있다는 것을 의미한다. 그러나 이 설정된 모형을 참 모형으로 인정하는 것은 아니며 단지 현재의 분석 단계에서 가장 타당한 모형으로 생각하는 것이다. 분석의 결과로 이 모형에 대한 수정이 가해질 수 있다. 그리고 또 하나의 중요한 의미는 설정된 모형이 오차항이 모형식에 더해지는 가법모형(additive model)의 형태를 가진다는 것이다. 이 가정의 결과로 Y의 확률분포는 오차항의 확률분포를 평행이동한 것으로 주어진다.

(2) 오차 ε_i의 평균값은 0이다. 즉, $\mathrm{E}[\varepsilon_i] = 0,\ i = 1, 2, \cdots, n$: 실제 관측에 있어서 구조적 편차(systematic deviation)가 없다는 것을 의미하며, 이 가정의 결과로 오차들의 평균을 추정할 필요가 없어진다. ε_i들의 기댓값이 0이 아닌 상수 c의 값을 갖는 경우에는 $\varepsilon_i^* = \varepsilon_i - c$와 같이 새로운 오차항 ε_i^*을 정의하면 된다. 이때 상수 c는 모형식의 상수항에 포함되게 된다.

(3) 모든 ε_i의 분산은 σ^2으로 동일하다(등분산 가정). 즉, $\mathrm{Var}(\varepsilon_i) = \sigma^2,\ i = 1, 2, \cdots, n$: 가장 중요한 가정으로 실제 측정이나 실험의 정밀도가 모든 관측값에서 같다는 것을 의미한다. 그리고 이 가정의 결과로 X의 각 점에서 Y가 갖는 분포의 형태가 동일하게 주어진다. 오차항의 분산이 상수가 아닌 경우에는 분산이 표본공간에서 어떻게 변화하는지에 대한 추가 분석이 필요하고, 그 결과에 따라 모수를 추정하는 방법에 대한 수정이 요구된다.

(4) 오차 ε_i들은 서로 독립이다(독립성 가정) : 이 가정은 오차들의 상관계수가 0이라는 가정을 포함하며, 오차들이 서로 영향을 미치지 않는다는 것을 의미한다. 이 가정에 의하여 $Y_1, Y_2, \cdots, Y_n$들도 서로 독립이 되며 이들의 결합확률밀도함수는 각 주변확률밀도함수들의 곱으로 간단하게 주어진다(1.1.3절 참조). ε_i들이 서로 독립이 아닌 경우에는 ε_i들이 서로 어떠한 관계에 있는지에 대한 다른 가정이 필요하므로 문제가

더욱 복잡하게 된다.

(5) 오차 ε_i 들은 정규분포를 따른다(정규성 가정) : 이 가정에 의하여 모수들의 추론에 t 분포와 F 분포를 사용할 수 있다. 이 가정의 타당성은 오차 ε_i 를 현재 가정된 모형에 의해 설명되지 않은 각종 오차들의 합, 또는 반응변수와 관계를 가지지만 현재모형에는 명시되지 않은 다른 설명변수들의 합으로 생각하면 중심극한정리에 의해 주어진다.

(6) 설명변수 X 는 확률변수가 아니다 : 설명변수들의 값은 관측된 것이 아니라 주어진 상수로 취급된다. 즉, X_i 의 값에는 측정오차가 없다. 자연과학이나 공학에서의 계획된 실험에서는 사전에 설정된 X 의 수준에서 Y 의 값이 관측되므로 이 가정은 타당성을 가진다. 그러나 사회과학 등의 문제에서는, 특히 설명변수가 양적변수인 경우, 설명변수는 반응변수와 같은 모집단에서 관측되므로 설명변수가 상수라는 가정은 타당성을 잃게 된다. 이 경우 설명변수 역시 확률변수가 되지만 회귀모형의 설정에는 문제가 없다. 왜냐하면 2.2절에서 설명하였듯이 회귀식은 Y 의 X 에 대한 조건부기댓값으로 주어지므로, 즉,

$$\mathrm{E}[\,Y\,|\,X = x\,] = \beta_0 \,+\, \beta_1 x$$

이므로 여전히 회귀모형에서의 설명변수는 상수로 간주할 수 있다.

이들 가정들의 타당성은 일반적으로 잔차를 이용하여 조사하게 되나, 실제 잔차의 성질은 오차항의 성질과는 약간의 차이가 있다. 이를테면, 5장에서는 잔차들이 정규분포를 따르기는 하지만 서로 독립이 아니고, 잔차들의 분산은 일정하지 않음을 이론적으로 보이고 있다. 실제로 잔차들의 합은 항상 0이 되므로 서로 독립이 될 수 없음을 쉽게 알 수 있고, h_{ii} 를

$$h_{ii} = \frac{1}{n} \,+\, \frac{(X_i - \overline{X})^2}{SS_{XX}}$$

와 같이 정의하면, 잔차 e_i 의 분산은

$$\mathrm{Var}(e_i) = \sigma^2(1 - h_{ii}) \tag{2.22}$$

로 주어지며, e_i 에 따라 다른 값을 가짐을 알 수 있다. 물론 많은 경우에 있어서는, 특히 n 이 어느 정도 큰 경우에는 이들의 차이가 작으므로 큰 문제가 되지는 않는다. 그리고 오차항의 성질을 더욱 근접하게 따르는 통계량을 사용하기 위하여 아래와 같은 **표준화**

잔차(standardized residual)를 정의하여 사용한다.

$$r_i = \frac{e_i}{s\sqrt{1 - h_{ii}}} \tag{2.23}$$

가정들의 타당성은 일반적으로 표준화잔차들의 산점도를 이용하여 조사되는데, 이를테면, 등분산 가정(3)을 위해서는 잔차 대 예측값(즉, r_i 대 $\hat{Y}_i$)의 산점도, 가정(1)과 (6)의 타당성을 조사하기 위해서는 잔차 대 설명변수(즉, r_i 대 X_i)의 산점도, 그리고 가정(2)와 (4)를 위해서는 잔차 대 관측순서(즉, r_i 대 i)의 산점도가 사용된다. 이들 산점도에서는 잔차들이 0을 중심으로 특정한 경향을 보이지 않고 랜덤하게 나타나면 각 가정이 타당함을 의미한다. 그리고 중요하다고 여겨지지만 현재의 모형에는 포함되지 않은 변수(이를 **잠복변수**(lurking variable)라 한다)들이 있으면, 잔차의 이들 변수에 대한 산점도도 현재의 모형이 타당한지에 대한 중요한 정보를 제공하여 준다.

오차항 ε이 정규분포를 따른다는 가정은 자료가 많은 경우 잔차들의 히스토그램을 작성하여 정규분포의 모양과 비슷한지를 보아 그 타당성을 조사할 수 있다. 또 다른 방법은 **정규확률도**(normal probability plot)를 이용하는 방법이다. 일반적으로 누적확률분포함수의 그래프는 수직축이 0과 1 사이의 확률로 표시되며 함수는 S자 형태를 가진다([그림 1.1] 참조). 정규확률도란 관측값들이 정규분포를 따르는 경우 누적분포함수가 직선 형태를 가지도록 수직축의 좌표를 조정한 확률도이다. 그러므로 잔차가 이 확률도에 표시되었을 때 직선을 형성하면 정규분포를 따른다고 볼 수 있다. 정규확률도의 구체적인 작성방법은 생략한다.

최근에는 정규확률도 대신에 **Q-Q그림**(quantile-to-quantile plot)을 많이 사용한다. Q-Q그림은 확률분포의 종류에 관계없이 사용할 수 있는 것으로, 정규분포의 경우에는 정규확률도에서 수직축의 확률 대신에 확률값에 해당되는 표준정규분포의 분위수값(quantile)을 나타낸 것으로 보면 된다. 잔차분석에서는 잔차의 다른 산점도들과 형식을 같게 하기 위해 보통 잔차를 수직축에, 표준정규분포의 분위수를 수평축에 나타낸다. 그리고 일반적으로 회귀분석에서는 이와 같은 Q-Q그림을 정규확률도라 부르고 있다.

예제 2.8

발길이 예제에서 표준화잔차들의 산점도와 정규확률도를 작성하고 분석하여라.

풀이 [그림 2.14]는 `lm()` 결과에 `plot()`을 적용하면 기본적으로 제공되는 4가지 회귀 진단그림이다. 다음과 같이 하나의 화면에 그림들을 출력하면 편리하다. 그래픽 옵션을 제어하는 `par()`를 통해 `mfrow`를 `c(2, 2)`로 지정하면 4개의 그림들을 2행 2열로 배치할 수 있다.

```
par(mfrow=c(2, 2))
plot(aflength.lm)
```

아직 설명되지 않은 통계량들에 대한 산점도들은 제외하고 보도록 하자.

(1) 등분산성 검정

우선 상단 왼쪽에 있는 그림은 '잔차 대 적합값'의 산점도이며, 하단 왼쪽에 있는 그림은 표준화잔차의 절댓값의 제곱근 대 적합값의 산점도이다. 특정한 경향을 보이지 않고 랜덤하게 나타나므로 등분산 가정이 타당하다고 볼 수 있다.

그림에는 해석에 도움이 되도록 자료들에 대한 평활곡선이 함께 표시되어 있다. 그리고 잔차의 절댓값이 큰 3개의 자료에 번호가 병기된다. 25, 29, 30번이 그러하다. 그림에서 사용된 잔차는 `resid()`를 이용하여 얻을 수 있다. 처음 7개 값의 출력 결과를 보면 다음과 같다.

```
> resid(aflength.lm)
       1        2        3        4        5        6        7
 1.18828  0.71381  0.71381 -4.33891  2.60837  1.45021  0.29205
(...)
```

표준화잔차는 `rstandard()`를 이용하여 얻을 수 있다.

```
> rstandard(aflength.lm)
       1        2        3        4        5        6        7
 0.40240  0.24057  0.24057 -1.46240  0.87930  0.48951  0.09882
(...)
```

(2) 정규성 검정

정규성 검정을 위해서는 잔차들의 히스토그램과 상자그림, 그리고 [그림 2.14]의 상단 오른쪽의 정규확률도를 이용할 수 있다. 정규확률도에서 점들이 직선에서 약간 벗어나 있어 정규성을 완벽하게 만족한다고 볼 수는 없으나, 통상적으로 실제 자료에서는 이 정도의 편차는 허용된다고 보아도 무방하다. 히스토그램과 상자그림에서도 약간의 비대

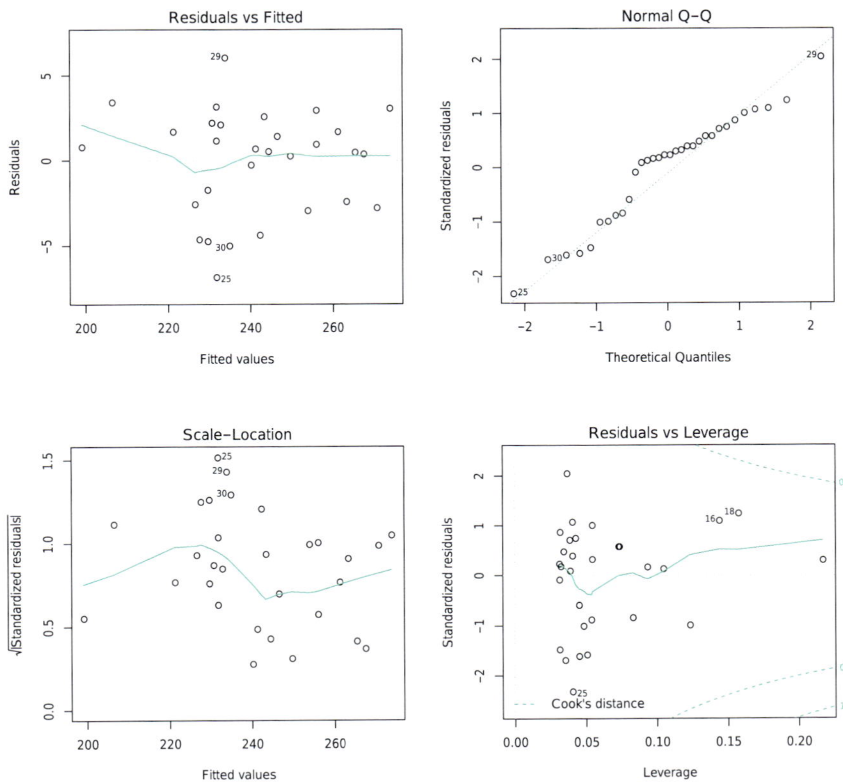

[그림 2.14] 앞팔길이 예제에서의 잔차분석을 위한 산점도들

칭성이 보임을 확인할 수 있다. 표준화잔차의 히스토그램과 상자그림은 다음 명령으로 그릴 수 있다. 결과는 [그림 2.15]와 같다.

```
histf(rstandard(aflength.lm), boxplot=TRUE, rug=TRUE)
```

(3) 적합의 정도

적합의 정도는 잔차표준오차나 결정계수로 판단할 수 있지만, 이를 시각화한 것으로 반응변수의 관측값(y)과 예측값$(\hat{y})$의 산점도와 RF그림을 그릴 수 있다. 이 예제에서의 두 그림에 대한 설명 및 해석은 2.4.1절에 주어졌으므로 여기에서는 두 그림의 작성방법에 대해 알아보자. 우선 [그림 2.9]의 관측값 대 예측값 산점도는 다음 명령으로 그릴 수 있다.

```
plot(foot ~ fitted(aflength.lm), aflength)
abline(0, 1, lty=3)
```

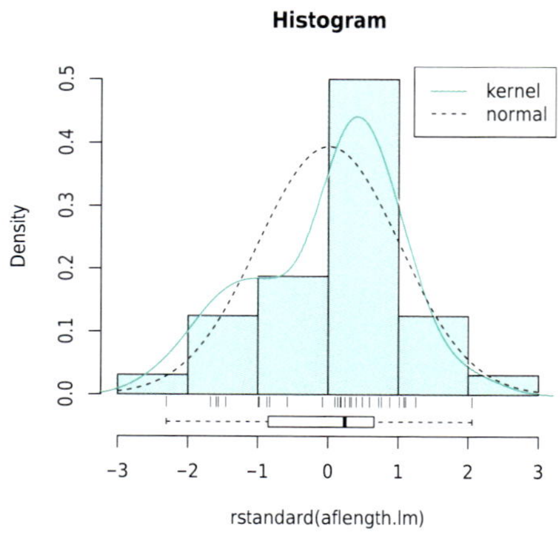

[그림 2.15] 앞팔길이 예제에서의 표준화잔차의 히스토그램과 상자그림

abline(a, b) 명령은 $y = a + bx$ 직선을 그리기 위한 것이다. $y = x$ 점선을 추가하여 관측값과 예측값의 일치 여부를 더 쉽게 볼 수 있도록 하였다.

y와 $\hat{y}$의 산점도에서 일치하는 정도를 수치화하는 것이 두 값의 상관계수인데 이를 **중상관계수**(multiple correlation coefficient)라 부르며 결정계수 R^2의 제곱근 R로 주어진다. **summary**()로 출력된 결과 중 결정계수 값만을 사용하려고 할 때에는 다음과 같이 $ 기호 다음에 r.squared를 붙여 접근할 수 있다.

```
> summary(aflength.lm)$r.squared
[1] 0.9721
```

R^2=0.9721로 주어지고, 따라서 관측값과 예측값의 중상관계수는 R=0.9860이다.

[그림 2.10]의 RF그림은 **lattice** 패키지의 **rfs**() 함수를 이용하여 그릴 수 있다.

```
library(lattice)
rfs(aflength.lm)
```

R에서는 그래프를 그리는 다양한 방법을 제공하고 있다. 자동으로 제공하는 [그림 2.14] 외에도 사용자가 원하는 그림을 직접 작성할 수 있는데, 기본적인 그래프 작성 방법에 대해서는 부록 A를 참조하기 바란다. [그림 2.16(a)]는 표준화잔차 대 설명변수의 산점도로 다음과 같이 그릴 수 있다. **abline**(h=h)로 $y = h$인 수평선을 추가할 수 있다.

```
plot(rstandard(aflength.lm) ~ forearm, aflength)
abline(h=0, lty=3)
```

[그림 2.16(b)]는 표준화잔차 대 관측순서의 산점도로 다음과 같이 그릴 수 있다.

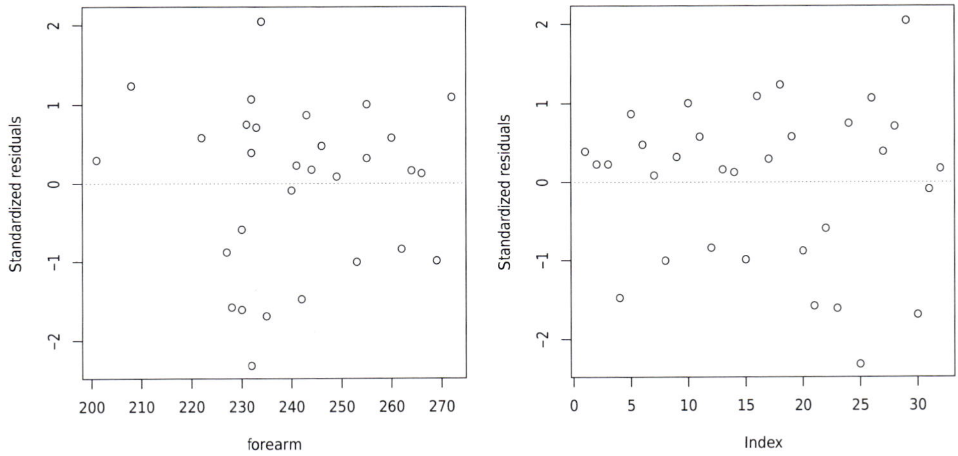

(a) 표준화잔차 대 설명변수 (b) 표준화잔차 대 관측순서

[그림 2.16] 표준화잔차의 산점도

```
plot(rstandard(aflength.lm))
abline(h=0, lty=3)
```

각 산점도에서 특정한 경향이 없고 점들이 랜덤하게 나타나므로 오차항에 대한 가정들이 타당하다고 볼 수 있다.

참고문헌 Box 외(2005)에서 강조되었듯이 과학적 연구는 일종의 '반복적 학습과정' (iterative learning process)이다. 어떤 문제의 분석을 위해 우리는 모든 정보를 종합하여 타당한 현재모형(tentative model)을 설정하지만 이 모형이 항상 옳은 것은 아니다. 만일 위의 잔차분석을 통하여 문제점이 발견되면 이를 해결하기 위한 모형의 수정이 있어야 한다. 그리고 수정된 모형을 다시 분석하여 새로운 결과를 얻는 과정을 반복해야 한다.

위에서 설명된 잔차의 산점도와 정규확률도를 이용한 분석은 그 방법이 쉽고, 가정의 타당성 조사에 많은 정보를 제공해주기 때문에 각 회귀분석 문제에서 반드시 수행할 필요가 있다. 회귀분석을 위한 대부분의 통계패키지에서는 이들 그래프들을 작성해주고 있다. 그러나 다른 한편으로는 그래프를 이용한 분석은 그 방법이 쉽기는 하지만 정확한 해석을 위해서는 많은 자료분석의 경험이 요구된다. 왜냐하면, 정해진 객관적 판단기준이 없으므로 분석자마다 결론이 다를 수 있기 때문이다. 특히, 자료의 개수가 적은 경우에는 더욱 그러하다.

모형설정이 잘못된 경우 이것이 회귀계수의 추정량과 잔차의 값에 어떠한 영향을 미치는지에 대한 이론적인 고찰은 Myers(1990)에 설명되어 있다. 아래에서는 간단한 예제를 이용하여 모형설정이 잘못된 경우 잔차분석을 통하여 올바른 모형을 찾는 과정을 살펴보도록 한다.

예제 2.9

자료 'quadratic'은 두 변수 Y, X에 대한 자료이다(자료는 두 변수 간의 정확한 이차함수관계에 정규분포에서 생성한 난수를 더하여 만들어졌다). 두 변수에 대해 단순선형회귀모형을 적합하고 잔차분석을 실시하여라.

풀이 [그림 2.17]의 산점도와 loess 평활곡선을 보면 두 변수 간에 이차함수 관계가 어느 정도 나타나므로 타당한 모형은 아래와 같이 설명변수의 이차항을 포함한 것이 되어야 한다.

$$Y_i = \beta_0 + \beta_1 X_i + \beta_2 X_i^2 + \varepsilon_i$$

만약 이 경우 이차항을 무시하고 단순선형회귀모형

$$Y_i = \beta_0 + \beta_1 X_i + \varepsilon_i^*$$

을 적합하게 되면 오차항 ε_i^*는 X_i의 이차항을 포함하게 되고 이것은 잔차의 값에도 그대로 전달이 된다.

R에서 loess 평활곡선을 그리기 위해서는 lowess(x, y)를 이용하여 곡선의 경로를 계산한 후 lines() 함수를 이용하여 그림에 곡선을 추가하면 된다. [그림 2.17]은 다음과 같이 그릴 수 있다.

```
plot(y ~ x, quadratic)
quadratic.lm1 <- lm(y ~ x, quadratic)
abline(quadratic.lm1)
with(quadratic, lines(lowess(x, y), lty = 2))
```

[그림 2.18]의 (a)에 있는 잔차의 X_i에 대한 산점도를 보면 설명되지 않은 이차항의 관계가 그대로 나타나고 있다. 그러므로 우리는 가정된 모형의 수정이 필요하다는 것을 알 수 있게 된다. 참고로 [그림 2.18]의 (b)는 잔차의 정규확률도이다. 이 경우 오차항이 정규분포를 따름에도 불구하고 정규확률도는 직선에서 약간 벗어나고 있다. 이것은

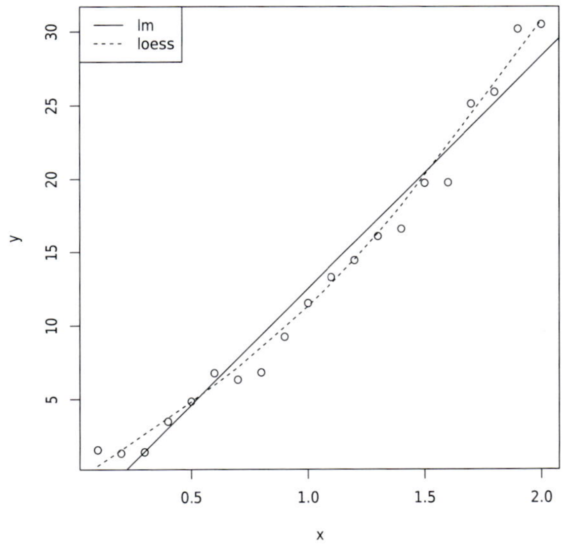

[그림 2.17] 이차함수관계를 갖는 두 변수의 산점도와 loess 평활곡선, 적합된 단순선형회귀식

가정된 모형에서 오차항 ε_i^* 들이 같은 정규분포를 가지지 않음으로 인하여(즉, X_i 의 이차항을 포함하게 되어 평균이 달라짐) 발생하는 변동으로 해석할 수 있다. 이와 같이 정규확률도에서 직선의 형태가 나타나지 않은 경우에는 일반적으로 모형의 타당성 여부를 먼저 조사하는 것이 순서이다. 많은 경우 모형에 대한 수정이 제대로 되면 오차항의 정규성은 자동적으로 만족된다는 것이 경험적으로 알려져 있다.

아래 R 출력물은 I(x^2)으로 X^2 항을 추가로 포함시킨 모형을 적합한 결과로 계수 추정값이 유의하다는 것을 알 수 있다(이 모형에 대한 추정방법은 3장에 설명되어 있다).

```
> quadratic.lm2 <- lm(y ~ x + I(x^2), quadratic)
> summary(quadratic.lm2)
(...)
Coefficients:
            Estimate Std. Error t value Pr(>|t|)
(Intercept)    0.494      0.723    0.68   0.5039
x              5.406      1.586    3.41   0.0033 **
I(x^2)         4.967      0.734    6.77  3.3e-06 ***
```

또한 [그림 2.18]의 (c)와 (d)는 수정된 모형에서 얻어진 잔차의 설명변수들에 대한 산점도와 정규확률도이다. 일차항만을 포함한 모형의 경우보다 훨씬 이상적인 결과를 보여주고 있다.

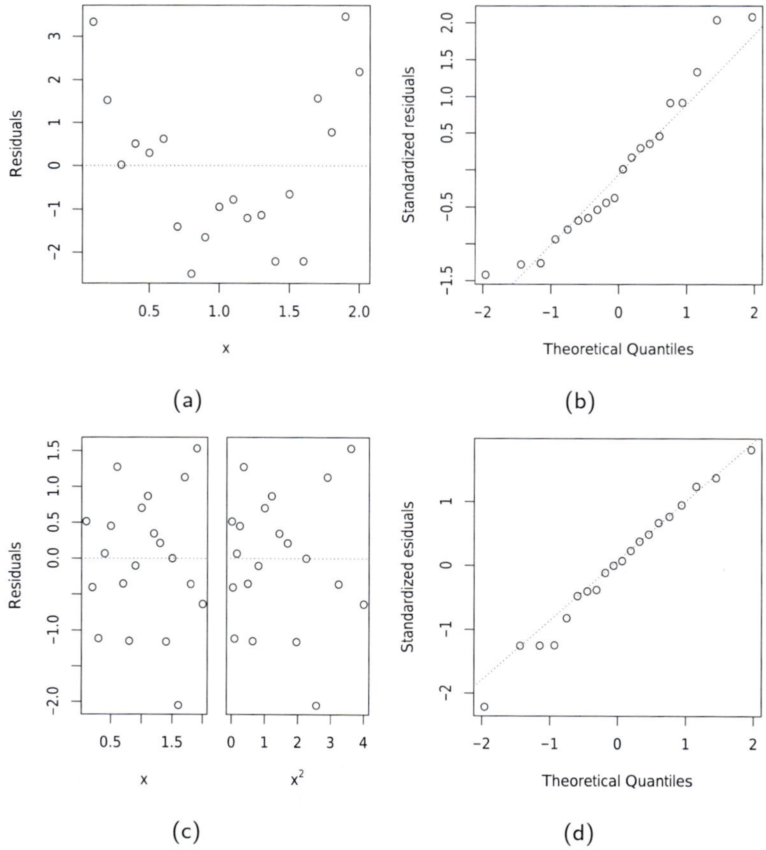

[그림 2.18] 모형설정이 잘못된 경우의 잔차의 산점도(a)와 정규확률도(b). 모형수정이 가해진 후의 잔차의 산점도(c)와 정규확률도(d)

2.7 원점을 지나는 회귀직선

단순선형회귀모형에서 회귀직선이 원점, (0, 0)을 지나는 경우 상수항의 값이 0이므로 기울기의 추정만이 요구된다. 즉, 회귀모형은

$$Y_i = \beta_1 X_i + \varepsilon_i, \quad i = 1, 2, \cdots, n \tag{2.24}$$

으로 주어진다. 이때 기울기의 추정공식이 달라지고, 몇 가지 통계적 특성을 나름대로 가지고 있으므로 지금까지 설명된 일반적 모형과는 구분하여 설명할 필요가 있다.

원점을 지나는 회귀직선은 대개 두 가지 경우에서 나타난다. 첫 번째는 $X = 0$ 에서 반응변수가 실제로 정확하게 0의 값을 가진다는 것이 알려져 있는 경우로, 이를테면, 동식물의 성장에 관한 연구에서는 시간 $t = 0$ 에서의 성장치의 값이 0이 된다고 할 수 있다. 두 번째는 상수항인 β_0 의 값이 0은 아니지만 사전에 알려져 있는 경우이다. 이 경우 회귀모형

$$Y_i = \beta_0 + \beta_1 X_i + \varepsilon_i, \quad i = 1, 2, \cdots, n$$

에서 β_0 는 모수가 아닌, 값이 주어진 상수이므로 양변에서 β_0 를 빼면

$$Y_i - \beta_0 = \beta_1 X_i + \varepsilon_i$$

가 되고, $Y_i^* = Y_i - \beta_0$ 를 새로운 반응변수라 정의하면 원점을 지나는 회귀모형이 얻어진다. 즉, Y 의 원점이 새로이 정의되었다고 보면 된다. 그러므로 원점을 지나는 회귀모형(2.24)는 상수항이 0이 아닌 다른 알려진 값을 갖는 경우에도 사용할 수 있다.

원점을 지나는 회귀직선에서의 모수추정에 대하여 알아보자. 기울기 β_1 의 최소제곱 추정량 $\hat{\beta}_1$ 은 오차제곱합

$$S(\beta_1) = \sum_{i=1}^{n} (Y_i - \beta_1 X_i)^2$$

을 최소화하는 β_1 의 값으로 주어진다. 위의 제곱합을 β_1 에 대해 미분하여 0으로 놓으면

$$\sum_{i=1}^{n} (Y_i - \beta_1 X_i) X_i = 0$$

와 같이 되고, 이 식에 $\hat{\beta}_1$ 을 대입하면 정규방정식은

$$\hat{\beta}_1 \sum_{i=1}^{n} X_i^2 = \sum_{i=1}^{n} X_i Y_i$$

으로 주어지며, 따라서 β_1 의 최소제곱추정량은 아래와 같이 주어진다.

$$\hat{\beta}_1 = \frac{\sum_{i=1}^{n} X_i Y_i}{\sum_{i=1}^{n} X_i^2}$$

앞에서와 같이 $\hat{\beta}_1$은 Y_i 들의 선형함수로 주어지므로, 기댓값과 분산을 2.3.2절의 경우와 비슷한 방법으로 구하면

$$E[\hat{\beta}_1] = \beta_1, \quad \mathrm{Var}(\hat{\beta}_1) = \frac{\sigma^2}{\sum_{i=1}^{n} X_i^2}$$

임을 보일 수 있다. 그러므로 이 경우 역시 $\hat{\beta}_1$은 β_1의 비편향추정량이 된다.

오차분산 σ^2의 추정량 s^2의 공식 또한 달라진다. 즉,

$$s^2 = \frac{1}{n-1} \sum_{i=1}^{n} (Y_i - \hat{Y}_i)^2$$

으로 주어진다. 위의 식에서 $\hat{Y}_i = \hat{\beta}_1 X_i$ 이며, 오차제곱합의 계산을 위해서는 모수 β_1 하나만을 추정하면 되므로 오차제곱합은 자유도 $(n-1)$을 가진다. 이 s^2을 이용한 $\hat{\beta}_1$의 표준오차는

$$\mathrm{SE}(\hat{\beta}_1) = \frac{s}{\sqrt{\sum_{i=1}^{n} X_i^2}}$$

로 주어진다. 그리고 자유도 $(n-1)$인 t 분포를 따르는 다음의 t 통계량

$$t = \frac{\hat{\beta}_1 - \beta_1}{\mathrm{SE}(\hat{\beta}_1)}$$

을 사용하여 신뢰구간을 정의하고 가설검정을 할 수 있다. 예를 들어, β_1에 대한 $100(1-\alpha)\%$ 신뢰구간은

$$\hat{\beta}_1 - t(\tfrac{\alpha}{2}; n-1)\mathrm{SE}(\hat{\beta}_1) < \beta_1 < \hat{\beta}_1 + t(\tfrac{\alpha}{2}; n-1)\mathrm{SE}(\hat{\beta}_1)$$

으로 주어진다.

이제 원점을 지나는 회귀모형에서의 제곱합들의 정의를 생각하자. 상수항이 있는 경우와는 달리 추정된 회귀직선 $\hat{Y}_i = \hat{\beta}_1 X_i$는 이제는 반드시 X와 Y의 평균점 $(\overline{X}, \overline{Y})$를 지날 필요가 없으며, 이에 따라 잔차의 합도 0이 아닐 수 있다. 그러므로 Y_i의 총편차를 $\overline{Y}$에 대한 편차로 정의하지 않고, 원점에 대한 편차로 생각하여 다음과 같은 편차의

[표 2.3] 원점을 지나는 회귀직선에 대한 분산분석표

요인	제곱합	자유도	평균제곱	F비
회귀	SSR	1	$MSR = SSR/1$	$F_0 = MSR/MSE$
오차	SSE	$n-1$	$MSE = SSE/(n-1)$	
전체	SST	n		

분할을 생각한다.

$$Y_i \;=\; (Y_i - \hat{Y}_i) \;+\; \hat{Y}_i, \quad i = 1, 2, \cdots, n$$

위의 식의 양변을 먼저 제곱하고 모든 i에 대해 합한 다음, 2.4.1절에서와 같이 정리하면 세 제곱합의 관계

$$\sum_{i=1}^{n} Y_i^2 \;=\; \sum_{i=1}^{n}(Y_i - \hat{Y}_i)^2 \;+\; \sum_{i=1}^{n}\hat{Y}_i^2$$

을 얻을 수 있다. $\sum_{i=1}^{n} Y_i^2$을 총제곱합, $\sum_{i=1}^{n}(Y_i - \hat{Y}_i)^2$을 오차제곱합, $\sum_{i=1}^{n}\hat{Y}_i^2$을 회귀제곱합으로 정의한다. 일반적으로 상수항이 있는 경우의 총제곱합 $\sum_{i=1}^{n}(Y_i - \overline{Y})^2$을 **수정제곱합**(corrected sum of squares), 없는 경우의 총제곱합 $\sum_{i=1}^{n} Y_i^2$을 **비수정제곱합**(uncorrected sum of squares)이라 구분한다. 비수정총제곱합은 n개 관측치들의 제곱합으로 자유도 n을 가진다. 그리고 앞에서 설명한대로 오차제곱합은 자유도 $(n-1)$을 가지며, 회귀제곱합은 $\sum_{i=1}^{n}\hat{Y}_i^2 = \hat{\beta}_1^2\sum_{i=1}^{n} X_i^2$ 이므로 1의 자유도를 가진다. 이들을 정리하여 [표 2.3]의 원점을 지나는 회귀직선에 대한 분산분석표를 작성할 수 있다.

제곱합, 평균제곱과 F비에 대한 해석은 일반적 모형과 동일하다. 이를테면, 분산분석표의 F비는 가설 $H_0 : \beta_1 = 0$ 대 $H_1 : \beta_1 \neq 0$의 검정에 대한 검정통계량의 값으로, F_0의 값이 $F(\alpha; 1, n-1)$보다 크면 유의수준 α하에서 귀무가설을 기각할 수 있다.

원점을 지나는 회귀직선에 대한 분석에서 주의할 점은 결정계수의 해석이다. 2.4절에 주어진 정의를 사용하면 결정계수는

$$R^2 \;=\; \frac{SSR}{SST} \;=\; \frac{\sum_{i=1}^{n}\hat{Y}_i^2}{\sum_{i=1}^{n} Y_i^2} \tag{2.25}$$

와 같이 주어지며, 그 해석은 상수항이 있는 모형의 경우와 같다고 할 수 있다. 그러나

만약 모형선택의 문제에서 상수항이 있는 모형과 없는 모형을 비교하고자할 때, 결정계수를 기준으로 사용하면 두 모형에서의 결정계수를 계산하는 공식이 다르므로 타당한 방법이 아니다.(일반적으로 상수항이 없는 모형에 대한 결정계수의 값이 크게 주어지는 경향이 있다.) 그러므로 상수항이 있는 모형과 없는 모형을 비교하는 경우에는 다른 기준을 사용하는 것이 좋다.

예제 2.10

자료 '**aflength**'를 이용한 발길이의 앞팔길이에 대한 단순선형회귀분석의 결과를 보면 ([예제 2.5]) 상수항의 추정량이 유의하지 않았다. 상수항이 없는 단순선형회귀모형을 적합하고 분석하여라.

풀이 R에서 상수항은 자동으로 주어지므로 상수항이 없는 모형을 설정하기 위해서는 다음과 같이 모형식에 -1로 상수항이 없음을 명시해야 한다.

```
> aflength.noint <- lm(foot ~ -1 + forearm, aflength)
> summary(aflength.noint)
(...)

Coefficients:
        Estimate Std. Error t value Pr(>|t|)
forearm  1.00140    0.00226   443.2   <2e-16 ***
---
Signif. codes:  0 '***' 0.001 '**' 0.01 '*' 0.05 '.' 0.1 ' ' 1

Residual standard error: 3.086 on 31 degrees of freedom
Multiple R-squared:  0.9998,        Adjusted R-squared:  0.9998
F-statistic: 1.964e+05 on 1 and 31 DF,  p-value: < 2.2e-16
```

위의 분석결과를 보면 적합된 회귀식은 다음과 같이 주어진다.

$$\hat{Y} = 1.00140X$$

그리고 회귀계수에 대한 신뢰구간을 계산해 보면

```
> confint(aflength.noint)
         2.5 % 97.5 %
forearm 0.9968  1.006
```

β_1에 대한 95% 신뢰구간이 $(0.9968, 1.0060)$으로 주어지게 된다. 이 구간을 참조하면 가설 $H_0 : \beta_1 = 1$을 기각할 수 없게 되어 β_1이 1이라는 주장을 뒷받침해주고 있다.

분산분석표는 앞에서와 같이 anova()를 이용하면 다음과 같이 얻을 수 있다.

```
> anova(aflength.noint)
Analysis of Variance Table

Response: foot
          Df  Sum Sq Mean Sq F value    Pr(>F)
forearm    1 1870961 1870961  196396 < 2.2e-16 ***
Residuals 31     295      10
```

그리고 위에 주어진 제곱합을 이용하여 식(2.25)의 결정계수 값을 계산하면

$$R^2 = \frac{SSR}{SST} = \frac{1870961}{1871256} = 0.99984$$

로 summary() 출력물에 나와 있는 'Multiple R-Squared'값과 일치함을 알 수 있다. 이 결정계수 값은 상수항이 포함된 경우의 결정계수 값 0.9721보다 크게 나온다. 그러나 본문에서 설명한 것처럼 서로 다른 공식에 의해 계산된 값이므로 단순비교하여 상수항이 없는 모형의 적합도가 더 좋다고 할 수는 없다. □

연습문제

2.1 최소제곱추정법은 추정된 회귀식을 사용했을 때 발생하는 잔차들의 제곱의 합이 최소가 되도록 하는 방법이다. 다른 대안으로 잔차들의 합이 최소가 되는 방법을 생각할 수 있는데 이 경우 어떠한 문제가 있는가?

2.2 단순선형회귀모형에서의 정규방정식이 본문의 식(2.4)와 같이 주어짐을 보여라.

2.3 설명변수가 없고 상수항만 있는 회귀모형

$$Y_i = \beta_0 + \varepsilon_i, \quad i = 1, \cdots, n$$

을 생각하자. 상수항 β_0의 최소제곱추정량은 Y_i들의 표본평균 $\overline{Y}$로 주어짐을 보여라.

2.4 단순선형회귀모형에서 다음 식들이 성립함을 보여라.

(1) $\mathrm{E}[\,\overline{Y}\,] = \beta_0 + \beta_1 \overline{X}, \quad \mathrm{Var}(\,\overline{Y}\,) = \dfrac{\sigma^2}{n}$

(2) $\displaystyle\sum_{i=1}^{n} \hat{Y}_i = \sum_{i=1}^{n} Y_i$

2.5 본문의 2.3절에서 정의된 w_i와 w_i^*에 대하여 $\displaystyle\sum_{i=1}^{n} w_i^2 = \frac{1}{SS_{XX}}, \quad \sum_{i=1}^{n}(w_i^*)^2 = \frac{1}{n} + \frac{\overline{X}^2}{SS_{XX}}$ 임을 보여라.

2.6 본문의 2.3절에서 기울기 β_1의 추정량 $\hat{\beta}_1$의 분산이 $\mathrm{Var}(\hat{\beta}_1) = \sigma^2/SS_{XX}$으로 주어짐을 보였다($SS_{XX} = \sum_{i=1}^{n}(X_i - \overline{X})^2$). 분석의 목적이 β_1을 정확하게 추정하는 것이라면, X_i의 값을 어떻게 관측 또는 배치하는 것이 좋은가?

2.7 식(2.14)를 이용하여 오차평균제곱 MSR의 기댓값이 $\mathrm{E}[MSR] = \sigma^2 + \beta_1^2 SS_{XX}$로 주어짐을 보여라.(임의의 확률변수 Y에 대해 $\mathrm{E}[\,Y^2\,] = \mathrm{Var}(Y) + (\mathrm{E}[\,Y\,])^2$ 임을 이용.)

2.8 상수항이 있는 단순선형회귀분석에서 잔차와 설명변수의 표본공분산이 0이고, 잔차와 예측값의 표본공분산도 0임을 보여라.

2.9 단순선형회귀분석에서 가설 $H_0 : \beta_1 = 0$에 대한 t 검정통계량을 제곱하면 분산분석표의 F 검정통계량과 동일함을 보여라(참고: 식(2.14)와 식(2.17)을 사용).

2.10 단순선형회귀분석에서의 결정계수는 반응변수와 설명변수 간의 표본상관계수의 제곱과 같음을 보여라(즉, $R^2 = r^2$).

2.11 단순선형회귀모형 $Y_i = \beta_0 + \beta_1 X_i + \varepsilon_i$에서 반응변수와 설명변수를 각각 $Y^* = a + bY$, $X^* = c + dX$ $(b, d \neq 0)$로 변환하여 분석하면 기울기의 추정값과 결정계수 값은 어떻게 변하는가?

2.12 단순선형회귀모형

$$Y_i = \beta_0 + \beta_1 X_i + \varepsilon_i, \quad i = 1, 2, \cdots, n$$

에서 회귀계수 β_0, β_1 의 최소제곱추정량을 각각 $\hat{\beta}_0$, $\hat{\beta}_1$ 이라 하자. 위의 모형에서 우측항에 설명변수의 표본평균을 뺀 다음의 모형을 **중심화모형**(centered model) 이라 한다.

$$Y_i = \beta_0^* + \beta_1^*(X_i - \overline{X}) + \varepsilon_i, \quad i = 1, 2, \cdots, n$$

위의 중심화모형에서 β_0^*, β_1^* 의 최소제곱추정량이 각각 $\overline{Y}$, $\hat{\beta}_1$ 으로 주어짐을 보여라.

2.13 1장의 1.1.3절에서 두 확률변수 Y 와 X 가 각각 평균이 μ_Y, μ_X 이고, 분산이 σ_Y^2, σ_X^2 이며, 상관계수가 ρ 인 이변량정규분포를 따를 때, Y 의 X 에 대한 조건부평균은

$$\mathrm{E}[\,Y \mid X\,] = \mu_Y + \rho\frac{\sigma_Y}{\sigma_X}(X - \mu_X)$$

로 주어졌었다.

(1) 위의 조건부평균은 X 의 일차식이다. 이 식을 $\mathrm{E}[\,Y \mid X\,] = \beta_0 + \beta_1 X$ 로 나타낼 때, β_0 와 β_1 을 모수 μ_Y, μ_X, σ_Y^2, σ_X^2, ρ 들의 식으로 표현하여라.

(2) 모수 μ_Y, μ_X, σ_Y^2, σ_X^2, ρ 를 각각의 표본추정량으로 대체하면(예를 들어, μ_Y 대신에 $\overline{Y}$), β_0 와 β_1 의 값이 단순회귀모형에서의 최소제곱추정량으로 주어짐을 보여라.

(3) Y 와 X 의 평균이 각각 5와 3, 분산이 각각 16과 4로 주어지며, 상관계수가 0.8이라 하자. 이 경우 (1) 에서 구한 β_0 와 β_1 의 값을 계산하고, $\mathrm{E}[\,Y \mid X\,] = \beta_0 + \beta_1 X$ 로 표현하여라.

(4) 위에서 Y 와 X 의 역할을 바꾸어 표현하면 $\mathrm{E}[\,X \mid Y\,] = \mu_X + \rho\frac{\sigma_X}{\sigma_Y}(Y - \mu_Y)$ 가 된다. (3) 에 주어진 값들을 대입하여 $\mathrm{E}[\,X \mid Y\,]$ 의 식을 구하여라.

2.14 확률변수 $Y_1, Y_2, \cdots, Y_n$ 들의 두 선형결합 $\sum_{i=1}^n a_i Y_i$ 와 $\sum_{j=1}^n b_j Y_j$ 간의 공분산은

$$\mathrm{Cov}\Big(\sum_{i=1}^n a_i Y_i, \sum_{j=1}^n b_j Y_j\Big) = \sum_{i=1}^n \sum_{j=1}^n a_i b_j \mathrm{Cov}(Y_i, Y_j)$$

으로 주어지며, 특히 Y_i 들이 독립이면 위의 식은 $\sum_{i=1}^n a_i b_i \mathrm{Var}(Y_i)$ 로 간단하게 된다. 이 식을 이용하여 단순선형회귀모형에서 반응변수 Y 의 표본평균 $\overline{Y}$ 와 기울기의 최소제곱추정량 $\hat{\beta}_1$ 의 공분산이 0이 됨을 보여라.

⋆ ⋆ ⋆

2.15 단순선형회귀분석을 적용할 수 있는 문제를 두 가지만 열거하고 각 경우에 있어서 반응변수와 설명변수를 설정하여라.

2.16 '`Cars93`'은 `MASS` 패키지에 포함된 것으로 1993년에 미국에서 판매된 자동차들에 대한 자료이다. R 도움말 `help`(Cars93)을 실행하여 변수들을 검토해보고 가능한 단순선형회귀문제를 3개 정도 제안해보아라.

2.17 [연습문제 2.3]의 상수항만 있는 모형을 이용하면 한 모집단의 평균에 대한 검정을 할 수 있다.

(1) 1장의 본문에서 예제 자료로 사용되었던 '`hweight`'에서 남자들 자료만 추출한 후 몸무게를 반응변수로 놓고 상수항만 있는 회귀모형 $\text{weight}_i = \beta_0 + \varepsilon_i$을 적합하여라.(상수항만 있는 회귀모형은 `lm`($y \sim 1$)과 같이 설명변수 자리에 `1`을 써주면 된다.)

(2) 상수항 β_0의 추정값 $\hat{\beta}_0$이 변수 weight의 표본평균으로 주어짐을 확인하고, $\hat{\beta}_0$의 표준오차를 이용하여 남자들의 평균몸무게 μ에 대한 가설 $H_0 : \mu = 69$, $H_1 : \mu > 69$을 판단하기 위한 t 검정을 실시하여라.

(3) 이 문제에서 회귀제곱합 SSR의 값이 0으로 주어짐을 확인하여라. SSR의 값이 왜 0으로 주어지는가?

2.18 두 모집단의 평균 차이에 대한 t 검정도 회귀모형을 이용하여 수행할 수 있다.

(1) 1장의 본문에서 예제 자료로 사용되었던 '`hweight`'에서 몸무게를 반응변수, 성별을 설명변수로 놓고 회귀분석을 하여라.(참고: 성별은 문자형 변수로 입력되어 있으며, 회귀분석을 할 때 값들이 0과 1로 변환되어 사용됨을 유의하여라.)

(2) 추정회귀식을 적어라.

(3) 위의 식에서 기울기의 추정값 $\hat{\beta}_1$의 의미를 각각 설명하여라. 이를 위하여 남여 각각의 평균몸무게를 R을 이용하여 구해보아라.

(4) 기울기에 대한 가설 $H_0 : \beta_1 = 0$, $H_1 : \beta_1 \neq 0$을 판단하기 위한 t 검정을 실시하고 그 결과를 해석하여라.

2.19 자료 '`galton`'는 골턴의 키 자료이다 : 아들의 키(`sheight`, Y), 아버지의 키(`fheight`, X). 자료의 측정단위는 inch이므로 먼저 각 변수에 대해 2.54를 곱하여 cm

회사	1	2	3	4	5	6	7	8	9	10
판매액 (Y)	39	42	45	47	50	50	52	55	57	60
광고비 (X)	4	6	6	8	8	9	9	10	12	12
광고매체 (Z)	방송	신문	방송	신문	방송	신문	방송	방송	신문	방송

단위로 변환하여라. `plot`($y \sim x$)를 이용하여 산점도를 그린 후 `lm`($y \sim x$)에서 얻어진 추정회귀직선을 `abline`()으로 추가할 수 있다. 완성된 그래프에 `abline`(v=v)를 이용하여 150cm부터 192cm까지 3cm 간격으로 수직 참조선들을 추가하여라. 일정한 간격의 수열은 `seq`(150, 192, 3)과 같이 생성할 수 있다. 그리고 추정회귀직선이 대략적으로 각 구간의 평균점을 지나가고 있음을 눈으로 확인하여라.

2.20 자료 '`examscore`'는 어느 대학교 회귀분석 과목의 중간고사(`mid`)와 기말고사(`final`) 점수이다. 두 점수의 산점도를 작성하고 그 위에 추정회귀직선을 표시하여라. 작성된 그림을 이용하여 회귀효과를 설명하여라.

2.21 1장의 본문 예제 자료 '`hweight`'를 사용하여 몸무게를 반응변수, 키를 설명변수로 하여 회귀분석을 하고자 한다.

(1) 남자들의 자료만 가지고 위의 회귀분석을 실시하여라. 몸무게와 키는 통계적으로 유의한 관계를 가지고 있는가? 결정계수의 값은 얼마이고, 이 값의 의미는 무엇인가?

(2) 여자들의 자료에 대해 (1)과 같은 분석을 실시하여라.

(3) 남녀 간에 몸무게와 키의 관계에 어떠한 차이가 있는가?

2.22 일반적으로 우리는 광고비의 투자가 많을수록 판매액이 증가할 것이라 생각할 수 있다. 자료 '`adsale`'은 이를 구체적으로 조사하기 위하여 같은 제품을 만드는 10개 회사들의 판매액과 광고비를 조사한 것이다 : 판매액(`sale`), 광고비(`ad`), 광고매체(`media`). 판매액과 광고비의 단위는 백만원이다.

(1) 판매액과 광고비의 산점도를 작성하여 단순선형회귀분석의 적용이 가능한지를 알아보아라.

(2) 판매액을 반응변수로 하여 광고비에 대해 단순선형회귀식을 적합하고 기울기의 유의성을 검정하여라. 그리고 기울기 추정값의 의미를 설명하여라.

(3) 결정계수의 값은 얼마인가? 광고비와 광고매체 외에 판매액에 영향을 주는 변수들은 어떠한 것들이 있는가? $R^2_{Prediction}$을 계산하고 해석하여라.
(4) 잔차분석을 하고 오차항에 대한 가정들의 타당성에 대하여 논하여라.

2.23 책의 가격을 결정하는 과정에 책의 쪽수는 중요한 요인으로 작용한다. 당연히 쪽수가 많을수록 책의 가격은 높아질 것이라 생각할 수 있다. 자료 'bookprice'는 이를 구체적으로 분석하기 위하여 1997년 6월에 통계학 관련 전공서적의 쪽수(pages, X)와 가격(price, Y)을 조사한 것이다. 가격의 단위는 천원이다.

(1) 가격과 쪽수의 산점도를 작성하여라. 선형회귀분석의 적용이 가능한가?
(2) 가격을 반응변수로 하여 쪽수에 대해 단순선형회귀식을 적합하여라. 기울기의 추정값은 유의한가?
(3) 분산분석표에 있는 F비의 의미를 설명하고, F 검정을 실시하여라. 귀무가설은 무엇인가?
(4) 잔차분석을 하고 오차항에 대한 가정들의 타당성에 대하여 논하여라.
(5) 책 제작에 따른 기본경비가 권당 2000원이라고 알려져 있다고 가정할 때(즉, $X = 0$일 때의 상수항이 2000원임), 두 변수 간의 회귀식을 추정하여라.(참고: $Y - 2$를 새로운 반응변수로 설정하면 된다.)

2.24 과거에는 부모가 아이들의 옷을 구입할 때 바지 또는 치마의 허리부분을 아이의 목에 대어보고 치수를 어림짐작하곤 하였다. 아마 목둘레와 허리둘레가 비례한다는 것을 경험적으로 알고 전해진 행동이라고 생각된다. 자료 'waist'는 목둘레(neck)와 허리둘레(waist)가 어떠한 관계가 있는지를 알아보기 위해 대학생 16명을 무작위로 추출하여 조사한 자료이다. 측정단위는 inch이다.

(1) 허리둘레를 수직축, 목둘레를 수평축으로 하는 산점도를 작성하여라. 두 변수는 어떠한 관계를 가지고 있는가?
(2) plot($y \sim x$)를 이용하여 산점도를 다시 작성하는데, 이번에는 산점도 위에 평활곡선과 회귀직선을 표시하여라. 회귀직선은 lm($y \sim x$) 결과를 abline()을 이용해 추가할 수 있고, 평활곡선은 lowess(x, y) 결과를 lines()를 통해 추가할 수 있다. 두 선이 일치하는 정도가 높다는 것의 의미는 무엇인가?

(3) 허리둘레를 반응변수, 목둘레를 설명변수로 하여 단순선형회귀모형을 적합시켜라. 결정계수와 $R^2_{Prediction}$ 의 값은 얼마인가?

(4) 오차분산인 σ^2 의 추정값은 얼마인가?

(5) 적합된 회귀식을 적고 기울기 추정값의 의미를 설명하라. 기울기에 대한 95% 신뢰구간을 구하여라.

(6) 자료에서 두 변수의 값들은 inch 단위로 측정되었다. 만일 두 변수를 모두 cm 단위로 변환한다면 절편과 기울기의 추정값은 각각 얼마가 되는가?

(7) 본인의 목둘레와 허리둘레를 측정하여라. 그리고 측정된 목둘레 값을 위의 추정 회귀식에 대입하여 허리둘레의 예측값을 구한 다음 실제 측정값과 비교하여라.

(8) 잔차분석과 관련된 그림들을 살펴보고 가정들의 타당성에 대하여 설명하여라.

2.25 자료 'mammal'는 포유류들의 뇌의 무게와 몸무게를 조사한 것이다. 전체 자료 수는 62개이며, 2개의 변수, brain(뇌의 무게, g)과 body(몸무게, kg)와 각 포유류명이 행이름으로 주어져 있다.(이 자료는 Weisberg(1985)에서 분석되었다.)

(1) 뇌의 무게를 수직축, 몸무게를 수평축으로 하여 산점도를 작성하여라. 산점도에서 두 변수 간의 관계를 파악할 수 있는가? 파악하기 힘든 이유는 무엇인가?

(2) 두 변수를 `log10()`을 통해 상용로그변환하여 `lbrain`과 `lbody` 변수를 생성하고 이 두 변수를 이용하여 산점도를 다시 작성하고 변환된 변수 간의 관계를 분석하여라.

(3) 자료들 중에서 몸무게가 가장 큰 동물과 가장 작은 동물은 각각 무엇인가? 그래프를 이용하여 찾는 방법과 데이터를 정렬하여 찾는 방법을 실습해 보자. `plot()`으로 산점도를 작성한 후 몸무게가 최대, 최소인 점에 이름을 표시해 보아라. 다음과 같이 `identify()` 명령을 내린 후 마우스를 이용하여 원하는 점을 클릭하면 된다.

```
plot(lbrain ~ lbody, mammal)
with(mammal, identify(lbody, lbrain, labels=rownames(mammal)))
```

데이터프레임을 특정 변수를 기준으로 정렬하고자 할 때에는 `order()`를 이용한다. 다음 명령은 `mammal` 데이터 전체를 `body` 크기 순서로 정렬해준다.

```
mammal[order(mammal$body), ]
```

가장 큰 데이터에만 관심있다면 `which.max()`, 가장 작은 데이터에만 관심있다면 `which.min()`을 활용할 수 있다. 다음 두 명령의 결과를 확인해 보아라.

```
mammal[which.min(mammal$body), ]
mammal[which.max(mammal$body), ]
```

(4) `lbrain`을 반응변수, `lbody`를 설명변수로 하여 단순선형회귀모형을 적합시켜라. 두 변수는 통계적으로 유의한 관계를 가지고 있는가? 결정계수의 값은 얼마인가?
(5) 적합된 회귀식을 적고 기울기 추정값의 의미를 설명하여라.
(6) 산점도 위에 적합한 직선의 식을 나타내고 'Human'에 해당하는 점을 표시하여라.
(7) 'Human'에 해당하는 뇌 무게의 예측값과 잔차는 얼마인가? 로그변환된 값과 원래 단위로 환산된 값으로 각각 보고하여라.
(8) `predict()`를 이용하여 'Human'에 해당하는 뇌 무게의 평균값에 대한 95% 신뢰구간을 구하여라. 로그변환된 값과 원래 단위로 환산된 값으로 각각 보고하여라.
(9) 잔차분석과 관련된 그림들을 살펴보고 가정들의 타당성에 대하여 설명하여라. 특이값이 존재하는가?
(10) 반응변수 lbrain과 예측값의 상관계수를 구하여라. 그리고 이 값을 제곱하면 결정계수의 값과 일치함을 확인하여라.

2.26 자료 '`restaurant`'는 음식점 30개의 매출액(Y)과 광고비(X)를 조사한 것이다.

(1) 매출액의 광고비에 대한 단순선형회귀모형을 적합하여라.
(2) 회귀계수들의 추정값은 유의한가? 결정계수값은 얼마인가?
(3) 산점도를 작성하고 추정회귀식을 표시하여라.
(4) 회귀분석에서 출력되는 회귀진단그림들을 살펴보고 문제점을 설명하여라.

3

중선형회귀분석

회귀분석의 실제 응용에 있어서는 설명변수가 한 개인 단순회귀모형보다는 설명변수가 두 개 이상 포함된 회귀모형이 더욱 빈번하게 사용된다. 왜냐하면, 반응변수가 단 한 개의 설명변수만으로 충분하게 설명되는 경우는 드물고, 대부분의 경우 반응변수는 여러 개의 설명변수들과 관계를 갖고 있기 때문이다. 예를 들어, 광고비와 판매액 간의 관계에 있어서 판매액이 광고비에 의해 상당히 영향을 받지만 그 외에 제품의 품질등급, 판매매장의 개수와 크기 등에도 영향을 받을 것이라고 예상할 수 있다. 그리고 두 변수 간의 관계에 있어서도 선형관계가 아닌 경우에는 설명변수의 이차 이상의 거듭제곱 항들이 새로운 설명변수로 추가될 수가 있다. 이와 같이 하나의 반응변수와 여러 개의 설명변수들 사이의 관계를 규명하고자 할 때 사용되는 통계적 방법들 중의 하나가 **중선형회귀분석**(multiple linear regression analysis)이다(앞으로 간단하게 **중회귀분석**이라 부른다). 중회귀분석에서도 단순회귀분석에서 사용된 여러 가지 통계적 방법들이 그대로 적용된다. 특히 모형의 설정방법, 모수들의 추정을 위한 최소제곱법의 사용, 추정된 모형의 적합도 조사, 회귀계수 추정량에 대한 구간추정과 가설검정 방법, 잔차분석 방법 등이 설명변수의 개수와 무관하게 자연스럽게 확장됨을 알 수 있다. 그렇지만 회귀모형이 복잡해짐에 따라 더욱 다양한 형태의 분석을 위한 통계적 방법들이 추가로 요구되기도 하고, 계산의 편의상 벡터와 행렬을 많이 사용하게 된다.

3.1 중선형회귀모형

3.1.1 모집단 중선형회귀모형

중선형회귀모형(또는 혼동의 염려가 없는 경우에는 간단하게 중회귀모형이라 한다) 에서는 $(p-1)$개의 설명변수 $X_1, X_2, \cdots, X_{p-1}$가 주어졌을 때 반응변수 Y의 (조건부) 평균함수가 다음과 같이 주어진다고 가정한다.

$$\mathrm{E}[Y \mid X_1, X_2, \cdots, X_{p-1}] = \beta_0 + \beta_1 X_1 + \beta_2 X_2 + \cdots + \beta_{p-1} X_{p-1}$$

즉, 반응변수 Y의 (조건부) 기댓값은 각 설명변수들의 선형결합으로 나타내어진다. 위의 식에 개개의 관측점에서 발생하는 오차를 나타내는 확률변수 ε을 더하면 다음의 **모집단 중선형회귀모형**(population multiple linear regression model)을 얻는다.

$$Y_i = \beta_0 + \beta_1 X_{i1} + \beta_2 X_{i2} + \cdots + \beta_{p-1} X_{i,p-1} + \varepsilon_i, \quad i = 1, 2, \cdots, n \tag{3.1}$$

확률변수 ε에 대한 가정은 단순회귀에서의 가정들과 같다. 즉, ε_i는 평균이 0, 분산이 σ^2인 확률변수로 서로 독립이라 가정한다. 그리고 위의 식에서 X_{ij}는 j번째 설명변수 X_j의 i번째 관측값을 나타낸다. 설명변수 X_j들은 값들이 주어진 상수로 간주된다. 회귀계수들에 대한 해석도 단순회귀모형에서와 비슷한데, 이를테면, β_0는 Y축의 절편, β_j는 Y와 X_j 간의 기울기로 다른 설명변수들의 값들이 고정되었을 때 X_j의 Y에 대한 영향의 정도를 나타낸다. 즉, 다른 설명변수들의 값들이 고정되었을 때 X_j가 한 단위 증가하면 Y의 평균값은 β_j 만큼 변하게 된다. 그렇지만 특히 경제 관련 모형들에서는 설명변수들의 값이 같이 연동되어 움직이게 되므로 각 회귀계수를 개별적으로 해석하는 것이 어려울 수도 있다.

예제 3.1

중고차 가격에는 어떠한 변수들이 영향을 주는 걸까? 국내의 중고차 사이트에는 기본적으로 연식, 차종, 색, 사고 유무, 엔진 종류, 배기량, 연료 종류, 주행거리 등의 정보가 올라와 있다. 자료 '`usedcars`'는 국내 유명 중고차 사이트에서 2007년에 수집한 것으로 가솔린 엔진의 중형차를 대상으로 각 중고차에 대한 가격(`price`), 연식(`year`), 주행거리

[표 3.1] 중고자동차 가격 자료

차량	가격(만원)	연식(개월)	주행거리(km)	배기량(cc)	변속기
1	790	78	133462	1998	1
2	1380	39	33000	2000	1
3	270	109	120000	1800	0
4	1190	20	69727	1999	1
5	590	70	112000	2000	0
6	1120	58	39106	1998	1
7	815	53	95935	1800	1
8	450	68	120000	1800	0
9	1290	15	20215	1798	1
10	420	96	140000	1800	0
11	945	63	68924	1998	1
12	770	82	90000	2000	0
13	610	76	81279	1998	0
14	1350	17	24070	1798	1
15	1020	38	40000	2000	0
16	830	46	56887	1832	1
17	670	95	91216	1997	1
18	990	37	48680	1998	1
19	800	68	8000	2000	0
20	1100	41	60634	1835	1
21	740	69	114131	1998	1
22	570	71	75000	1800	0
23	660	99	124417	1998	1
24	300	129	130000	1800	0
25	960	57	77559	1997	1
26	650	107	75216	1838	1
27	1000	45	52000	2000	0
28	700	80	58000	2000	1
29	280	113	134500	1800	0
30	879	41	80000	2000	0

(`mileage`), 배기량(cc), 변속기종류(`automatic`)를 조사하였다. 연식은 현재까지 몇 개월이 지났는지를 계산하였고, 주행거리는 km 단위, 배기량은 cc 단위로 측정되었다. 변속기는 수동(=0)과 자동(=1) 여부를 조사하였다. 가격을 반응변수, 나머지 변수들을 설명변수로 하는 회귀분석 문제를 생각해보자.

풀이 가격을 반응변수 Y, 설명변수들인 연식, 주행거리, 배기량, 변속기종류를 순서대로 X_1, X_2, X_3, X_4로 정의하면 회귀모형을 다음과 같이 설정할 수 있다.

$$Y_i = \beta_0 + \beta_1 X_{i1} + \beta_2 X_{i2} + \beta_3 X_{i3} + \beta_4 X_{i4} + \varepsilon_i, \quad i = 1, 2, \cdots, 30$$

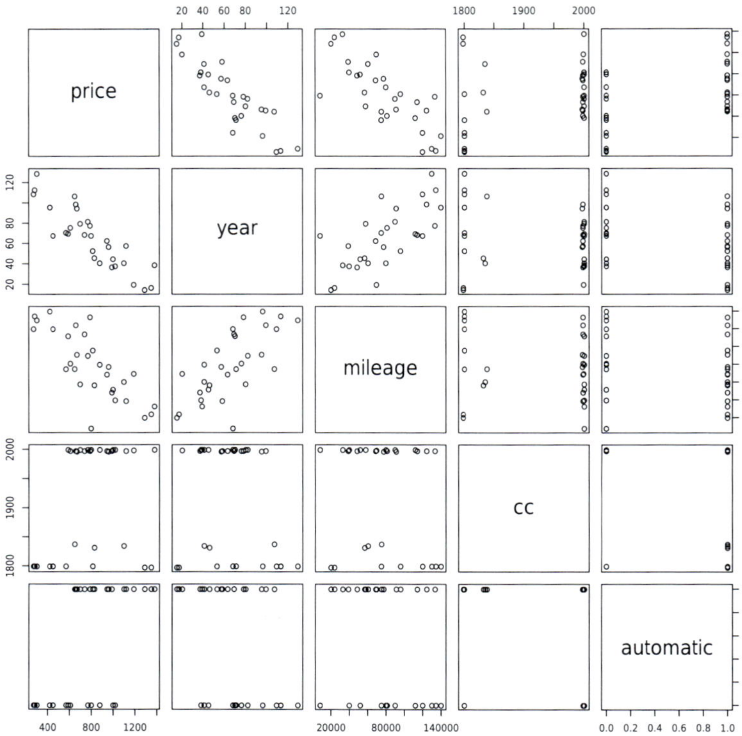

[그림 3.1] 중고차 가격 예제 변수들의 산점도행렬

단순회귀분석에서와 같이 사전분석으로 변수들의 산점도를 작성하여 변수들 간의 대략적인 관계를 파악할 필요가 있다. 중회귀분석에서는 2개 이상의 산점도를 동시에 보여주는 **산점도행렬**(scatterplot matrix)을 주로 사용한다. [그림 3.1]은 명령문

```
> pairs(usedcars)
```

으로 작성된 산점도행렬로 변수들의 관계를 동시에 볼 수 있다는 장점이 있다.

산점도행렬은 대각선을 기준으로 위아래 대칭인 산점도를 보여주며, 회귀분석에서는 우선 [그림 3.1]의 상단에 있는 반응변수 대 설명변수들의 산점도를 볼 필요가 있다. 연식과 주행거리가 증가함에 따라 가격은 선형적으로 감소하고 있음을 알 수 있으며, 배기량의 경우에는 별다른 차이점을 보이고 있지 않다. 이는 조사대상의 차량이 중형차로 한정되었다는 것을 반영한다고 볼 수 있다. 마지막으로 변속기에서는 자동의 경우가 약간 높은 가격을 보여주고 있다.

이들 산점도는 두 변수 간의 관계만을 반영하고 있으므로 모든 변수들이 동시에

반영되는 중회귀모형에서의 관계와 반드시 일치하지는 않는다. 예를 들어, 반응변수와 명백한 선형관계를 갖는 설명변수라도 중회귀모형에서는 관계가 없는 것으로 나타날 수 있으며, 비선형관계의 경우에도 중회귀모형에서는 선형관계를 가질 수가 있다. 이와 같은 점에서 산점도행렬에 나타나는 변수들의 관계해석에는 한계가 있기는 하지만 그래도 변수들 간의 관계를 대략적으로 파악하는 중요한 도구로 산점도행렬을 사용할 수 있다.

마지막으로 가격 대 주행거리의 산점도에서 특이값이 1개 있는 것을 확인할 수 있다. 이 차량은 주행거리가 제일 적지만 가격은 상대적으로 낮음을 알 수 있다. 아마 사고 전력이 있는 차량으로 짐작되므로 분석에서 제거하는 것이 좋을 수도 있겠지만 일단 포함시켜 이 관측값의 영향을 살펴보기로 한다.

□

3.1.2 선형모형과 비선형모형

중회귀모형에 대한 이해를 높이기 위해서는 **선형모형**(linear model)과 **비선형모형**(nonlinear model)의 정확한 구별이 필요하다. 그러므로 이 절에서는 두 모형에 대한 정의와 판별방법을 설명한다.

일반적으로 선형모형은 모형식이 모수들의 선형함수로 주어지는 모형을 뜻한다. 회귀모형에서의 모수는 회귀계수 β_j 들을 의미하므로 회귀모형식이 β_j 들의 선형함수이면 선형회귀모형이 된다. 그러므로 식(3.1)의 모집단 회귀모형은 β_j 들의 선형함수로 해석하는 것이 타당하다. 선형모형의 판별은 모형식의 모수에 대한 편미분을 이용하면 명확하다. 일반적인 회귀모형

$$Y = f(\boldsymbol{x}, \boldsymbol{\beta}) + \varepsilon$$

을 생각하자.(위의 식에서 $\boldsymbol{x}$와 $\boldsymbol{\beta}$는 각각 설명변수들과 회귀계수들의 벡터를 나타낸다.) 만일 회귀식 $f(\boldsymbol{x}, \boldsymbol{\beta})$의 β_j에 대한 편미분 $\partial f / \partial \beta_j$가 어느 회귀계수도 포함하지 않으면 회귀식 $f(\boldsymbol{x}, \boldsymbol{\beta})$를 모수 β_j에 대해 선형이라 한다. 그리고 회귀식 $f(\boldsymbol{x}, \boldsymbol{\beta})$가 모든 β_j 들에 대해 선형이면 이를 선형모형이라 한다. 예를 들어, 단순선형회귀분석의 결과로 설명변수의 이차항이 필요하다는 결론을 내렸다고 하자. 이 경우 회귀모형은

$$Y = \beta_0 + \beta_1 X + \beta_2 X^2 + \varepsilon$$

로 주어진다. 위의 모형은 설명변수 X에 대해서는 이차함수이지만 모든 회귀계수에 대하여 선형모형이므로 선형모형이 된다. 또 다른 예로, 경제 관련 문제에서 많이 사용되듯이 변수들의 값의 범위가 매우 큰 경우에는 로그변환을 하여 사용하는 것이 좋다. 만일 두 설명변수 X_1과 X_2가 그러한 경우 회귀모형

$$Y = \beta_0 + \beta_1 \log X_1 + \beta_2 \log X_2 + \varepsilon$$

을 생각할 수 있다. 위의 모형 역시 모든 회귀계수에 대하여 선형모형이므로 선형모형이 된다. 실제로 선형모형은 모형에 포함되는 설명변수의 형태와는 무관하다. 이를테면, 위의 모형에서 $X_1^* = \log X_1$ $X_2^* = \log X_2$와 같은 변수변환을 생각하면 식(3.1)과 같은 모형으로 바꿀 수 있기 때문이다.

한편 다음의 회귀모형

$$Y = \beta_0 + \beta_1 e^{-\beta_2 X} + \varepsilon$$

에서는 $\partial f/\partial\beta_0 = 1$로 상수이므로 모형식이 β_0에 대해서는 선형이지만, $\partial f/\partial\beta_1 = e^{-\beta_2 X}$과 $\partial f/\partial\beta_2 = -\beta_1 X e^{-\beta_2 X}$은 각각 계수들을 포함하고 있으므로 β_1과 β_2에 대해서는 비선형이 되어 전체적으로 비선형모형이 된다. 비선형회귀모형에 대한 분석은 9장에서 다루고 있다.

3.1.3 행렬을 이용한 모형식

일반적으로 중회귀분석에서는 행렬과 벡터를 이용하면 식의 표현과 계산작업을 쉽게 할 수 있다. 이를테면, 회귀계수벡터 $\boldsymbol{\beta} = (\beta_0, \beta_1, \cdots, \beta_{p-1})'$와 i번째 관측점에서의 설명변수들의 벡터 $\boldsymbol{x}_i = (1, X_{i1}, \cdots, X_{i,p-1})'$ 을 정의하면 모집단 중회귀모형 (3.1)은

$$Y_i = \boldsymbol{x}_i'\boldsymbol{\beta} + \varepsilon_i\,, \quad i = 1, 2, \cdots, n$$

로 주어진다. 그리고 모든 관측점에서의 식들은 행렬을 이용하여

$$\boldsymbol{y} = \boldsymbol{X}\boldsymbol{\beta} + \boldsymbol{\varepsilon} \tag{3.2}$$

로 나타낼 수 있다. 위의 식에서 각 항은 다음과 같이 정의되며

$$\boldsymbol{y} = \begin{bmatrix} Y_1 \\ Y_2 \\ \vdots \\ Y_n \end{bmatrix}, \quad \boldsymbol{X} = \begin{bmatrix} \boldsymbol{x}_1' \\ \boldsymbol{x}_2' \\ \vdots \\ \boldsymbol{x}_n' \end{bmatrix} = \begin{bmatrix} 1 & X_{11} & X_{12} & \cdots & X_{1,p-1} \\ 1 & X_{21} & X_{22} & \cdots & X_{2,p-1} \\ \vdots & \vdots & \vdots & \ddots & \vdots \\ 1 & X_{n1} & X_{n2} & \cdots & X_{n,p-1} \end{bmatrix}, \quad \boldsymbol{\varepsilon} = \begin{bmatrix} \varepsilon_1 \\ \varepsilon_2 \\ \vdots \\ \varepsilon_n \end{bmatrix}$$

$\boldsymbol{y}$를 **반응벡터**(response vector), $n \times p$차원 행렬 $\boldsymbol{X}$를 **디자인행렬**(design matrix)이라 한다. 행렬 $\boldsymbol{X}$의 각 열은 상수항 및 설명변수들의 n개의 관측값을 나타낸다. 그리고 $\boldsymbol{\varepsilon}$을 **오차벡터**(error vector)라 부른다.

행렬로 표시되는 식에 대한 이해를 돕기 위하여 [예제 3.1]에 주어진 자료 중 처음 일곱 개만을 사용하여 행렬로 나타내어 보면 다음과 같다.

$$\begin{bmatrix} 790 \\ 1380 \\ 270 \\ 1190 \\ 590 \\ 1120 \\ 815 \end{bmatrix} = \begin{bmatrix} 1 & 78 & 133462 & 1998 & 1 \\ 1 & 39 & 33000 & 2000 & 1 \\ 1 & 109 & 120000 & 1800 & 0 \\ 1 & 20 & 69727 & 1999 & 1 \\ 1 & 70 & 112000 & 2000 & 0 \\ 1 & 58 & 39106 & 1998 & 1 \\ 1 & 53 & 95935 & 1800 & 1 \end{bmatrix} \begin{bmatrix} \beta_0 \\ \beta_1 \\ \beta_2 \\ \beta_3 \\ \beta_4 \end{bmatrix} + \begin{bmatrix} \varepsilon_1 \\ \varepsilon_2 \\ \varepsilon_3 \\ \varepsilon_4 \\ \varepsilon_5 \\ \varepsilon_6 \\ \varepsilon_7 \end{bmatrix}$$

벡터 $\boldsymbol{y}$와 $\boldsymbol{\varepsilon}$의 각 원소는 확률변수로 주어지는데 이러한 벡터들의 특성에 대해 알아보자. n개의 확률변수 $Y_1, Y_2, \cdots, Y_n$ 이 있을 때 이들을 원소로 하는 n차원 벡터

$$\boldsymbol{y} = (Y_1, Y_2, \cdots, Y_n)'$$

을 n차원 **확률벡터**(random vector)라 한다(이 책에서는 행렬과의 혼동을 피하기 위하여, 확률벡터에 대해 굵은 소문자를 사용한다). 확률변수의 기댓값과 분산에 대응하는 것으로 확률벡터에 대한 기댓값벡터와 분산-공분산행렬을 정의할 수 있다. 확률벡터 $\boldsymbol{y}$의 **기댓값벡터**(expected value vector)는 $\boldsymbol{y}$의 각 원소에 기댓값함수를 취한 것으로 정의되며, $\boldsymbol{\mu}$로 나타낸다. 즉,

$$\boldsymbol{\mu} = \mathrm{E}[\,\boldsymbol{y}\,] = (\mathrm{E}[\,Y_1\,], \mathrm{E}[\,Y_2\,], \cdots, \mathrm{E}[\,Y_n\,])'$$

확률벡터의 경우에도 기댓값함수의 일반적인 성질들이 모두 성립함을 보일 수 있다.

예를 들어, $m \times n$ 행렬 $\boldsymbol{A}$와 m차원 벡터 $\boldsymbol{b}$의 모든 원소가 상수일 때 선형변환 $\boldsymbol{Ay}+\boldsymbol{b}$의 기댓값벡터는

$$\mathrm{E}[\,\boldsymbol{Ay}+\boldsymbol{b}\,] = \boldsymbol{A}\mathrm{E}[\,\boldsymbol{y}\,] + \boldsymbol{b}$$

로 주어진다.

그리고 확률벡터 $\boldsymbol{y}$의 **분산-공분산행렬**(variance-covariance matrix)은 각 확률변수들의 분산을 대각원소, 확률변수들 간의 공분산을 비대각원소로 하는 $n \times n$ 대칭행렬로 주어진다. 분산-공분산행렬은 $\mathrm{Cov}(\boldsymbol{y})$라 표시되며 다음과 같이 정의된다.

$$\mathrm{Cov}(\boldsymbol{y}) = \mathrm{E}[\,(\boldsymbol{y}-\boldsymbol{\mu})(\boldsymbol{y}-\boldsymbol{\mu})'\,]$$

예를 들어, $n=3$인 경우 다음과 같다.

$$\mathrm{Cov}(\boldsymbol{y}) = \begin{bmatrix} \mathrm{Var}(Y_1) & \mathrm{Cov}(Y_1,Y_2) & \mathrm{Cov}(Y_1,Y_3) \\ \mathrm{Cov}(Y_1,Y_2) & \mathrm{Var}(Y_2) & \mathrm{Cov}(Y_2,Y_3) \\ \mathrm{Cov}(Y_1,Y_3) & \mathrm{Cov}(Y_2,Y_3) & \mathrm{Var}(Y_3) \end{bmatrix}$$

따라서 일반적으로 $\mathrm{Cov}(\boldsymbol{y})$의 i번째 대각원소는 $\mathrm{Var}(Y_i)$이며, $(i,j)(i \neq j)$ 위치의 원소는 $\mathrm{Cov}(Y_i,Y_j)$로 주어진다. 참고로 선형변환에 대한 분산-공분산행렬은

$$\mathrm{Cov}(\boldsymbol{Ay}+\boldsymbol{b}) = \boldsymbol{A}\mathrm{Cov}(\boldsymbol{y})\boldsymbol{A}'$$

와 같이 주어진다.

이제 위에서 설명된 확률벡터들의 특성을 이용하여 오차벡터 $\boldsymbol{\varepsilon}$의 분포를 알아보자. 벡터 $\boldsymbol{\varepsilon}$의 각 원소의 기댓값이 0이므로 $\boldsymbol{\varepsilon}$의 기댓값벡터는

$$\mathrm{E}[\,\boldsymbol{\varepsilon}\,] = \boldsymbol{0}$$

으로 주어진다(위의 식에서 $\boldsymbol{0}$은 모든 원소가 0인 벡터를 나타낸다). 그리고 모든 ε_i들의 분산이 σ^2으로 동일하고, 서로 독립이므로(따라서 공분산은 0이다) 확률벡터에 대한 분산-공분산행렬의 정의를 사용하면

$$\mathrm{Cov}(\boldsymbol{\varepsilon}) = \sigma^2 \boldsymbol{I}_n$$

과 같이 나타낼 수 있다. 위의 식에서 $\boldsymbol{I}_n$은 $n \times n$ 항등행렬을 나타낸다. 그러므로 위의 분산-공분산행렬은 대각원소가 모두 σ^2이고, 비대각원소는 모두 0인 행렬이다.

오차벡터 $\boldsymbol{\varepsilon}$의 기댓값벡터와 분산-공분산행렬, 그리고 식(3.2)의 관계식을 이용하면 반응변수 벡터 $\boldsymbol{y}$의 기댓값벡터와 분산-공분산행렬도 유도할 수 있다. 먼저 식(3.2)의 양변에 기댓값을 취하면 다음 식을 얻는다.

$$\mathrm{E}[\boldsymbol{y}] = \boldsymbol{X\beta} \tag{3.3}$$

위의 식에서 $\boldsymbol{X\beta}$를 **기대함수**(expectation function)라 하며, 이 기대함수는 표본공간에서 단순회귀에서의 회귀직선 대신에 **회귀평면**(regression plane)을 형성하게 된다. 식(3.2)에서 기대함수 $\boldsymbol{X\beta}$는 상수이므로 $\boldsymbol{y}$의 분산-공분산행렬은 $\boldsymbol{\varepsilon}$의 분산-공분산행렬과 같음을 알 수 있다. 즉,

$$\mathrm{Cov}(\boldsymbol{y}) = \sigma^2 \boldsymbol{I}_n \tag{3.4}$$

으로 주어진다.

이 책의 모든 내용은 행렬을 사용하지 않더라도 설명될 수 있다. 그러나 행렬을 사용하면 식의 표현과 계산작업을 간단하게 할 수 있을 뿐만 아니라, 많은 경우 회귀분석에서 사용되는 통계량들의 의미를 더욱 쉽게 이해할 수 있다. 회귀분석에서 필요한 행렬과 벡터에 대한 기초적인 설명은 김&강(2010)의 부록 A를 참고하면 된다.

3.2 회귀계수의 추정

3.2.1 최소제곱법

중회귀분석에서는 표본을 이용하여 p개의 회귀계수 $\beta_0, \beta_1, \cdots, \beta_{p-1}$을 추정할 필요가 있다. 이 경우에도 역시 단순회귀에서와 마찬가지로 오차들의 제곱의 합을 최소로 하는 회귀계수들의 값을 구하는 최소제곱법을 사용한다. 중회귀모형에서의 오차제곱합

$$\begin{aligned} S(\beta_0, \beta_1, \cdots, \beta_{p-1}) &= \sum_{i=1}^{n} \varepsilon_i^2 \\ &= \sum_{i=1}^{n} (Y_i - \beta_0 - \beta_1 X_{i1} - \cdots - \beta_{p-1} X_{i,p-1})^2 \end{aligned}$$

은 β_j 들의 이차함수이므로, 단순선형회귀에서와 같이 각 β_j 에 대해 편미분을 구한 식을 0으로 놓고 풀면 제곱합 $S(\beta_0, \beta_1, \cdots, \beta_{p-1})$ 을 최소로 하는 β_j 들을 구할 수 있다. 즉,

$$\frac{\partial S}{\partial \beta_0} = (-2)\sum_{i=1}^{n}(Y_i - \beta_0 - \beta_1 X_{i1} - \cdots - \beta_{p-1}X_{i,p-1}) = 0 \tag{3.5}$$

$$\frac{\partial S}{\partial \beta_j} = (-2)\sum_{i=1}^{n}(Y_i - \beta_0 - \beta_1 X_{i1} - \cdots - \beta_{p-1}X_{i,p-1})X_{ij} = 0, \quad j = 1, 2, \cdots, p-1$$

위의 식을 만족하는 β_j 들이 최소제곱추정량이 되는데 이를 $\hat{\beta}_0, \hat{\beta}_1, \cdots, \hat{\beta}_{p-1}$ 이라 나타내면, 정규방정식은

$$n\hat{\beta}_0 + \hat{\beta}_1 \sum_{i=1}^{n} X_{i1} + \cdots + \hat{\beta}_{p-1}\sum_{i=1}^{n} X_{i,p-1} = \sum_{i=1}^{n} Y_i$$

와, $j = 1, 2, \cdots, p-1$ 에 대하여

$$\hat{\beta}_0 \sum_{i=1}^{n} X_{ij} + \hat{\beta}_1 \sum_{i=1}^{n} X_{i1}X_{ij} + \cdots + \hat{\beta}_{p-1}\sum_{i=1}^{n} X_{i,p-1}X_{ij} = \sum_{i=1}^{n} X_{ij}Y_i$$

로 주어진다. 예를 들어, 설명변수가 세 개인 경우($p = 4$)의 정규방정식을 적어보면 다음과 같다. 독자들은 정규방정식의 대칭적이고 체계적인 형태를 음미해보기 바란다.

$$\begin{aligned}
n\hat{\beta}_0 + \hat{\beta}_1 \sum_{i=1}^{n} X_{i1} + \hat{\beta}_2 \sum_{i=1}^{n} X_{i2} + \hat{\beta}_3 \sum_{i=1}^{n} X_{i3} &= \sum_{i=1}^{n} Y_i \\
\hat{\beta}_0 \sum_{i=1}^{n} X_{i1} + \hat{\beta}_1 \sum_{i=1}^{n} X_{i1}^2 + \hat{\beta}_2 \sum_{i=1}^{n} X_{i1}X_{i2} + \hat{\beta}_3 \sum_{i=1}^{n} X_{i1}X_{i3} &= \sum_{i=1}^{n} X_{i1}Y_i \\
\hat{\beta}_0 \sum_{i=1}^{n} X_{i2} + \hat{\beta}_1 \sum_{i=1}^{n} X_{i1}X_{i2} + \hat{\beta}_2 \sum_{i=1}^{n} X_{i2}^2 + \hat{\beta}_3 \sum_{i=1}^{n} X_{i2}X_{i3} &= \sum_{i=1}^{n} X_{i2}Y_i \\
\hat{\beta}_0 \sum_{i=1}^{n} X_{i3} + \hat{\beta}_1 \sum_{i=1}^{n} X_{i1}X_{i3} + \hat{\beta}_2 \sum_{i=1}^{n} X_{i2}X_{i3} + \hat{\beta}_3 \sum_{i=1}^{n} X_{i3}^2 &= \sum_{i=1}^{n} X_{i3}Y_i
\end{aligned}$$

일반적인 경우 추정된 회귀식은

$$\hat{Y}_i = \hat{\beta}_0 + \hat{\beta}_1 X_{i1} + \cdots + \hat{\beta}_{p-1}X_{i,p-1}$$

와 같이 나타낼 수 있고, 잔차는

$$\begin{aligned} e_i &= Y_i - \hat{Y}_i \\ &= Y_i - (\hat{\beta}_0 + \hat{\beta}_1 X_{i1} + \cdots + \hat{\beta}_{p-1} X_{i,p-1}) \end{aligned}$$

로 주어진다.

이제 벡터와 행렬을 이용하여 정규방정식을 유도하여 보자. 식(3.2)를 이용하면 오차제곱합은

$$S(\boldsymbol{\beta}) = \sum_{i=1}^{n} \varepsilon_i^2 \;=\; \boldsymbol{\varepsilon}'\boldsymbol{\varepsilon} \;=\; (\boldsymbol{y} - \boldsymbol{X\beta})'(\boldsymbol{y} - \boldsymbol{X\beta}) \tag{3.6}$$

로 나타낼 수 있다. 그리고 벡터에 대한 미분공식을 사용하면

$$\frac{\partial S}{\partial \boldsymbol{\beta}} = -2\boldsymbol{X}'\boldsymbol{y} \;+\; 2(\boldsymbol{X}'\boldsymbol{X})\boldsymbol{\beta}$$

를 얻는다. 위의 식에서 $\boldsymbol{\beta}$ 대신에 추정량 $\hat{\boldsymbol{\beta}} = (\hat{\beta}_0, \hat{\beta}_1, \cdots, \hat{\beta}_{p-1})'$을 대입한 후 $\mathbf{0}$으로 놓고 정리하면 다음의 정규방정식을 얻을 수 있다.

$$(\boldsymbol{X}'\boldsymbol{X})\hat{\boldsymbol{\beta}} = \boldsymbol{X}'\boldsymbol{y} \tag{3.7}$$

위의 식에서 나타나는 행렬 $\boldsymbol{X}'\boldsymbol{X}$는 $p \times p$ 대칭행렬로 회귀분석에서 각종 통계량의 계산에 중요하게 사용된다.

식(3.7)에서 만약 $\boldsymbol{X}'\boldsymbol{X}$의 역행렬인 $(\boldsymbol{X}'\boldsymbol{X})^{-1}$가 존재하면(즉, 정칙행렬이면) 회귀계수 $\boldsymbol{\beta}$의 최소제곱추정량 $\hat{\boldsymbol{\beta}}$은

$$\hat{\boldsymbol{\beta}} = (\boldsymbol{X}'\boldsymbol{X})^{-1}\boldsymbol{X}'\boldsymbol{y} \tag{3.8}$$

로 주어진다. 이 공식은 추정량 $\hat{\boldsymbol{\beta}}$이 Y_i들의 선형결합으로 주어짐을 보이는 것으로 $\hat{\boldsymbol{\beta}}$의 통계적 성질을 조사할 때 유용하게 사용된다. 그러나 실제 $\hat{\boldsymbol{\beta}}$의 값을 계산할 때 $\boldsymbol{X}'\boldsymbol{X}$의 역행렬을 구해야 하는 위의 공식을 사용하면 계산오차가 크기 때문에 통계패키지 등에서는 다른 계산방법을 사용하고 있는데, 연립방정식인 식(3.7)을 그대로 이용하기도 한다.

단순회귀의 경우 식(3.8)의 계산에 필요한 항은

$$\boldsymbol{X}'\boldsymbol{X} = \begin{bmatrix} n & \sum_{i=1}^{n} X_i \\ \sum_{i=1}^{n} X_i & \sum_{i=1}^{n} X_i^2 \end{bmatrix}, \quad \boldsymbol{X}'\boldsymbol{y} = \begin{bmatrix} \sum_{i=1}^{n} Y_i \\ \sum_{i=1}^{n} X_i Y_i \end{bmatrix} \tag{3.9}$$

와 같이 주어지고, $\boldsymbol{X}'\boldsymbol{X}$ 의 역행렬은

$$(\boldsymbol{X}'\boldsymbol{X})^{-1} = \frac{1}{n\sum_{i=1}^{n} X_i^2 - \left(\sum_{i=1}^{n} X_i\right)^2} \begin{bmatrix} \sum_{i=1}^{n} X_i^2 & -\sum_{i=1}^{n} X_i \\ -\sum_{i=1}^{n} X_i & n \end{bmatrix} \tag{3.10}$$

이므로, 독자들은 이들을 식(3.8)에 대입하여 단순회귀에서의 최소제곱추정량 공식인 식(2.5)를 유도해보기 바란다.

한편 적합된 반응벡터는

$$\hat{\boldsymbol{y}} = \boldsymbol{X}\hat{\boldsymbol{\beta}}$$

으로 주어진다. 여기에서 $\hat{\boldsymbol{y}} = (\hat{Y}_1, \hat{Y}_2, \cdots, \hat{Y}_n)'$ 이고, $\boldsymbol{X}\hat{\boldsymbol{\beta}}$은 기대함수 $\boldsymbol{X}\boldsymbol{\beta}$에서 $\boldsymbol{\beta}$ 대신에 추정량 $\hat{\boldsymbol{\beta}}$을 대입한 것이다. $\hat{\boldsymbol{y}}$의 각 원소는

$$\hat{Y}_i = \boldsymbol{x}_i'\hat{\boldsymbol{\beta}}$$

으로 주어지고, 잔차는

$$e_i = Y_i - \boldsymbol{x}_i'\hat{\boldsymbol{\beta}}$$

이므로 역시 벡터를 사용하여 **잔차벡터**(residual vector) $\boldsymbol{e} = (e_1, e_2, \cdots, e_n)'$을 다음과 같이 정의할 수 있다.

$$\boldsymbol{e} = \boldsymbol{y} - \hat{\boldsymbol{y}} = \boldsymbol{y} - \boldsymbol{X}\hat{\boldsymbol{\beta}}$$

단순선형회귀에서와 같이 오차분산 σ^2의 추정에는 잔차들의 제곱합이 사용된다. 잔차제곱합은 다음과 같이 주어지며

$$\sum_{i=1}^{n}(Y_i - \hat{Y}_i)^2 = \boldsymbol{e}'\boldsymbol{e} = (\boldsymbol{y} - \boldsymbol{X}\hat{\boldsymbol{\beta}})'(\boldsymbol{y} - \boldsymbol{X}\hat{\boldsymbol{\beta}})$$

이를 계산하기 위해서는 먼저 p개의 회귀계수를 추정해야 하므로(또는 정규방정식으로 주어지는 p개의 제약식이 있으므로) 잔차제곱합은 $(n-p)$개의 자유도를 가진다. 오차분산 σ^2의 추정량 s^2은 잔차제곱합을 자유도로 나눈 값으로 주어진다. 즉,

$$s^2 = \frac{1}{n-p}\sum_{i=1}^{n}(Y_i - \hat{Y}_i)^2$$

위의 s^2은 단순회귀에서와 같이 σ^2의 비편향추정량이 됨을 보일 수 있다.

예제 3.2

중고차 가격 자료(‘usedcars’)에 대해 제안된 회귀식에 있는 각 계수의 최소제곱추정값을 구하고, 추정된 회귀식을 이용하여 각 관측점에서의 예측값과 잔차를 구하여라. 그리고 오차분산 σ^2의 추정값 s^2을 구하여라.

풀이 가정된 모형은 보통의 중선형회귀모형에 해당되므로 `lm()`을 이용하여 분석할 수 있으며, 필요한 명령문은 단순회귀의 경우와 비교할 때 설명변수들이 추가된다는 차이만 있을 뿐 동일하게 주어진다. 예를 들어, 이 예제에 대한 `lm()` 명령문은 다음과 같이 주어진다.

```
> usedcars.lm <- lm(price ~ year + mileage + cc + automatic, usedcars)
> summary(usedcars.lm)
(...)
Residuals:
    Min      1Q  Median      3Q     Max
-177.35  -63.91   -0.99   70.34  212.69

Coefficients:
               Estimate  Std. Error t value   Pr(>|t|)
(Intercept) 525.2869606 399.8043688   1.314   0.200823
year         -5.7996371   0.9283479  -6.247 0.00000155 ***
mileage      -0.0022628   0.0007211  -3.138   0.004324 **
cc            0.3887873   0.2021900   1.923   0.065958 .
automatic   165.3126325  39.8583871   4.147   0.000339 ***
---
Signif. codes:  0 '***' 0.001 '**' 0.01 '*' 0.05 '.' 0.1 ' ' 1

Residual standard error: 101.1 on 25 degrees of freedom
Multiple R-squared:  0.9045,       Adjusted R-squared:  0.8892
F-statistic: 59.21 on 4 and 25 DF,  p-value: 0.000000000002184
```

출력결과 역시 각 회귀계수에 대한 행이 추가되는 차이만 있을 뿐 단순회귀의 경우와 동일하게 주어진다. 그러므로 출력물에 대한 자세한 해석은 2장을 참조하면 된다. 회귀계수에 대한 추정값은 'Coefficients'에 주어져 있으므로 이를 참조하여 다음의 추정된 회귀식을 구할 수 있다.

$$\hat{\texttt{price}} = 525.29 - 5.7996\texttt{year} - 0.0022628\texttt{mileage} + 0.38879\texttt{cc} + 165.31\texttt{automatic}$$

설명변수 연식(year)의 추정된 회귀계수 -5.7996은 다른 조건들이 동일한 중고차의 경우 연식이 1개월 지날 때마다 가격이 평균적으로 약 5.8만원씩 낮아진다는 것을 알려준다. 그리고 예상대로 주행거리(mileage)가 증가할수록 가격은 낮아지고, 배기량(cc)이 클수록 가격은 올라가는 것을 알 수 있다. 변속기가 자동(automatic=1)인 경우 수동(automatic=0)인 경우보다 평균적으로 약 165만원 비싸다는 것도 알 수 있다.

σ^2의 추정값 s^2은 'Residual standard error'의 값 101.1의 제곱인 10221.21로 주어진다. 참고로 잔차제곱합의 자유도는 25이다.

추정된 회귀식을 이용한 예측값의 계산은 단순회귀에서와 같이 fitted() 함수를 사용하면 된다.

```
fitted(usedcars.lm)
```

잔차도 resid() 함수를 사용하여 구할 수 있다. □

3.2.2 최소제곱추정량의 성질

중회귀모형에서의 최소제곱추정량도 단순회귀에서와 같은 통계적 성질을 가지고 있다. 즉, 최소제곱추정량 $\hat{\boldsymbol{\beta}}$은 $\boldsymbol{\beta}$의 비편향추정량이 되고, 더 나아가서 선형비편향추정량들 중에서 제일 작은 분산을 갖는 최량선형비편향추정량(BLUE)이 된다.

먼저 최소제곱추정량 $\hat{\boldsymbol{\beta}}$의 기댓값벡터를 구해보자. 식(3.8)에서 $\hat{\boldsymbol{\beta}}$은 Y_i $(i = 1, 2, \cdots, n)$들의 선형결합으로 주어지므로, 식(3.3)의 반응벡터 $\boldsymbol{y}$의 기댓값벡터와 확률

벡터의 기댓값의 성질을 이용하여

$$\begin{aligned} \mathrm{E}[\hat{\boldsymbol{\beta}}] &= \mathrm{E}[(\boldsymbol{X}'\boldsymbol{X})^{-1}\boldsymbol{X}'\boldsymbol{y}] \\ &= (\boldsymbol{X}'\boldsymbol{X})^{-1}\boldsymbol{X}'\mathrm{E}[\boldsymbol{y}] \\ &= (\boldsymbol{X}'\boldsymbol{X})^{-1}\boldsymbol{X}'\boldsymbol{X}\boldsymbol{\beta} \\ &= \boldsymbol{\beta} \end{aligned} \tag{3.11}$$

와 같이 $\hat{\boldsymbol{\beta}}$의 비편향성을 보일 수 있다. 그리고 식(3.4)의 반응벡터 $\boldsymbol{y}$의 분산-공분산행렬과 확률벡터에 대한 분산-공분산행렬의 성질을 사용하면

$$\begin{aligned} \mathrm{Cov}(\hat{\boldsymbol{\beta}}) &= \mathrm{Cov}((\boldsymbol{X}'\boldsymbol{X})^{-1}\boldsymbol{X}'\boldsymbol{y}) \\ &= (\boldsymbol{X}'\boldsymbol{X})^{-1}\boldsymbol{X}'\mathrm{Cov}(\boldsymbol{y})\boldsymbol{X}(\boldsymbol{X}'\boldsymbol{X})^{-1} \\ &= \sigma^2(\boldsymbol{X}'\boldsymbol{X})^{-1} \end{aligned} \tag{3.12}$$

임을 보일 수 있다. 즉, 최소제곱추정량 $\hat{\beta}_j$들의 분산은 행렬 $(\boldsymbol{X}'\boldsymbol{X})^{-1}$의 대각원소들에 σ^2을 곱한 것으로 주어진다. 독자들은 식(3.10)을 위의 식에 대입하여 단순회귀에서의 추정량들의 분산공식 (2.7)과 (2.9)를 유도해보기 바란다.

최소제곱추정량 $\hat{\boldsymbol{\beta}}$이 갖는 최소분산성에 대한 가우스-마르코프(Gauss-Markov) 정리는 다음과 같다.

가우스-마르코프 정리

회귀모형에서 $\mathrm{E}[\boldsymbol{\varepsilon}] = \mathbf{0}$, $\mathrm{Cov}(\boldsymbol{\varepsilon}) = \sigma^2\boldsymbol{I}_n$일 때 최소제곱추정량 $\hat{\boldsymbol{\beta}}$은 Y_i들의 선형결합으로 주어지는 $\boldsymbol{\beta}$의 선형비편향추정량들 중에서 제일 작은 분산을 갖는다. 즉, $\hat{\boldsymbol{\beta}}$은 $\boldsymbol{\beta}$의 최량선형비편향추정량(BLUE)이다.

(증명은 참고문헌 김&강(2010)을 참조하면 된다.)

그리고 추정량 $\hat{\boldsymbol{\beta}}$의 성질에서 다음과 같은 잔차들이 만족하는 식들을 유도할 수 있다.

(1) 잔차들의 합은 0이다. 즉,

$$\sum_{i=1}^{n} e_i = \sum_{i=1}^{n}(Y_i - \hat{\beta}_0 - \hat{\beta}_1 X_{i1} - \cdots - \hat{\beta}_{p-1}X_{i,p-1}) = 0.$$

(2) 잔차들의 X_j 에 의한 가중합은 0이다. 즉,

$$\sum_{i=1}^{n} X_{ij}\, e_i = 0, \quad j = 1, 2, \cdots, p-1.$$

(3) 잔차들의 $\hat{Y}_i$ 에 의한 가중합은 0이다. 즉, $\sum_{i=1}^{n} \hat{Y}_i\, e_i = 0$

(4) 적합된 회귀식은 항상 평균점 $(\overline{X}_1, \overline{X}_2, \cdots, \overline{X}_{p-1}, \overline{Y})$ 를 지난다.

단순회귀에서와 같이 (1)과 (2)는 식(3.5)의 정규방정식에 의해 성립한다. 그리고 (3)은 (1)과 (2)에서 유도되며, (4)는 (1)에서 주어진 식의 양변을 n으로 나누면 $\overline{Y} = \hat{\beta}_0 + \hat{\beta}_1\overline{X}_1 + \hat{\beta}_2\overline{X}_2 + \cdots + \hat{\beta}_{p-1}\overline{X}_{p-1}$ 이 되므로 성립한다는 것을 알 수 있다.

3.3 중회귀분석에서의 적합도와 분산분석

3.3.1 적합도와 분산분석표

단순회귀에서 정의된 세 가지 제곱합 SST, SSE, SSR의 공식들은 Y 의 관측값과 예측값의 함수로 주어지므로 설명변수의 개수와는 관계없이 중회귀분석에서도 그대로 정의된다. 세 제곱합들 간의 관계식 (2.13) 역시 성립하며, 중회귀분석에서도 이 관계식은 중요하게 사용되므로 다시 적어보면

$$\sum_{i=1}^{n}(Y_i - \overline{Y})^2 = \sum_{i=1}^{n}(Y_i - \hat{Y}_i)^2 + \sum_{i=1}^{n}(\hat{Y}_i - \overline{Y})^2 \tag{3.13}$$

이 된다. 중회귀의 경우에도 위 식의 증명에는 앞 절의 잔차의 성질들이 사용된다.

회귀제곱합 SSR은 중회귀에서도 총변동 중에서 추정회귀식에 의하여 설명되는 변동을 나타내며, 오차제곱합 SSE는 설명되지 않은 변동을 나타낸다. 회귀모형에 설명변수들을 추가하면 반응변수 Y 의 변동을 더 많이 설명할 수 있으므로, 결과적으로 SSR의 값은 계속 증가하고 SSE의 값은 감소하게 된다. 회귀분석의 주목적이 Y 의 변동을 설명하고자 하는 것이므로, 설명력을 높이려면 될 수 있는 한 많은 개수의 설명변수를 모형에 포함시키면 된다. 그러나 한편으로는 설명변수들의 개수가 많아지면 회귀모형이 복잡해지므로 변수들 간의 관계를 명확하게 설명하기가 어려워진다. 회귀분석에서 좋은

[표 3.2] 중회귀에서의 분산분석표

요인	제곱합	자유도	평균제곱	F비
회귀	SSR	$p-1$	$MSR = SSR/(p-1)$	$F_0 = \dfrac{MSR}{MSE}$
오차	SSE	$n-p$	$MSE = SSE/(n-p)$	
전체	SST	$n-1$		

모형의 기준은 모형이 될 수 있는 한 간단하면서도 설명력이 높아야 한다는 서로 상충되는 면을 가지고 있다. 이 기준을 **간결함의 원칙**(principle of parsimony)이라 부르며, 모형선택의 문제에서는 우선적으로 생각되어야 하는 중요한 기준이 된다.

총제곱합 SST는 단순회귀에서와 같이 $(n-1)$의 자유도를 가지며, 오차제곱합 SSE는 앞절의 잔차의 성질들에서 p개의 제약식(성질 (1)과 (2))이 존재하므로 $(n-p)$개의 자유도를 갖는다. 또는 p개의 회귀계수를 추정하고 남은 자유도라고 해석을 하여도 된다. 회귀제곱합 SSR은 나머지 $(p-1)$개의 자유도를 갖는다.

위의 제곱합과 자유도들 간의 관계를 정리하면 다음과 같다.

제곱합과 자유도의 분할

제곱합 : $SST = SSE + SSR$

자유도 : $(n-1) = (n-p) + (p-1)$

그리고 이들을 이용하여 [표 3.2]의 분산분석표를 얻는다.

중회귀분석에서도 추정된 회귀식의 타당성을 조사하기 위하여 잔차표준오차와 결정계수가 사용된다. 중회귀분석에서 잔차표준오차는 다음과 같이 정의된다.

$$s = \sqrt{\frac{1}{n-p}\sum_{i=1}^{n}(Y_i - \hat{Y}_i)^2} = \sqrt{MSE}$$

앞에서 언급하였듯이 오차제곱합 SSE는 회귀모형에 포함된 설명변수의 개수가 증가할수록 항상 감소한다. 그러나 이 경우 자유도 $(n-p)$ 역시 감소하므로 잔차표준오차 s의 값은 증가할 수도 있고 감소할 수도 있다. 이와 같은 s의 성질은 설명변수의 개수가 많은 경우 최적의 회귀모형을 찾는 문제에 있어서 중요하게 사용된다. 간단하게 이야기하면,

s 또는 s^2의 값이 최소가 되는 모형이 최적모형이 된다고 할 수 있다. 이 책의 6장에서는 s와 아울러 다른 기준들을 사용한 모형선택의 문제를 다루고 있다.

결정계수는 단순회귀에서와 동일한 공식으로 아래와 같이 주어지며 그 해석도 같다.

$$R^2 = \frac{SSR}{SST}$$

2장에서 언급된 것처럼 결정계수는 그 의미가 명확하고 해석이 쉽기 때문에 회귀분석을 위한 측도들 중에서 가장 많이 사용되며, 특히 두 개 이상의 모형들을 비교하고자 할 때도 사용된다. 그러나 잔차표준오차 s와는 다르게 회귀모형에 포함된 설명변수의 개수가 많아질수록 SSR은 항상 증가하므로 결정계수 R^2의 값도 항상 증가하게 된다. 그러므로 결정계수를 모형선택의 기준으로 할 경우에는 설명변수의 개수가 많은 모형을 선택하는 경향이 있으므로 적합하지 않다고 할 수 있다. 6장에서는 이러한 단점을 보완한 **수정된 결정계수**(adjusted R^2)를 정의하여 모형선택의 기준으로 사용하게 된다. 2장에서 정의된 예측도를 나타내는 측도인 $PRESS$, $R^2_{Prediction}$는 중회귀에서도 동일하게 사용된다.

[표 3.2]의 분산분석표에 주어진 F비는 회귀식의 유의성검정에 사용되는데 이 검정에서의 귀무가설은 모든 설명변수는 반응변수와 선형관계가 없다는 것이다. 즉,

$$H_0 : \beta_1 = \beta_2 = \cdots = \beta_{p-1} = 0$$
$$H_1 : (p-1)\text{개의 회귀계수 중 적어도 하나는 0이 아니다}$$

를 검정한다. 귀무가설이 옳다면 설명변수들과 반응변수 간에 선형관계가 없는 것이므로 회귀제곱합 SSR의 값은 0이 된다. 그러므로 우리는 역으로 SSR 또는 자유도로 조정된 MSR의 값이 충분히 크면, 즉, F비가 크면 귀무가설을 기각할 수 있다. 귀무가설 $H_0 : \beta_1 = \beta_2 = \cdots = \beta_{p-1} = 0$ 하에서

$$F_0 = \frac{SSR/(p-1)}{SSE/(n-p)} = \frac{MSR}{MSE}$$

은 자유도가 $(p-1)$과 $(n-p)$인 F 분포를 따르므로, 만약 $F_0 > F(\alpha; p-1, n-p)$이면 귀무가설을 유의수준 α 하에서 기각할 수 있다.

가설 $H_0 : \beta_1 = \beta_2 = \cdots = \beta_{p-1} = 0$이 성립하는 경우에는 모든 설명변수들과 반응변수가 서로 관련성이 없다는 것을 의미하며, 이 가설을 기각하는 경우에는 $(p-1)$

개의 설명변수들 중에서 적어도 하나는 반응변수에 통계적으로 유의한 영향을 준다고 해석할 수 있다. 이 경우 어느 설명변수가 유의한 지에 대해서는 다른 검정을 추가로 실시해야 하는데, 각 회귀계수 추정값에 대한 t 검정 또는 2개 이상의 회귀계수에 대한 F 검정(4장)이 사용된다.

예제 3.3

중고차 가격 자료('usedcars')에 대한 회귀분석에서

(1) 분산분석표를 작성하고 F 검정을 실시하여라.

(2) 잔차표준오차 s와 결정계수의 값을 구하여라.

(3) $PRESS$와 $R^2_{Prediction}$을 계산하여라.

풀이 (1) 분산분석표는 anova() 함수로 구해진다.

```
> usedcars.lm <- lm(price ~ year + mileage + cc + automatic, usedcars)
> anova(usedcars.lm)
Analysis of Variance Table

Response: price
          Df  Sum Sq Mean Sq  F value    Pr(>F)
year       1 2056608 2056608 201.2036 1.841e-13 ***
mileage    1  135864  135864  13.2919 0.0012228 **
cc         1   52409   52409   5.1273 0.0324794 *
automatic  1  175828  175828  17.2018 0.0003389 ***
Residuals 25  255538   10222
```

위의 출력물에서 SSE에 대한 정보는 'Residuals' 행에 주어져 있다. 자유도는 25이고, SSE의 값은 255538이다. 그리고 오른쪽에는 SSE를 자유도 25로 나눈 값인 MSE의 값이 10222로 주어진다. SSR에 대한 정보는 4개의 설명변수들에 의해 순차적으로 주어져 있다. 예를 들어, 첫 번째 설명변수 year 옆의 제곱합은 상수항만 있는 모형에 이 변수가 처음 추가될 때 설명되는 변동의 크기가 2056608임을 알려주고, 다음으로 year가 포함되어 있는 모형에 설명변수 mileage가 추가되면 설명되는 변동의 크기는 135864만큼 증가한다는 것을 알려준다. 4개의 설명변수가 모두 포함된 모형이 설명하는 변동의 크기인 SSR은 각 변수 옆의 제곱합을 모두 더하면 된다. 즉,

$$SSR = 2056608 + 135864 + 52409 + 175828 = 2420709$$

가 되며, 자유도는 4로 주어진다. 총제곱합은 자유도 29(= 25 + 4)를 가지며, $SST = SSR + SSE = 2676247$로 계산할 수 있다.

각 설명변수들 옆의 제곱합은 각각 1의 자유도를 가지므로 평균제곱도 같은 값으로 주어진다. 그리고, 각 평균제곱을 오차평균제곱 MSE 값인 10222로 나눈 값들이 F값으로 주어져 있다. 이 F값은 각 설명변수가 모형에 순차적으로 포함될 때의 유의성검정에 사용된다. p값이 모두 유의수준 0.05보다 작으므로 각 단계에서 설명변수들이 추가될 때 설명되는 변동의 크기가 유의하다는 것을 알 수 있다.(각 설명변수에 대한 제곱합과 이에 대한 검정은 4.1절에서 자세히 다시 설명된다.)

분산분석표에서 주어지는 회귀계수 전체가 0이라는 가설 $H_0 : \beta_1 = \beta_2 = \cdots = \beta_{p-1} = 0$에 대한 F 검정 결과는 `summary()` 함수 결과에 주어진다. 중간부분을 생략하고 출력 결과의 끝부분만 보면 다음과 같다.

```
> summary(usedcars.lm)
(...)

Residual standard error: 101.1 on 25 degrees of freedom
Multiple R-squared:  0.9045,    Adjusted R-squared:  0.8892
F-statistic: 59.21 on 4 and 25 DF,  p-value: 2.184e-12
```

위에서 F 검정통계량 값은 59.21로, 이는 자유도 1개당 비교하였을 때 회귀식에 의해 설명되는 변동이 설명되지 않는 변동의 약 59배가 된다는 의미이다. 이 값은 자유도 4와 25에 해당하는 F 분포표의 값과 비교하여 판단해야 하나, 분모의 자유도가 10이상인 경우 F 분포표의 값들은 보통 5보다 작으므로 59.21은 충분히 큰 값이라 할 수 있다. 유의수준 $\alpha = 0.05$에 해당하는 분위수의 정확한 값은 $F(\alpha; 4, 25) = 2.759$이다.

```
> qf(0.95, 4, 25)
[1] 2.75871
```

따라서 귀무가설 $H_0 : \beta_1 = \beta_2 = \beta_3 = \beta_4 = 0$을 기각할 수 있다. 또는 이 F비에 해당하는 p값을 사용할 수도 있다. 즉, '`p-value`'에 주어진 p값이 매우 작은 값이므로 낮은 유의수준을 사용하더라도 귀무가설을 기각할 수 있다. 결론적으로 주어진 설명변수들 중에는 중고차 가격의 차이를 설명하는데 유용한 변수들이 있다고 할 수 있다.

(2) 잔차표준오차 s와 결정계수 값도 위의 `summary()` 결과물에 주어져 있다. 출력물에서 '`Residual standard error`'에 표시된 101.1이 s의 값이며, 이는 MSE의 제곱근과 같으므로 $s = \sqrt{10222}$로 주어지는 값이다. 그리고 '`Mutiple R-squared`'에 표시된 0.9045가 결정계수 R^2의 값이다. 즉, 반응변수의 30개 관측값이 갖는 총변동의 90.45% 정도를 4개의 설명변수를 사용한 현재의 회귀식으로 설명할 수 있다는 것을 의미한다.

(3) $PRESS$의 경우에는 R에서 예측잔차의 계산을 위해 기본적으로 제공되는 함수가 없으므로, `regbook` 패키지의 `rpredict()`를 이용하여 다음과 같이 계산할 수 있다.

```
> sum(rpredict(usedcars.lm)^2)
[1] 358565.6
```

SSE의 값은 255538, $PRESS$ 값은 358566으로 큰 차이를 보이고 있다. 따라서 특이값이 존재할 가능성을 알려주고 있으며, $PRESS$를 이용한 예측도는

$$R^2_{Prediction} = 1 - 358566/2676247 = 0.866$$

으로 적합도보다는 상대적으로 낮은 값을 가진다. □

중회귀모형에서도 상수항이 0인, 즉, 원점을 지나는 다음과 같은 회귀모형을 생각할 수 있다.

$$Y_i = \beta_1 X_{i1} + \beta_2 X_{i2} + \cdots + \beta_{p-1} X_{i,p-1} + \varepsilon_i$$

위의 모형에 대한 제곱합들의 공식은 단순회귀에서와 동일하며 제곱합의 분할도 역시 성립한다. 즉, $SST = \sum_{i=1}^n Y_i^2$, $SSR = \sum_{i=1}^n \hat{Y}_i^2$, $SSE = \sum_{i=1}^n (Y_i - \hat{Y}_i)^2$ 으로 주어지며, 이들 사이에는

$$SST = SSR + SSE$$

의 관계식이 성립한다. 그리고 이를 이용한 분산분석표는 [표 3.3]에 주어져 있다.

[표 3.3] 원점을 지나는 중회귀모형에 대한 분산분석표

요인	제곱합	자유도	평균제곱	F비
회귀	SSR	$p-1$	$MSR = SSR/(p-1)$	$F_0 = \dfrac{MSR}{MSE}$
오차	SSE	$n-p+1$	$MSE = SSE/(n-p+1)$	
전체	SST	n		

3.3.2 제곱합의 이차형식과 분포

단순회귀분석에서 F비의 분포는 제곱합 SSR과 SSE가 갖는 확률분포에서 유도되었다 (2.4.2절 참고). 회귀분석에서 각 제곱합의 분포적 특성을 조사하기 위해서는 이들을 이차형식으로 나타내는 것이 편리하다. 각 제곱합은 Y_i들의 이차함수로 주어지며, 이들은 모두 벡터 $\boldsymbol{y} = (Y_1, Y_2, \cdots, Y_n)'$와 적당한 $n \times n$ 대칭행렬 $\boldsymbol{A}$에 대해 $\boldsymbol{y}'\boldsymbol{A}\boldsymbol{y}$의 형태로 나타낼 수 있는데, 이를 제곱합의 **이차형식**(quadratic form)이라 한다.

먼저 $n \times n$ 항등행렬을 $\boldsymbol{I}$, 모든 원소가 1인 $n \times n$ 행렬을 $\boldsymbol{J}$로 나타내면, 총제곱합 SST의 이차형식은

$$SST = \boldsymbol{y}'(\boldsymbol{I} - \frac{1}{n}\boldsymbol{J})\boldsymbol{y}$$

로 주어진다. 그리고 오차제곱합 SSE와 회귀제곱합 SSR의 이차형식은 각각

$$SSE = \boldsymbol{y}'(\boldsymbol{I} - \boldsymbol{H})\boldsymbol{y}$$
$$SSR = \boldsymbol{y}'(\boldsymbol{H} - \frac{1}{n}\boldsymbol{J})\boldsymbol{y}$$

로 주어진다. 위의 식에서 행렬 $\boldsymbol{H}$는 $n \times n$ 행렬 $\boldsymbol{X}(\boldsymbol{X}'\boldsymbol{X})^{-1}\boldsymbol{X}'$을 나타내는데, 이 행렬은 적합된 회귀식

$$\hat{\boldsymbol{y}} = \boldsymbol{X}\hat{\boldsymbol{\beta}} = \boldsymbol{X}(\boldsymbol{X}'\boldsymbol{X})^{-1}\boldsymbol{X}'\boldsymbol{y} = \boldsymbol{H}\boldsymbol{y}$$

에 나타나는 행렬로 **모자행렬**(hat matrix)이라 부른다.

각 이차형식에서 나타나는 세 가지 행렬 $\boldsymbol{I} - \frac{1}{n}\boldsymbol{J}$, $\boldsymbol{I} - \boldsymbol{H}$, $\boldsymbol{H} - \frac{1}{n}\boldsymbol{J}$의 가장 큰 특징은 모두가 **멱등행렬**(idempotent matrix)이라는 것이다. 멱등행렬은 임의의 행렬을 거듭제곱하였을 때 원래 행렬이 되는 것으로, 예를 들어,

$$\boldsymbol{H}\boldsymbol{H} = \boldsymbol{X}(\boldsymbol{X}'\boldsymbol{X})^{-1}\boldsymbol{X}'\boldsymbol{X}(\boldsymbol{X}'\boldsymbol{X})^{-1}\boldsymbol{X}' = \boldsymbol{X}(\boldsymbol{X}'\boldsymbol{X})^{-1}\boldsymbol{X}' = \boldsymbol{H}$$

가 되어 $\boldsymbol{H}$는 멱등행렬이 되며, 따라서

$$(\boldsymbol{I} - \boldsymbol{H})(\boldsymbol{I} - \boldsymbol{H}) = \boldsymbol{I} - \boldsymbol{H} - \boldsymbol{H} + \boldsymbol{H}\boldsymbol{H} = \boldsymbol{I} - \boldsymbol{H}$$

가 되어 $\boldsymbol{I}-\boldsymbol{H}$도 멱등행렬이 된다. 다른 두 행렬도 비슷한 방법으로 멱등행렬이 됨을 보일 수 있다. 그리고 멱등행렬의 중요한 성질 중의 하나는 행렬에서 선형독립인 행 또는 열들의 개수를 나타내는 계수(rank)가 대각원소의 합인 트레이스(trace)와 같다는 것이다. $\mathrm{tr}(\boldsymbol{I})=n$, $\mathrm{tr}(\boldsymbol{H})=p$, $\mathrm{tr}(\boldsymbol{J})=n$임을 이용하여 세 행렬의 트레이스를 각각 구해보면

$$\mathrm{tr}(\boldsymbol{I}-\frac{1}{n}\boldsymbol{J})=n-1,$$
$$\mathrm{tr}(\boldsymbol{I}-\boldsymbol{H})=n-p,$$
$$\mathrm{tr}(\boldsymbol{H}-\frac{1}{n}\boldsymbol{J})=p-1$$

과 같이 주어진다. 따라서 이 값들이 각 행렬의 계수가 되는데, 여기에서 알 수 있듯이 각 제곱합들이 갖는 자유도는 각각의 이차형식에서 주어지는 행렬의 계수와 같게 된다.

이차형식을 이용하면 제곱합들이 갖는 확률분포도 쉽게 구할 수 있다. 자세한 증명은 김&강(2010)을 참조하기 바라며, 여기에서는 요약된 결론만을 정리한다.

(1) SST/σ^2는 자유도가 $(n-1)$이고, 비중심모수가 $\lambda=\frac{1}{2\sigma^2}\delta(\boldsymbol{\beta})$인 비중심 카이제곱($\chi^2$)분포를 따른다. 여기에서 $\delta(\boldsymbol{\beta})$는 $\delta(\boldsymbol{\beta})=\boldsymbol{\beta}'\boldsymbol{X}'(\boldsymbol{I}-\frac{1}{n}\boldsymbol{J})\boldsymbol{X}\boldsymbol{\beta}$로 정의된다.
(2) SSE/σ^2는 자유도가 $(n-p)$인 중심 χ^2 분포를 따른다.
(3) SSR/σ^2은 자유도가 $(p-1)$이고, 비중심모수가 λ인 비중심 χ^2 분포를 따른다.

위에서 SST/σ^2와 SSR/σ^2은 비중심 χ^2 분포를 따르게 되는데, 만약 $\boldsymbol{\beta}=\boldsymbol{0}$ 이라면 비중심모수 λ가 0이 되므로 모두 중심 χ^2 분포를 따르게 된다.(중심 χ^2 분포는 기초통계학에서의 χ^2 분포와 동일하다.)

χ^2 분포의 성질을 이용하면 각 제곱합의 기댓값을 쉽게 구할 수 있다. 중심 χ^2 분포에서는 자유도가 평균이 되므로 SSE/σ^2의 기댓값은 $(n-p)$이다. 그러므로 SSE의 기댓값은 다음과 같이 주어지며

$$\mathrm{E}[\,SSE\,]=(n-p)\sigma^2$$

이를 이용하여 MSE 또는 s^2이 오차분산 σ^2의 비편향추정량임을 보일 수 있다. 즉,

$$\mathrm{E}[\,MSE\,]=\mathrm{E}[\,\frac{SSE}{n-p}\,]=\sigma^2$$

비슷한 방법으로 SST의 기댓값과 SSR의 기댓값은 각각

$$\begin{aligned} \mathrm{E}[\,SST\,] &= (n-1)\sigma^2 \,+\, \delta(\boldsymbol{\beta}) \\ \mathrm{E}[\,SSR\,] &= (p-1)\sigma^2 \,+\, \delta(\boldsymbol{\beta}) \end{aligned} \tag{3.14}$$

로 주어지며, 또한

$$\mathrm{E}[\,MSR\,] = \sigma^2 \,+\, \frac{1}{p-1}\delta(\boldsymbol{\beta}) \tag{3.15}$$

임을 알 수 있다. 독자들은 $p = 2$인 경우 위의 식에서 2장의 식(2.15)

$$\mathrm{E}[\,MSR\,] = \sigma^2 \,+\, \beta_1^2 SS_{XX}$$

를 확인해보기 바란다.

그러므로 만일 상수항을 제외한 모든 회귀계수들이 0인 경우에는 MSR의 기댓값은 MSE의 기댓값과 같아지고, 그렇지 않은 경우에는 항상 양의 값을 갖는 $\delta(\boldsymbol{\beta})/(p-1)$ 만큼 크게 된다. 역으로, 만일 MSR의 기댓값이 MSE의 기댓값보다 충분히 크다면 이것은 상수항을 제외한 모든 회귀계수들이 0인 경우가 아니라는 증거가 되는 것이다. 물론 실제 F 검정에서는 평균제곱들의 기댓값이 아닌 관측값들의 비를 사용하지만 비슷한 관계를 예상할 수 있다.

3.4 중회귀분석에서의 추론

단순회귀분석에서와 같이 중회귀분석에서도 관심의 대상이 되는 모수는 각 회귀계수 $\beta_0, \beta_1, \cdots, \beta_{p-1}$와 Y의 평균값이다. 이들 모수에 대한 추론은 오차항에 대한 정규성을 가정하여 점추정량의 확률분포를 구함으로써 가능하게 된다. 오차항 ε_i들이 서로 독립이고 모두 $N(0, \sigma^2)$의 분포를 가진다는 가정 하에서 반응변수벡터 $\boldsymbol{y}$는 평균벡터가 $\boldsymbol{X\beta}$이고, 분산-공분산행렬이 $\sigma^2 \boldsymbol{I}_n$인 n차원 정규분포를 갖는다. 즉,

$$\boldsymbol{y} \sim N(\boldsymbol{X\beta}, \sigma^2 \boldsymbol{I}_n)$$

3.4.1 회귀계수에 대한 추론

식(3.8)에서 최소제곱추정량 $\hat{\boldsymbol{\beta}}$은 $\boldsymbol{y}$의 선형함수로 주어지므로 역시 정규분포를 따른다. 그러므로 최소제곱추정량 $\hat{\boldsymbol{\beta}}$은 평균벡터가 $\boldsymbol{\beta}$이고 분산-공분산행렬이 $\sigma^2(\boldsymbol{X}'\boldsymbol{X})^{-1}$인 p 차원 정규분포를 가짐을 알 수 있다. 즉,

$$\hat{\boldsymbol{\beta}} \sim N(\boldsymbol{\beta}, \sigma^2(\boldsymbol{X}'\boldsymbol{X})^{-1})$$

그리고 다변량 정규분포에서 각 주변확률분포 역시 정규분포가 된다는 성질에 따라, 최소제곱추정량 $\hat{\boldsymbol{\beta}}$의 각 원소는 다음과 같은 정규분포를 따르게 된다.

$$\hat{\beta}_j \sim N(\beta_j, c_{j+1,j+1}\sigma^2), \quad j = 0, 1, 2, \cdots, p-1$$

위의 식에서 $c_{j+1,j+1}$는 $(\boldsymbol{X}'\boldsymbol{X})^{-1}$의 $(j+1)$번째 대각원소를 나타낸다.

모수 σ^2 대신에 추정량 s^2을 사용하면 중회귀분석에서도 t 분포를 이용하여 각 회귀계수에 대한 추론을 단순회귀분석에서와 같이 할 수 있다. 이를테면, 추정량 $\hat{\beta}_j$의 표준오차는

$$\text{SE}(\hat{\beta}_j) = \sqrt{c_{j+1,j+1}} \cdot s$$

로 주어지며 이를 이용한 $\hat{\beta}_j$의 t 통계량

$$t_j = \frac{\hat{\beta}_j - \beta_j}{\text{SE}(\hat{\beta}_j)}, \quad j = 0, 1, 2, \cdots, p-1$$

은 자유도 $(n-p)$인 t 분포를 따르게 된다. 여기서 자유도 $(n-p)$는 오차분산의 추정량 s^2이 가지는 자유도이다.

위의 사실들을 이용하면 회귀계수에 대한 신뢰구간을 구할 수 있다. 즉, 회귀계수 β_j에 대한 $100(1-\alpha)\%$ 신뢰구간은

$$\hat{\beta}_j - t(\tfrac{\alpha}{2}; n-p)\text{SE}(\hat{\beta}_j) < \beta_j < \hat{\beta}_j + t(\tfrac{\alpha}{2}; n-p)\text{SE}(\hat{\beta}_j) \tag{3.16}$$

으로 주어진다. 그리고 β_j의 임의의 값 $\beta_{j,0}$에 대한 가설 $H_0 : \beta_j = \beta_{j,0}$도 자유도 $(n-p)$

인 t 분포를 따르는 검정통계량

$$t_j = \frac{\hat{\beta}_j - \beta_{j,0}}{\mathrm{SE}(\hat{\beta}_j)}$$

을 이용하여 아래와 같은 t 검정을 할 수 있다.

귀무가설	검정통계량의 값	대립가설	H_0 기각역
$H_0 : \beta_j = \beta_{j,0}$	$t = \frac{\hat{\beta}_j - \beta_{j,0}}{\mathrm{SE}(\hat{\beta}_j)}$	$H_1 : \beta_j < \beta_{j,0}$	$t < -t(\alpha; n-p)$
		$H_1 : \beta_j > \beta_{j,0}$	$t > t(\alpha; n-p)$
		$H_1 : \beta_j \neq \beta_{j,0}$	$\lvert t \rvert > t(\frac{\alpha}{2}; n-p)$

예제 3.4

중고차 가격 자료(‘usedcars’)에 대한 회귀분석에서

(1) 각 회귀계수가 0이라는 가설에 대한 t 검정을 하여라.

(2) 각 회귀계수에 대한 95% 신뢰구간을 구하여라.

풀이 (1) 다음은 `lm()` 결과의 `summary()` 중에서 회귀계수 추정값들과 표준오차에 대한 부분이다.

```
> summary(usedcars.lm)
(...)
Coefficients:
               Estimate  Std. Error t value  Pr(>|t|)
(Intercept) 525.28696060 399.80436878  1.3139 0.2008228
year         -5.79963710   0.92834785 -6.2473 1.552e-06 ***
mileage      -0.00226284   0.00072112 -3.1380 0.0043244 **
cc            0.38878735   0.20218998  1.9229 0.0659577 .
automatic   165.31263252  39.85838712  4.1475 0.0003389 ***
```

예를 들어, 주행거리(`mileage`)의 계수 추정값은 $\hat{\beta}_2 = -0.0022628$이며, 표준오차는 $\mathrm{SE}(\hat{\beta}_2) = 0.00072112$로 주어져 있다. 오른쪽의 ‘t value’는 점추정값을 각각의 표준오차로 나눈 값으로 가설검정에 사용된다. 예를 들어, $H_0 : \beta_2 = 0$ 대 $H_1 : \beta_2 \neq 0$의 가설에 대한 검정통계량의 값은

$$t = \frac{-0.0022628 - 0}{0.00072112} = -3.138$$

로 주어진다. 유의수준 $\alpha = 0.05$로 검정할 때 이 값의 절댓값 3.138은 자유도 25인 t 분포표의 값 $t(0.025; 25) = 2.060$ 보다 크므로 귀무가설 $H_0 : \beta_2 = 0$을 기각하게 된다. 또는 검정통계량의 값 -3.138에 대한 p값('`Pr(>|t|)`')이 0.0043으로 유의수준 $\alpha = 0.05$ 보다 작으므로 역시 같은 결론을 얻는다.

같은 방법으로 각 회귀계수에 대한 검정을 하면, '연식', '변속기'의 회귀계수 추정값은 통계적으로 모두 유의하며, '배기량'의 경우는 유의하지 않으나 통계량의 값이 경계선 근처에 있어 어느 정도의 관계는 보이고 있다. 단순회귀에서 설명한 것처럼 상수항의 유의성은 관심의 대상이 아니므로 일반적으로 유의성 여부에 관계없이 모형에 포함시킨다.

(2) 신뢰구간은 추정량의 표준오차와 분포의 값을 사용하여 구해진다. 예를 들어, β_2에 대한 95% 신뢰구간은 표준오차 값 $\mathrm{SE}(\hat{\beta}_2) = 0.00072112$와 $t(0.025; 25) = 2.060$을 사용하면

$$\beta_2 = -0.0022628 \pm (2.060)(0.00072112) = -0.0022628 \pm 0.0014855$$

즉, $(-0.0037483,\ -0.0007773)$으로 주어진다. 이 신뢰구간은 0을 포함하지 않으므로 귀무가설 $H_0 : \beta_2 = 0$을 기각할 수 있다.

R에서 회귀계수에 대한 신뢰구간은 `confint()` 함수로 얻을 수 있다.

```
> confint(usedcars.lm)
                   2.5 %          97.5 %
(Intercept) -298.125550462 1348.6994716706
year          -7.711605292   -3.8876689097
mileage       -0.003748021   -0.0007776672
cc            -0.027630721    0.8052054128
automatic     83.222747602  247.4025174314
```

신뢰수준은 `level` 인자를 사용하여 바꿀 수 있으며, 지정하지 않으면 기본값인 95%를 사용한다.

□

여러 개의 귀무가설을 동시에 검정하는 것을 **다중검정**(multiple testing)이라 하는데, 일반적으로 개개의 회귀계수에 대한 t 검정을 동시에 수행하는 것은 가설검정의 개념에서 보면 정확하지 않을 수 있다. 이를테면, 유의수준 α의 검정을 한다는 것은 제1종 오류, 즉, 참인 귀무가설을 기각하는 오류가 발생할 확률이 α 보다 작다는 뜻이다. 그러나 위에서와 같이 유의수준 α 하에서 두 개 이상의 t 검정을 동시에 하게 되면, 전체 검정에서 참인

귀무가설 $H_0 : \beta_j = 0$을 적어도 하나 기각할 확률이 α 보다 클 수가 있다. 그러므로 두 개 이상의 회귀계수들에 대한 검정은 4장에서 소개될 F 검정을 사용하는 것이 바람직하다. 이에 반해 t 검정은 F 검정보다 절차가 간단하고 해석이 쉽다는 장점이 있으므로 대략적인 정보를 제공하는 사전분석으로 이해하면 된다. 다중검정에서 유의수준 문제를 해결하는 방법으로 Bonferroni 방법, Sidak 방법 등이 있고, 최근에는 위발견율(false discovery rate, FDR) 개념을 이용한 방법이 사용되고 있다(김&강, 2010).

앞의 예제에서 변수 '배기량'의 계수 추정값은 유의하지 않았다. 이 경우 '배기량'을 모형에서 제외하고 나머지 3개의 설명변수만 포함된 모형

$$Y_i = \beta_0 + \beta_1 X_{i1} + \beta_2 X_{i2} + \beta_4 X_{i4} + \varepsilon_i$$

를 적합시킬 수 있다.

```
> usedcars.lm2 <- lm(price ~ year + mileage + automatic, usedcars)
> summary(usedcars.lm2)
(...)

Coefficients:
               Estimate  Std. Error t value   Pr(>|t|)
(Intercept) 1284.864087   64.784387  19.833    < 2e-16 ***
year          -5.833990    0.975137  -5.983 0.00000257 ***
mileage       -0.002431    0.000752  -3.233   0.003323 **
automatic    171.486805   41.738909   4.109   0.000352 ***

Residual standard error: 106.2 on 26 degrees of freedom
Multiple R-squared:  0.8904,        Adjusted R-squared:  0.8777
F-statistic:  70.4 on 3 and 26 DF,  p-value: 0.000000000001307
```

[예제 3.4]의 결과와 비교하여 보면 설명변수가 1개 제외되어 결정계수의 값은 0.9045에서 0.8904로 당연히 작아지고, 회귀계수 추정값들도 변하게 되는데, 특히 상수항과 '변속기'의 계수 추정값이 크게 변하는 것을 알 수 있다. 일반적으로 중회귀분석에서는 모형에 포함되는 변수들에 따라 모든 통계량값들은 변하게 된다. 이것은 설명변수들의 관계가 분석에 영향을 주기 때문이다. 기존의 회귀모형에서 특정 설명변수가 제외될 때 이것이 다른 회귀계수 추정값에 어떠한 영향을 주게 되는지를 분석하는 것은 흥미로운 일이 될 수 있는데 이것은 4장에서 추가로 설명하기로 한다.

3.4.2 공동신뢰영역과 가설검정

두 개 이상의 모수에 대해 t 검정을 동시에 수행하는 경우 유의수준의 해석에 주의해야 한다는 앞 절의 설명은 신뢰구간의 경우에도 해당된다. 이를테면, 두 개 이상의 회귀계수에 대한 95% 신뢰구간을 구할 때 이 신뢰구간들에 대한 신뢰도가 각각 모두 95%가 된다고 해석하는 것은 옳지 않다. 실제로 이 신뢰도는 회귀계수들의 개수가 많아질수록 95% 보다 훨씬 작아질 수 있다. 이 절에서는 두 개 이상의 회귀계수들에 대해 정확하게 신뢰도 95%를 만족하는 영역을 구해보자.

정규분포 가정 하에서 확률벡터 $(\hat{\boldsymbol{\beta}} - \boldsymbol{\beta})$이 평균벡터가 $\mathbf{0}$이고, 분산-공분산행렬이 $\sigma^2(\boldsymbol{X}'\boldsymbol{X})^{-1}$인 다변량 정규분포를 따른다는 사실을 이용하면 다음과 같은 확률식이 성립한다.

$$\Pr\left[\,\frac{(\hat{\boldsymbol{\beta}} - \boldsymbol{\beta})'\boldsymbol{X}'\boldsymbol{X}(\hat{\boldsymbol{\beta}} - \boldsymbol{\beta})}{ps^2} \le F(\alpha; p, n-p)\,\right] = 1 - \alpha$$

즉, $(\hat{\boldsymbol{\beta}} - \boldsymbol{\beta})'\boldsymbol{X}'\boldsymbol{X}(\hat{\boldsymbol{\beta}} - \boldsymbol{\beta})$가 $ps^2F(\alpha; p, n-p)$보다 작을 확률이 $(1-\alpha)$가 된다. 그리고 이를 만족하는 영역인

$$(\boldsymbol{\beta} - \hat{\boldsymbol{\beta}})'\boldsymbol{X}'\boldsymbol{X}(\boldsymbol{\beta} - \hat{\boldsymbol{\beta}}) \;\le\; ps^2F(\alpha; p, n-p) \qquad (3.17)$$

을 $\boldsymbol{\beta}$에 대한 $100(1-\alpha)\%$ **공동신뢰영역**(joint confidence region)이라 한다. 공동신뢰영역은 중심이 $\hat{\boldsymbol{\beta}}$으로 주어지는 타원(3차원 이상인 경우에는 타원구)으로 주어진다. 이 신뢰영역의 해석은 신뢰구간의 해석과 동일하다. 즉, 크기 n의 표본들을 이를테면 100번 반복 추출하여 신뢰영역들을 100개 계산하면, 그 중에서 대략 $100(1-\alpha)$개의 영역은 $\boldsymbol{\beta}$의 참값을 포함하게 된다는 것이다.

단순선형회귀에서는 회귀계수 β_0와 β_1에 대한 공동신뢰영역을 구할 수 있다. 이 경우에는

$$\boldsymbol{\beta} = \begin{bmatrix} \beta_0 \\ \beta_1 \end{bmatrix}, \quad \hat{\boldsymbol{\beta}} = \begin{bmatrix} \hat{\beta}_0 \\ \hat{\beta}_1 \end{bmatrix}, \quad \boldsymbol{X}'\boldsymbol{X} = \begin{bmatrix} n & \sum_{i=1}^{n} X_i \\ \sum_{i=1}^{n} X_i & \sum_{i=1}^{n} X_i^2 \end{bmatrix}$$

이므로 (3.17)에 대입하면 다음과 같은 식으로 주어진다.

$$n(\beta_0 - \hat{\beta}_0)^2 + 2(\beta_0 - \hat{\beta}_0)(\beta_1 - \hat{\beta}_1)\sum_{i=1}^{n} X_i + (\beta_1 - \hat{\beta}_1)^2\sum_{i=1}^{n} X_i^2 \;\le\; 2s^2F(\alpha; 2, n-2)$$

예제 3.5

책의 가격에 대한 문제([연습문제 2.23], 자료 'bookprice')에서 β_0와 β_1에 대한 95% 공동신뢰영역을 구하고, 이를 각 계수에 대한 95% 신뢰구간과 함께 나타내어라.

풀이 회귀계수가 2개일 때 공동신뢰영역은 2차원 타원으로 표현할 수 있다. 타원은 ellipse 패키지를 이용하여 손쉽게 그릴 수 있다. 다음 명령으로 [그림 3.2]와 같은 그림을 얻을 수 있다.

```
library(ellipse)
fit <- lm(price ~ pages, bookprice)
plot(ellipse(fit), type="l")
abline(v=confint(fit)[1,], lty=3, col="cyan")
abline(h=confint(fit)[2,], lty=3, col="cyan")
points(coef(fit)[1], coef(fit)[2], pch=3)
```

[그림 3.2]에는 각 회귀계수에 대한 95% 신뢰구간도 같이 표시되어 있는데, 이들 신뢰구간에 의해 주어지는 사각형의 영역은 공동신뢰영역에 속하지 않는 점들을 많이 포함하고 있어 상당히 부정확하다고 볼 수 있다. □

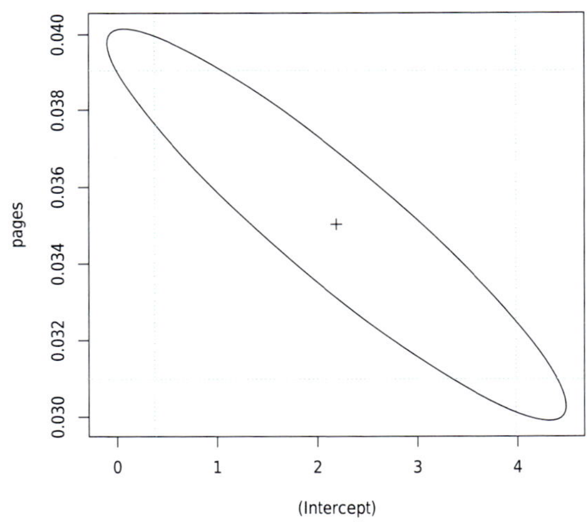

[그림 3.2] 책가격 예제에서의 두 회귀계수에 대한 공동신뢰영역(타원 내부)과 각 회귀계수에 대한 신뢰구간(점선). 그림에서 +기호는 점추정값을 나타낸다.

회귀계수가 3개 이상인 경우에는 공동신뢰영역이 3차원 이상이 되므로 영역의 구현이 어렵고, 영역의 경계에 대한 인지가 명확하지 않으므로 실질적으로 분석에 응용하는 것은 쉽지 않다. 한편 식(3.17)의 공동신뢰영역은 가설검정에 유용하게 사용될 수 있다. 가설 $H_0 : \boldsymbol{\beta} = \boldsymbol{\beta}_0$ 대 $H_1 : \boldsymbol{\beta} \neq \boldsymbol{\beta}_0$에 대한 검정에서 $\boldsymbol{\beta}_0$가 $100(1-\alpha)\%$ 공동신뢰영역에 포함되지 않으면, 유의수준 α 하에서 귀무가설을 기각할 수 있으므로 이 검정을 위한 기각역은 공동신뢰영역의 외부가 된다. 즉,

$$(\boldsymbol{\beta}_0 - \hat{\boldsymbol{\beta}})'\boldsymbol{X}'\boldsymbol{X}(\boldsymbol{\beta}_0 - \hat{\boldsymbol{\beta}}) \ > \ ps^2F(\alpha; p, n-p) \tag{3.18}$$

이면 유의수준 α 하에서 귀무가설 $H_0 : \boldsymbol{\beta} = \boldsymbol{\beta}_0$를 기각한다. 이 검정에서는 두 개 이상의 회귀계수에 대한 경우에도 제1종 오류의 확률은 α보다 작아진다.

예제 3.6

4개의 설명변수를 모두 사용하는 중고차 가격 예제에서 $\beta_0 = 525$, $\beta_1 = -5$, $\beta_2 = -0.0023$, $\beta_3 = 0$, $\beta_4 = 165$이라는 가설에 대한 검정을 하여라.

풀이 회귀계수 추정값 $\hat{\boldsymbol{\beta}} = (525.29, -5.7996, -0.0022628, 0.38879, 165.31)'$와 가설에서 주어진 값들을 식(3.18)의 왼쪽에 대입하면

$$(\boldsymbol{\beta}_0 - \hat{\boldsymbol{\beta}})'\boldsymbol{X}'\boldsymbol{X}(\boldsymbol{\beta}_0 - \hat{\boldsymbol{\beta}}) \ = \ 14685512$$

이며, $s^2 = 10221.21$와 $F(0.05; 5, 25) = 2.603$을 식(3.18)의 오른쪽에 대입하면

$$ps^2F(\alpha; p, n-p) = (5)(10221.21)(2.603) \ = \ 133029$$

를 얻는다. 가설에서 주어진 $\boldsymbol{\beta}$의 값들이 95% 공동신뢰영역 내에 있지 않으므로 주장된 가설을 기각할 수 있다.

3.4.3 반응변수의 평균에 대한 추론

단순회귀분석에서와 같이, 주어진 설명변수들 값에서의 반응변수 Y의 평균에 대한 추정과 새로운 Y값에 대한 예측은 중회귀분석에서도 중요한 문제가 된다. 설명변수들의 주어진 값들을 $\boldsymbol{x}_0 = (1, x_{01}, x_{02}, \cdots, x_{0,p-1})'$이라 나타내면, 이 점에서 반응변수 Y의 평균은 $\mu_{Y|\boldsymbol{x}_0} = \boldsymbol{x}_0'\boldsymbol{\beta}$로 주어진다. 이 평균에 대한 점추정량은 Y의 예측통계량

$$\hat{Y}(\boldsymbol{x}_0) = \boldsymbol{x}_0'\hat{\boldsymbol{\beta}}$$

으로 주어지며, 기댓값은

$$\mathrm{E}[\,\hat{Y}(\boldsymbol{x}_0)\,] = \mathrm{E}[\,\boldsymbol{x}_0'\hat{\boldsymbol{\beta}}\,] \;=\; \boldsymbol{x}_0'\boldsymbol{\beta}$$

이므로 $\hat{Y}(\boldsymbol{x}_0)$은 비편향성을 만족한다. 분산은 3.1.3절의 선형변환에 대한 분산-공분산 행렬의 공식을 사용하면

$$\mathrm{Var}(\boldsymbol{x}_0'\hat{\boldsymbol{\beta}}) = \boldsymbol{x}_0'\mathrm{Cov}(\hat{\boldsymbol{\beta}})\boldsymbol{x}_0 \;=\; \boldsymbol{x}_0'(\boldsymbol{X}'\boldsymbol{X})^{-1}\boldsymbol{x}_0\sigma^2$$

으로 주어지고, $\hat{\boldsymbol{\beta}}$의 정규성에 의하여 $\boldsymbol{x}_0'\hat{\boldsymbol{\beta}}$ 역시 정규분포를 따른다. 그러므로 σ^2 대신에 s^2을 사용하면 평균 $\mu_{Y|\boldsymbol{x}_0} = \boldsymbol{x}_0'\boldsymbol{\beta}$에 대한 $100(1-\alpha)\%$ 신뢰구간은

$$\boldsymbol{x}_0'\boldsymbol{\beta} \;=\; \boldsymbol{x}_0'\hat{\boldsymbol{\beta}} \;\pm\; t(\tfrac{\alpha}{2}; n-p)\cdot s\sqrt{\boldsymbol{x}_0'(\boldsymbol{X}'\boldsymbol{X})^{-1}\boldsymbol{x}_0} \qquad (3.19)$$

로 주어진다.

위의 Y의 평균에 대한 신뢰구간 공식은 회귀계수들의 임의의 선형함수

$$\boldsymbol{q}'\boldsymbol{\beta} \;=\; q_0\beta_0 \;+\; q_1\beta_1 \;+\; \cdots \;+\; q_{p-1}\beta_{p-1}$$

에 대한 신뢰구간을 구하는 것에도 사용될 수 있다. 식(3.19)에서 $\boldsymbol{x}_0$ 대신에 $\boldsymbol{q}$를 대입하면 $\boldsymbol{q}'\boldsymbol{\beta}$에 대한 $100(1-\alpha)\%$ 신뢰구간은 다음과 같이 구해진다.

$$\boldsymbol{q}'\boldsymbol{\beta} \;=\; \boldsymbol{q}'\hat{\boldsymbol{\beta}} \;\pm\; t(\tfrac{\alpha}{2}; n-p)\cdot s\sqrt{\boldsymbol{q}'(\boldsymbol{X}'\boldsymbol{X})^{-1}\boldsymbol{q}} \qquad (3.20)$$

예를 들어, 4개의 설명변수가 있는 회귀모형에서 $\beta_2 - \beta_3$에 대한 신뢰구간은 위의 식에 $\boldsymbol{q} = (0,0,1,-1,0)'$을, $\beta_1 + \beta_3 - 2\beta_4$에 대한 신뢰구간은 위의 식에 $\boldsymbol{q} = (0,1,0,1,-2)'$을 대입하여 구할 수 있다.

새로운 Y값에 대한 예측구간도 단순회귀에서와 같은 논리에 의하여 구할 수 있다. 즉, $\boldsymbol{x} = \boldsymbol{x}_0$에서 Y의 예측값 $Y(\boldsymbol{x}_0)$를 포함할 확률이 $(1-\alpha)$인 예측구간은 다음과 같다.

$$\boldsymbol{x}_0'\hat{\boldsymbol{\beta}} \ \pm \ t(\tfrac{\alpha}{2}; n-p) \cdot s\sqrt{1 + \boldsymbol{x}_0'(\boldsymbol{X}'\boldsymbol{X})^{-1}\boldsymbol{x}_0} \tag{3.21}$$

위에서 정의된 신뢰구간과 예측구간은 $\boldsymbol{x}_0'(\boldsymbol{X}'\boldsymbol{X})^{-1}\boldsymbol{x}_0$ 형태의 계산을 포함하므로 수작업으로 구하기는 쉽지가 않다. 따라서 통계패키지를 이용할 필요가 있는데, 설명변수들의 주어진 값 $\boldsymbol{x}_0$가 기존의 관측값에 포함되어 있는지 여부에 따라 구하는 방법이 달라진다. 아래 예제에서 이 문제를 다루어보자.

예제 3.7

중고차 가격 자료(‘usedcars’)에 대한 회귀분석 문제에서 Y의 평균에 대한 신뢰구간과 새로운 Y값에 대한 예측구간을 다음 2가지 경우에 대해 각각 구해보자.

(1) 연식=109개월, 주행거리=120,000km, 배기량=1800cc, 변속기=수동

(2) 연식= 60개월, 주행거리=100,000km, 배기량=2000cc, 변속기=자동

여기에서 (1)의 값들은 3번째 관측치에 해당되는 값이고, (2)의 값들은 새로운 값들이다.

풀이 R에서 lm 객체에 fitted() 함수를 적용하면 적합값을 얻을 수 있으나 신뢰구간을 구해주지는 않는다. 한편 predict() 함수는 인자를 추가로 설정하면 신뢰구간, 예측구간을 구하는 기능을 제공한다.

(1) 우선 회귀식을 추정하기 위해 사용한 데이터에 대한 신뢰구간은 다음과 같이 구할 수 있다.

```
> predict(usedcars.lm, interval = "confidence")
        fit        lwr       upr
1   713.0214  616.57359  809.4691
2  1167.3146 1099.83779 1234.7914
3   321.4025  239.16336  403.6416
4  1194.0114 1103.25828 1284.7646
(...)
```

예측구간은 다음과 같이 구할 수 있다.

```
> predict(usedcars.lm, interval = "prediction")
        fit       lwr       upr
1   713.0214 483.54629  942.4964
2  1167.3146 948.43162 1386.1976
3   321.4025  97.52772  545.2772
4  1194.0114 966.87102 1421.1519
(...)
```

문제에서 주어진 값들은 3번째 관측치에 해당되는 값이므로, 위의 결과들에서 각각 3번째 줄을 보면 Y의 평균에 대한 추정값은 321.4025, 95% 신뢰구간은 $(239.1634, 403.6416)$으로 주어진다. 새로운 Y값에 대한 95% 예측구간은 $(97.5277, 545.2772)$로 신뢰구간보다 훨씬 넓은 폭을 가진다. 95%가 아닌 신뢰수준은 `level` 인자를 사용하여 변경할 수 있다.

(2) 새로운 값을 이용해야 할 때에는 `newdata`라는 인자에 새로운 데이터를 지정해주어야 한다. 우선, 다음과 같이 새로운 데이터를 담고 있는 데이터프레임을 만들자.

```
> nw <- data.frame(year=60, mileage=100000, cc=2000, automatic=1)
> nw
  year mileage   cc automatic
1   60  100000 2000         1
```

이때 여러 행의 데이터가 있어도 된다. 이제 `predict()`에서 `newdata` 인자에 위에서 만든 데이터를 지정해주면 된다.

```
> predict(usedcars.lm, newdata = nw, interval = "confidence")
       fit      lwr      upr
1 893.9117 821.1568 966.6666
> predict(usedcars.lm, newdata = nw, interval = "prediction")
       fit      lwr      upr
1 893.9117 673.3444 1114.479
```

이 점에서 Y의 평균에 대한 추정값 893.9117과 95% 신뢰구간 $(821.1568, 966.6666)$을 구할 수 있다. 새로운 Y값에 대한 95% 예측구간은 $(673.3444, 1114.479)$로 주어진다.

평균의 추정값에 대한 표준오차를 따로 산출하고자 하는 경우에는 아래와 같이 `se.fit` 인자를 추가하면 된다.

```
predict(usedcars.lm, interval = "confidence", se.fit=TRUE)
```

□

3.4.4 잔차분석

중회귀모형에서의 오차항에 대한 가정들은 단순회귀에서 설명된 것들과 동일하다. 그러므로 잔차분석도 단순회귀에서와 같은 방법을 사용할 수 있다. 단지 중회귀분석에서는 추정회귀식이 두 개 이상의 설명변수들의 함수로 주어지므로 잔차 대 예측값의 산점도 외에, 잔차 대 설명변수 각각의 산점도를 개별적으로 조사할 필요가 있다.

잔차 e_i의 분산과 표준화잔차의 정의는 단순회귀에서 사용된 식(2.22)와 (2.23)으로 각각 주어진다. 중회귀에서 h_{ii}는 모자행렬 $\boldsymbol{H} = \boldsymbol{X}(\boldsymbol{X}'\boldsymbol{X})^{-1}\boldsymbol{X}'$의 i번째 대각원소로 정의된다.

예제 3.8

중고차 가격 자료(‘usedcars’)에 대한 회귀분석에서 적합된 회귀식에 대한 잔차분석을 실시하여라.

풀이 R에서 lm 객체에 plot()을 적용하면 회귀진단을 위한 [그림 3.3]과 같은 그래프들을 그려준다. 4개의 그림을 하나의 화면에 그리기 위해 다음과 같이 mfrow 그래픽 옵션을 이용하면 편리하다.

```
par(mfrow = c(2, 2))
plot(usedcars.lm)
```

[그림 3.3]의 상단 왼쪽에 있는 잔차 대 예측값의 산점도와 하단 왼쪽에 있는 표준화잔차의 절댓값의 제곱근 대 예측값의 산점도를 보면 특이한 경향이 나타나지 않으므로 등분산성이 만족된다고 할 수 있다.

상단 오른쪽에 있는 표준화잔차의 정규확률도를 보면 정규성은 어느 정도 만족된다고 할 수 있다. 그리고 표준화잔차의 값이 2보다 큰 한 개의 관측값(2번째 자료)은 특이값으로 판단된다.

[그림 3.4]는 표준화잔차 대 설명변수들의 산점도를 보여주고 있다. 특이한 경향이 없으므로 설명변수들의 제곱항 등을 추가할 필요는 없다고 판단된다. 표준화잔차 대 설명변수의 그림은 각각의 설명변수에 대해 다음과 같은 명령으로 그릴 수 있다.

```
res <- rstandard(usedcars.lm)
plot(res ~ year, usedcars, ylab="Standardized Residuals")
abline(h=0, lty=3)
```

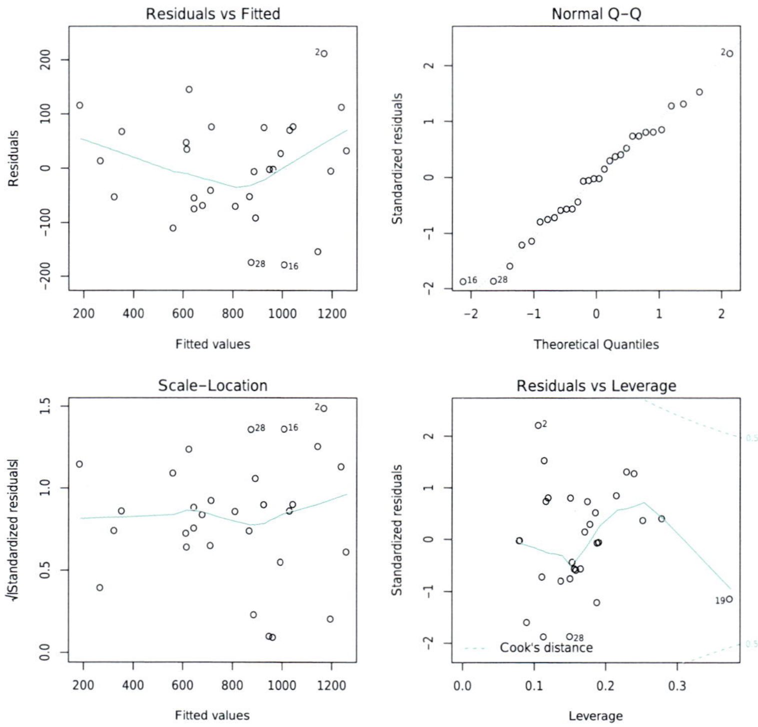

[그림 3.3] 잔차의 산점도들과 회귀진단을 위한 그래프

[그림 3.5]에 있는 관측값 대 예측값의 산점도는 다음 명령으로 그릴 수 있다.

```
plot(price ~ fitted(usedcars.lm), usedcars)
abline(a=0, b=1, lty=3)
```

그림을 보면 두 값들의 일치하는 정도가 높아 현재모형의 적합도가 높다고 볼 수 있다. 실제로 두 값들의 상관계수는 결정계수의 제곱근인 **중상관계수**(multiple correlation coefficient)로 주어지는데 이 문제에서는 $R = \sqrt{0.9045} = 0.951$이다.

[그림 3.6]에 있는 RF(Residual-Fit)그림은 자료가 갖는 총변동 중에서 적합된 회귀식이 설명하고 있는 변동이 잔차에 남아있는 변동보다 훨씬 크다는 것을 보여주고 있다.

```
rfs(usedcars.lm)
```

□

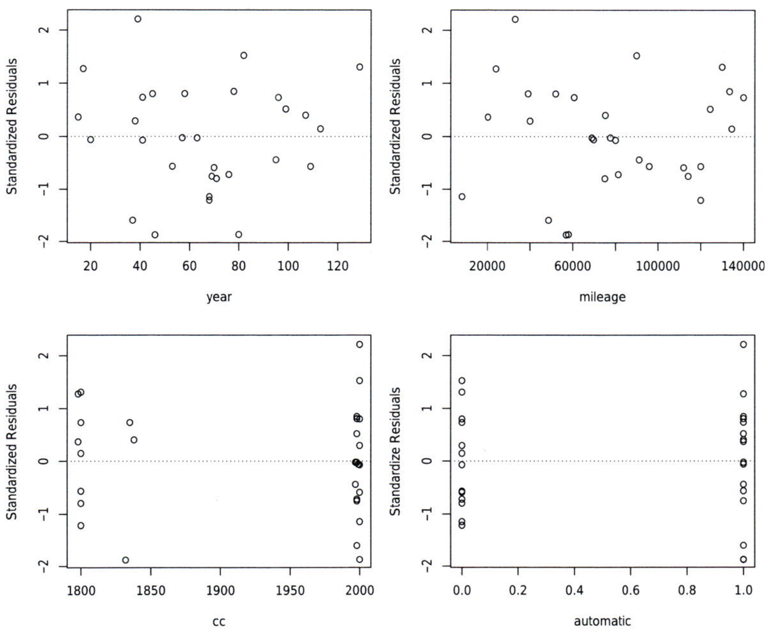

[그림 3.4] 표준화잔차 대 설명변수들의 산점도

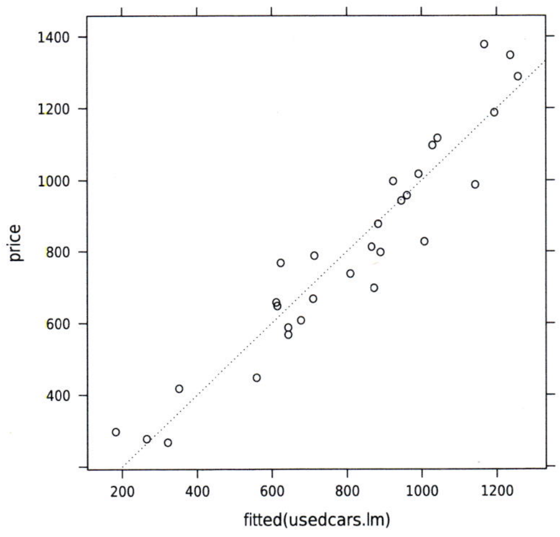

[그림 3.5] y_i 와 $\hat{y}_i$ 의 산점도

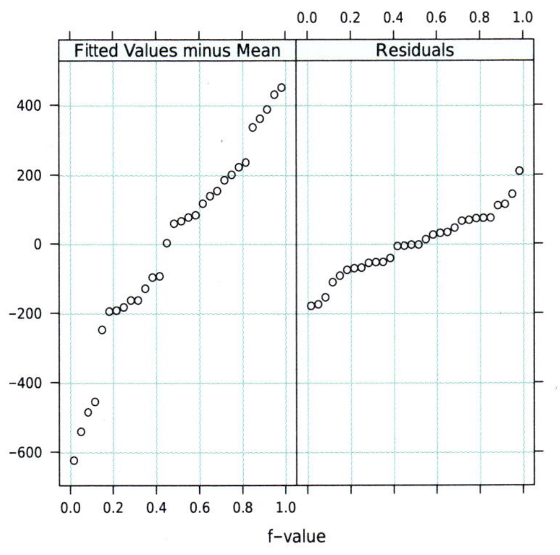

[그림 3.6] RF그림

연습문제

3.1 다음 회귀모형들에서 모형식들이 모수에 대하여 선형인지, 비선형인지 판정하여라.

(1) $Y = \beta_0 + \beta_1 X + \beta_2 X^2 + \varepsilon$

(2) $Y = \dfrac{\beta_0}{\beta_1 + \beta_2 X_1} + \varepsilon$

(3) $Y = e^{-(\beta_0 + \beta_1 X_1 + \beta_2 X_2)} + \varepsilon$

(4) $\log Y = \beta_0 + \beta_1 X_1 + \beta_2 X_2 + \varepsilon$

(5) $Y = \theta_1 - \theta_2 \theta_3^X + \varepsilon$

(6) $Y = \theta_1 + \dfrac{\theta_2}{X} + \varepsilon$

3.2 식(3.9)와 (3.10)을 식(3.8)에 대입하여 단순회귀에서의 기울기와 절편의 추정량 공식을 유도하여라.

3.3 본문에서 최소제곱추정량 $\hat{\boldsymbol{\beta}}$의 분산-공분산행렬은 $\mathrm{Cov}(\hat{\boldsymbol{\beta}}) = \sigma^2(\boldsymbol{X}'\boldsymbol{X})^{-1}$으로 주어졌다.

(1) 식(3.10)을 위의 식에 대입하여 단순회귀에서 $\hat{\beta}_0$과 $\hat{\beta}_1$의 분산공식 (2.9)와 (2.7)을 유도하여라.

(2) 또한 위의 유도과정에서 $\hat{\beta}_0$과 $\hat{\beta}_1$의 공분산은 $-\overline{X}\sigma^2/SS_{XX}$로 주어짐을 알 수 있다. 따라서 $\overline{X}$가 양수인 경우에는 $\hat{\beta}_0$과 $\hat{\beta}_1$은 항상 음의 상관관계를 가진다. 그 이유를 직관적으로 설명하여라.

3.4 회귀계수의 최소제곱추정량 $\hat{\boldsymbol{\beta}}$과 분산-공분산행렬 $\mathrm{Cov}(\hat{\boldsymbol{\beta}})$의 추정량을 R의 행렬 연산을 이용하여 직접 계산해 보아라. 데이터는 'usedcars'를 이용하자.

```
y <- usedcars$price
X <- model.matrix(price ~ ., usedcars)
n <- nrow(X)
p <- ncol(X)
```

회귀계수의 최소제곱추정량은 $\hat{\boldsymbol{\beta}} = (\boldsymbol{X}'\boldsymbol{X})^{-1}\boldsymbol{X}'\boldsymbol{y}$이므로 이를 R에서 계산하기 위한 식은 다음과 같다. lm() 결과에 coef()를 적용한 결과와 일치하는지 확인하여 보아라.

```
b <- solve(t(X) %*% X) %*% t(X) %*% y
```

다음으로 예측값벡터 $\hat{\boldsymbol{y}}$와 잔차벡터 $\hat{\boldsymbol{e}}$를 구하면 다음과 같다. fitted()와 resid()를 이용한 결과와 일치하는지 확인하여 보아라.

```
yhat <- X %*% b
e <- y - yhat
```

분산-공분산행렬 $\text{Cov}(\boldsymbol{\beta}) = \sigma^2(\boldsymbol{X}'\boldsymbol{X})^{-1}$의 추정값을 구하기 위해서 우선 σ^2의 추정값을 계산해야 한다. $s^2 = MSE$는 다음과 같이 계산할 수 있다.

```
mse <- sum(e^2) / (n-p)
```

분산-공분산행렬의 추정값은 다음과 같이 계산할 수 있다. vcov() 함수를 이용한 결과와 일치하는지 확인하여 보아라.

```
v <- mse * solve(t(X) %*% X)
```

3.5 결정계수 R^2에 대해 $SSE = SST(1 - R^2)$의 관계식이 성립함을 보여라.

3.6 본문의 중고차 가격 예제에서 설명변수 주행거리(mileage)의 회귀계수 추정값은 $-0\ 0022628$이었고 표준오차는 0.00072112로 계산되었다([예제 3.2] 참조).

(1) 주행거리의 회귀계수 추정값은 어떠한 단위를 갖는가?
(2) 주행거리의 단위를 km에서 1000km로 변경하면 회귀계수 추정값과 표준오차의 값은 어떻게 변하는가?
(3) 상수항의 추정값과 나머지 설명변수들의 회귀계수 추정값의 단위는 무엇인가?

3.7 다음은 어느 실험에서 얻은 반응변수 Y와 설명변수 X_1, X_2, X_3의 자료이다.

$$\boldsymbol{y} = \begin{bmatrix} 2 \\ 3 \\ 1 \\ 3 \\ 4 \\ 6 \\ 3 \\ 6 \end{bmatrix}, \quad \boldsymbol{X} = \begin{bmatrix} 1 & -1 & -1 & -1 \\ 1 & +1 & -1 & -1 \\ 1 & -1 & +1 & -1 \\ 1 & +1 & +1 & -1 \\ 1 & -1 & -1 & +1 \\ 1 & +1 & -1 & +1 \\ 1 & -1 & +1 & +1 \\ 1 & +1 & +1 & +1 \end{bmatrix}$$

행렬 $\boldsymbol{X}$의 첫 열은 상수항이다. 아래에서 모든 계산을 종이와 펜으로 하여라.

(1) 행렬 $\boldsymbol{X}'\boldsymbol{X}$를 계산하여 대각행렬이 됨을 확인하여라.

(2) 임의의 대각행렬 $\boldsymbol{A} = \{a_{ii}\}$의 역행렬 $\boldsymbol{A}^{-1}$는 i번째 대각원소가 $1/a_{ii}$로 주어지는 대각행렬이 된다. 이 사실과 최소제곱추정값을 구하는 공식 $\hat{\boldsymbol{\beta}} = (\boldsymbol{X}'\boldsymbol{X})^{-1}\boldsymbol{X}'\boldsymbol{y}$를 이용하여 회귀모형 $Y = \beta_0 + \beta_1 X_1 + \beta_2 X_2 + \beta_3 X_3 + \varepsilon$을 적합시킬 때 $\hat{\boldsymbol{\beta}}$의 값을 구하여라.

(3) 같은 방식으로 회귀모형 $Y = \beta_0 + \beta_1 X_1 + \beta_2 X_2 + \varepsilon$을 적합시킬 때 $\hat{\boldsymbol{\beta}}$의 값을 구하여라.

(4) 위의 두 모형에서 우리는 $\hat{\beta}_1$과 $\hat{\beta}_2$의 값들이 같게 주어짐을 알 수 있다. 이것은 본문의 3.4.1절에서 설명된 것과 다른 결과라 할 수 있다. 이 문제에서의 설명변수들은 어떠한 특성을 가지고 있는가?

3.8 자료 'expdata1'에는 변수 y, x1, x2가 순서대로 저장되어 있다.

(1) plot()을 이용하여 y를 수직축, x1을 수평축으로 하는 산점도를 작성하여라. 두 변수는 어떠한 관계를 가지고 있는가? 관측값들을 대표하는 직선의 식을 구한다면 예상되는 기울기의 부호는 양인가 음인가?

(2) y를 반응변수, x1을 설명변수로 하는 회귀직선을 적합하여라. 추정된 회귀식을 적고 (1)번에서의 결과를 확인하여라.

(3) y를 반응변수, x1과 x2를 설명변수로 하는 중회귀모형을 적합하여라. 추정된 회귀식을 적고, (2)번의 결과와 비교하여라. 어떠한 차이가 있는가?

(4) plot()을 이용하여 y를 수직축, x1을 수평축으로 하는 산점도를 다시 작성하여라. 단, 이번에는 산점도에 점 대신에 x2의 값으로 표시하여라. 작성한 산점도를 참조하여 (2)번과 (3)번에서 x1의 회귀계수 추정값의 부호가 반대로 주어지는 이유를 설명하여라.(힌트: x2의 값이 고정되면 y와 x1은 어떠한 관계를 가지는가?)

그래프에 문자를 추가할 때에는 text(x, y, labels)를 사용한다. 다음과 같이 점 대신 필요한 정보를 표시할 수 있다.

```
plot(y ~ x1, expdata1, type="n")
text(y ~ x1, expdata1, labels=x2)
```

여기에서 type="n" 옵션은 점을 표시하지 않는다는 의미이다. 점을 표시한 후에 옆에 추가적인 정보를 표시하고 싶다면 다음과 같이 사용한다.

```
plot(y ~ x1, expdata1)
text(y ~ x1, expdata1, labels=x2, pos=2)
```

여기서 pos 인자를 통해 텍스트를 표시할 위치를 점의 아래쪽(1), 왼쪽(2), 위쪽(3), 오른쪽(4)으로 지정할 수 있다.

(5) [예제 3.5]에서 설명된 함수 `ellipse()`를 사용하면 중회귀모형에서도 임의의 두 회귀계수들에 대한 공동신뢰영역을 그릴 수 있다. 예를 들어, 이 문제에서는 x1과 x2의 회귀계수는 모형에서 2번째, 3번째 계수이므로 다음과 같은 명령문으로 작성할 수 있다. 그림에서 주어지는 영역의 의미를 해석하여라.

```
fit <- lm(y ~ x1 + x2, expdata1)
library(ellipse)
plot(ellipse(fit, c(2,3)), type="l")
```

3.9 총제곱합 $SST = \sum_{i=1}^{n}(Y_i - \overline{Y}_i)^2$은 $\sum_{i=1}^{n} Y_i^2 - \frac{1}{n}(\sum_{i=1}^{n} Y_i)^2$으로 나타낼 수 있다.

(1) 모든 원소가 1인 n차원 벡터 $\mathbf{1} = (1, \cdots, 1)'$에 대해 다음이 성립함을 보여라.

$$\sum_{i=1}^{n} Y_i = \boldsymbol{y}'\mathbf{1} = \mathbf{1}'\boldsymbol{y}$$

(2) $\mathbf{1}\mathbf{1}' = \boldsymbol{J}$임을 이용하여 SST의 이차형식이 $\boldsymbol{y}'(\boldsymbol{I} - \frac{1}{n}\boldsymbol{J})\boldsymbol{y}$로 주어짐을 보여라.

(3) $\mathbf{1}'\mathbf{1} = n$임을 이용하여 행렬 $\boldsymbol{T} = \boldsymbol{I} - \frac{1}{n}\boldsymbol{J}$가 멱등행렬임을 보이고, $\boldsymbol{T}$의 대각원소들의 합(trace)을 구하여라.

⋆ ⋆ ⋆

3.10 R에 기본 자료로 포함되어 있는 자료 '`longley`'는 Longley(1967)에 의해 소개된 것으로, 컴퓨터를 이용하여 최소제곱추정량의 값을 계산하는 프로그램들의 정확도를 평가하기 위한 것이다. 이 자료에는 1개의 반응변수(`Employed`, y), 6개의 설명변수와 16개의 관측치가 있다. 예를 들어, 다음은 처음 3개의 관측값이다.

x1	x2	x3	x4	x5	x6	y
83.0	234289	2356	1590	107608	1947	60323
88.5	259426	2325	1456	108632	1948	61122
88.2	258054	3682	1616	109773	1949	60171

이 자료에 대해 6개의 설명변수를 모두 포함하는 회귀모형을 적합시킬 때 Longley의 논문에서 공인하는 통계량들의 값이 아래의 표에 주어져있다. R에서 위의 모형을 적합하여 계산되는 값들이 표의 값들과 얼마나 일치하는지를 확인하여라.(주의: R의 '`longley`' 자료는 각 변수의 소숫점 위치가 다르므로 단위를 먼저 조정하여 사용하여야 한다.)

모수	추정값	표준오차
B0	−3482258.63459582	890420.383607373
B1	15.0618722713733	84.9149257747669
B2	−0.0358191792925910	0.0334910077722432
B3	−2.02022980381683	0.488399681651699
B4	−1.03322686717359	0.214274163161675
B5	−0.0511041056535807	0.226073200069370
B6	1829.15146461355	455.478499142212

잔차표준오차	결정계수	
304.854073561965	0.995479004577296	
회귀제곱합	회귀평균제곱	F비
184172401.944494	30695400.3240823	330.285339234588
오차제곱합	오차평균제곱	
836424.055505915	92936.0061673238	

(참고) R에서는 출력결과를 기본적으로 7자리로 출력하도록 설정되어있다. 더 많은 자릿수를 확인하고 싶다면 digits 인자를 조절하면 된다. 최대 가능한 값은 22이다.

```
> options(digits=22)
>  1 / 3
[1] 0.3333333333333333148296
> options(digits=7)
> 1 / 3
[1] 0.3333333
```

3.11 2장의 [예제 2.1]에서 설명된 자료 'aflength'에는 발길이(foot), 앞팔길이(forearm), 성별(gender)의 값들이 있다.

(1) 자료에는 성별이 남자(M), 여자(F) 순서로 되어 있다. 그 순서는 levels()로 확인할 수 있다.

```
> aflength$gender
 [1] M M M M M M M M M M M M M M M M F F F F F F F F F F F F F F F F
Levels: M F
> levels(aflength$gender)
[1] "M" "F"
```

이때 R의 `lm()`에 성별을 설명변수로 주면 자동으로 남자는 '0', 여자는 '1'로 변환하여 회귀분석을 수행한다. 다음 중회귀모형을 적합하여라.

$$\texttt{foot} = \beta_0 + \beta_1\texttt{forearm} + \beta_2\texttt{gender} + \varepsilon$$

(2) 위의 모형에서 회귀계수 β_1, β_2의 의미를 설명하고, $\hat{\beta}_2$의 유의성을 조사하여라.

(3) 2장에서 분석된 앞팔길이만을 사용한 단순회귀모형에 비하여 설명력이 얼마나 높아졌는가?

(4) 성별만 설명변수로 하는 단순회귀를 적합하여 성별 간의 발길이의 차이를 조사하여라. 질문(2)의 결과와 상충되는 결론이 나오는 것을 어떻게 설명할 수 있는가?

(5) 자료를 `subset()` 함수를 이용하여 성별에 따라 둘로 나눈 후에 각각의 자료에 대해 개별적인 회귀분석을 하고 질문 (1)의 분석결과와 비교하여라.

(6) 질문(1)에서처럼 남녀자료를 합쳐서 분석하는 것이 질문(5)의 경우와 같이 남녀 각각의 자료에 대해 개별적으로 분석하는 것보다 좋은 방법이라 할 수 있다. 첫 번째 방법의 장점을 분석의 정확도(특히, 표준오차의 크기), 자유도의 크기, 남녀별 비교의 수월성 등의 측면에서 설명하여라.

3.12 광고비와 판매액 자료 '`adsale`'에는 판매액(sale, Y), 광고비(ad, X), 광고매체(media, Z)의 값들이 있다.

(1) 광고매체는 범주형 변수이다. '방송'이 첫번째 수준, '신문'이 두번째 수준으로 지정되어 있다. `lm()` 모형식에 넣으면 자동으로 '방송'이 '0', '신문'이 '1'로 처리된다. 다음 중회귀모형을 적합하여라.

$$Y = \beta_0 + \beta_1 X + \beta_2 Z + \varepsilon$$

(2) 위의 모형에서 회귀계수 β_1, β_2의 의미를 설명하고, $\hat{\beta}_2$의 유의성을 조사하여라.

(3) 광고비만을 사용한 단순회귀에 비하여 설명력이 얼마나 높아졌는가?

3.13 자료 '`suneung`'은 고등학교 3학년 학생 25명의 수학능력 시험점수(`suneung`, Y)와 4개 교과목의 학교성적(X_1 : 국어(`kor`), X_2 : 영어(`eng`), X_3 : 수학(`math`), X_4 : 과학(`sci`))을 조사한 것이다.

(1) 수능성적과 4개 교과목성적의 산점도행렬을 작성하고, 변수들 간의 관계를 설명하여라.

(2) 수능성적을 반응변수로, 4개 교과목성적을 설명변수로 하는 선형회귀모형을 적합하고 추정된 회귀식을 적어보아라.

(3) 분산분석표에 주어진 F비에 대한 검정을 실시하여라. 가설은 무엇인가?

(4) 결정계수 R^2와 $R^2_{Prediction}$의 값을 계산하고 설명하여라.

(5) 각 회귀계수 추정값의 단위는 무엇인가? 어느 교과목성적이 수능성적에 가장 큰 영향을 준다고 볼 수 있나?

(6) 국어성적 X_1의 회귀계수를 β_1이라 할 때 추정값 $\hat{\beta}_1 = 1.3315$의 의미를 설명하여라.

(7) $\text{Var}(\hat{\beta}_1)$의 추정값은 얼마인가? 그리고 β_1에 대한 95% 신뢰구간을 구하여라.

(8) 가설 $H_0 : \beta_1 = 0$과 $H_0 : \beta_2 = 0$에 대한 검정을 각각 실시하여라(β_2는 영어성적 X_2의 회귀계수이다).

(9) `lm` 객체에 `plot()`을 적용하여 나타나는 회귀진단을 위한 그래프들과 잔차 대 설명변수들의 산점도를 작성하고 설명하여라.

(10) 영어성적 X_2를 제외하고 회귀분석을 다시 하여라. 결정계수의 값은 얼마만큼 변하는가?

3.14 자료 'houseprice'는 주택 판매가격(price, Y ; 천만원)과 이에 영향을 줄 것으로 판단되는 4가지 설명변수인 세금(tax, X_1 ; 만원), 대지평수(ground, X_2 ; 평), 건물평수(floor, X_3 ; 평), 주택연령(year, X_4 ; 년)을 27가구에 대해 조사한 것이다.

(1) 5개 변수들에 대한 산점도행렬을 작성하고, 변수들 간의 관계를 설명하여라. 특히 판매가격과 세금의 산점도를 보면 특이값 3개가 나타난다. 이 값들의 특성을 설명해보아라.

(2) 주택 판매가격 Y를 반응변수로, 나머지 4개 변수를 설명변수로 하는 선형회귀모형을 적합하여라.

(3) 결정계수 R^2와 $R^2_{Prediction}$의 값은 얼마인가? 주택 판매가격에 유의한 영향을 주는 변수들은 무엇인가?

(4) 세금이 150만원, 대지평수가 50평, 건물평수가 30평, 주택연령이 3년인 주택의 평균판매가격에 대한 추정값과 신뢰구간을 구하여라.

(5) 회귀진단을 위한 그래프들과 잔차 대 설명변수들의 산점도를 그리고 설명하여라.

(3) 판매가격과 세금의 산점도에서 관측된 우측 상단의 특이값 2개를 제외하면 회귀 분석 결과에 영향을 줄 것으로 예상되는가?

3.15 자료 'carsale'는 26개 자동차 영업소에서 1년 동안의 자동차 판매실적을 나타낸 것으로 총판매액(sale, Y ; 억원), 광고비(ad, X_1 ; 백만원), 영업장 면적(area, X_2 ; m^2), 차량종류(car, X_3), 영업사원수(emp, X_4)의 값이 주어져 있다.

(1) 5개 변수들에 대한 산점도행렬을 작성하고, 변수들 간의 관계를 설명하여라. 특이값이 있는가?
(2) 총판매액 Y를 반응변수로, 나머지 4개 변수를 설명변수로 하는 선형회귀모형을 적합하고 해석하여라. 어느 설명변수가 반응변수와 유의한 관계를 가지는가?
(3) X_2의 회귀계수를 β_2라 하고 추정값을 $\hat{\beta}_2$이라 할 때, $\hat{\beta}_2$과 $\hat{\beta}_2$의 표준오차가 갖는 단위는 각각 무엇인가?
(4) 함수 ellipse()를 사용하여 설명변수들의 회귀계수들 중 2개씩의 조합들에 대한 2차원 공동신뢰영역들을 작성하고 해석하여라([예제 3.5]와 [연습문제 3.8] 참조). 신뢰영역이 원에 가까운 경우에 그 의미는 무엇인가?
(5) 회귀진단을 위한 그래프들과 잔차 대 설명변수들의 산점도를 그리고 설명하여라.

3.16 산림지역에서 나무를 벌목할 때 해당 지역의 목재량을 조사할 필요가 있다. 그러나 나무의 부피를 직접 측정하는 것은 어렵기 때문에 상대적으로 측정이 쉬운 나무의 지름과 높이를 이용하여 부피를 추정하는 방법을 생각할 수 있다. 자료 'tree'는 어느 지역에서 15그루의 나무를 표본으로 추출하여 부피(volume, m^3), 지름(diameter, cm), 높이(height, m)를 측정한 값들이다(지름은 지상에서 1.5m 지점에서 측정되었다).

(1) 부피, 지름, 높이에 대한 산점도행렬을 작성하고, 변수들 간의 관계를 설명하여라.
(2) 부피를 반응변수로, 지름과 높이를 설명변수로 하는 선형회귀모형을 적합하고 분석하여라.
(3) 위의 선형회귀모형에 대한 잔차분석을 실시하고, 가정들의 타당성을 논하여라. 특이값이 존재하는가?
(4) 나무가 원통에 가깝다고 가정할 경우 위의 선형모형식 외에 변수들 간의 가능한 관계식으로 어떠한 것을 생각할 수 있는가?

3.17 [연습문제 3.13]의 수능점수 예제(‘suneung’)를 다시 분석해보자.

(1) 수능성적을 반응변수로, 4개 교과목성적을 설명변수로 하는 모형을 적합하여라.

$$\texttt{suneung} = \beta_0 + \beta_1\texttt{kor} + \beta_2\texttt{eng} + \beta_3\texttt{math} + \beta_4\texttt{sci} + \varepsilon$$

(2) 국어, 영어, 수학, 과학 성적이 각각 90, 80, 70, 70인 학생들의 평균수능성적에 대한 95% 신뢰구간을 구하여라. 또한 위의 성적을 갖는 특정 학생의 수능성적에 대한 95% 예측구간도 구하여라.

(3) 추정회귀계수값들을 보면 β_3와 β_4 간에 대략 $\beta_3 = 2.5\beta_4$의 관계가 있음을 알 수 있다. 이 사실에 대한 구체적인 검정을 $\hat{\beta}_3 - 2.5\hat{\beta}_4$에 대한 t 통계량값을 구하여 실시하여라. 필요한 표준오차는 함수 vcov()를 이용하여 회귀계수 추정량 $\hat{\boldsymbol{\beta}}$들에 대한 분산-공분산행렬을 추출하여 계산할 수 있다.

(4) 위의 모형 적합에서 lm 객체가 fit1에 저장되었다고 가정할 때, 회귀계수 추정량 $\hat{\boldsymbol{\beta}}$들에 대한 상관계수행렬을 다음과 같이 계산하고 해석하여라.

```
cov2cor(vcov(fit1))
```

(5) [예제 3.6]을 참고하여 공동신뢰영역을 이용한 가설 $\beta_0 = -373$, $\beta_1 = 1$, $\beta_2 = 0$, $\beta_3 = 6$, $\beta_4 = 2$에 대한 검정을 실시하여라.

3.18 자료 ‘KBO1’는 2011년 1군 경기에서 1경기 이상 뛴 타자 162명의 선수들을 대상으로 조사한 것이다. 저장된 변수는 순서대로 연봉(단위 : 천만원), 안타수, 홈런수, 타점수, 득점수, 볼넷수, 통산안타수, 통산경력, 구단명, 선수명이다(데이터 출처 : 한국야구위원회, www.koreabaseball.com).

(1) 연봉을 log10()을 이용하여 상용로그변환을 하고, 다른 변수들과 함께 산점도행렬을 작성하여라. 어느 설명변수들이 연봉과 밀접한 관계를 가지는가? 특이값들이 있는가?

(2) 상용로그변환된 연봉을 반응변수로, 다른 변수들을 설명변수로 하는 중회귀모형을 적합하여라. 어느 변수들이 유의한 관계를 가지는가?

(3) 잔차분석을 실시하고, 가정들의 타당성을 논하여라.

4 회귀모형의 진단과 수정

설정된 회귀모형을 적합시키는 것으로 회귀분석이 끝나는 것은 아니다. 현재 설정된 회귀모형이 타당한 것인지를 여러 측면에서 검토할 필요가 있다. 우선 모형과 변수들에 대해서는 현재모형이 반응변수와 설명변수들의 관계를 제대로 반영하는지를 조사해야 하며, 현재모형에 포함된 설명변수들에 대해서도 어느 변수가 중요한지 또는 불필요한 변수들이 없는지 등을 구체적으로 살펴볼 필요가 있다. 다음으로 자료에 대해서는 잔차분석을 통하여 오차항의 등분산성, 독립성, 정규성 등이 조사되어야 하고, 특이값인 관측치가 없는지 또는 회귀분석에 특별히 영향을 주는 관측치가 없는지 등을 확인하는 과정이 필요하다. 이러한 일련의 과정을 **모형검토**(model checking) 또는 **회귀진단**(regression diagnostics)이라 부른다. 이 장에서는 모형과 변수들에 대한 검토가 다루어지고, 자료에 대한 진단 및 검토 방법은 5장에서 자세히 소개된다.

4.1 부분 F 검정

3장에서 두 개 이상의 회귀계수들에 대한 개별적인 t 검정을 동시에 하는 것은 가설검정의 개념에서 보면 정확하지 않을 수 있다는 것을 설명하였다. 이에 대한 대안으로 개개의 계수에 대한 검정 대신에 두 개의 가능한 모형을 비교하는 방법을 사용할 수 있다. 이 경우 F 분포를 이용한 검정을 하게 되는데 다중검정에서의 유의수준 문제가 발생하지 않게 된다. 이 절에서는 분산분석표의 F 검정에서 모든 회귀계수들이 0이라는 귀무가설을 기각하는 경우에 사후분석으로 회귀계수들의 일부가 0이라는 가설을 검정하는 방법인 부분 F 검정에 대해 알아본다.

설명변수가 $(p-1)$개 있는 회귀모형

$$Y = \beta_0 + \beta_1 X_1 + \beta_2 X_2 + \cdots + \beta_{p-1} X_{p-1} + \varepsilon \tag{4.1}$$

에 대한 분산분석표의 F 검정에서 귀무가설 $H_0 : \beta_1 = \beta_2 = \cdots = \beta_{p-1} = 0$을 기각하는 경우, 이것이 모든 β_j가 0이 아니라는 것을 의미하지는 않는다. 여전히 β_j들 중의 일부는 0이 되어 해당 설명변수는 반응변수와 선형관계가 없음을 나타낼 수 있다. 이 경우 회귀계수 β_j에 대한 개별적인 t 검정을 하여 유의성을 판단할 수도 있지만, 앞에서 언급한 것처럼 두 개 이상의 t 검정을 동시에 하는 것은 정확하지 않을 수 있다. 이제 β_j들 중의 일부가 0이라는 가설에 대한 다른 검정방법을 알아보자. 구체적으로 다음과 같은 가설을 생각할 수 있다.

$$H_0 : \beta_r = \beta_{r+1} = \cdots = \beta_{p-1} = 0 \tag{4.2}$$

즉, $(p-r)$개의 설명변수 $X_r, X_{r+1}, \cdots, X_{p-1}$는 반응변수와 선형관계가 없다는 가설이다. 물론 유의성이 의심되는 설명변수의 위치는 일정하지 않지만, 이들을 회귀모형식에서 전부 뒤쪽으로 옮기면 일반성을 잃지 않고 위의 가설 형태를 생각할 수 있다.

이제 회귀분석에서 나타나는 세 가지 제곱합들의 의미를 다시 복습하여 보자. 이 제곱합들은 관계식 $SST = SSE + SSR$을 만족하고, 여기에서 총제곱합 SST는 Y_i들의 관측값이 주어지면 회귀모형에 사용된 설명변수에 관계없이 항상 일정한 값을 가진다. 그러므로 회귀모형이 달라지면 오차제곱합 SSE와 회귀제곱합 SSR의 값이 서로 반대로 증가하거나 감소하게 된다. 이를테면, 회귀모형에 설명변수들을 추가시켜 나가면 SSR의 값은 커지고, 상대적으로 SSE의 값은 작아진다. 또는 반응변수의 변동을 많이 설명해주는 설명변수를 모형에 포함시키면 SSE의 값은 크게 감소할 것이고, 기존의 모형에서 제거하면 SSE의 값은 크게 증가할 것이다. 만약 귀무가설 (4.2)가 옳다면 해당 설명변수 $X_r, X_{r+1}, \cdots, X_{p-1}$들은 반응변수와 선형관계가 없다는 것을 의미하므로, 현재 $(p-1)$개의 설명변수들이 포함된 모형에서 이들을 제거한다 하더라도 회귀모형에 의하여 설명되는 변동의 크기는 변하지 않아 SSE의 크기는 많이 변하지 않는다. 역으로 이들 설명변수를 회귀모형에서 제거하였을 때, SSE의 크기가 많이 변하지 않으면 귀무가설이 옳은 것이고, SSE가 많이 증가하면 귀무가설이 옳지 않다고 할 수 있다. 그러므로 SSE 또는 SSR의 값의 변화정도는 위의 가설에 대한 검정에서 중요한 역할을 한다.

이를 구체적으로 나타내기 위하여 다음의 몇 가지 용어를 정의하자. 먼저 모든 설명변수들이 포함된 모형 (4.1)을 **완전모형**(full model)이라 부른다. 이 완전모형 하에서의 오차제곱합과 회귀제곱합을 각각 $SSE(F)$와 $SSR(F)$라 나타내면 이들은 다음의 관계식을 갖는다.

$$SST = SSE(F) + SSR(F)$$

그리고 귀무가설 $H_0 : \beta_r = \beta_{r+1} = \cdots = \beta_{p-1} = 0$ 하에서 성립하는 모형

$$Y = \beta_0 + \beta_1 X_1 + \beta_2 X_2 + \cdots + \beta_{r-1} X_{r-1} + \varepsilon$$

을 **축소모형**(reduced model) 또는 완전모형의 **내포모형**(nested model)이라 한다. 축소모형 하에서의 오차제곱합과 회귀제곱합을 각각 $SSE(R)$과 $SSR(R)$이라 나타내면 이들 역시 다음의 관계식을 갖는다.

$$SST = SSE(R) + SSR(R)$$

SST의 값은 항상 일정하므로 구분할 필요는 없다. 가설검정을 하기 위해서는 위에서 설명한 것처럼 항상 양수값을 갖는 SSE의 변화량

$$SSE(R) - SSE(F) \tag{4.3}$$

의 크기를 조사하면 된다.(SSR의 변화량을 조사하여도 되지만, SSR의 경우 상수항이 없는 모형에서는 계산공식이 달라짐을 유의해야 한다.)

각 모형에 사용된 설명변수들을 명확하게 나타내기 위하여 제곱합 기호에 해당 모형의 회귀계수벡터를 사용하기도 한다. 먼저 축소모형에 포함된 회귀계수들의 벡터를 $\boldsymbol{\beta}_1$, 귀무가설에 주어진 회귀계수들의 벡터를 $\boldsymbol{\beta}_2$라 하면, 완전모형의 회귀계수벡터는

$$\boldsymbol{\beta} = \begin{bmatrix} \boldsymbol{\beta}_1 \\ \boldsymbol{\beta}_2 \end{bmatrix}$$

로 주어진다. 이 경우 $SSE(F)$를 $SSE(\boldsymbol{\beta})$ 또는 $SSE(\boldsymbol{\beta}_1, \boldsymbol{\beta}_2)$, $SSE(R)$를 $SSE(\boldsymbol{\beta}_1)$으로 표시하기도 한다. 주어진 가설은 $H_0 : \boldsymbol{\beta}_2 = \mathbf{0}$이라 나타낼 수 있다.

식(4.3)에 주어진 두 제곱합의 차이를 **$\boldsymbol{\beta}_1$에 대해 수정된 $\boldsymbol{\beta}_2$의 추가제곱합**(extra sum of squares due to $\boldsymbol{\beta}_2$ adjusted for $\boldsymbol{\beta}_1$)이라 정의하고, $R(\boldsymbol{\beta}_2|\boldsymbol{\beta}_1)$이라 나타낸다.

$$\begin{aligned} R(\boldsymbol{\beta}_2|\boldsymbol{\beta}_1) &= SSR(\boldsymbol{\beta}_1, \boldsymbol{\beta}_2) - SSR(\boldsymbol{\beta}_1) \\ &= SSE(\boldsymbol{\beta}_1) - SSE(\boldsymbol{\beta}_1, \boldsymbol{\beta}_2) \end{aligned}$$

추가제곱합 $R(\boldsymbol{\beta}_2|\boldsymbol{\beta}_1)$은 두 제곱합들의 자유도의 차이인 $(p-r)$의 자유도를 갖는다. 이 자유도는 두 모형에 있는 모수 개수의 차이와 일치한다. 그리고 추가제곱합의 상대적인 크기를 나타내는 검정통계량

$$\begin{aligned} F_0 &= \frac{R(\boldsymbol{\beta}_2|\boldsymbol{\beta}_1)/(p-r)}{SSE(F)/(n-p)} \\ &= \frac{(SSE(R) - SSE(F))/(\mathrm{df}_R - \mathrm{df}_F)}{SSE(F)/\mathrm{df}_F} \end{aligned} \tag{4.4}$$

은 귀무가설 $H_0 : \boldsymbol{\beta}_2 = \mathbf{0}$ 하에서 자유도 $(p-r)$과 $(n-p)$인 F 분포를 따르게 된다. 위의 식에서 df_R과 df_F는 각각 축소모형과 완전모형에서의 오차제곱합의 자유도를 나타낸다.($\mathrm{df}_R - \mathrm{df}_F = (n-r) - (n-p) = (p-r)$임을 확인하라.) 추가제곱합 $R(\boldsymbol{\beta}_2|\boldsymbol{\beta}_1)$은 완전모형에서 $\boldsymbol{\beta}_2$를 제거하였을 때 발생하는 제곱합의 차이를 나타내므로, 만약 $R(\boldsymbol{\beta}_2|\boldsymbol{\beta}_1)$의 값이 크면 가설 $H_0 : \boldsymbol{\beta}_2 = \mathbf{0}$가 옳지 않다는 것을 의미한다. 따라서 위의 검정통계량값 F_0가 표에서 구한 값 $F(\alpha; p-r, n-p)$ 보다 크면 귀무가설을 기각할 수 있다. 이 검정을 **부분 F 검정**(partial F test)이라 한다.

예제 4.1

4개의 설명변수 X_1, X_2, X_3, X_4가 포함된 회귀모형을 적합하여 다음의 결과와 [표 4.1]의 분산분석표를 얻었다.(괄호 안의 값은 각 회귀계수 추정값의 표준오차이다.)

$$\begin{array}{lcccccccc} \hat{Y} = 21.1 & + & 3.72X_1 & + & 3.29X_2 & + & 12.71X_3 & + & 5.48X_4 \\ (4.42) & & (2.19) & & (1.17) & & (7.43) & & (2.02) \end{array}$$

분산분석표의 F 검정에서 F비는 11.04로 '모든 회귀계수가 0이다'라는 가설은 기각되지

[표 4.1] 완전모형의 분산분석표

요인	제곱합	자유도	평균제곱	F비
회귀	945.1	4	236.3	11.04
오차	427.2	20	21.4	
전체	1372.3	24		

[표 4.2] 축소모형의 분산분석표

요인	제곱합	자유도	평균제곱
회귀	743.1	2	371.6
오차	629.2	22	28.6
전체	1372.3	24	

만, 각 회귀계수 추정값으로 판단하면 X_1과 X_3의 계수가 0일 가능성이 있다(추정값이 표준오차의 2배보다 작다). 이때 가설 $H_0 : \beta_1 = \beta_3 = 0$에 대한 부분 F 검정을 실시하여라. 이 문제에서 필요한 축소모형에 대한 분산분석표는 [표 4.2]에 주어져 있다.

풀이 축소모형은 $Y = \beta_0 + \beta_2 X_2 + \beta_4 X_4 + \varepsilon$ 으로 주어진다. 부분 F 검정을 위해서는 추가제곱합만 필요하므로 [표 4.1]과 [표 4.2]에 주어진 정보를 이용하여 수행할 수 있다. 두 분산분석표에서 추가제곱합은

$$SSE(R) - SSE(F) = 629.2 - 427.2 = 202.0$$

으로 주어지고, 식(4.4)에서 분모는 완전모형의 MSE로 주어지므로 검정통계량의 값은

$$F_0 = \frac{202.0/(22-20)}{21.4} = 4.72$$

로 얻어진다. 이 값은 $F(0.05; 2, 20) = 3.49$ 보다 크므로 'β_1과 β_3가 동시에 0이다'라는 가설은 기각된다. 자료가 주어진 경우에는 R에서 `anova()` 함수를 이용하여 간단하게 부분 F 검정을 수행할 수 있는데, 뒷부분의 예제들에서 설명된다. □

위의 부분 F 검정은 임의의 β_j에 대한 가설 $H_0 : \beta_j = 0$의 검정에도 사용할 수 있다. 이 경우 추가제곱합은

$$\begin{aligned} &R(\beta_j \mid \beta_0, \beta_1, \cdots, \beta_{j-1}, \beta_{j+1}, \cdots, \beta_{p-1}) \\ &\quad = SSR(\boldsymbol{\beta}) - SSR(\beta_0, \beta_1, \cdots, \beta_{j-1}, \beta_{j+1}, \cdots, \beta_{p-1}) \\ &\quad = SSE(\beta_0, \beta_1, \cdots, \beta_{j-1}, \beta_{j+1}, \cdots, \beta_{p-1}) - SSE(\boldsymbol{\beta}) \end{aligned} \tag{4.5}$$

으로 주어지는데, 그러나 이것은 3.4.1절에서 설명된 가설 $H_0 : \beta_j = 0$에 대한 t 검정과 동일하다. 실제로 추가제곱합 (4.5)를 사용한 F 검정통계량은 t 검정통계량의 제곱과 같음을 보일 수 있다. 이러한 이유로 중회귀분석에서의 각 회귀계수에 대한 t 검정을 **부분 t 검정**(partial t test)이라 부르기도 한다.

추가제곱합 (4.5)는 완전모형에서 설명변수 X_j가 제외될 때 발생하는 제곱합의 차이로 해석할 수 있으며, 이를 X_j의 **편제곱합**(partial sum of squares)이라 부른다. 이와는 다르게 설명변수들을 순차적(sequential)으로 모형에 포함시켜 나가면서 제곱합의 변화를 볼 수 있는데, 이 경우에는 다음과 같이 완전모형에서의 회귀제곱합을 회귀계수 각각에 대한 추가제곱합들의 합으로 나타낼 수 있다. 즉,

$$\begin{aligned} SSR(F) = R(\beta_1 \mid \beta_0) + R(\beta_2 \mid \beta_0, \beta_1) + R(\beta_3 \mid \beta_0, \beta_1, \beta_2) \\ + \cdots + R(\beta_{p-1} \mid \beta_0, \beta_1, \cdots, \beta_{p-2}) \end{aligned} \tag{4.6}$$

위의 각 추가제곱합은 회귀모형에 설명변수들을 하나씩 추가시켜 나갈 때 증가하는 회귀제곱합의 크기를 나타내며, 이들 제곱합을 X_j의 **순차제곱합**(sequential sum of squares)이라 한다. 순차제곱합들은 서로 독립이고, 각각 1의 자유도를 갖는다.

참고로 편제곱합은 모형에 설명변수들이 포함되는 순서에 상관없이 일정한 값을 가지지만, 순차제곱합은 순서에 따라 값이 달라진다. 순차제곱합은 설명변수의 개수가 많은 경우 모형선택에 유용하게 사용될 수 있다. 이를테면, 반응변수에 대한 설명력이 높은 순서대로 설명변수들을 하나씩 모형에 포함시켜 나가면서 매 단계에서 부분 F 검정을 실시하여, 추가제곱합의 증가량이 통계적으로 유의할 때까지만 포함시켜 적절한 회귀모형을 구할 수 있다.

R에서 순차제곱합과 편제곱합은 각각 `lm` 객체에 `anova()` 함수와 `drop1()` 함수를 적용하여 구할 수 있다.

예제 4.2

3장에서 소개된 중고차 가격 자료 'usedcars'에 대해 다음 문제들을 분석하여라.

(1) 설명변수 4개를 모두 포함하는 회귀모형에 대한 분석에서 회귀제곱합 SSR을 각 회귀계수에 대한 추가제곱합으로 분해하여라.

(2) 설명변수 4개를 모두 포함하는 회귀모형에 대한 분석에서 배기량(cc)의 회귀계수 β_3의 추정값이 유의하지 않을 가능성이 있었다. 가설 $H_0 : \beta_3 = 0$에 대한 검정을 부분 F 검정으로 수행하여라.

풀이 (1) 우선 모형을 적합하여 lm 객체를 만들어보자.

```
> fit <- lm(price ~ year + mileage + cc + automatic, usedcars)
```

두 가지 종류의 추가제곱합 중 순차제곱합은 위에서 만든 lm 객체에 anova() 함수를 적용하여 얻을 수 있다. 순차제곱합의 경우 설명변수가 모형에 포함되는 순서대로(사용자가 입력한 순서대로) SSR이 증가하는 정도를 나타낸다.

```
> anova(fit)
Analysis of Variance Table

Response: price
          Df  Sum Sq Mean Sq  F value    Pr(>F)
year       1 2056608 2056608 201.2036 1.841e-13 ***
mileage    1  135864  135864  13.2919 0.0012228 **
cc         1   52409   52409   5.1273 0.0324794 *
automatic  1  175828  175828  17.2018 0.0003389 ***
Residuals 25  255538   10222
---
Signif. codes:  0 '***' 0.001 '**' 0.01 '*' 0.05 '.' 0.1 ' ' 1
```

순차제곱합의 경우

$$\begin{aligned} SSR(F) &= R(\beta_1|\beta_0) + R(\beta_2|\beta_0, \beta_1) + R(\beta_3|\beta_0, \beta_1, \beta_2) + R(\beta_4|\beta_0, \beta_1, \beta_2, \beta_3) \\ &= 2056608 + 135864 + 52409 + 175828 = 2420709 \end{aligned}$$

임을 확인할 수 있다. 그리고 순차제곱합들은 각각 1의 자유도를 가지므로 평균제곱도 제곱합과 동일하게 주어지며, 출력물의 오른편에는 각 평균제곱들의 크기에 대한 F 검정 결과가 주어져있다.

편제곱합은 `drop1()` 함수를 사용하여 구할 수 있다. 이때 `test` 인자에서 F 검정을 지정해주면 F값과 p값이 함께 출력된다.

```
> drop1(fit, test="F")
Single term deletions

Model:
price ~ year + mileage + cc + automatic
          Df Sum of Sq    RSS    AIC F value     Pr(>F)
<none>                 255538 281.50
year       1    398929 654467 307.71 39.0283 1.552e-06 ***
mileage    1    100649 356187 289.46  9.8467 0.0043244 **
cc         1     37794 293332 283.64  3.6975 0.0659577 .
automatic  1    175828 431366 295.20 17.2018 0.0003389 ***
---
Signif. codes:  0 '***' 0.001 '**' 0.01 '*' 0.05 '.' 0.1 ' ' 1
```

위에서 `drop1()`의 결과는 편제곱합으로 설명변수가 4개 있는 완전모형에서 해당 설명변수를 제외할 때 감소하는 SSR의 크기, 또는 증가하는 SSE의 크기이다. 예를 들어, 배기량(cc)을 제외한 경우 편제곱합은 다음으로 주어지게 된다.

$$
\begin{aligned}
R(\beta_3|\beta_0, \beta_1, \beta_2, \beta_4) &= SSE(\beta_0, \beta_1, \beta_2, \beta_4) - SSE(\beta_0, \beta_1, \beta_2, \beta_3, \beta_4) \\
&= 293332 - 255538 = 37794
\end{aligned}
$$

정확한 것은 아니지만, 많은 경우 편제곱합의 크기로 설명변수의 중요도를 서열화하기도 한다. 이 예제의 경우에는 연식(`year`)의 편제곱합이 가장 크므로 가격(`price`)의 설명에 제일 중요하다고 할 수 있으며, 다음으로 변속기종류(`automatic`), 주행거리(`mileage`), 배기량(`cc`)의 순서가 된다고 볼 수 있다.

(2) 가설 $H_0 : \beta_3 = 0$에 대한 부분 F 검정을 수행하기 위해서는 완전모형과 축소모형에서의 제곱합의 차이를 구해야 한다. 그러나 한 변수의 경우에 이 값은 곧 편제곱합으로 주어진다. 위에서 배기량(`cc`)에 대한 편제곱합은 37794이므로, 검정통계량의 값은

$$
F_0 = \frac{37794/(26-25)}{10222} = 3.697
$$

로 얻어진다. 이 값은 F 분포표의 값 $F(0.05; 1, 25) = 4.242$보다 작으므로(또는 p값이 0.05보다 크므로), 귀무가설 $H_0 : \beta_3 = 0$를 기각할 수 없게 된다. 각 회귀계수에 대한 이와 같은 검정결과는 위의 `drop1()` 출력물의 오른편에 주어져있다.

참고로 $H_0 : \beta_3 = 0$에 대한 부분 F 검정통계량값 3.697은 완전모형에서의 $\hat{\beta}_3$에 대한 t값 1.9229의 제곱과 일치한다. 따라서 하나의 회귀계수에 대한 t 검정과 부분 F 검정이 일치함을 확인할 수 있다.

□

회귀계수 β_j들에 대한 가설은 다양한 형태를 가질 수 있다. 예를 들어, 어느 생산 공정에서 생산품의 특성 Y와 관련된 설명변수들 X_1, X_2, X_3, X_4가 있다고 하자. 만일 처음 두 설명변수 X_1과 X_2의 Y에 대한 영향력이 같고(즉, $\beta_1 = \beta_2$), 설명변수 X_3의 영향력은 없다는 주장이 제기되면, 이 문제에서의 완전모형은

$$Y = \beta_0 + \beta_1 X_1 + \beta_2 X_2 + \beta_3 X_3 + \beta_4 X_4 + \varepsilon$$

이 되며, 제기된 주장 하에서의 축소모형은

$$Y = \beta_0 + \beta_1 (X_1 + X_2) + \beta_4 X_4 + \varepsilon$$

으로 설정될 수 있다. 아래 예제들에서는 이와 같이 내포된(nested) 형태의 두 모형에 대한 부분 F 검정을 R에서 anova() 함수를 이용하여 간단하게 수행하는 방법을 설명한다.

예제 4.3

중고차 가격 예제에서 다음의 가설들을 완전모형과 축소모형의 오차제곱합의 차이를 이용하여 검정하여라.

(1) [예제 4.2]에서 검정된 배기량(cc)의 회귀계수 β_3에 대한 가설 $H_0 : \beta_3 = 0$

(2) 가설 $H_0 : \beta_3 = \beta_4 = 0$

풀이 (1) R의 anova()는 둘 이상의 모형을 비교하는 기능을 제공하고 있다. 가설 $H_0 : \beta_3 = 0$을 검정하는 것은 모든 설명변수가 포함된 모형과 β_3에 해당하는 설명변수가 제거된 모형을 비교하는 문제가 된다. 귀무가설에 해당되는 모형을 mod0, 대립가설에 해당되는 모형을 mod1이라고 하고 다음 명령을 이용하여 두 모형을 비교해 보자.

```
> mod0 <- lm(price ~ year + mileage + automatic, usedcars)
> mod1 <- lm(price ~ year + mileage + cc + automatic, usedcars)
```

```
> anova(mod0, mod1)
Analysis of Variance Table

Model 1: price ~ year + mileage + automatic
Model 2: price ~ year + mileage + cc + automatic
  Res.Df    RSS Df Sum of Sq      F  Pr(>F)
1     26 293332
2     25 255538  1     37794 3.6975 0.06596 .
---
Signif. codes:  0 '***' 0.001 '**' 0.01 '*' 0.05 '.' 0.1 ' ' 1
```

F 통계량값 $F_0 = 3.6975$을 얻으며, p값이 0.066이므로 유의수준 0.05에서 가설 $H_0 : \beta_3 = 0$을 기각하지 못한다.

(2) 여러 개의 회귀계수의 유의성을 동시에 검정하는 경우에도 마찬가지이다. 다음과 같이 귀무가설에 대응하는 축소모형을 `mod0`, 대립가설에 대응하는 완전모형을 `mod1`이라고 하고 `anova()`를 이용하여 비교해보자.

```
> mod0 <- lm(price ~ year + mileage, usedcars)
> mod1 <- lm(price ~ year + mileage + cc + automatic, usedcars)
> anova(mod0, mod1)
Analysis of Variance Table

Model 1: price ~ year + mileage
Model 2: price ~ year + mileage + cc + automatic
  Res.Df    RSS Df Sum of Sq      F    Pr(>F)
1     27 483775
2     25 255538  2    228237 11.165 0.0003429 ***
---
Signif. codes:  0 '***' 0.001 '**' 0.01 '*' 0.05 '.' 0.1 ' ' 1
```

F 통계량값이 $F_0 = 11.165$이며, p 값이 0.0003이므로 유의수준 0.05에서 가설 $H_0 : \beta_3 = \beta_4 = 0$을 기각한다.

이 문제에서 오차제곱합의 차이는 $SSE(R) - SSE(F) = 483775 - 255538 = 228237$이고, 자유도의 차이는 2이다. 따라서 검정통계량의 값은

$$F_0 = \frac{228237/2}{10222} = 11.165$$

로 주어지고, p값은

```
> 1 - pf(11.165, 2, 25)
[1] 0.0003428024
```

로 계산되었음을 알 수 있다. □

예제 4.4

자료 'suneung'은 고등학교 3학년 학생 25명의 수학능력 시험점수(Y)와 4과목의 학교 성적(X_1 : 국어, X_2 : 영어, X_3 : 수학, X_4 : 과학)을 조사한 것이다. 수능성적(Y)의 4개 교과목에 대한 선형회귀식을 추정한 결과 다음 식을 얻었다.

$$\begin{array}{ccccccccccc} \hat{Y} & = & -373.14 & + & 1.33X_1 & + & 0.217X_2 & + & 5.88X_3 & + & 2.34X_4 \\ & & (29.821) & & (0.198) & & (0.255) & & (0.738) & & (0.594) \end{array}$$

괄호 안에 주어진 표준오차의 값과 비교할 때 영어성적의 계수 추정값만 유의하지 않았다. 그리고 수학성적의 계수 추정값은 과학성적의 것보다 약2.5배 크다는 것을 알 수 있다. 이 사실들에 대한 가설을 설정하고 검정하여라.

풀이 문제에서 언급된 내용들은 가설 $H_0 : \beta_2 = 0,\ \beta_3 = 2.5\beta_4$ 로 주어진다. 이 가설 하에서 주어지는 축소모형은 다음과 같다.

$$Y = \beta_0 + \beta_1 X_1 + \beta_4(2.5X_3 + X_4) + \varepsilon$$

그러므로 설명변수가 4개 있는 완전모형과 위의 축소모형을 각각 적합시킨 결과를 이용하여 부분 F 검정을 할 수 있다. 위와 같은 축소모형을 적합시키기 위해서는 $2.5X_3 + X_4$의 값을 미리 계산할 필요가 있다. R에서 모형식에 연산함수 `I()`를 이용하면 미리 계산되는 효과를 얻을 수 있다. 귀무가설에 대응되는 축소모형을 `mod0`, 완전모형을 `mod1`이라 하면 필요한 명령문은 다음과 같다.

```
> mod0 <- lm(suneung ~ kor + I(2.5*math + sci), suneung)
> mod1 <- lm(suneung ~ kor + eng + math + sci, suneung)
> anova(mod0, mod1)
Analysis of Variance Table

Model 1: suneung ~ kor + I(2.5 * math + sci)
Model 2: suneung ~ kor + eng + math + sci
  Res.Df    RSS Df Sum of Sq      F Pr(>F)
1     22 3136.4
2     20 3023.5  2    112.95 0.3736  0.693
```

F 통계량값이 $F_0 = 0.37$이며, p값이 0.693이므로, 유의수준 0.05에서 위의 가설을 기각하지 못한다. 즉, 축소모형이 타당하다고 할 수 있다. □

4.2 편회귀그림

중회귀모형에서 회귀계수 β_j는 다른 설명변수들의 값이 고정되었을 때 설명변수 X_j의 값이 한 단위 증가함에 따른 반응변수의 평균변화량으로 해석된다. 그리고 최소제곱추정값 $\hat{\beta}_j$은 그 평균변화량의 추정값이다. 그렇지만 일반적으로 중회귀모형에서는 반응변수 Y와 특정한 설명변수 X_j와의 관계가 다른 설명변수들에 의해 영향을 받기 때문에 해석에 조심할 필요가 있다. 이 절에서는 $\hat{\beta}_j$의 값을 설명변수의 개수에 관계없이 시각적으로 보여줄 수 있는 그림에 대해 설명한다. 이 그림은 특이값 또는 영향력 관측값의 진단에도 유용하게 사용된다.

4.2.1 편회귀그림의 정의

설명을 단순화하기 위해 중고차 가격 예제에서 설명변수로 연식(X_1)과 주행거리(X_2)만 있는 모형

$$Y = \beta_0 + \beta_1 X_1 + \beta_2 X_2 + \varepsilon \tag{4.7}$$

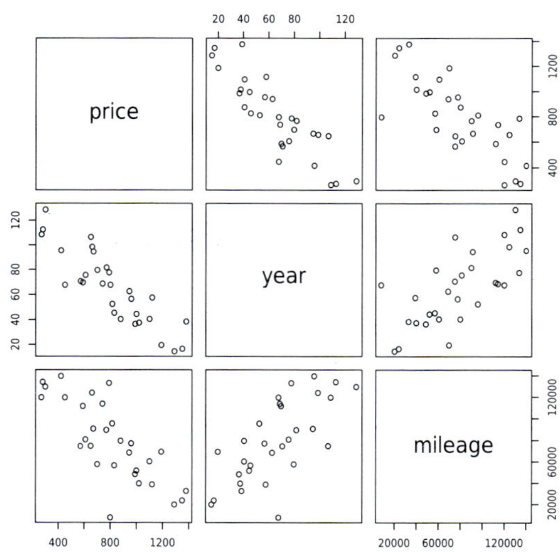

[그림 4.1] 중고차 가격 예제 변수들의 산점도행렬

을 완전모형이라 생각하자. [그림 4.1]은 세 변수들에 대한 산점도행렬을 보여주고 있다. 먼저 X_1만을 포함시킨 모형을 적합시키면

$$\hat{Y}(X_1) = 1401.1 - 9.038X_1 \tag{4.8}$$

을 얻게 되고, 결정계수 값은 $R^2 = 0.769$로 주어진다. 위의 모형에 X_2를 추가하는 문제를 생각해보자.

추가되는 X_2가 모형의 설명에 기여하는 것은 이미 모형에 포함되어 있는 X_1에 의해 설명되지 않은 부분들에 국한된다. 구체적으로 Y를 다음과 같이 두 개의 성분으로 분리할 수 있는데

$$Y = \hat{Y}(X_1) + (Y - \hat{Y}(X_1)) = \hat{Y}(X_1) + e(Y|X_1)$$

여기에서 $\hat{Y}(X_1)$은 식(4.8)로 주어지는 'X_1에 의해 이미 설명된 부분'이며, 잔차인 $e(Y|X_1)$은 'X_1에 의해 설명되지 않은 부분'이라 할 수 있으므로, 추가되는 X_2는 $e(Y|X_1)$을 추가적으로 설명하는 역할을 하게 된다.

더 나아가 이 문제에서는 X_1과 X_2의 관계도 고려할 필요가 있다. [그림 4.1]에서 볼 수 있듯이 X_1과 X_2도 어느 정도의 선형관계를 가지고 있으므로, X_1에 대한 정보로 X_2의 값을 어느 정도 예측할 수 있는데, 이는 X_1만 있는 회귀모형에도 X_2가 갖는 정보가 이미 어느 정도 포함되어 있다는 것을 의미한다. 그러므로 X_2를 추가하는 경우, 모형의 설명에는 X_1에 의해 알려지지 않는 X_2의 정보만 추가로 사용된다고 할 수 있다. 이러한 관계를 Y의 경우와 같은 방법으로 구체화 시킬 수 있다. 즉, X_2를 반응변수로, X_1을 설명변수로 하여 단순회귀를 하면

$$\hat{X}_2(X_1) = 19514 + 903.3X_1$$

을 얻게 되며($R^2 = 0.507$), 앞에서와 같이 X_2에 대해

$$X_2 = \hat{X}_2(X_1) + (X_2 - \hat{X}_2(X_1)) = \hat{X}_2(X_1) + e(X_2 \,|\, X_1)$$

와 같이 분해할 수 있다. 위에서 $\hat{X}_2(X_1)$은 'X_1에 의해 이미 주어진 X_2의 정보'이며, 잔차인 $e(X_2|X_1)$은 'X_1에 의해 주어지지 않은 X_2의 정보'라 할 수 있다. 따라서 X_1이

이미 포함된 모형에 X_2를 추가할 때는 $e(X_2|X_1)$의 정보만 추가적으로 사용된다고 할 수 있다.

종합하면 X_1이 이미 포함된 모형에 X_2를 추가할 때는, X_1에 의해 설명되지 않은 부분인 $e(Y|X_1)$을 X_2가 추가적으로 제공하는 정보인 $e(X_2|X_1)$으로 설명을 하게 된다. 즉, Y와 X_2 각각에서 X_1의 영향력을 제거한 나머지 부분들로 분석이 진행된다.

잔차 $e(Y|X_1)$과 $e(X_2|X_1)$을 이용하면 X_1의 영향력이 제거된 순수한 Y와 X_2만의 관계를 파악할 수 있는데, 예를 들어, 이 두 잔차들의 상관계수값을 Y와 X_2의 **표본편상관계수**(sample partial correlation coefficient)라 한다. 회귀분석에서는 $e(Y|X_1)$과 $e(X_2|X_1)$값들의 산점도를 X_2의 **편회귀그림**(partial regression plot)이라고 한다.(다른 문헌에서는 partial leverage plot, added-variable plot 라고도 불리고 있다.) 위에서 X_1과 X_2의 역할을 바꾸면 X_1의 편회귀그림도 작성할 수 있다.

예제 4.5

모형 (4.7)을 적합하고 X_1과 X_2의 편회귀그림을 작성하여라.

풀이 적합된 회귀식은 $\hat{Y} = 1451.98 - 6.6843X_1 - 0.00261X_2$ 로 주어진다.

```
> fit <- lm(price ~ year + mileage, usedcars)
> coef(summary(fit))
                 Estimate   Std. Error   t value     Pr(>|t|)
(Intercept) 1451.976760082 63.5459124280 22.849255 3.393558e-19
year          -6.684301485  1.2008914782 -5.566116 6.684568e-06
mileage       -0.002605516  0.0009461972 -2.753671 1.041258e-02
```

편회귀그림은 본문에 주어진 절차를 그대로 따라 그릴 수 있다. X_2의 편회귀그림을 그리기 위해서는 우선 잔차 $e(Y|X_1)$과 $e(X_2|X_1)$을 각각 구한 후 산점도를 그리면 된다. 이에 추가하여 $e(Y|X_1)$을 반응변수, $e(X_2|X_1)$을 설명변수로 회귀분석을 하여 회귀직선을 함께 그리는 것이 일반적이다.

```
y.x1 <- resid(lm(price ~ year, usedcars))
x2.x1 <- resid(lm(mileage ~ year, usedcars))
plot(y.x1 ~ x2.x1)
abline(lm(y.x1 ~ x2.x1))
```

[그림 4.2]는 X_1과 X_2의 편회귀그림을 보여주고 있다. 각 그림의 직선은 Y축과 X축의 잔차로 구한 단순회귀직선으로, 절편은 0이고, 기울기는 완전모형에서의 기울기와

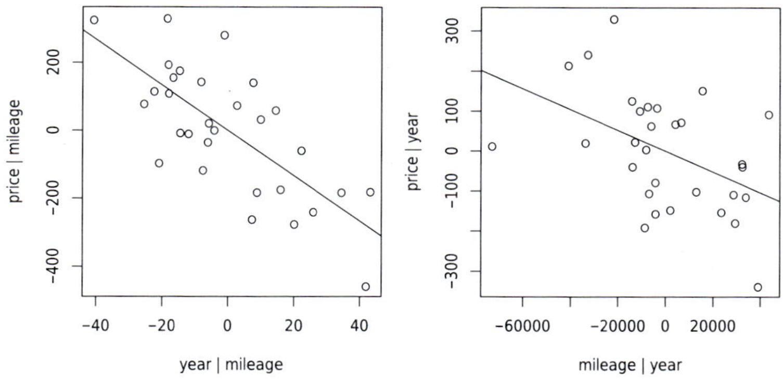

[그림 4.2] 중고차 예제에서의 편회귀그림(왼쪽: 연식, 오른쪽: 주행거리)

같다. 예를 들어, '연식(X_1)'과 '주행거리(X_2)'의 편회귀그림에 있는 직선의 식은 각각 회귀식

$$\hat{e}(Y|X_2) = -6.6843\, e(X_1|X_2)$$
$$\hat{e}(Y|X_1) = -0.00261\, e(X_2|X_1)$$

에 해당된다. 각 그림에 대한 추가적인 해석은 다음 절에서 주어진다. □

4.2.2 편회귀그림의 해석

편회귀그림에서 Y축과 X축의 잔차로 단순회귀식을 구하면, 그 직선은 항상 원점을 지나면서 기울기는 완전모형에서의 기울기와 같게 주어진다. 따라서 편회귀그림은 각 설명변수의 계수추정값을 시각화한 것으로 볼 수 있는데, 기울기의 정도에 따라 설명변수들의 유용성을 판단하는데 이용된다. 만약 직선의 기울기가 수평에 가까우면, 해당 설명변수는 더 이상 추가로 설명해주는 부분이 없다는 의미이므로 회귀모형에 추가할 필요가 없다고 판단한다. 예를 들어, [예제 4.5]에서 '주행거리(X_2)'의 기울기는 -0.00261로 작은 값이지만 편회귀그림에서 수평이 아니므로, X_1이 이미 포함된 모형에 X_2를 추가할 가치가 있다고 판단할 수 있다. 극단적으로 $\hat{\beta}_2$의 값이 0(즉, 기울기가 완전 수평)이라면

$$\hat{e}(Y|X_1) = 0 \times e(X_2|X_1) = 0$$

이 되는데, 이는 Y를 X_1에 대해 회귀분석하였을 때의 잔차가 0이 된다는 것이며, 곧 X_1만 모형에 있어도 Y의 모든 변동을 설명할 수 있으므로 X_2를 추가할 필요가 없다는 뜻이다.

다른 극단적인 경우로 기울기가 수직에 가까우면 대부분의 $e(X_2|X_1)$값이 0이 되는데 (직선이 원점을 지나므로), 이것은 X_1과 X_2의 상관관계가 매우 큰 경우로 두 변수 중 하나만 모형에 포함시키면 된다.

편회귀그림은 잔차분석에도 많이 사용된다. 우선 각 그림에서 각 점과 회귀직선과의 수직 거리는 완전모형에서의 잔차와 같다. 따라서 점들이 회귀직선에 가까이 있으면 모형의 적합도가 높다고 할 수 있다. 그리고, 예를 들어, $e(Y|X_1)$과 $e(X_2|X_1)$의 편회귀그림에서 점들이 직선이 아닌 곡선의 관계를 보이면, 현재모형에 X_2의 거듭제곱항을 추가할 필요가 있다는 것을 알려준다. 또한 특이값의 존재유무를 파악할 수도 있는데, 특정한 편회귀그림에만 나타나는 특이값은 해당 설명변수의 회귀계수에 대한 영향력이 높은 관측치로 판단할 수 있다.

[예제 4.5]의 편회귀그림에서는 직선들의 기울기가 수평이 아니므로 각 설명변수들이 유용하다고 볼 수 있으며, 산점도에서 특별한 곡선 형태가 나타나지 않으므로 일차항만으로 충분하다는 것을 알 수 있다. 그리고 1~2개의 특이값이 있다고 판단된다.

편회귀그림은 설명변수 개수가 많은 경우에도 그대로 확장된다. 예를 들어, $(p-1)$개의 설명변수가 있는 경우, $\boldsymbol{x}_{(-j)} = (X_1, \cdots, X_{j-1}, X_{j+1}, \cdots, X_{p-1})'$를 X_j를 제외한 나머지 설명변수들이라 하면, 설명변수 X_j의 편회귀그림은 $e(Y \mid \boldsymbol{x}_{(-j)})$과 $e(X_j \mid \boldsymbol{x}_{(-j)})$의 산점도로 정의된다. 여기에서 $e(Y \mid \boldsymbol{x}_{(-j)})$는 반응변수 Y를 X_j를 제외한 나머지 설명변수들에 대해 회귀분석 하였을 때의 잔차이고, $e(X_j \mid \boldsymbol{x}_{(-j)})$는 X_j를 반응변수로 하고 나머지 설명변수들에 대해 회귀분석 하였을 때의 잔차이다. 편회귀그림들의 특성도 그대로 성립한다. 특히 기울기가 수직에 가까운 경우 다중공선성(4.6절)을 의심할 필요가 있다.

예제 4.6

중고차 가격 예제에서 4개의 설명변수가 모두 포함된 모형에서 X_1(`year`), X_2(`mileage`), X_3(`cc`), X_4(`automatic`)의 편회귀그림을 작성하고 해석하여라.

풀이 X_1의 편회귀그림은 잔차 $e(Y|X_2, X_3, X_4)$와 $e(X_1|X_2, X_3, X_4)$의 산점도로

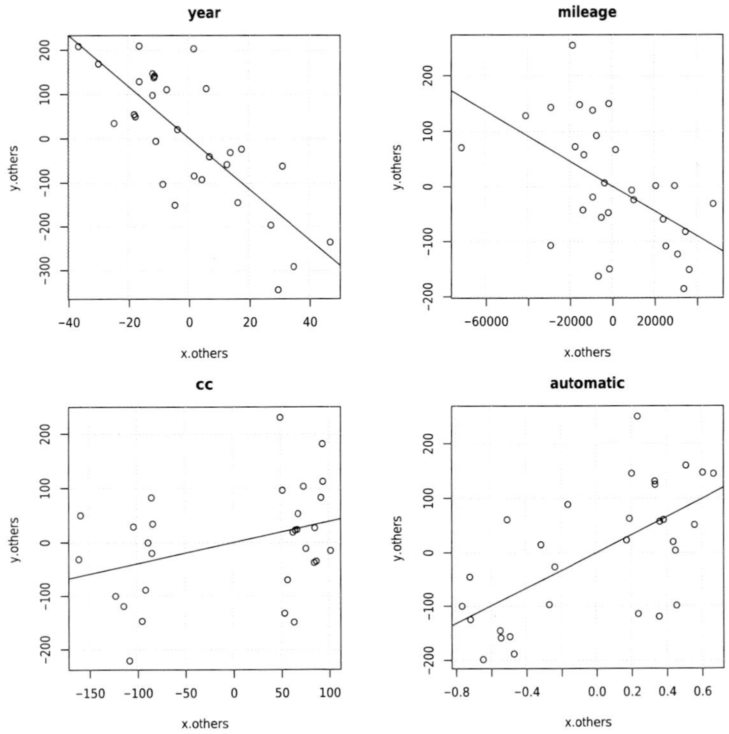

[그림 4.3] 중고차 가격 예제에서의 편회귀그림

정의된다. 예를 들어, [그림 4.3]의 상단 왼쪽의 변수 year에 대한 그림은 다음과 같은 명령문으로 얻을 수 있다.

```
y.others <- resid(lm(price ~ mileage + cc + automatic, usedcars))
x.others <- resid(lm(year ~ mileage + cc + automatic, usedcars))
plot(y.others ~ x.others, main="year")
abline(lm(y.others ~ x.others))
grid()
```

여기에서 grid()는 그래프에 격자 안내선을 추가하여, 편회귀그림에 나타난 직선의 기울기를 좀더 시각적으로 쉽게 파악할 수 있도록 해준다. 나머지 편회귀그림도 동일한 방식으로 그릴 수 있다([연습문제 4.14] 참조).

4개의 편회귀그림들을 보면 변수 cc의 영향력이 상대적으로 작다는 것을 알 수 있으며, 각 변수들의 거듭제곱항들의 추가 필요성은 특별하게 나타나지 않는다. 그리고 1~2개 특이값의 존재가 더욱 분명하게 나타나고 있음을 알 수 있다. □

4.3 적합결여검정

회귀분석에서의 중요한 가정 중의 하나는 현재 설정된 회귀식

$$\mathrm{E}[Y_i] = \boldsymbol{x}_i'\boldsymbol{\beta}, \quad i = 1, 2, \cdots, n$$

이 옳다는 것이다(2.6절 참조). 만약 이 가정이 옳지 않으면 많은 문제점이 발생하는데, 이를테면, 오차평균제곱 MSE 또는 s^2은 더 이상 오차분산 σ^2의 비편향추정량이 되지 못하므로 앞의 여러 가지 분석들의 결과가 성립하지 않을 수 있다. 2.6절의 잔차분석에서는 잔차의 산점도를 이용하여 이 가정의 타당성을 조사하였다. 이 절에서는 이를 위한 구체적인 검정방법을 소개한다.

4.3.1 그림을 이용한 적합결여검정

그림을 이용한 모형의 적합결여(lack-of-fit) 조사에는 2장에서 모형의 적합도 조사에서 사용되었던 적합된 회귀식과 loess 평활곡선을 비교하는 방법을 사용할 수 있다. [그림 4.4]는 이를 위한 두 가지 예를 보여준다. 왼쪽 그림의 경우에는 적합된 회귀식과 loess 평활곡선이 거의 일치하므로 적합결여가 없다고 할 수 있다.

반면에 오른쪽 그림의 경우에는 두 선이 일치하지 않으므로 적합결여가 있다고 판단된다. 회귀식은 분석자가 설정한 것이며 loess 평활곡선은 자료가 갖는 경향을 그대로

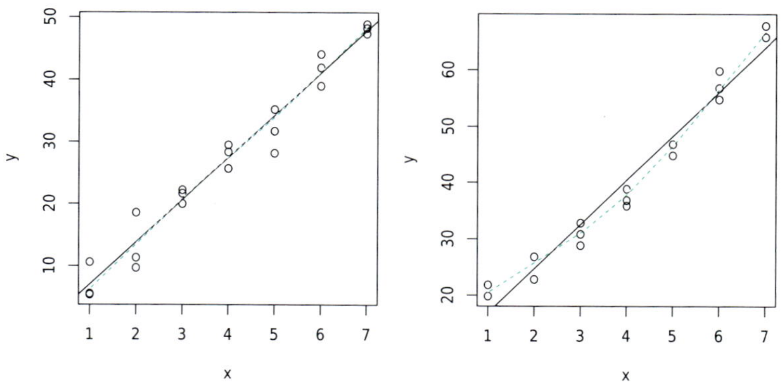

[그림 4.4] 두 가지 자료에 대한 적합 회귀식과 loess 평활곡선

보여주는 것이므로, 두 선이 일치하지 않은 경우에는 평활곡선에 맞추어 회귀모형식을 다시 설정해주는 것이 바람직하다. 오른쪽 그림에서 평활곡선이 이차함수 형태를 보이고 있으므로 설명변수의 이차항을 포함시킨 모형을 새로운 회귀모형식으로 설정하여 분석할 필요가 있다.

그러나 이 방법은 설명변수가 2개 이상인 경우에는 구현의 한계 때문에 사용이 어렵다. 이 경우에 2장에서처럼 Y_i 대 $\hat{Y}_i$의 산점도를 이용할 수도 있으나, 다음 절에서는 F 통계량을 이용한 검정방법을 소개한다.

4.3.2 분산을 이용한 적합결여검정

모형설정이 잘못된 경우에는 예측값 $\hat{Y}_i$은 더 이상 Y의 평균값 $\mathrm{E}[Y_i]$에 대한 타당한 추정량이 되지 못하므로, $\hat{Y}_i$을 사용하여 계산되는 s^2은 σ^2을 과대추정(overestimate)하게 된다. 그러므로 역으로 이 사실을 이용하여 s^2이 실제로 σ^2을 과대추정하는 지를 조사하면 모형의 타당성을 밝힐 수 있게 된다.

만약 σ^2의 값이 알려져 있으면, 검정통계량 $(n-p)s^2/\sigma^2$이 자유도 $(n-p)$의 카이제곱분포를 따른다는 사실을 이용하여 과대추정 여부를 쉽게 판단할 수 있다. 그러나 대부분의 경우에는 σ^2의 값이 알려져 있지 않기 때문에 이 조사를 위해서는 현재의 회귀모형과 무관한 σ^2의 비편향추정량이 필요하게 된다.

먼저 오차분산 σ^2의 의미를 다시 복습하여보자. 확률변수 Y_i는 기댓값은 다르지만 모든 점에서 분산은 항상 일정한 값 σ^2을 가진다. 즉, 반응변수 Y는 설명변수들의 값이 주어지면 그 점에서 σ^2의 산포도를 가지고 관측된다. 그러므로 만약 같은 점에서 Y의 값들이 반복관측되면, 이들의 표본분산은 회귀모형의 옳고 그름과는 무관하게 σ^2의 비편향추정량이 된다.

[그림 4.5]는 3장의 연습문제에서 사용되었던 자료 '`expdata1`'에서 반응변수 `y`와 설명변수 `x1`을 사용한 산점도이다. 각 점에는 `y`의 관측값들이 표시되어 있다. 이 그림에서 우리는 `x1`의 값이 4, 5, 8, 11, 13일 때 반복관측치가 있는 것을 알 수 있다. 그러므로 이들 각 점에서 `y`의 표본분산들을 구하면 σ^2의 비편향추정값을 5개 얻게 되는데 이들을 통합할 필요가 있다.

일반적으로 설명변수들의 관측수준이 m개 있고, 각 수준에서 $n_i(\geq 1)$개의 Y값이 반복 관측되었다고 하자.(모든 n_i의 값이 1보다 클 필요는 없다.) [그림 4.5]의 산점도에

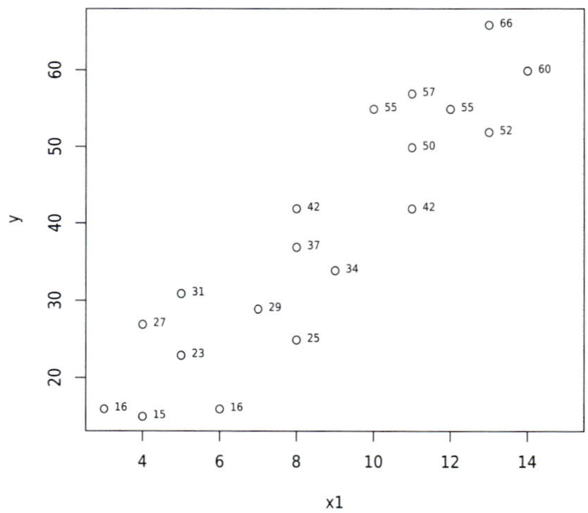

[그림 4.5] expdata1 자료의 산점도. 점 옆의 값은 y변수의 값이다.

서는 $m = 12$개의 관측수준이 있으며, 각 수준에서 1, 2, 2, 1, 1, 3, 1, 1, 3, 1, 2, 1번씩 반복 관측되었다. 수준 i에서 반복 관측된 l번째 Y의 값을 $Y_{il}(i = 1, 2, \cdots, m\ ;\ l = 1, 2, \cdots, n_i)$이라 나타내면, 수준 i에서의 산포를 나타내는 제곱합은 $\sum_{l=1}^{n_i}(Y_{il} - \overline{Y}_i)^2$으로 주어지며($\overline{Y}_i$는 수준 i에서의 표본평균), 이를 $(n_i - 1)$로 나눈 통계량

$$s_i^2 = \frac{1}{n_i - 1}\sum_{l=1}^{n_i}(Y_{il} - \overline{Y}_i)^2$$

은 σ^2의 비편향추정량이 된다. 그리고 이와 같은 제곱합은 각 수준 i에서 구해지므로, 이들을 통합하여 소위 σ^2의 **합동추정량**(pooled estimator)을 다음과 같이 구할 수 있다.

$$\begin{aligned} MS_{pe} &= \frac{\sum_{l=1}^{n_1}(Y_{1l} - \overline{Y}_1)^2 + \sum_{l=1}^{n_2}(Y_{2l} - \overline{Y}_2)^2 + \cdots + \sum_{l=1}^{n_m}(Y_{ml} - \overline{Y}_m)^2}{(n_1 - 1) + (n_2 - 1) + \cdots + (n_m - 1)} \\ &= \frac{\sum_{i=1}^{m}\sum_{l=1}^{n_i}(Y_{il} - \overline{Y}_i)^2}{\sum_{i=1}^{m}(n_i - 1)} = \frac{\sum_{i=1}^{m}(n_i - 1)s_i^2}{\sum_{i=1}^{m}(n_i - 1)} \end{aligned}$$

위의 통계량 MS_{pe}를 **순오차평균제곱**(pure error mean square)이라 부르며, MS_{pe}는 회귀모형의 타당성 여부와는 무관하게 σ^2의 비편향추정량이 된다. 위의 식에서 마지막 항은 MS_{pe}가 각 수준에서 계산된 σ^2의 비편향추정량 s_i^2들의 가중평균으로 주어짐을 알려주고 있다. MS_{pe}의 공식에서 분자에 있는 제곱합

$$SS_{pe} = \sum_{i=1}^{m}\sum_{l=1}^{n_i}(Y_{il} - \overline{Y}_i)^2$$

을 **순오차제곱합**(pure error sum of squares, SS_{pe})이라 부르며, 이 제곱합은 전체 $n = \sum_{i=1}^{m} n_i$개의 자료에서 m개의 표본평균 $\overline{Y}_i$를 계산하여 구해지므로 다음의 자유도를 갖는다.

$$\text{df}_{pe} = \sum_{i=1}^{m}(n_i - 1) = n - m$$

예를 들어, [그림 4.5]에 주어진 자료에 대하여 위의 값들을 계산해보자. 반복수가 2 이상인 2, 3, 6, 9, 11번째 수준에서만 계산하면 되는데, 예를 들어, 2번째 수준에서는 2개의 관측값이 있으며 평균이 21이므로, $\sum_{l=1}^{2}(Y_{2l} - \overline{Y}_2)^2 = (27-21)^2 + (15-21)^2 = 72$가 된다. 같은 방법으로 나머지 수준에서의 제곱합을 계산하면 순오차평균제곱은

$$MS_{pe} = \frac{72 + 32 + 152.67 + 112.67 + 98}{1 + 1 + 2 + 2 + 1} = 66.76$$

으로 주어진다.

한편 오차제곱합 SSE는 잔차가 $Y_{il} - \hat{Y}_i = (Y_{il} - \overline{Y}_i) + (\overline{Y}_i - \hat{Y}_i)$로 표시됨을 이용하여 다음과 같이 주어짐을 보일 수 있다([연습문제 4.8] 참조).

$$SSE = \sum_{i=1}^{m}\sum_{l=1}^{n_i}(Y_{il} - \hat{Y}_i)^2 = \sum_{i=1}^{m}\sum_{l=1}^{n_i}(Y_{il} - \overline{Y}_i)^2 + \sum_{i=1}^{m}\sum_{l=1}^{n_i}(\overline{Y}_i - \hat{Y}_i)^2$$

위의 식에서 가운데 제곱합은 SS_{pe}이며, 마지막 제곱합인

$$SS_{lof} = \sum_{i=1}^{m}\sum_{l=1}^{n_i}(\overline{Y}_i - \hat{Y}_i)^2 = \sum_{i=1}^{m} n_i(\overline{Y}_i - \hat{Y}_i)^2$$

을 **적합결여제곱합**(lack of fit sum of squares)이라 한다. 따라서 $SS_{lof} = SSE - SS_{pe}$로 주어진다. 그리고 SS_{lof}의 계산에는 m개의 표본평균 $\overline{Y}_i$가 사용되고 p개의 회귀계수가

추정되어야 하므로, SS_{lof}는 $(m-p)$의 자유도를 갖는다. 만약 설정된 회귀모형이 옳지 않으면(선형이 아니면), $\hat{Y}_i$은 $\overline{Y}_i$에서 벗어나게 되어 SS_{lof}의 값이 크게 되므로 SS_{lof}의 크기가 모형의 타당성 여부를 알려주는 척도가 된다.

제곱합 SS_{lof}을 자유도 $(m-p)$로 나눈 평균제곱을 **적합결여평균제곱**(lack of fit mean square, MS_{lof})이라 부르며, 적합결여평균제곱의 기댓값은

$$\mathrm{E}[MS_{lof}] = \sigma^2 + \frac{1}{m-p}\sum_{i=1}^{m} n_i(\mathrm{E}[Y_i] - \boldsymbol{x}_i'\boldsymbol{\beta})^2$$

로 알려져 있다. 이 식에서 모형설정이 옳다는 가정 하에서는 MS_{lof}가 σ^2의 비편향추정량이 되고, 옳지 않으면 기댓값은 σ^2 보다 크게 된다는 것을 알 수 있다. 그러므로 우리는 역으로 MS_{lof}와 σ^2의 독립적인 비편향추정량인 MS_{pe}를 비교하면 귀무가설의 타당성을 판단할 수 있다. MS_{lof}와 MS_{pe}는 모두 일종의 분산이므로 분산의 비에 대한 검정통계량

$$F_{lof} = \frac{(SSE - SS_{pe})/(n-p-\mathrm{df}_{pe})}{MS_{pe}} = \frac{MS_{lof}}{MS_{pe}}$$

를 계산하여 검정에 사용한다.

모형설정이 옳다는 가정 하에서 위의 F 통계량은 자유도 $\mathrm{df}_{lof} = m-p$와 $\mathrm{df}_{pe} = n-m$인 F 분포를 따르게 된다. 따라서 F_{lof}의 값이 F 분포표에 주어진 값 $F(\alpha; m-p, n-m)$ 보다 크면 적합결여가 있다는 증거가 되므로, 유의수준 α 하에서 가정된 모형이 옳지 않다고 판단한다. 이와 같은 F 검정을 **적합결여검정**(lack of fit test)이라 하며, [표 4.3]은 이를 위한 분산분석표를 보여주고 있다.

[표 4.3] 적합결여검정을 위한 분산분석표

요인	제곱합	자유도	평균제곱	F비
회귀	SSR	$p-1$	MSR	$F_0 = MSR/MSE$
오차	SSE	$n-p$	MSE	
적합결여	SS_{lof}	$m-p$	MS_{lof}	$F_{lof} = MS_{lof}/MS_{pe}$
순오차	SS_{pe}	$n-m$	MS_{pe}	
전체	SST	$n-1$		

적합결여검정

가설: 가정된 모형 $\mathrm{E}[Y_i] = \boldsymbol{x}_i'\boldsymbol{\beta}$ 는 옳다. 즉, $H_0 : \mathrm{E}[Y_i] = \boldsymbol{x}_i'\boldsymbol{\beta}$

검정통계량: $F_{lof} = \dfrac{MS_{lof}}{MS_{pe}}$

검정: F_{lof}가 $F(\alpha; m-p, n-m)$보다 크면, 유의수준 α 하에서 H_0를 기각.

관측값들의 반복(replication)은 계획된 실험에서는 추론의 정확도를 높이기 위하여 많이 사용하고 있다. 그러나 중회귀분석 문제에서는 변수들이 다차원공간을 형성하고 있으므로 반복관측값들의 유무를 파악하기는 쉽지 않다. 따라서 통계패키지의 기능에 의존할 수밖에 없다.

예제 4.7

[그림 4.5]에 주어진 자료 '`expdata1`'의 변수 `y`, `x1`, `x2`에 대해 다음의 적합결여검정을 실시하여라.

(1) `y`의 `x1`에 대한 단순선형회귀모형을 설정하고 적합결여검정을 실시하여라.

(2) `y`의 `x1`, `x2`에 대한 중선형회귀모형을 설정하고 적합결여검정을 실시하여라.

풀이 (1) R의 출력 결과에서 $SSE = 811.3$임을 확인할 수 있다.

```
> fit.lm <- lm(y ~ x1, expdata1)
> anova(fit.lm)
(...)
          Df Sum Sq Mean Sq F value        Pr(>F)
x1         1 3921.4  3921.4   82.17 0.00000006399 ***
Residuals 17  811.3    47.7
```

R에서 순오차제곱합 SS_{pe}와 σ^2의 합동추정량인 MS_{pe} 등을 구하기 위해서는 설명변수를 `factor()`로 바꾸면 된다(`factor()` 함수에 대해서는 부록의 A.1.3절 참조). 다음 출력 결과에서 $SS_{pe} = 467.3$, $MS_{pe} = 66.76$임을 확인할 수 있다.

```
> fit.pe <- lm(y ~ factor(x1), expdata1)
> anova(fit.pe)
(...)
```

```
             Df Sum Sq Mean Sq F value  Pr(>F)
factor(x1) 11 4265.4  387.76  5.8082 0.01402 *
Residuals   7  467.3   66.76
```

적합결여검정은 다음과 같이 anova()를 이용하여 두 모형을 비교함으로써 얻어진다.

```
> anova(fit.lm, fit.pe)
Analysis of Variance Table

Model 1: y ~ x1
Model 2: y ~ factor(x1)
  Res.Df    RSS Df Sum of Sq      F Pr(>F)
1     17 811.30
2      7 467.33 10    343.96 0.5152 0.8352
```

위의 출력 결과에서 본문에서 설명된 것처럼, 오차제곱합 $SSE = 811.30$은 순오차제곱합 $SS_{pe} = 467.33$과 적합결여제곱합 $SS_{lof} = 343.96$의 합으로 분해된 것을 확인할 수 있다. F값은 0.515로 적합결여평균제곱이 순오차평균제곱보다 작으므로 적합결여의 증거는 매우 약하다고 볼 수 있다. 그러므로 가정된 회귀모형은 타당하다고 결론지을 수 있다.

(2) 같은 방법으로 x2를 추가한 모형에 대한 적합결여검정은 다음과 같다.

```
> fit.lm <- lm(y ~ x1 + x2, expdata1)
> fit.pe <- lm(y ~ factor(x1) + factor(x2), expdata1)
> anova(fit.lm, fit.pe)
Analysis of Variance Table

Model 1: y ~ x1 + x2
Model 2: y ~ factor(x1) + factor(x2)
  Res.Df    RSS Df Sum of Sq      F Pr(>F)
1     16 172.29
2      2  44.50 14    127.79 0.4102 0.8765
```

앞의 경우와 마찬가지로 F값이 1보다 작으므로, 적합결여의 증거는 매우 약하다고 볼 수 있다. 그러므로 가정된 중회귀모형의 설정에도 특별한 문제점이 없다고 할 수 있다.

이들 두 예제에서 알 수 있듯이 적합결여검정에서 귀무가설을 채택하는 것은 설정된 모형이 타당하다는 것만 알려줄 뿐이며, 모형의 우수성에 대해서는 알려주지를 않는다. □

4.4 변수변환

회귀분석에서는 여러 가지 이유로 원래 변수를 변환하여 사용하는 경우가 있다. 예를 들어, 반응변수와 설명변수들의 관계가 이론적 근거나 산점도에 의해 비선형함수 관계를 가지는 경우에도, 변수변환을 하면 선형함수 관계가 성립하여 선형모형을 가정할 수 있는 경우가 많다. 또한 반응변수의 분산이 상수가 아니면서 일정한 패턴을 가지고 있는 경우나, 분포의 정규성이 만족되지 않는 경우에도 변수변환을 이용하여 문제점들을 해결할 수 있다.

4.4.1 선형성을 위한 변환

[그림 4.6]은 2장의 연습문제에서 사용되었던 자료 'mammal'에서 뇌무게와 몸무게의 원래 값들의 산점도와 X, Y 축을 로그변환한 산점도이다. 축의 로그변환은 다음과 같이 log 인자를 이용하여 할 수 있다.

```
plot(brain ~ body, mammal, log="xy")
```

뇌무게와 몸무게 사이에 성립하는 함수관계는 명확하지 않았지만, 로그변환된 두 변수는 선형관계를 가진다고 볼 수 있다. 이 자료에서처럼 최대값과 최소값의 비가 대략적으로 10보다 큰 경우에는 로그변환을 적용하면 선형성이 향상된다고 알려져 있다.

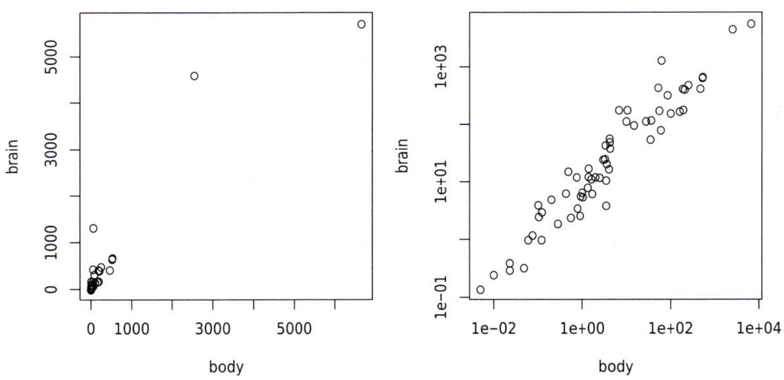

[그림 4.6] 뇌무게와 몸무게 자료의 산점도(왼쪽: 원래 값, 오른쪽: 로그변환된 값)

위의 예제와는 다르게 반응변수와 설명변수의 관계가 처음부터 비선형함수로 설정되는 경우를 알아보자. 예를 들어, 인구수 또는 방사선양 같은 변수들의 시간에 따른 증가 또는 감소를 나타내기 위해 사용되는 지수성장(쇠퇴)함수(exponential growth(decay) function)

$$f(X) = \beta_0 e^{\beta_1 X}$$

의 경우, 양변에 로그를 취하면

$$\log f(X) = \log\beta_0 + \beta_1 X$$

가 되고, $f(X)$를 반응변수 Y로 대체하면 다음과 같은 선형회귀모형을 얻을 수 있다.

$$Y^* = \beta_0^* + \beta_1 X + \varepsilon \tag{4.9}$$

(위에서 $Y^* = \log Y$, $\beta_0^* = \log\beta_0$ 이다.)

위와 같이 변수변환에 의해 선형화될 수 있는 모형을 **내재적**(intrinsically) 또는 **변환가능한**(transformably) **선형모형**이라 부른다. 내재적 선형모형의 다른 예로는, $f(X) = \beta_0 X^{\beta_1}$와 미캘리스-멘텐(Michaelis-Menten) 모형식 $f(X) = \frac{X}{\beta_1 + \beta_2 X}$를 들 수 있다. 앞의 경우에는 로그변환을 적용하면

$$\log f(X) = \log\beta_0 + \beta_1 \log X$$

이 되고, 여기에서 $Y^* = \log Y$, $\beta_0^* = \log\beta_0$, $X^* = \log X$라 두면, 다음과 같은 선형회귀모형을 얻을 수 있다.

$$Y^* = \beta_0^* + \beta_1 X^* + \varepsilon$$

미캘리스-멘텐 모형식의 경우에는 역수변환을 적용하면

$$\frac{1}{f(X)} = \frac{\beta_1 + \beta_2 X}{X} = \beta_2 + \beta_1 \frac{1}{X}$$

이 되고, $Y^* = 1/Y$, $X^* = 1/X$로 두면 다음과 같은 선형회귀모형을 얻을 수 있다.

$$Y^* = \beta_2 + \beta_1 X^* + \varepsilon$$

이와 같은 변수변환의 경우에는 주의할 점이 있는데, 변환된 모형에 설정된 오차항이 등분산성, 독립성, 정규성 등을 만족하는지를 잔차분석 등을 이용하여 면밀히 조사할 필요가 있다는 것이다. 실제 문제에 있어서 이러한 가정들이 만족되지 않아 원래의 비선형함수식을 사용하여 비선형회귀분석(9장)을 사용해야 하는 경우가 많이 있다. 예를 들어, 위에서 로그변환을 하는 두 예제의 경우에는 묵시적으로 오차항이 원래 모형에 곱해져 있는 **승법모형**(multiplicative model)을 가정하고 있다. 즉, 지수성장모형의 경우 오차항 ε이

$$Y = \beta_0 e^{\beta_1 X} \varepsilon$$

의 형태로 모형에 포함되어 있는 경우에만 로그변환을 하여 식(4.9)와 같은 선형모형을 얻을 수 있다. 만약 오차항이 원래 모형에 더해져있는 **가법모형**(additive model)

$$Y = \beta_0 e^{\beta_1 X} + \varepsilon$$

의 경우에는 선형변환을 할 수 없고 비선형회귀분석을 사용해야 한다.

예제 4.8

자료 '**bug**'는 살충제의 독성실험에서 살충제에 노출된 벌레들의 생존개체수를 시간대별로 관측한 것이다: 생존벌레수(y), 시간(`time`; 분). 본문에서 설명된 지수쇠퇴함수의 변환모형 (4.9)를 사용하여 분석하여라.

풀이 [그림 4.7]의 왼쪽은 원자료의 산점도이며, 오른쪽은 반응변수인 생존벌레수를 로그변환하여 그린 산점도에 선형변환모형 (4.9)를 적합한 추정회귀식을 추가한 것이다.

```
plot(y ~ time, bug)
bug <- within(bug, logy <- log(y))
fit <- lm(logy ~ time, bug)
plot(logy ~ time, bug)
abline(fit)
```

분석 요약 결과의 일부를 보면 다음과 같다.

```
> summary(fit)

             Estimate Std. Error t value Pr(>|t|)
(Intercept)  5.2851654  0.0253579  208.42  < 2e-16 ***
time        -0.0488112  0.0007172  -68.06 8.56e-16 ***
```

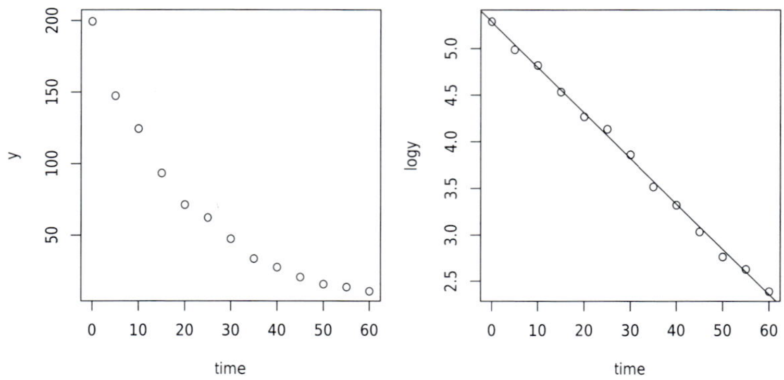

[그림 4.7] 시간대별 벌레들의 생존개체수 산점도(왼쪽: 원래 값, 오른쪽: 로그변환된 값)

선형변환모형 (4.9)의 추정회귀식이 자료를 잘 대표한다고 할 수 있다. 그러나 오차항에 대한 가정들의 타당성에 대해서는 추가로 잔차분석을 실시하여 조사할 필요가 있다.

4.4.2 분산안정화 변환

정규분포의 경우에는 평균과 분산 사이에 함수관계가 없기 때문에 평균의 변화와 분산의 크기는 무관하지만, 다른 분포의 경우에는 평균이 변하면 분산도 함께 변하게 된다. 예를 들어, 평균이 θ인 포아송분포의 경우에는 분산도 θ로 같게 주어지며, 시행횟수가 n이고, 성공확률이 π인 이항분포의 경우에는 평균이 $n\pi$이고, 분산이 $n\pi(1-\pi)$이다. 따라서 평균이 변하면 분산도 함께 변하게 된다. 이와 같이 분산이 평균의 함수로 주어지는 경우에는 오차항의 등분산성이 만족되기 힘들다.

분산이 상수가 아니고 평균의 함수로 주어지는 경우, 적당한 변수변환을 해주면 분산이 상수가 되게 할 수 있는데 이를 **분산안정화 변환**(variance stabilizing transformation)이라 한다. [표 4.4]에는 대표적인 경우의 분산안정화 변환함수들이 주어져 있다. 표에서 $\mu_{Y\,|\,\boldsymbol{x}} = \mathrm{E}[\,Y\,|\,\boldsymbol{x}\,]$와 $\sigma^2_{Y\,|\,\boldsymbol{x}} = \mathrm{Var}(Y\,|\,\boldsymbol{x})$는 회귀모형에서 반응변수 Y의 평균함수와 분산함수를 각각 나타낸다. 두 함수의 관계에 해당되는 분산안정화 변환함수를 찾는 방법은 연습문제로 주어져있고, 아래 예제에서는 적용 사례를 설명한다.

[표 4.4] 대표적 분산안정화 변환

분산함수와 평균함수의 관계	분산안정화 변환함수
$\sigma^2_{Y\|\boldsymbol{x}} \propto \mu_{Y\|\boldsymbol{x}}$	$\sqrt{Y}$
$\sigma^2_{Y\|\boldsymbol{x}} \propto \mu_{Y\|\boldsymbol{x}}(1-\mu_{Y\|\boldsymbol{x}})$	$\sin^{-1}(\sqrt{Y})$
$\sigma^2_{Y\|\boldsymbol{x}} \propto \mu^2_{Y\|\boldsymbol{x}}$	$\log Y$
$\sigma^2_{Y\|\boldsymbol{x}} \propto \mu^3_{Y\|\boldsymbol{x}}$	$1/\sqrt{Y}$
$\sigma^2_{Y\|\boldsymbol{x}} \propto \mu^4_{Y\|\boldsymbol{x}}$	$1/Y$

예제 4.9

자료 'restaurant'는 비슷한 업종의 음식점 30개의 매출액(Y)과 광고비(X)를 조사한 것이다. [그림 4.8]의 산점도를 보면 매출액의 분산이 광고비 또는 매출액이 커짐에 따라 지속적으로 증가하는 것을 알 수 있다. 이 자료에 대한 분산안정화 변환을 찾고, 변환된 자료를 이용하여 적절한 회귀모형을 적합하여라.

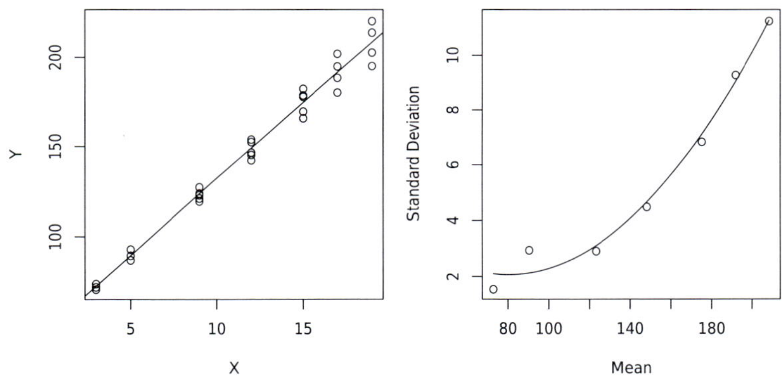

[그림 4.8] 매출액과 광고비의 산점도(왼쪽). 수준별 평균과 표준편차의 산점도(오른쪽).

풀이 이 자료에서는 광고비의 동일한 수준에서 여러 개의 매출액 자료가 있으므로 각 수준에서의 매출액 평균값과 표본표준편차를 계산할 수 있다. regbook에서 제공하는 meanvar() 함수를 이용하면 편리하다.

```
> meanvar(Y ~ X, restaurant)

Call:
meanvar(formula = Y ~ X, data = restaurant)
```

```
Mean and Variance:
   X      mean        var
1  3  72.82300   2.453283
2  5  90.38967   8.833374
3  9 123.22720   8.645695
4 12 148.24600  20.371266
5 15 175.21420  47.253647
6 17 191.78950  86.584798
7 19 208.40650 127.169204
```

이와 같이 계산된 표본표준편차와 표본평균값을 그림으로 나타낸 것이 [그림 4.8]의 오른쪽 산점도로, 우리는 대략적으로 표준편차가 평균의 제곱함수로 나타내어짐을 알 수 있다. `meanvar()` 결과를 이용하여 그림을 그릴 때 다음과 같이 평균과 분산 또는 표준편차와의 관계를 나타내는 식을 인자로 추가하면 이와 같은 그림을 얻을 수 있다.

```
Y.meanvar <- meanvar(Y ~ X, restaurant)
plot(Y.meanvar, sd ~ mean + I(mean^2))
```

따라서 [표 4.4]를 참조하면 분산안정화 변환함수로 역수변환이 적당함을 알 수 있다.

[그림 4.9]의 왼쪽 그림은 역수변환된 매출액값과 광고비의 산점도이다. 이제 관측값들의 분산은 일정하게 변하는 것을 알 수 있으므로, 등분산성을 가정한 적당한 회귀모형을 설정하면 된다. 산점도에서 보면 광고비의 이차 이상의 함수가 필요하다고 판단되며, 선형모형부터 순차적으로 적합한 결과 3차 모형이 타당하다고 판단되었다. 적합된 회귀식은 반응변수 Y의 역수변환 변수를 Y^*라 하면

$$\hat{Y}^* = 0.01845 - 0.001884X + 0.00009951X^2 - 0.000002013X^3$$

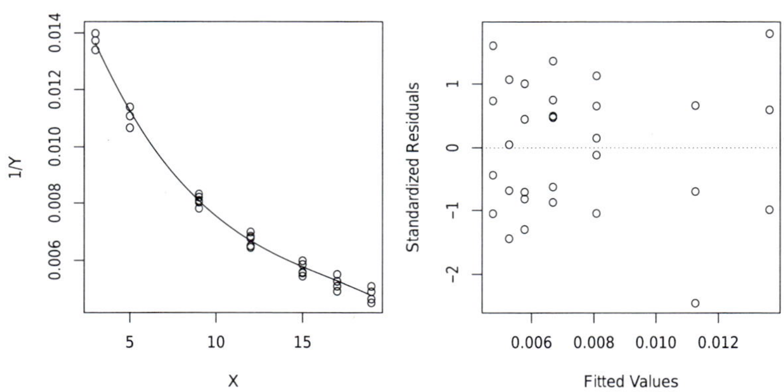

[그림 4.9] 역수변환된 매출액과 광고비의 산점도와 추정회귀곡선(왼쪽). 표준화잔차 대 예측값의 산점도(오른쪽).

로 주어지며, [그림 4.9]에 표시되었다. [그림 4.9]의 오른쪽 그림은 표준화잔차 대 예측값의 산점도로 등분산성 가정이 만족됨을 알 수 있다.

위의 예제에서는 동일한 수준에서 반복 관측된 값들이 있어 평균과 표준편차값을 계산할 수 있었다. 반복 관측치가 없는 경우에는 인접한 값들을 묶어 계산하면 된다.

분산이 평균의 함수로 주어지는 경우, 위의 분산안정화 변환방법 외에 다른 두 가지 대안을 생각할 수 있다. 첫 번째 방법은 가중회귀분석(weighted regression analysis)을 사용하는 것으로, 이 방법에서는 상수가 아닌 분산함수를 추정하여 분석에 사용하게 되는데 8장에서 설명된다. 두 번째 방법은 일반화선형모형(generalized linear model)을 사용하는 것으로, 이 방법에서는 평균함수와 분산함수와의 관계를 직접 모수 추정방법에 반영한다.

4.4.3 정규성을 위한 변환

앞 절의 분산안정화 변환에서는 Y^{λ} 형태의 변환을 주로 사용하였는데, 일반적으로 이를 **멱변환**(power transformation)이라 한다. 박스와 칵스(Box & Cox, 1964)는 멱변환과 유사하게

$$Y^{(\lambda)} = \begin{cases} (Y^{\lambda}-1)/\lambda, & \lambda \neq 0 \\ \log(Y), & \lambda = 0 \end{cases} \tag{4.10}$$

와 같은 변환을 할 때, $Y^{(\lambda)}$가 근사적으로 정규분포를 따르는 적당한 상수 λ를 찾을 수 있음을 보였다. 이것을 **박스-칵스 변환**이라 하며, 이 변환은 $Y^{(\lambda)}$가 모수 λ의 연속함수가 되도록 조정한 것으로 실질적으로는 멱변환 Y^{λ}와 동일하다고 보면 된다.

변환식 (4.10)은 변수 Y가 양수인 경우에만 적용될 수 있는데, 이를 일반화하기 위하여 다음과 같은 수정된 형태를 사용하기도 한다.

$$Y^{(\lambda)} = \begin{cases} ((Y+c)^{\lambda}-1)/(\lambda g), & \lambda \neq 0 \\ \log(Y+c)/g, & \lambda = 0 \end{cases} \tag{4.11}$$

위에서 상수 c는 Y가 양수가 아닌 경우 $(Y+c)$가 양수가 되도록 도입하는 것이며, g는 $g = [\,gm(Y)]^{\lambda-1}$으로 정의되는 것으로, $gm(Y)$는 Y 값들의 기하평균(geometric mean)

을 나타낸다. 식(4.11)에서 g로 나누어주는 것은 변환된 변수 $Y^{(\lambda)}$가 λ에 관계없이 모두 같은 단위를 가지도록 하는 것이다.

변환된 반응변수 $Y^{(\lambda)}$를 사용한 회귀모형을 **박스-칵스 변환모형**(Box-Cox transformation model)이라 한다. 이 모형에서는 회귀모형 모수 $\boldsymbol{\beta}$, σ^2 외에 λ도 함께 추정할 필요가 있다. 수정된 형태의 변환공식 (4.11)에 의해 계산된 $Y^{(\lambda)}$를 이용한 회귀분석에서 계산되는 오차제곱합 $SSE(\lambda)$는 λ에 무관하게 같은 단위를 가지므로 $SSE(\lambda)$가 최소가 되는 λ를 구하거나, 또는 최대가능도 추정방법으로 구할 수 있다. 자세한 추정방법은 Montgomery & Peck(1992) 또는 김&강(2010)을 참조하기 바란다. R에서는 `MASS` 패키지의 `boxcox()` 함수를 이용하여 구할 수 있다.

실제 문제에서는 λ의 정확한 추정값 $\hat{\lambda}$ 보다는 의미가 있는 λ의 값을 사용한다. 이를테면, $\lambda = 0$, $\pm 1/3$, ± 0.5, $\pm 2/3$, ± 1, ± 1.5, ± 2 등의 값을 일컫는 것인데, 이들 값 중에서 $\hat{\lambda}$에 가까운 값을 사용하면 된다. 예를 들어, $\hat{\lambda}$이 0.05이라면 0을 대신 사용하는 것이다. 또는 추정값 $\hat{\lambda}$과 함께 주어지는 λ에 대한 신뢰구간을 참조하여, 그 구간 내에서 적절한 값을 선택할 수도 있다.

예제 4.10

2장에서 사용된 자료 '`aflength`'에 대해 박스-칵스 변환을 찾아보아라.

풀이 R에서 박스-칵스 변환은 `MASS` 패키지의 `boxcox()` 함수를 이용하여 구할 수 있다. 설명변수들을 변환없이 그대로 사용하는 경우 필요한 명령은 아래와 같다.

```
library(MASS)
boxcox(lm(foot ~ forearm, aflength))
```

결과로 주어지는 [그림 4.10]을 **λ그림**(λ plot)이라 부르며, 로그가능도함수 곡선을 보여주고 있다.(로그가능도함수에 대한 구체적인 설명은 6장에서 주어진다.) 이 곡선의 최대값에 해당하는 점이 λ의 추정값 $\hat{\lambda}$이 되는데, 이 문제에서는 0.7로 주어진다. 그리고 양쪽에 점선으로 표시된 구간은 λ에 대한 95% 신뢰구간이다. $\hat{\lambda}$의 값으로 0.7을 사용해도 되지만, 신뢰구간 내에서 이 값에 가까운 의미있는 값인 1을 사용하는 것이 일반적인 방법이다. 따라서 이 예제의 경우에는 변수변환이 필요없다고 결론내릴 수 있다. 즉, 원래 변수가 정규성을 만족한다고 볼 수 있다. □

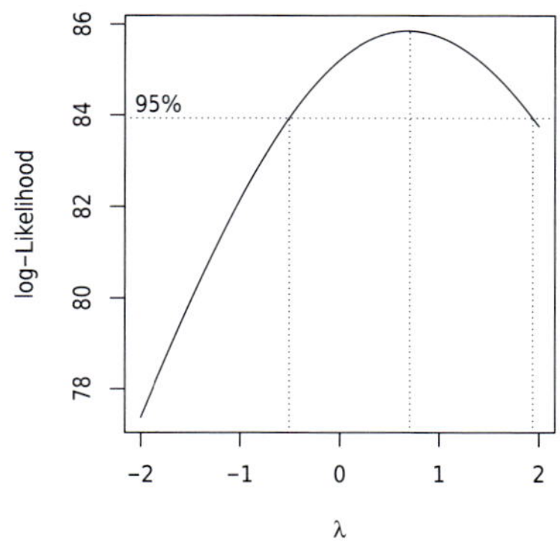

[그림 4.10] 발길이 예제에서의 발길이에 대한 박스-칵스 변환함수

예제 4.11

자료 'wool'은 Box & Cox의 1964년 논문에서 사용한 예제로, 양모의 강력(strength)을 알아보기 위해 3^3 요인실험을 수행한 결과이다. 실험변수로는 시편(test specimen)의 길이(length; 250, 300, 350mm), 시편에 가한 하중(load; 40, 45, 50g), 하중을 가한 폭(amplitude; 8, 9, 10mm)이 있으며, 반응변수는 시편이 끊어질 때까지의 측정 회수(cycle)이다. [그림 4.11]의 왼쪽 그림은 반응변수 관측값의 히스토그램으로, 분포가 대칭이 아님을 알 수 있고 정규분포와는 큰 차이가 있음을 알 수 있다. 그리고 [그림 4.11]의 오른쪽 그림은 실험변수들을 설명변수로 하여 회귀분석을 하였을 때의 잔차들의 정규확률도이다. 점들이 직선에서 많이 벗어나고 있어 정규성 가정이 만족되지 않음을 알 수 있다. 반응변수에 대한 박스-칵스 변환을 찾아보아라.

풀이 박스-칵스 분석은 다음과 같이 할 수 있다.

```
boxcox(lm(cycle ~ length + amplitude + load, wool))
```

결과로 얻어지는 [그림 4.12]를 보면 가능도함수를 최대화하는 값보다 95% 신뢰구간 내에 있는 의미있는 값인 $\lambda = 0$을 추정값으로 선택하는 것이 적절함을 알 수 있다. 따라서 로그변환이 요구된다.

[그림 4.13]의 왼쪽 그림은 박스-칵스 분석 결과로 얻어진 로그변환을 관측값에 적용한 후 히스토그램을 그린 것이며, 오른쪽 그림은 박스-칵스 변환모형, 즉, 반응변수를 로그변환한 후 중회귀모형을 적합하여 얻은 잔차의 정규확률도이다. 원래 자료의 경우보다

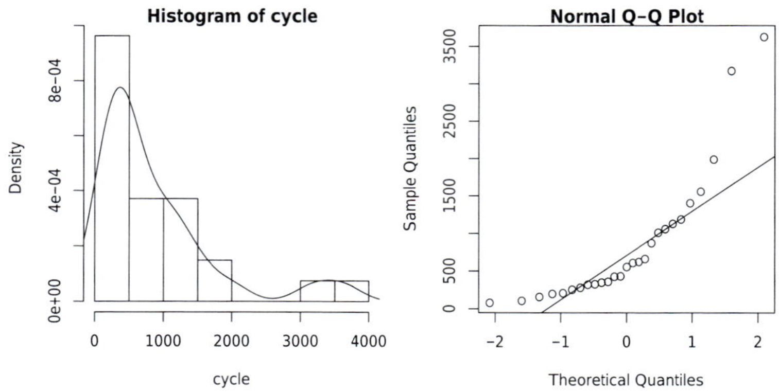

[그림 4.11] wool자료에서 반응변수의 히스토그램(왼쪽). 중선형회귀에서의 정규확률도(오른쪽).

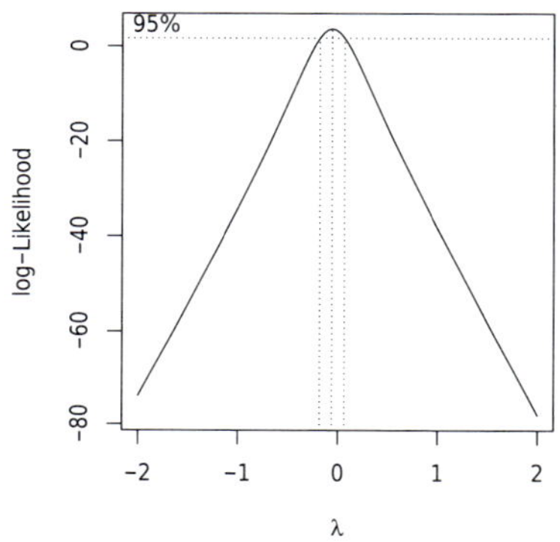

[그림 4.12] wool 예제에서의 반응변수에 대한 박스-칵스 변환함수

정규성이 훨씬 잘 만족됨을 알 수 있다.

Velilla(1993)는 박스-칵스 변환을 다변량 경우로 확장을 하였는데, 이것을 이용하면 반응변수와 설명변수들이 다변량정규분포를 따르도록 하는 변환을 찾을 수도 있다(Cook & Weisberg, 1999). 많은 경우 정규성을 만족시키는 변환은 등분산성도 만족시키고, 그 반대도 마찬가지이다. 이러한 현상을 이론적으로 증명할 수는 없지만 평균과 분산이 무관하게 움직이는 정규분포의 특성 때문이라 할 수 있을 것이다.

반응변수 Y의 등분산성, 독립성, 정규성 등이 모두 만족되나, Y가 설명변수들과 비선형관계를 가지는 경우를 생각해보자. 이 경우 Y의 변환은 이들 가정들의 타당성을 훼손할 수 있으므로 대신에 설명변수들을 변환하여 선형성을 향상시킬 수 있다. Box &

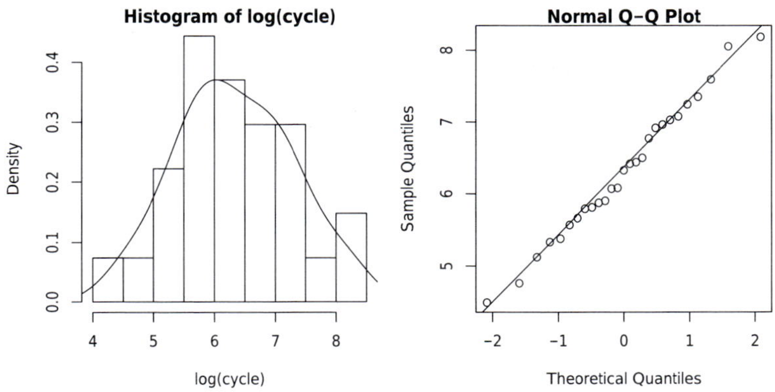

[그림 4.13] wool자료에서 로그변환된 반응변수의 히스토그램(왼쪽). 박스-칵스 변환모형의 정규확률도 (오른쪽).

Tidwell(1962)은 반응변수와 설명변수가 선형관계를 가지도록 하는 설명변수들의 멱변환을 구하는 문제를 다루었다. 그러나 이러한 경우에는 비선형관계를 그대로 사용하는 비선형회귀분석을 적용하는 것이 타당하며, 중선형회귀모형의 경우에는 설명변수들 사이의 관계로 인하여 반응변수와 특정한 설명변수의 비선형관계는 문제가 되지 않을 수 있다.

4.5 표준화 회귀계수

회귀모형에서 회귀계수 β_j 가 갖는 단위는

$$\frac{\text{반응변수 } Y \text{ 의 단위}}{\text{설명변수 } X_j \text{ 의 단위}}$$

로 주어지므로, 회귀계수의 의미는 항상 두 변수의 단위와 함께 해석되어야 한다. 이를테면, 어느 문제에서 다음과 같은 추정식을 얻었다고 하자.

$$\hat{Y} = 4 + X_1 + 100X_2$$

이 경우 무의식적으로 X_2가 X_1보다 Y에 더 큰 영향을 준다고 해석할 수 있다. 그러나 만일 X_1의 단위가 cm이고, X_2의 단위가 m이라면 두 변수의 Y에 대한 영향력은 같다고 할 수 있다. 즉, 예를 들어, X_2의 값이 고정되고 X_1이 1m 증가하면 Y는 100

만큼 증가하며, 반대로 X_1 의 값이 고정되고 X_2가 1m 증가하면 Y는 역시 100 만큼 증가한다. 그러므로 단순히 회귀계수 추정값의 크기만으로 설명변수들의 반응변수에 대한 영향력을 비교해서는 곤란하다. 더군다나 설명변수들이 서로 전혀 다른 종류의 단위를 가질 때는 더욱 그러하다. 이와 같은 회귀계수들의 비교를 쉽게 하기 위해 단위가 없는 회귀계수를 사용할 수 있다.

회귀계수 β_j 의 최소제곱추정값 $\hat{\beta}_j$ 에 대하여 다음의 변환식을 생각하자.

$$\hat{\beta}_j^* = \sqrt{\frac{SS_{jj}}{SS_{YY}}}\,\hat{\beta}_j\,, \quad j = 1, 2, \cdots, p-1 \tag{4.12}$$

위의 식에서 SS_{jj}와 SS_{YY}는 각각

$$SS_{jj} = \sum_{i=1}^{n}(X_{ij} - \overline{X}_j)^2,\ j = 1, 2, \cdots, p-1\,; \quad SS_{YY} = \sum_{i=1}^{n}(Y_i - \overline{Y})^2$$

으로 정의된다. 식(4.12)에서는 반응변수와 설명변수의 단위가 각각 상쇄되어 $\hat{\beta}_j^*$는 단위가 없는 통계량이 되는데, 이를 **표준화 회귀계수**(standardized regression coefficient)라 한다. 사회과학분야 등에서는 각 설명변수들의 상대적 중요도를 나타내는 중요한 측도로 사용되고 있다. 즉, 큰 값의 $\hat{\beta}_j^*$를 갖는 설명변수가 중요하다고 해석할 수 있다.

그러나 표준화 회귀계수의 맹목적 사용은 조심할 필요가 있다. 식(4.12)에서 알 수 있듯이 $\hat{\beta}_j^*$ 의 크기를 상대적으로 비교할 때에는 각 설명변수의 변동을 나타내는 SS_{jj}의 값이 큰 영향을 미친다. 그리고 SS_{jj}의 값은 설명변수 X_j 값의 설계(design)에 따라 좌우된다. 그러므로 설명변수들의 산포가 너무 큰 차이가 나는 경우에는 표준화 회귀계수의 해석에 주의할 필요가 있다.

표준화 회귀계수는 회귀분석의 계산과정에서 자연스럽게 얻어진다. 회귀분석을 위한 계산에는 디자인행렬 $\boldsymbol{X}$ 의 QR분해법을 이용하는 것이 제일 정확하다고 알려져 있다.(R에서는 현재 이 방식만을 사용하고 있다.) 그러나 이 방법에서는 $n \times p$ 차원의 큰 행렬을 다루어야 하므로 컴퓨터의 기억용량과 계산 속도를 우선적으로 생각하여, 아직도 많은 통계패키지에서는 정규방정식

$$(\boldsymbol{X}'\boldsymbol{X})\hat{\boldsymbol{\beta}} = \boldsymbol{X}'\boldsymbol{y}$$

를 가우스 소거법(Gaussian elimination method)이나 SWEEP 연산으로 풀어 계수 추정값을 계산하고 있다(Kennedy & Gentle, 1980). 이 경우 행렬 $\boldsymbol{X}'\boldsymbol{X}$ 의 행렬식의

값이 0에 가깝거나 원소들의 크기가 매우 다르면 계산오차가 커지게 된다. 이를 방지하기 위하여 사전에 반응변수와 설명변수들의 값들을 표준화하여 사용한다. 즉,

$$Y_i^* = \frac{Y_i - \overline{Y}}{\sqrt{SS_{YY}}}, \quad W_{ij} = \frac{X_{ij} - \overline{X}_j}{\sqrt{SS_{jj}}}, \quad i = 1, 2, \cdots, n; \quad j = 1, 2, \cdots, p-1 \tag{4.13}$$

와 같이 변환하면 위의 정규방정식은 다음과 같이 나타내어진다.

$$(\boldsymbol{W}'\boldsymbol{W})\hat{\boldsymbol{\beta}}^* = \boldsymbol{W}'\boldsymbol{y}^* \tag{4.14}$$

여기에서 $\boldsymbol{W}$는 W_{ij}를 원소로 하는 $n \times (p-1)$ 행렬이며(상수항에 해당되는 열은 없어진다), $\boldsymbol{y}^*$는 i번째 원소가 Y_i^*인 벡터이다.

먼저 행렬 $\boldsymbol{W}'\boldsymbol{W}$를 계산해보면 이 행렬은 설명변수 X_j들의 표본상관계수행렬로 주어짐을 알 수 있다. 즉,

$$\boldsymbol{W}'\boldsymbol{W} = \begin{bmatrix} 1 & r_{12} & r_{13} & \cdots & r_{1,p-1} \\ r_{12} & 1 & r_{23} & \cdots & r_{2,p-1} \\ \cdots & \cdots & \cdots & \cdots & \cdots \\ r_{1,p-1} & r_{2,p-1} & r_{3,p-1} & \cdots & 1 \end{bmatrix}$$

예를 들어, $\boldsymbol{W}'\boldsymbol{W}$의 (j, l)번째 원소는 $\boldsymbol{W}$의 j번째와 l번째 열벡터의 내적으로 주어지므로

$$\{\boldsymbol{W}'\boldsymbol{W}\}_{jl} = \sum_{i=1}^{n} W_{ij} W_{il} = \frac{\sum_{i=1}^{n} (X_{ij} - \overline{X}_j)(X_{il} - \overline{X}_l)}{\sqrt{SS_{jj} SS_{ll}}} = r_{jl}$$

즉, 변수 X_j와 X_l의 표본상관계수가 된다. 그리고 벡터 $\boldsymbol{W}'\boldsymbol{y}^*$의 각 원소는 설명변수와 반응변수의 표본상관계수임을 알 수 있다. 즉,

$$\boldsymbol{W}'\boldsymbol{y}^* = \begin{bmatrix} r_{Y1} \\ r_{Y2} \\ \cdots \\ r_{Y,p-1} \end{bmatrix}$$

(r_{Yj}는 반응변수 Y와 설명변수 X_j의 표본상관계수를 나타낸다.)

그러므로 정규방정식의 각 원소가 표본상관계수로 −1과 1 사이의 값을 가지게 되어 이들을 사용하면 계산오차는 상대적으로 줄어든다. 그리고 표준화 회귀계수 $\hat{\boldsymbol{\beta}}^*$ 는 정규방정식 (4.14)를 이용하여 얻어지게 된다.

예제 4.12

자료 'houseprice'는 주택 판매가격(price; 천만원)과 이에 영향을 줄 것으로 판단되는 4가지 설명변수인 세금(tax; 만원), 대지평수(ground; 평), 건물평수(floor; 평), 주택연령(year; 년)을 27가구에 대해 조사한 것이다. 4개의 설명변수를 포함하는 회귀모형에서의 각 회귀계수에 대한 표준화 회귀계수를 구하여라.

풀이 우선 표준화를 하지 않은 원래 회귀계수의 값을 확인하여 보면 다음과 같다. 아래의 lm문에서 '.'은 주어진 데이터프레임에서 반응변수를 제외한 나머지 모든 변수들을 설명변수로 설정한다는 표시이다.

```
> fit <- lm(price ~ ., houseprice)
> summary(fit)
(...)
Coefficients:
             Estimate Std. Error t value  Pr(>|t|)
(Intercept)  1.21874    2.04661   0.595   0.55759
tax          0.05195    0.01383   3.756   0.00109 **
ground       0.01159    0.02534   0.458   0.65169
floor        0.34941    0.07268   4.807 0.0000841 ***
year        -0.21894    0.33149  -0.660   0.51582
(...)
```

R에서는 기본적으로 디자인행렬 $\boldsymbol{X}$ 의 QR분해를 사용하여 모든 계산을 하고 있어 직접적으로 표준화 회귀계수값을 계산해주는 함수를 제공하고 있지 않다. 따라서 표준화 회귀계수를 주어진 식(4.12)를 이용하여 직접 계산해보자. 우선 데이터프레임의 각 컬럼의 제곱합과 $\sqrt{SS_{jj}/SS_{YY}}$는 다음과 같이 구할 수 있다.

```
> ( SS <- sapply(houseprice, function(x) sum((x-mean(x))^2)) )
      price         tax      ground       floor        year
 1330.58000 86382.92555 15021.91932  3241.26394    51.34741

> sqrt(SS / SS["price"])
   price      tax   ground    floor     year
1.000000 8.057373 3.360023 1.560762 0.196444
```

표준화 회귀계수는 원래 회귀계수 추정값 $\hat{\beta}_j$에 위의 값들을 곱해서 얻을 수 있다. 이때 절편에 대한 계산 부분은 올바른 것이 아니므로 의미가 없다.

```
> coef(fit) * sqrt(SS / SS["price"])
(Intercept)         tax      ground       floor        year
 1.21873952  0.41857785  0.03895839  0.54533978 -0.04300925
```

디자인행렬이 원 데이터프레임과 다를 수 있으므로, lm 객체의 정보에서 디자인행렬을 추출하는 model.matrix()를 사용하는 것이 좋다. 반응변수벡터도 model.response()를 이용하여 얻을 수 있다. 한편 sapply()로 각 열에 대한 계산을 수행하는 대신 행렬 연산을 이용할 수도 있다. 또한 $\sum_{i=1}^{n}(Y_i - \overline{Y})^2 = \sum_{i=1}^{n} Y_i^2 - n\overline{Y}^2$ 이라는 관계를 이용하여 계산할 수도 있다.

```
> X <- model.matrix(fit)
> y <- model.response(fit$model)
> ( SSjj <- diag(t(X) %*% X) - nrow(X) * colMeans(X)^2 )
(Intercept)         tax      ground       floor        year
    0.00000 86382.92555 15021.91932  3241.26394    51.34741

> ( SSYY <- sum(y^2) - length(y)*mean(y)^2 )
[1] 1330.58

> sqrt(SSjj/SSYY) * coef(fit)
(Intercept)         tax      ground       floor        year
 0.00000000  0.41857785  0.03895839  0.54533978 -0.04300925
```

또는 간편하게 regbook 패키지에서 제공하는 stdcoef() 함수를 이용하여 구할 수 있다.

```
> stdcoef(fit)
(Intercept)         tax      ground       floor        year
 0.00000000  0.41857785  0.03895839  0.54533978 -0.04300925
```

한편 regbook 패키지의 lmbeta() 함수를 이용하면 표준화 회귀계수(BETA)가 추가된 summary() 결과를 얻을 수도 있다.

```
> summary(lmbeta(fit))
(...)
Coefficients:
                BETA Estimate Std. Error t value Pr(>|t|)
(Intercept)  0.00000  1.21874    2.04661   0.595  0.55759
tax          0.41858  0.05195    0.01383   3.756  0.00109 **
ground       0.03896  0.01159    0.02534   0.458  0.65169
floor        0.54534  0.34941    0.07268   4.807 8.41e-05 ***
year        -0.04301 -0.21894    0.33149  -0.660  0.51582
```

위의 결과에서 회귀계수들의 절댓값의 크기와 표준화 회귀계수들의 절댓값의 크기가 일치하는 것은 아니라는 것을 알 수 있다. 표준화 회귀계수들 크기로 판단할 때 대략적으로 `floor`, `tax`, `year`, `ground`의 순서로 중요하다고 할 수 있다. □

4.6 다중공선성의 탐색

지금까지 우리는 묵시적으로 $n \times p$ 디자인행렬 $\boldsymbol{X}$의 계수(rank)는 p라고 가정을 하여 왔다. 행렬 $\boldsymbol{X}$의 계수가 열이나 행의 개수와 같을 때 행렬 $\boldsymbol{X}$는 **최대계수**(full rank)를 가진다고 하는데, 이 경우에만 $\boldsymbol{X}'\boldsymbol{X}$도 최대계수를 가지고 따라서 역행렬이 존재한다. 이와는 반대로 설명변수들 사이에 선형종속 관계가 존재하면 행렬 $\boldsymbol{X}$의 계수가 p 보다 작게 된다. 이 경우에는 $\boldsymbol{X}'\boldsymbol{X}$의 역행렬이 존재하지 않게 되어 정규방정식의 유일해를 구할 수 없게 된다.(이 경우 실제는 무한히 많은 해가 존재한다.)

설명변수들에 선형종속 관계가 존재하지 않더라도, 변수들의 상관관계가 높은 경우에는 회귀분석의 추론과정에 몇 가지 문제가 발생한다. 예를 들어, 두 개의 설명변수가 있는 모형에서 각 변수가 표준화되었을 때의 디자인행렬을 $\boldsymbol{W}$라 나타내자. 두 설명변수의 표본상관계수를 r_{12}라 할 때, 행렬 $\boldsymbol{W}'\boldsymbol{W}$는 다음과 같이 주어지며

$$\boldsymbol{W}'\boldsymbol{W} = \begin{bmatrix} 1 & r_{12} \\ r_{12} & 1 \end{bmatrix}$$

이 행렬의 행렬식(determinant)의 값과 역행렬은 각각

$$|\,\boldsymbol{W}'\boldsymbol{W}\,| = 1 - r_{12}^2, \quad (\boldsymbol{W}'\boldsymbol{W})^{-1} = \frac{1}{1-r_{12}^2}\begin{bmatrix} 1 & -r_{12} \\ -r_{12} & 1 \end{bmatrix}$$

로 주어진다. 그러므로 만일 r_{12}가 ± 1에 가까운 값을 가지면(즉, 두 설명변수의 상관관계가 높으면) 행렬식의 값은 0에 가깝게 되고, 행렬 $\boldsymbol{W}'\boldsymbol{W}$는 비정칙행렬이 될 수 있다. 또한 회귀계수 추정량 $\hat{\beta}_1$과 $\hat{\beta}_2$의 분산은 각각

$$\mathrm{Var}(\hat{\beta}_1) \;=\; \mathrm{Var}(\hat{\beta}_2) \;=\; \frac{1}{1-r_{12}^2}\sigma^2$$

으로 주어지므로, 만약 r_{12}가 ± 1에 가까운 값을 가지면 이들 분산이 매우 커지게 되어 회귀계수에 대한 추정의 정확도가 낮아지게 된다.

위의 예제에서와 같이 설명변수들의 상관관계가 높으면 최소제곱추정량의 계산이 불가능할 수 있고, 추정량의 분산이 커지는 문제가 발생할 수 있는데, 이때 설명변수들 사이에 **다중공선성**(multicollinearity)이 존재한다고 한다. 다중공선성은 위의 문제뿐만 아니라 간결함의 원칙 측면에서도 바람직하지 않다. 상관관계가 높은 설명변수들은 반응변수에 대해 비슷한 역할을 하기 때문에 굳이 회귀모형에 같이 포함될 필요는 없다.

다중공선성은 위의 예제에서와 같이 설명변수들의 상관관계가 높거나, 설명변수들에 선형종속 관계가 있는 경우에 발생한다고 할 수 있다. 예를 들어, 어느 화학반응에 세 가지 원소가 관련되어 있고, 그 원소들의 농도 A, B, C가 항상 A+B+C=100%의 조건을 만족한다고 하자. 이들 농도를 모두 측정하여 설명변수로 사용하면 문제가 없으나 (측정오차로 인하여 세 농도의 값이 정확하게 항상 100%가 되지는 않는다), 만일 두 원소의 농도만을 측정하고, 나머지 한 원소의 농도는 위의 조건을 이용하여 산출한 후 설명변수의 값으로 사용하면 선형종속관계가 성립되어 다중공선성의 문제가 발생할 수 있다.

다음으로 다중공선성의 존재 여부를 판정하는 방법에 대하여 알아보자. 만약 선형종속관계가 두 개의 설명변수들에만 존재하는 경우에는 설명변수들의 표본상관계수값을 계산해보면 쉽게 판별할 수 있다. 특별히 정해진 기준은 없으나 대략적으로 표본상관계수값이 0.90 이상이면 다중공선성을 의심하여 자세히 조사할 필요가 있을 것이다. 그러나 일반적으로 상관계수를 이용하여 다중공선성을 찾는 것은 한계가 있으므로 참고적으로만 사용해야 한다. 특히 세 개 이상의 변수들 간에 선형종속관계가 있는 경우에는 표본상관계수의 값들이 높게 나오지 않을 수도 있다.

앞에서 다중공선성이 존재하는 경우에는 회귀계수 추정량의 분산이 커진다는 것을 설명하였다. 이 사실을 이용하면 다중공선성의 정도를 나타내는 측도를 정의할 수 있다. 예를 들어, 두 개의 표준화된 설명변수가 있고 관측값들이 서로 직교하는 경우에는(이 경우 표본상관계수 값은 0이 된다), 행렬 $\boldsymbol{W}'\boldsymbol{W}$와 그 역행렬은

$$\boldsymbol{W}'\boldsymbol{W} = (\boldsymbol{W}'\boldsymbol{W})^{-1} = \begin{bmatrix} 1 & 0 \\ 0 & 1 \end{bmatrix}$$

이 되어 회귀계수 추정량의 분산은 각각 σ^2으로 주어진다. 이와는 반대로 두 설명변수의

표본상관계수가 0.975로 높은 경우에는, 행렬 $\boldsymbol{W}'\boldsymbol{W}$ 와 그 역행렬은 각각

$$\boldsymbol{W}'\boldsymbol{W} = \begin{bmatrix} 1 & 0.975 \\ 0.975 & 1 \end{bmatrix}, \quad (\boldsymbol{W}'\boldsymbol{W})^{-1} = \begin{bmatrix} 20.253 & -19.747 \\ -19.747 & 20.253 \end{bmatrix}$$

로 주어지게 되어, 이 경우 회귀계수 추정량의 분산은 각각 $20.253\sigma^2$ 으로 앞의 경우보다 무려 20배나 증가하게 된다.

이와 같이 표준화된 설명변수를 사용하는 회귀모형에서 계산되는 행렬 $(\boldsymbol{W}'\boldsymbol{W})^{-1}$ 의 대각원소는 회귀계수 추정량의 분산이 이상적인 경우(즉, 서로 직교하는 경우)에 비하여 얼마만큼 팽창하는지를 알려주게 된다. 이런 의미에서 행렬 $(\boldsymbol{W}'\boldsymbol{W})^{-1}$ 의 k 번째 대각원소를 k 번째 설명변수의 **분산팽창인수**(variance inflation factor)라 부르고, VIF_k 라 나타낸다.

분산팽창인수 VIF_k 는 또한

$$VIF_k = \frac{1}{1 - R_k^2}, \quad k = 1, 2, \cdots, p-1$$

으로 정의될 수 있는데, 여기서 R_k^2 은 k 번째 설명변수를 반응변수로 설정하여 나머지 설명변수들에 대해 회귀분석을 하였을 때 얻어지는 결정계수의 값이다. 만약 k 번째 설명변수와 다른 설명변수들의 관계가 전혀 없으면, R_k^2 은 0이 되어 VIF_k 의 값은 1로 주어지게 된다. 반대로 k 번째 설명변수가 다른 설명변수들과 밀접한 관계에 있으면, R_k^2 은 1에 가깝게 되고 따라서 VIF_k 의 값은 커지게 된다. VIF값들 중 큰 값들이 다중공선성의 존재여부를 알려주는데 일반적인 기준으로 10을 사용하고 있다. 즉, VIF_k 의 값이 10보다 크면 다중공선성의 가능성이 있다고 판단한다. 유의할 점은 VIF_k 는 다중공선성의 존재 유무만 알려줄 뿐이며, 설명변수들 간에 존재하는 선형종속관계의 개수나 형태에 대해서는 알려주지를 못한다는 것이다.

세 번째 방법은 행렬 $\boldsymbol{X}'\boldsymbol{X}$ 또는 $\boldsymbol{W}'\boldsymbol{W}$ 의 고유값을 조사하는 것이다. 설명변수들에 선형종속관계가 있는 경우 디자인행렬 $\boldsymbol{X}$ 의 계수(rank)가 줄어들게 되고, 따라서 행렬 $\boldsymbol{X}'\boldsymbol{X}$ 의 계수도 p보다 작아지게 된다. $\boldsymbol{X}'\boldsymbol{X}$ 와 $\boldsymbol{W}'\boldsymbol{W}$ 은 양정치행렬로 계수는 0보다 큰 고유값의 개수와 같으므로, 만일 0에 가까운 고유값이 있으면 다중공선성을 의심할 필요가 있다.

고유값을 이용하는 방법의 장점은 0에 가까운 고유값의 개수가 곧 설명변수들 간에 존재하는 선형종속관계의 개수가 되며, 또한 VIF의 경우와는 달리 고유벡터에서 선형종속

관계의 형태를 대략적으로 알 수 있다는 것이다. 표준화 행렬인 $\boldsymbol{W}'\boldsymbol{W}((p-1)\times(p-1))$의 고유값을 $\lambda_1, \lambda_2, \cdots, \lambda_{p-1}$ 이라 하고, 대응되는 고유벡터를 $\boldsymbol{v}_1, \boldsymbol{v}_2, \cdots, \boldsymbol{v}_{p-1}$ 이라 나타내면, 행렬 $\boldsymbol{V} = [\boldsymbol{v}_1, \boldsymbol{v}_2, \cdots, \boldsymbol{v}_{p-1}]$에 대하여

$$\boldsymbol{V}'(\boldsymbol{W}'\boldsymbol{W})\boldsymbol{V} = \mathrm{diag}(\lambda_1, \lambda_2, \cdots, \lambda_{p-1}) \tag{4.15}$$

의 관계식이 성립한다. 만일 다중공선성 있는 경우에는 고유값들 중의 하나, 예를 들어, λ_k가 0이거나 0에 가까운 작은 값을 갖게 되고, 이것에서

$$\boldsymbol{v}_k'(\boldsymbol{W}'\boldsymbol{W})\boldsymbol{v}_k = (\boldsymbol{W}\boldsymbol{v}_k)'(\boldsymbol{W}\boldsymbol{v}_k) \approx 0$$

이 됨을 알 수 있다. 또한 위의 식은

$$\sum_{i=1}^{p-1} v_{ik}\boldsymbol{w}_i = \boldsymbol{0} \tag{4.16}$$

이 성립함을 의미한다.(벡터 $\boldsymbol{w}_i$는 행렬 $\boldsymbol{W}$의 i번째 열벡터를 나타낸다.) 식(4.16)은 설명변수들 사이에 성립하는 선형종속관계를 구체적으로 보여주는 것으로, 고유벡터의 각 원소 v_{ik}가 선형관계식에서 i번째 설명변수의 계수가 되므로, v_{ik}가 큰 설명변수들 사이에 선형종속 관계가 있다고 해석할 수 있다.

그렇지만 회귀분석에서는 고유벡터의 값을 그대로 사용하기보다는, 고유벡터의 값들을 이용하여 각 고유값이 회귀계수 추정량들의 분산을 팽창시키는 비율을 나타내는 측도를 정의하여 활용하고 있다. 구체적으로, 식(4.15)를 이용하면 각 회귀계수 추정량들의 분산이 다음과 같이 주어짐을 쉽게 보일 수 있다.

$$\mathrm{Var}(\hat{\beta}_j)/\sigma^2 = \sum_{k=1}^{p-1} \frac{v_{jk}^2}{\lambda_k}$$

위의 식은 모든 고유값들이 각 분산에 영향을 주고 있음을 보여주며, 특히 고유값이 작을수록 분산을 크게 만드는 것을 알 수 있다. 위의 식에서 각 성분 v_{jk}^2/λ_k를 전체합으로 나누어 표준화한 값을 **분산비**(variance proportion)라 하며(Myers, 1990), 이를 이용하면 어떠한 설명변수들이 어느 정도로 선형종속에 관련되었는지를 더욱 명확하게 알 수 있다.

예제 4.13

대부분의 통계패키지에서는 설명변수들에 존재하는 정확한 선형종속관계를 자동으로 찾아주고 있다. 이를 살펴보기 위해 중고차 가격 자료(‘usedcars’)에서 기존의 설명변수 4개 외에 ‘배기량(cc)’과 ‘주행거리(mileage)’의 값을 더하여 만든 가상적인 변수를 회귀모형에 포함시켜 분석을 실시하여 R에서 이와 같은 문제를 어떻게 처리하는지 보아라.

풀이 가상적인 변수명을 ‘배기주행(ccmile)’이라 하자. 이 경우에 다음과 같이 새로운 변수를 추가할 수 있다.

```
usedcars <- within(usedcars, ccmile <- cc + mileage)
```

이제 이 변수를 포함하여 회귀분석을 수행해 보자.

```
> lm(price ~ year + mileage + cc + automatic + ccmile, usedcars)

Call:
lm(formula = price ~ year + mileage + cc + automatic + ccmile,
    data = usedcars)

Coefficients:
(Intercept)         year      mileage           cc    automatic   ccmile
 525.286961    -5.799637    -0.002263     0.388787   165.312633       NA
```

위의 결과에서 보듯이 설명변수들 사이에 완벽한 선형관계가 존재할 경우 문제가 되는 변수들 중 하나(ccmile)를 분석에서 제외한 결과를 보여준다.

□

위의 예제와는 달리 변수들 사이에 선형종속관계가 근사적으로 성립하는 경우에는 *VIF* 등의 측도를 이용하여 분석자가 다중공선성의 유무와 해결방안을 찾아야 한다. 다음 예제에서 이와 같은 경우를 살펴보자.

예제 4.14

[표 4.5]의 자료 ‘hald’는 1932년 미국 화학공학 학회지에 발표된 것으로, 시멘트가 굳을 때 발생하는 열량에 시멘트의 네 가지 성분들이 미치는 영향을 분석한 것이다(Hald, 1952; Woods 외, 1932). 이 자료는 여러 문헌에서 모형구축 문제의 예제로 사용되었다(Draper & Smith, 1998). 네 가지 성분들의 값들은 무게의 구성비(%)로 측정되었고,

[표 4.5] Hald 자료

Y	X_1	X_2	X_3	X_4
78.5	7	26	6	60
74.3	1	29	15	52
104.3	11	56	8	20
87.6	11	31	8	47
95.9	7	52	6	33
109.2	11	55	9	22
102.7	3	71	17	6
72.5	1	31	22	44
93.1	2	54	18	22
115.9	21	47	4	26
83.8	1	40	23	34
113.3	11	66	9	12
109.4	10	68	8	12

반응변수는 시멘트 1g당 발생하는 열량(cal)으로 측정되었다. 다중공선성의 유무를 판단하고 그 형태를 대략적으로 설명해보아라.

풀이 우선 모든 설명변수를 포함한 모형을 적합한 결과를 살펴보면 다음과 같다.

```
> hald.lm <- lm(y ~ ., hald)
> summary(hald.lm)
(...)
Coefficients:
            Estimate Std. Error t value Pr(>|t|)
(Intercept)  62.4054    70.0710   0.891   0.3991
x1            1.5511     0.7448   2.083   0.0708 .
x2            0.5102     0.7238   0.705   0.5009
x3            0.1019     0.7547   0.135   0.8959
x4           -0.1441     0.7091  -0.203   0.8441

Residual standard error: 2.446 on 8 degrees of freedom
Multiple R-squared:  0.9824,	Adjusted R-squared:  0.9736
F-statistic: 111.5 on 4 and 8 DF,  p-value: 4.756e-07
```

다중공선성의 유무를 판단하기 위해서는 먼저 설명변수들의 표본상관계수값을 살펴보고, 다음으로 VIF값과 표준화 행렬 $\boldsymbol{W}'\boldsymbol{W}$의 고유값과 고유벡터를 살펴보면 된다.

표본상관계수는 `cor()`을 이용하여 구할 수 있다. 설명변수들 사이의 표본상관계수 행렬을 계속 사용할 것이므로 'R'이라고 이름을 붙여놓는 것이 편리할 수 있다.

```
> R <- cor(hald[2:5])
> R
```

```
           x1         x2         x3         x4
x1  1.0000000  0.2285795 -0.8241338 -0.2454451
x2  0.2285795  1.0000000 -0.1392424 -0.9729550
x3 -0.8241338 -0.1392424  1.0000000  0.0295370
x4 -0.2454451 -0.9729550  0.0295370  1.0000000
```

위의 결과를 보면 X_2와 X_4의 상관계수가 -0.9730으로 높은 상관관계가 존재한다는 것을 알 수 있다. 그리고 X_1과 X_3 사이에도 어느 정도의 상관관계가 있다는 것을 알 수 있다. 이러한 결과는 **pairs**()로 산점도행렬을 그려 시각적으로도 확인할 수 있다.

각 설명변수에 대한 *VIF*값은 표본상관계수행렬의 역행렬을 이용하여 구할 수 있다. 역행렬의 대각원소가 *VIF*에 해당한다. R에서 행렬 A의 역행렬은 **solve**(A), 대각원소는 **diag**(A)를 이용하여 계산할 수 있다.

```
> diag(solve(R))
       x1        x2        x3        x4
 38.49621 254.42317  46.86839 282.51286
```

각 설명변수에 대한 *VIF*값은 각각 약 38, 254, 46, 282로 주어지는데, 모두 10보다 매우 크므로 우리는 명백한 다중공선성이 존재한다는 것을 알 수 있다. 그러나 설명변수들에 몇 개의 선형종속관계가 존재하는지는 큰 *VIF*값의 개수로는 알 수 없다. 더욱 확실한 분석을 위하여 설명변수들의 상관계수행렬로 주어지는 표준화 행렬 $\boldsymbol{W}'\boldsymbol{W}$의 고유값을 구해보자. 고유값과 고유벡터는 **eigen**() 함수로 구할 수 있다. 고유값은 다음과 같다.

```
> eigen(R)$values
[1] 2.235704035 1.576066070 0.186606149 0.001623746
```

위의 결과에서 고유값들이 크기 순서대로

$$\lambda_1 = 2.23570, \quad \lambda_2 = 1.57607, \quad \lambda_3 = 0.18661, \quad \lambda_4 = 0.00162$$

으로 주어져 있으며, 0에 가까운 값(λ_4)이 하나 있으므로 우리는 설명변수들에 하나의 선형종속관계가 존재한다고 판단할 수 있다.

값이 작은 고유값을 더욱 명확하게 판별하기 위하여, 고유값들의 크기 차이를 나타내는 **조건지수**(condition index)를 추가로 정의하여 사용하기도 한다. 조건지수는 가장 크기가 큰 고유값에 대한 상대적인 크기의 제곱근, 즉, $\sqrt{\lambda_1/\lambda_j}$로 정의되는 수치로 아래와 같이 주어진다.

```
> eigenval <- eigen(R)$values
> sqrt(max(eigenval) / eigenval)
[1]  1.000000  1.191022  3.461339 37.106342
```

이 값들 중에서 특히 가장 큰 고유값과 가장 작은 고유값을 비교하는 값

$$\kappa(\boldsymbol{X}) = \sqrt{\lambda_1/\lambda_4} = \sqrt{2.23570/0.00162} = 37.10634$$

을 행렬 $\boldsymbol{X}$의 **조건수**(condition number)라 하며, 이 값이 클수록 다중공선성의 가능성이 높음을 나타낸다. 일반적으로 정해진 기준은 없으나 조건지수 또는 조건수가 15보다 크면 다중공선성의 가능성이 있고, 30 이상이면 다중공선성을 해결하기 위한 분석이 필요하다고 판단한다(Chatterjee & Hadi, 2012). 이 예제에서는 30 이상인 조건지수가 1개 있어 선형종속관계가 1개 있음을 뒷받침하고 있다.

regbook 패키지의 vif()를 이용하면 *VIF*, 고유값, 조건지수와 각 고유값이 $\hat{\boldsymbol{\beta}}$의 분산에 영향을 미치는 정도를 나타내는 분산비(variance proportion)를 계산할 수 있다.

```
> summary(vif(lm(y ~ ., hald)))

VIF:
   x1    x2    x3    x4
 38.5 254.4  46.9 282.5

Variance Proportion:
  Eigenvalues Cond.Index       x1        x2       x3        x4
1    2.235704      1.000 0.002632 0.0005590 0.001482 0.0004753
2    1.576066      1.191 0.004270 0.0004273 0.004955 0.0004573
3    0.186606      3.461 0.063519 0.0020823 0.046496 0.0007244
4    0.001624     37.106 0.929579 0.9969315 0.947067 0.9983430
```

위의 출력물에 나오는 *VIF*, 고유값, 조건지수들은 앞에서 설명되었고, 분산비는 다음과 같이 해석할 수 있다. 예를 들어, ‘x1’ 아래에 있는 4개의 값들은 X_1의 회귀계수 추정량의 분산인 $\text{Var}(\hat{\beta}_1)$에 4개의 고유값이 미치는 영향의 정도를 나타낸다. 즉, 고유값을 크기 순서대로 λ_1, λ_2, λ_3, λ_4라 하면 λ_1은 0.26%, λ_2은 0.43%, λ_3은 6.35%, 그리고 다중공선성과 관련된 λ_4는 92.96% 정도로 $\text{Var}(\hat{\beta}_1)$에 영향을 준다고 할 수 있다. 또한 λ_4는 다른 회귀계수 추정량들의 분산에도 비슷한 정도로 가장 큰 영향을 주고 있음을 알 수 있다. 따라서 이 문제에서는 $\text{Var}(\hat{\beta}_j)$에 큰 영향을 주는 작은 고유값이 1개 있으며(즉, 선형종속관계가 1개), 모든 분산에 비슷한 크기의 영향을 주므로 선형종속관계에는 네 설명변수가 모두 관련되어 있음을 알 수 있다.(설명변수들은 시멘트의 네 가지 성분으로 매 관측치에서 설명변수들의 값을 합하면 100%에 가깝다.) 이 사실은 상관계수를 이용한 분석에서는 나타나지 않았었다. 만약 변수 X_2, X_4 사이에 선형종속관계가 존재하는 경우에는 이 두 변수에 해당되는 분산비가 크게 나오게 된다. □

다중공선성이 있다고 판단되는 경우, 간단한 해결방법은 관련된 변수들 중에서 적당한 변수를 자료가 수집된 분야의 전문가와 상의하여 회귀모형에서 제거하는 것이다. 8장에서는 변수를 제거하지 않고 분석하는 다른 방법들을 소개하고 있다.

예제 4.15

Hald 자료에 대한 [예제 4.14]의 회귀분석에서 4개의 설명변수 모두가 다중공선성과 관련이 있다고 판단되었다. *VIF*값이 가장 큰 변수 X_2를 제외하고 회귀분석을 하여 [예제 4.14]의 결과와 비교하여라.

풀이 변수 X_2를 제외하고 나머지 설명변수들을 이용하여 모형을 적합하면 다음과 같다.

```
> fit <- lm(y ~ x1 + x3 + x4, hald)
> summary(fit)
(...)

Coefficients:
              Estimate Std. Error t value Pr(>|t|)
(Intercept) 111.68441    4.56248  24.479 1.52e-09 ***
x1            1.05185    0.22368   4.702  0.00112 **
x3           -0.41004    0.19923  -2.058  0.06969 .
x4           -0.64280    0.04454 -14.431 1.58e-07 ***
---
Signif. codes:  0 '***' 0.001 '**' 0.01 '*' 0.05 '.' 0.1 ' ' 1

Residual standard error: 2.377 on 9 degrees of freedom
Multiple R-squared:  0.9813,    Adjusted R-squared:  0.975
F-statistic: 157.3 on 3 and 9 DF,  p-value: 4.312e-08

> summary(vif(fit))

VIF:
  x1   x3   x4
3.68 3.46 1.18

Variance Proportion:
  Eigenvalues Cond.Index        x1      x3     x4
1      1.8684      1.000 0.0720157 0.07053 0.0223
2      0.9839      1.378 0.0002286 0.02383 0.7901
3      0.1478      3.556 0.9277557 0.90564 0.1876
```

*VIF*값과 고유값을 보면 다중공선성 문제가 해결되었다고 할 수 있다. 다중공선성을 유발하는 변수를 제외한다는 것은 높은 상관관계를 가진 설명변수들(즉, 반응변수에 대해

비슷한 역할을 하는 변수들) 중에서 하나를 제외하는 것이므로 설명력은 별로 낮아지지 않는다(실제로 결정계수값의 변화는 거의 없다).

그렇지만 회귀계수 추정값들을 보면 그 값들의 변화가 매우 크다는 것을 알 수 있다. 각 추정값들의 크기뿐만 아니라, X_3의 경우에는 부호까지 바뀐 것을 알 수 있다. 다중공선성이 있는 경우에는 회귀평면(regression plane)이 매우 불안정한 공간에 위치하기 때문에 약간의 변화만 주더라도 회귀평면의 기울기들은 급격하게 변하게 된다. 이러한 현상은 관측값들이 말뚝 울타리(picket fence) 형태를 가지기 때문에 나타난다. 예를 들어, 2개의 설명변수만 있으면서 상관관계가 높은 경우에 두 변수의 산점도는 직선에 가까운 형태를 갖고, 각 점에서 반응변수의 서로 다른 관측값들이 높이가 다른 말뚝으로 서있는 울타리 형태를 가지게 된다. 그리고 회귀평면은 그 위에 위치하게 되어 작은 변화에도 기울기가 크게 움직일 수 있는 매우 불안정한 상태에 있게 된다.

또한 회귀계수 추정값들의 표준오차를 보면 상당히 작아졌다는 것을 알 수 있다. 분산의 팽창 현상을 제거하였기 때문에 정상적으로 표준오차를 추정하게 된 것이다. 그리고 이 결과로 모든 설명변수의 유의도가 크게 높아졌다.

□

연습문제

4.1 $n = 2$개의 값 Y_1, Y_2에 대하여 $\sum_{i=1}^{2}(Y_i - \overline{Y})^2 = \frac{1}{2}(Y_1 - Y_2)^2$ 가 됨을 보여라.

4.2 단순선형회귀에서 반응변수와 설명변수를 표준화하면 기울기의 추정값 $\hat{\beta}_1$은 두 변수의 표본상관계수 r로 주어짐을 보여라(2.3.1절에서 유도한 $\hat{\beta}_1$과 r의 관계식 사용).

4.3 회귀분석의 분산분석표에 주어지는 F비에 대한 검정도 일종의 부분 F 검정에 해당된다. 이 경우 완전모형과 축소모형은 각각 어떻게 주어지는가? 설명변수가 3개 있다고 가정하여라.

4.4 설명변수가 4개 있는 회귀모형 $Y = \beta_0 + \beta_1 X_1 + \beta_2 X_2 + \beta_3 X_3 + \beta_4 X_4 + \varepsilon$ 에서 가설 $H_0 : \beta_1 - 2\beta_2 = 0, \beta_3 - \beta_4 = 0$ 에 대한 F 검정을 수행하고자 한다. 이 경우에 있어서의 완전모형과 축소모형은 각각 어떻게 주어지는가?

4.5 본문의 [예제 4.2]에서 입력되는 설명변수의 순서를 변경하여 회귀분석을 수행하고, 순차제곱합의 값은 변하지만 편제곱합은 같은 값으로 주어짐을 확인하여라.

4.6 설명변수가 X_1, X_2, X_3 3개 있는 회귀모형에서 회귀제곱합 SSR을 전체집합이라 할 때 각 설명변수들의 순차제곱합이 차지하는 영역을 벤 다이어그램으로 나타내어라. 각 제곱합의 크기는 임의로 정하면 된다. 그리고 편제곱합의 영역을 나타내는 다른 벤 다이어그램도 작성하여라.

4.7 확률변수 Y의 분산이 평균 μ의 함수인 $\text{Var}(Y) = \mu^\alpha$로 주어질 때 Y의 멱변환 $T(Y) = Y^\lambda$를 생각하자. 이때 $T(Y)$의 분산이 상수가 되는 변환모수 λ를 아래의 과정을 통하여 구하여라.

(1) $T(Y)$를 평균 μ에서 1차 테일러 급수전개하면 아래와 같이 주어진다. 이 식을 사용할 때 $T(Y)$의 분산이 $\text{Var}(T(Y)) = \lambda^2\mu^{2\lambda-2+\alpha}$로 주어짐을 보여라.

$$T(Y) = T(\mu) \ + \ T'(\mu)(Y-\mu)$$

(2) 따라서 $\text{Var}(T(Y))$이 평균 μ에 무관한 상수가 되기 위한 조건은 $\lambda = 1 - \frac{1}{2}\alpha$로 주어짐을 확인하여라.

(3) [표 4.4]에 주어진 분산안정화 변환함수들은 위의 조건을 만족함을 확인하여라.

4.8 본문의 4.3절에서 사용하는 기호를 가정하자. 수준 i에서의 예측값을 $\hat{Y}_i$이라 나타내면, 다음과 같은 등식이 성립한다.

$$(Y_{il} - \hat{Y}_i) = (Y_{il} - \overline{Y}_i) \ + \ (\overline{Y}_i - \hat{Y}_i), \quad i = 1, 2, \cdots, m; \ l = 1, 2, \cdots, n_i$$

위의 식에서 양변을 제곱하여 첨자 i, l에 대하여 모두 합한 다음 $\sum_{l=1}^{n_i}(Y_{il} - \overline{Y}_i) = 0$인 것을 이용하면, 오차제곱합 SSE를 두 개의 제곱합으로 분할한 관계식

$$\sum_{i=1}^{m}\sum_{l=1}^{n_i}(Y_{il} - \hat{Y}_i)^2 = \sum_{i=1}^{m}\sum_{l=1}^{n_i}(Y_{il} - \overline{Y}_i)^2 \ + \ \sum_{i=1}^{m} n_i(\overline{Y}_i - \hat{Y}_i)^2$$

을 얻을 수 있음을 보여라. 위의 식에서 두 번째 항은 순오차제곱합이고, 마지막 항은 적합결여제곱합의 공식이다.

4.9 MASS 패키지의 boxcox() 함수를 이용하면 특정한 변수 y에 대한 박스-칵스 변환 y^{λ}를 찾을 수 있다. 자료 'boxcox2'는 오른쪽 꼬리가 긴 분포를 가진다. 다음 절차를 따라 근사적으로 정규분포를 따르는 적절한 변환 y^{λ}를 찾아보아라.

(1) boxcox() 함수는 기본적으로 회귀모형을 가정하기 때문에 다음과 같이 절편만 있는 모형식을 사용한다.

```
boxcox(boxcox2 ~ 1)
```

출력되는 그림에서 주어지는 변환모수 λ는 무엇이며, 어떤 변환에 해당하는가?

(2) 원래 변수와 변환된 변수의 히스토그램을 작성하여 변환 결과를 확인하여라.

4.10 [연습문제 3.7]에 주어진 자료가 'factorial'에 저장되어 있다 : y, x1, x2, x3.

(1) y를 반응변수, 나머지 변수들을 설명변수로 하여 선형회귀모형을 적합하여라.

(2) 편제곱합과 순차제곱합들을 각각 구하여 비교하여라.

(3) 회귀계수 추정량의 상관계수행렬과 *VIF*를 계산하여라. 추정량의 상관계수행렬은 fit을 lm 객체라고 할 때 vcov() 함수와 cov2cor() 함수를 연속적으로 적용하여 구할 수 있다. 즉, cov2cor(vcov(fit))

4.11 자료 'hald'를 분석한 [예제 4.14]에서 변수 X_4의 *VIF*값은 282.5였다. 변수 X_4를 반응변수로 설정하고 나머지 설명변수들에 대한 회귀분석을 실시하여, *VIF*값이 결정계수와 $VIF_k = 1/(1-R_k^2)$ 의 관계를 가지고 있음을 확인하여라.

⋆ ⋆ ⋆

4.12 본문의 [예제 4.4]에서는 자료 'suneung'에 대해 완전모형

$$Y = \beta_0 + \beta_1 X_1 + \beta_2 X_2 + \beta_3 X_3 + \beta_4 X_4 + \varepsilon$$

과 가설 $H_0 : \beta_2 = 0, \beta_3 = 2.5\beta_4$ 하에서 주어지는 축소모형

$$Y = \beta_0 + \beta_1 X_1 + \beta_4(2.5X_3 + X_4) + \varepsilon$$

에 대하여 부분 F 검정을 실시하였다. 완전모형과 축소모형을 각각 적합하여 부분 F 검정에서 사용된 제곱합들의 값과 자유도를 확인하여라.

4.13 본문의 [예제 4.12]에서 사용된 주택 판매가격(‘houseprice’)에 대해

(1) 4개의 설명변수가 모두 포함된 모형을 완전모형으로 설정하고 편회귀그림을 작성하여라. 각 설명변수의 유용성과 특이값의 존재유무에 대하여 판단해보아라.

(2) [예제 4.12]의 분석결과를 보면 대지평수(ground)와 주택연령(year)의 계수추정값은 유의하지 않았다. 세금(tax)과 건물평수(floor)만 포함된 모형을 적합하여 가설 $H_0 : \beta_2 = \beta_4 = 0$ 에 대한 부분 F 검정을 실시하여라.

4.14 본문에서 사용된 중고차 예제 ‘usedcars’에서 4개의 설명변수가 모두 포함된 모형에 대해

(1) [그림 4.3]과 같은 편회귀그림을 작성하고, 각 설명변수의 유용성과 특이값의 존재여부를 분석하여라.

(2) *VIF* 값을 구하여 다중공선성 존재여부를 판단하여라.

(3) 적합결여검정이 가능한지 알아보아라.

(4) MASS 패키지의 boxcox() 함수를 이용하여 변수변환의 가능성을 알아보아라.

4.15 자료 ‘enzyme’은 배양액의 농도(conc, X)에 따른 효소의 반응속도(rate, Y)를 측정한 자료이다. 이 자료에 대해 4.4.1절에서처럼 역수변환을 사용하여 미캘리스-멘텐 모형을 적합하고자 한다.

(1) Y와 X를 역수변환한 값을 IY, IX라 하였을 때, IY와 IX의 산점도를 작성하여라. 두 변수 사이에 선형관계가 성립하는가?

(2) IY를 반응변수, IX를 설명변수로 하여 단순회귀를 실시하여라. 그리고 잔차의 산점도를 살펴보고 문제점을 파악하여라.

(3) 위에서 구한 단순회귀식에서 계산되는 예측값을 다시 역수변환하여 Y와 X의 산점도에 같이 표시하여라. 적합이 잘 되었는가?

4.16 본문의 [예제 4.9]에서 분석된 자료 ‘restaurant’에서

(1) 매출액(Y)의 광고비(X)에 대한 단순회귀모형을 적합하고 잔차분석을 하여라. 어떠한 문제가 있는가?

(2) [예제 4.9]에서 분석된 Y의 역수와 X의 3차 다항식을 적합시키고, 잔차분석을 실시하여라.

(3) 문제 (2)의 추정된 모형식에서 계산되는 예측값의 역수는 원래 변수 Y의 예측값이 될 수 있다. 원래 변수 X와 Y의 산점도 위에 X와 Y 예측값의 점들을 선으로 나타내고, 모형식의 적합정도를 설명하여라.

4.17 2장의 [연습문제 2.25]에서 설명된 'mammal' 예제에서 반응변수의 박스-칵스 변환을 찾아보아라.

4.18 본문의 [그림 4.4]의 오른쪽 그림에 주어진 자료가 'expdata2'에 y와 x 순서로 저장되어 있다.

(1) y의 x에 대한 단순선형회귀모형을 설정하고, R을 이용하여 적합결여검정을 실시하여라. 검정의 결과가 [그림 4.4]의 결과와 일치함을 확인하여라.
(2) [그림 4.4]는 x의 이차항을 모형에 추가시킬 필요가 있음을 알려준다. x의 이차항을 포함하는 중회귀모형을 설정하고 적합결여검정을 실시하여라.

4.19 [연습문제 2.22]에서 설명된 판매액과 광고비 자료 'adsale'에 대해

(1) 판매액(Y)과 광고비(X)의 산점도를 작성하고, 단순선형회귀직선과 평활곡선을 추가하여 두 선이 일치하는 정도를 파악하여라.
(2) 단순선형회귀모형을 설정하고 적합결여검정을 실시하여라.

4.20 본문의 [예제 4.14]에서 분석된 'hald' 자료에 대해 다중공선성이 존재하는 4개의 설명변수 중에서 이번에는 X_4를 제외한 나머지 3개의 설명변수만을 포함하는 회귀모형을 적합하고, [예제 4.14]와 [예제 4.15]의 결과와 비교하여라.

4.21 3장의 [연습문제 3.10]에서 소개된 자료 'longley'에는 6개의 설명변수가 있다.

(1) 모든 설명변수들을 포함하는 중회귀모형을 적합하고, *VIF*값과 고유값을 구하여 다중공선성의 가능성을 탐색하여라. 몇 개의 선형종속관계가 존재하는가?
(2) 분산비(variance proportion)값을 참조하여 다중공선성의 형태를 설명하여라.
(3) 다중공선성이 없어질 때까지 다중공선성의 원인이 되는 설명변수들을 하나씩 제거하면서 모형을 적합해보아라. 회귀계수 추정값들이 어떻게 변하는가?

4.22 자료 '`bodyfat`'에는 반응변수인 체내 지방량(`fat`, Y)과 3개의 설명변수인 삼두근 두께(X_1), 허벅지 둘레(X_2), 팔의 중간부위 둘레(X_3)가 저장되어 있다. 자료출처: Neter 외(1996).

(1) 설명변수들의 산점도행렬과 표본상관계수값을 구하여 다중공선성의 가능성을 탐색하여라.

(2) 3개의 설명변수들을 모두 포함하는 회귀분석에서 VIF값과 고유값을 구하고 다중공선성의 가능성을 탐색하여라. 몇 개의 선형종속관계가 존재한다고 판단되는가?

(3) 분산비(variance proportion)값을 참조하여 다중공선성의 형태를 설명하여라.

(4) 다중공선성을 해결하기 위하여 VIF의 값이 가장 큰 변수를 제외하고 회귀분석을 하여 3개의 설명변수가 모두 있는 모형의 분석 결과와 비교하여라. 특히 회귀계수의 추정값과 표준오차들이 어떻게 달라지는가?

5

자료에 대한 진단

자료에 대한 회귀진단 방법으로는 우선 잔차분석(residual analysis)을 생각할 수 있다. 오차항 ε_i의 분포에 대한 가정, 즉, 등분산성, 독립성, 정규성 등의 타당성은 2장과 3장에서 설명된 잔차분석에 의해 조사된다. 만약 등분산성 가정이 의심스러우면 변수변환이나 가중최소제곱법을 사용할 수 있으며, 독립성 가정이 의심되면 변수변환이나 설명변수들을 추가하는 작업이 필요하고, 정규분포의 가정이 옳지 못하면 변수변환을 이용하거나 로버스트 회귀(robust regression) 등을 사용할 수 있다. 등분산성과 정규성을 위한 변수변환 방법은 4.4절에서 자세히 설명되었고, 독립성을 위한 변수변환 방법은 5.4절에서 설명된다. 그리고 가중최소제곱법과 로버스트 회귀는 8장에서 설명된다.

회귀진단의 또 다른 축은 영향력 관측치의 탐색이다. 최소제곱법으로 구한 $\hat{\boldsymbol{\beta}}$, s^2 등은 흔히 한 개 또는 소수의 관측치에 의해 큰 영향을 받는 경우가 있다. 이와 같이 추정값에 큰 영향을 미치는 관측치를 **영향력 관측치**(influential observations)라 부르며 이러한 관측치의 탐색으로 더욱 안정된 추정값을 구할 수 있다. 영향력 관측치를 탐색하기 위해서는 영향력을 수치화하는 측도가 필요하며, 이러한 측도들을 **영향력 측도**(influence measure)라 부른다. 대부분의 영향력 측도들은 잔차와 지렛값(leverage values)의 증가함수로 표현되므로 영향력 측도의 중요 구성요소인 잔차와 지렛값에 대해 우선 논의하기로 한다.

5.1 잔차

잔차(residual)는 2장에서 정의된 것처럼 관측값과 적합값의 차이로 정의된다. 즉, i번째 관측치의 잔차는

$$e_i = Y_i - \hat{Y}_i, \quad i = 1, 2, \cdots, n$$

이며, 이들 n개의 값을 벡터로 표현하면

$$\boldsymbol{e} = \boldsymbol{y} - \hat{\boldsymbol{y}}$$

이 된다. 회귀진단에서 잔차가 중요시되는 이유는 $\boldsymbol{\beta}$의 추정값으로 $\hat{\boldsymbol{\beta}}$을 사용하는 것처럼, 오차 ε_i의 실현치(realization)로 e_i를 사용하기 때문이다. 따라서 ε_i의 분포 및 등분산성에 대한 가정을 e_i를 이용하여 검토하게 된다.

그러나 유의할 것은 오차항의 독립성을 가정하여 구한 잔차들은 더 이상 독립이 아니고 서로 상관관계를 가진다는 것이다. 모자행렬 $\boldsymbol{H} = \boldsymbol{X}(\boldsymbol{X}'\boldsymbol{X})^{-1}\boldsymbol{X}'$을 이용하면 잔차벡터는

$$\boldsymbol{e} = \boldsymbol{y} - \hat{\boldsymbol{y}} = \boldsymbol{y} - \boldsymbol{X}\hat{\boldsymbol{\beta}} = (\boldsymbol{I} - \boldsymbol{H})\boldsymbol{y}$$

로 나타내어지므로, 잔차벡터 $\boldsymbol{e}$의 기대값벡터와 분산-공분산행렬은 각각

$$\begin{aligned} \mathrm{E}(\boldsymbol{e}) &= \boldsymbol{0} \\ \mathrm{Cov}(\boldsymbol{e}) &= (\boldsymbol{I} - \boldsymbol{H})\sigma^2 \end{aligned}$$

으로 주어진다. 따라서 e_i의 분산은 분산-공분산행렬의 i번째 대각원소로

$$\mathrm{Var}(e_i) = (1 - h_{ii})\sigma^2$$

이고, e_i와 e_j의 공분산은 비대각원소로

$$\mathrm{Cov}(e_i, e_j) = -h_{ij}\sigma^2, \quad i \neq j$$

이 된다. 단, 여기서 h_{ij}는 $\boldsymbol{H}$ 행렬의 (i, j) 위치의 원소로, 이것은

$$h_{ij} = \boldsymbol{x}_i'(\boldsymbol{X}'\boldsymbol{X})^{-1}\boldsymbol{x}_j$$

와 같이 주어진다. $\boldsymbol{x}_i' = (1 \;\; x_{i1} \;\; x_{i2} \;\; \cdots \;\; x_{i,p-1})$는 $\boldsymbol{X}$의 i번째 행으로 설명변수들의 i번째 관측값들을 나타내는 p차원 벡터이다.

위의 사실들에서 오차들과는 달리 잔차들은 같은 분산을 가지고 있지 않으며, 또한 공분산이 0이 아니므로 서로 독립이 아님을 알 수 있다. 이러한 특성을 가진 잔차를 이용하여 오차에 대한 가정들의 타당성을 조사하는 것이 모순일 수 있으나, 잔차의 값은 관측될 수 없는 값인 오차에 대한 가장 근접한 정보를 제공해주며, 또한 대부분의 경우 h_{ij}들은 0에 가까운 값을 가지게 되어 큰 문제가 되지는 않는다.

그리고 잔차는 척도무관(scale invariant)한 값이 아니다. 즉, 반응변수의 단위가 kg이냐 또는 g이냐에 따라 크기가 달라지므로 단위가 없는 값으로 변환시킬 필요가 있다. 척도무관 변환의 대표적인 것이 표준화인데 여기서는 두 가지 형태의 표준화잔차를 소개한다.

5.1.1 내 표준화잔차

잔차 e_i의 평균과 분산이 각각 0과 $(1 - h_{ii})\sigma^2$으로 주어지므로, e_i의 표준화로

$$\frac{e_i - 0}{\sigma\sqrt{1 - h_{ii}}} \tag{5.1}$$

을 생각할 수 있다. 그런데, σ^2은 미지이므로 비편향추정량인 s^2을 대신 사용하는데, 식(5.1)에서 σ 대신에 s를 사용하여 표준화시킨

$$r_i = \frac{e_i}{s\sqrt{1 - h_{ii}}} \tag{5.2}$$

를 **내 표준화잔차**(internally studentized residual)라고 한다(대부분의 통계패키지에서 단순히 표준화잔차라고 부르는 통계량이다). R에서는 `rstandard()` 함수를 이용하여 구할 수 있다.

r_i의 절댓값 $|r_i|$이 큰 경우를 **특이점**(outlier)이라고 하는데, 이를 판정하기 위해서는 기준값이 필요하다. 오차 ε_i가 정규분포를 따른다는 가정 하에서 식(5.1)은 표준정규분포를 따르지만, 식(5.2)의 내 표준화잔차 r_i는 표준정규분포를 따르지 않는다. 하지만 편의상 $|r_i|$의 기준값으로 표준정규분포를 사용하여 근사적으로 2를 사용하고 있으며, 정확하게는 $r_i^2/(n-p)$이 베타분포 $B(1/2, (n-p-1)/2)$를 따른다고 알려져 있다.

5.1.2 외 표준화잔차

앞에서 정의한 내 표준화잔차의 단점은 관측치 Y_i가 분자의 e_i와 분모의 s 계산에 동시에 사용된다는 것이다. 만일 특정한 Y_i가 특이점일 경우 잔차 e_i가 커지게 되지만, 동시에 Y_i가 s의 값에도 영향을 주므로 s의 값이 크게 되어 내 표준화잔차의 값은 상대적으로 크지 않을 가능성이 있다. 그러므로 이런 경우에는 내 표준화잔차의 값으로는 특이점 Y_i를 찾아내지 못하게 된다. 이를 해결하기 위해서는 e_i와 독립적으로 계산되는 σ^2의 추정값이 필요하다. 이를테면, 현재 분석에 사용되는 관측치와 독립적인 다른 자료가 있는 경우에는 이를 이용하여 s^2의 값을 구할 수 있을 것이다. 그러나 보통의 경우에는 분석에 포함된 자료가 전부이므로 다른 대안을 생각해야 한다.

합리적인 방법 중의 하나는, i번째 관측치 Y_i를 제외시킨 후 $(n-1)$개의 관측치로 회귀모형을 적합시켰을 때 얻어지는 σ^2의 비편향추정값을 e_i의 표준화에 사용하는 것이다. 즉, 이 추정값을 $s_{(i)}^2$이라 나타내면 e_i의 표준화로

$$r_i^* = \frac{e_i}{s_{(i)}\sqrt{1-h_{ii}}}$$

를 정의할 수 있으며, 이 표준화잔차를 **외 표준화잔차**(externally studentized residual)라 부른다. 외 표준화잔차의 장점은 r_i^*의 분포가 우리가 잘 알고 있는 자유도 $(n-p-1)$인 t 분포를 따른다는 것이다. 그러므로 자유도가 충분히 큰 경우 r_i^*의 절댓값이 2보다 크게 되면 특이점으로 볼 수 있다.

외 표준화잔차의 계산에서 $s_{(i)}^2$을 얻기 위해 $(n-1)$개의 관측치로 회귀모형을 다시 적합할 필요는 없다. $s_{(i)}^2$은 n개의 관측치를 모두 사용하여 계산한 s^2으로부터

$$s_{(i)}^2 = s^2 \cdot \frac{n-p-r_i^2}{n-p-1} \tag{5.3}$$

의 관계식을 이용하여 계산할 수 있다. 그리고 식(5.3)을 이용하면 r_i^*와 r_i의 관계는

$$r_i^* = r_i \sqrt{\frac{n-p-1}{n-p-r_i^2}}$$

으로 주어짐을 쉽게 알 수 있다. R에서는 **rstudent**() 함수를 이용하여 계산할 수 있다.

5.2 지렛값

모자행렬 $\boldsymbol{H}$의 i번째 대각원소인 h_{ii}, 즉,

$$h_{ii} = \boldsymbol{x}_i'(\boldsymbol{X}'\boldsymbol{X})^{-1}\boldsymbol{x}_i$$

를 i번째 관측치의 **지렛값**(leverage value)이라고 한다. 지렛값은 h_{ii}의 정의에서 알 수 있듯이 반응변수와는 무관하고 오직 설명변수들에 의해서만 결정된다. 우선, h_{ii}가 지렛값이라고 불리는 이유에 대해 살펴보자. 쉽게 표현하자면 h_{ii}는 i번째 관측치 $\boldsymbol{x}_i$가 중심 $\bar{\boldsymbol{x}} = \frac{1}{n}\sum_{i=1}^n \boldsymbol{x}_i$에서 떨어져 있는 정도를 나타낸다. 즉, $\bar{\boldsymbol{x}}$ 근처의 관측치는 작은 지렛값을 가지고, $\bar{\boldsymbol{x}}$에서 멀리 떨어져 있는 관측치는 큰 지렛값을 갖는다. 이는 시소(seesaw)의 원리와 같다. 시소의 무게중심을 $\bar{\boldsymbol{x}}$라 할 때, 시소를 타는 사람들의 몸무게가 전부 같다고 가정하면 $\bar{\boldsymbol{x}}$ 에서 멀리 앉을수록 그 쪽으로 더 기울어진다. 이것이 바로 지레의 원리이고, 시소를 타는 사람들의 위치는 $\boldsymbol{x}_1, \boldsymbol{x}_2, \cdots, \boldsymbol{x}_n$으로 비유될 수 있다. 설명변수가 한 개인 단순선형회귀에서는

$$\begin{aligned} h_{ij} &= \begin{bmatrix} 1 & x_i \end{bmatrix} \frac{1}{SS_{xx}} \begin{bmatrix} \sum x_i^2/n & -\bar{x} \\ -\bar{x} & 1 \end{bmatrix} \begin{bmatrix} 1 \\ x_j \end{bmatrix} \\ &= \frac{1}{n} + \frac{(x_i - \bar{x})(x_j - \bar{x})}{SS_{xx}} \end{aligned}$$

이고, 따라서

$$h_{ii} = \frac{1}{n} + \frac{(x_i - \bar{x})^2}{SS_{xx}} \tag{5.4}$$

이므로, x_i가 $\bar{x}$에서 멀어질수록 h_{ii}값이 커짐은 명백하다.

설명변수가 $(p-1)$개인 중선형회귀모형에서는 h_{ii}가 다음과 같은 여러 가지 성질을 가지고 있음을 보일 수 있다.

(1) $\sum_{i=1}^{n} h_{ii} = p$: 즉, 모든 지렛값의 합은 행렬 $\boldsymbol{X}$의 열의 개수와 같다(3.3.2절 참조).

(2) $\frac{1}{n} \leq h_{ii} \leq 1$

(3) $h_{ij}^2 \leq h_{ii} h_{jj}$: 즉, 비대각원소의 제곱은 같은 행과 열에 있는 대각원소들의 곱보다 항상 작거나 같다.

지렛값 h_{ii}의 값이 큰 관측치를 **높은 지렛점**(high-leverage point)이라 부른다. 지렛값 h_{ii}의 역할은 i번째 적합값 $\hat{y}_i$에 대해 성립하는 다음 관계식을 이용하여 구체적으로 설명할 수 있다.

$$\hat{y}_i = h_{ii} y_i + \sum_{j \neq i} h_{ij} y_j$$

일반적으로 대각원소 h_{ii}가 비대각원소인 h_{ij} 보다 크기 때문에 $\hat{y}_i$에 가장 큰 영향을 미치는 반응변수 값은 y_i이고, 만약 h_{ii}가 큰 값이라면 $\hat{y}_i$은 주로 y_i에 의해 결정되어진다. 따라서 h_{ii}값이 y_i의 영향력을 판단하는 중요한 도구가 될 수 있다.

위와 같은 사실은 앞 절에서 구한 잔차 e_i의 분산인 $\text{Var}(e_i) = (1-h_{ii})\sigma^2$을 이용해서도 설명될 수 있다. 만약 h_{ii}값이 1에 가까우면 e_i의 분산은 0에 가깝게 되는데, 이는 곧 e_i가 0이 됨을 의미하고 따라서 $\hat{y}_i \approx y_i$가 된다. 그러므로 h_{ii}값이 클수록 y_i는 회귀식 또는 회귀면을 자기 쪽으로 잡아당기는 힘이 강해지게 된다.

그렇다면 h_{ii}가 어느 정도로 큰 값을 가져야 높은 지렛점으로 판단되는가? 앞에서 언급했듯이 h_{ii}는 완전히 디자인행렬 $\boldsymbol{X}$에 의해 결정되므로, 디자인행렬이 어떻게 주어지느냐에 따라 h_{ii}값들의 크기가 달라진다. 현재 통용되는 개략적인(rule of thumb) 기준치는 h_{ii}들의 평균이 p/n이므로 이것의 두 배인 $2p/n$가 사용되고 있다.

지렛값 h_{ii}는 $\boldsymbol{x}_i$가 중심 $\overline{\boldsymbol{x}}$에서 떨어져 있는 정도로 정의되었다. 한 가지 유의할 점은 여기서의 거리는 일반적으로 사용하는 유클리드 거리(Euclidean distance)가 아니라, 설명변수들의 상관관계가 감안된 통계학적인 거리라는 것이다. 예를 들어, i번째 관측값 $\boldsymbol{x}_i$와 중심 $\overline{\boldsymbol{x}}$ 사이의 유클리드 거리 d_i의 제곱은

$$d_i^2 = (\boldsymbol{x}_i - \overline{\boldsymbol{x}})'(\boldsymbol{x}_i - \overline{\boldsymbol{x}}) \tag{5.5}$$

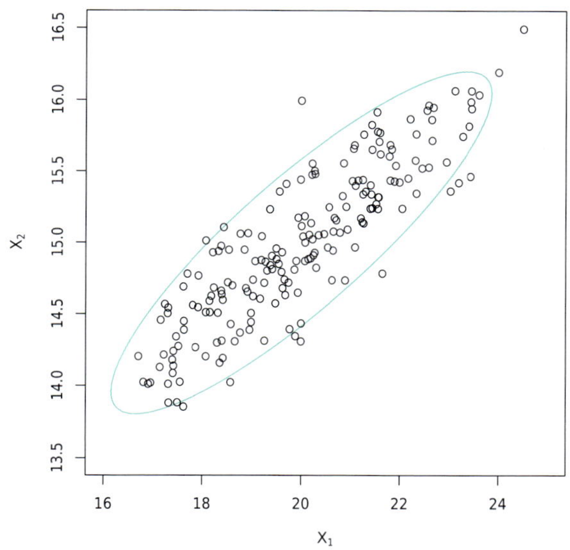

[그림 5.1] 지렛값이 같은 점들을 표시하는 타원(타원 위의 점들은 모두 자료들의 중심에서 같은 거리에 있다.)

로 주어진다. 그러나 설명변수들의 상관관계를 감안한 거리 M_i의 제곱은

$$M_i^2 = (\boldsymbol{x}_i - \overline{\boldsymbol{x}})'\boldsymbol{S}(\boldsymbol{X})^{-1}(\boldsymbol{x}_i - \overline{\boldsymbol{x}}) \tag{5.6}$$

로 주어지는데, 이와 같은 거리를 **마할라노비스 거리**(Mahalanobis distance)라고 한다. 위의 식에서 $\boldsymbol{S}(\boldsymbol{X})$는 설명변수들의 표본 분산-공분산행렬로

$$\boldsymbol{S}(\boldsymbol{X}) = \frac{1}{n-1}\sum_{i=1}^{n}(\boldsymbol{x}_i - \overline{\boldsymbol{x}})(\boldsymbol{x}_i - \overline{\boldsymbol{x}})'$$

로 주어진다. 참고로 지렛값과 마할라노비스 거리는 아래와 같은 관계를 가지고 있다.

$$h_{ii} = \frac{1}{n-1}M_i + \frac{1}{n}$$

기하학적으로 식(5.5)는 원 또는 구, 식(5.6)은 타원 또는 타원구를 나타내는 공식이다. 따라서 지렛값이 같은 관측치들은 타원 또는 타원구를 형성한다. [그림 5.1]에서 타원은 두 개의 변수가 있을 때 중심에서 같은 마할라노비스 거리에 있는 점(즉, 지렛값이 같은 점)들을 표시하고 있으며, 타원 밖의 점들은 상대적으로 높은 지렛점이라 할 수 있다.

예제 5.1

3장의 중고차 가격 자료 '**usedcars**'에서 모든 설명변수를 포함시켜 적합한 모형에 대하여 잔차와 지렛값을 구하여 분석하여라.

풀이 모형을 **lm**()으로 적합한 후에 잔차는 **resid**() 또는 **residuals**(), 내 표준화잔차는 **rstandard**(), 외 표준화 잔차는 **rstudent**()로 구할 수 있다.

```
> fit <- lm(price ~ ., usedcars)
> rstandard(fit)
     1      2      3      4      5      6      7      8      9     10
 0.859  2.224 -0.553 -0.044 -0.576  0.816 -0.551 -1.198  0.378  0.745
    11     12     13     14     15     16     17     18     19     20
-0.011  1.537 -0.707  1.286  0.306 -1.862 -0.426 -1.582 -1.129  0.747
    21     22     23     24     25     26     27     28     29     30
-0.740 -0.784  0.529  1.320 -0.010  0.414  0.813 -1.855  0.159 -0.055
```

```
> rstudent(fit)
     1      2      3      4      5      6      7      8      9     10
 0.854  2.433 -0.546 -0.043 -0.568  0.811 -0.544 -1.209  0.372  0.738
    11     12     13     14     15     16     17     18     19     20
-0.011  1.583 -0.699  1.304  0.300 -1.966 -0.419 -1.634 -1.135  0.740
    21     22     23     24     25     26     27     28     29     30
-0.733 -0.778  0.522  1.341 -0.009  0.407  0.808 -1.957  0.156 -0.054
```

위의 결과에서 2번째 관측치는 내 표준화잔차가 2.224이고, 외 표준화잔차가 2.433으로 모두 2보다 크므로 특이점의 가능성이 있다고 할 수 있다.

지렛값은 **hatvalues**()를 이용하여 구할 수 있다. 제안된 기준값이 $2p/n = 10/30 = 0.333$이므로 19번째 관측치가 높은 지렛점일 가능성을 보이고 있다.

```
> hatvalues(fit)
    1     2     3     4     5     6     7     8     9    10
0.215 0.105 0.156 0.190 0.158 0.119 0.165 0.187 0.251 0.174
   11    12    13    14    15    16    17    18    19    20
0.078 0.113 0.110 0.239 0.178 0.113 0.153 0.089 0.373 0.116
   21    22    23    24    25    26    27    28    29    30
0.150 0.137 0.185 0.229 0.079 0.278 0.151 0.150 0.171 0.188
```

잔차와 지렛값을 이용하면 SSE와 $PRESS$를 계산할 수 있다.

```
> sum(resid(fit)^2)
[1] 255538.1

> sum((resid(fit) / (1 - hatvalues(fit)))^2)
[1] 358565.6
```

위에서는 $y_i - \hat{y}_{i(i)} = e_i/(1 - h_{ii})$ 임을 이용하였다. $PRESS$값은 358566으로 SSE의 값 255538 보다 매우 크게 주어진다. 따라서 특이값이 존재할 가능성을 알려주고 있다.

5.3 영향력 관측치와 영향력 측도

5.3.1 영향력 관측치

한 개 또는 소수의 관측치가 추정량 $\hat{\boldsymbol{\beta}}, s^2$ 등에 큰 영향을 미칠 때 이들 관측치를 **영향력 관측치**(influential observation)라 부른다. 어떤 관측치가 특이점(outlier)이거나 높은 지렛점(high-leverage point)이라고 해서 반드시 영향력 관측치인 것은 아니며, 이러한 영향력 관측치를 탐색하는데 있어서 두 가지 중요한 점이 고려되어야 한다.

첫째로, "어떤 추정량에 영향을 미치는가?(influential on what?)"를 고려해야 한다. 회귀계수 추정량 $\hat{\boldsymbol{\beta}}$에 영향을 많이 미치는 관측치가 s^2에는 영향을 많이 미칠 수도 있고 그렇지 않을 수도 있다. 그러므로 영향력 관측치는 사전에 어떤 추정량에 관한 것인지가 명시되어야 한다.

둘째로, 관측치 각각의 영향력과 관측치 군(set of observations)의 영향력이 구별되어져야 한다. 예를 들어, i번째와 j번째 관측치가 각각 $\hat{\boldsymbol{\beta}}$에 대한 영향력 관측치라 하더라도, 두 관측치를 동시에 고려한 (i, j) 두 관측치의 $\hat{\boldsymbol{\beta}}$에 대한 영향력은 작을 수가 있다. 반대로, (i, j) 두 관측치의 $\hat{\boldsymbol{\beta}}$에 대한 영향력은 매우 크지만 i와 j 각각의 $\hat{\boldsymbol{\beta}}$에 대한 영향력은 작을 수 있다([그림 5.2] 참조). 임의의 추정량에 대한 관측치 각각의 영향력을 조사할 때 영향력이 크다고 판단되는 관측치를 **개인적 영향력 관측치**(singly influential observation) 또는 간단히 **영향력 관측치**(influential observation)라 부르고, 두 개 이상의 관측치들을 묶어서 조사할 때 영향력이 크다고 판단되는 관측치들은 **영향력 관측치군**(set of influential observations)이라 부른다. 편의상 개인적 영향력 관측치와 영향력 관측치군을 모두 영향력 관측치라 부르지만 구별해서 이해해야 한다.

예제 5.2

[그림 5.2]의 자료가 'infludata'에 주어져 있다. 모든 자료를 포함하는 경우와 A, B, C, D로 표시된 자료들을 일부 제외한 경우들에 대한 회귀분석을 실시하고 비교하여라.

풀이 자료 A, B, C, D를 개별적으로 제외한 경우와 2개를 동시에 제외한 경우들에 대하여 모형을 적합할 수 있다. 예를 들어, 관측치 A와 B는 자료에서 첫 번째와 두 번째에 해당되므로, 관측치 A만 제외하는 경우에는 R 명령문을

```
fit.A <- lm(y ~ x, infludata[-1,])
```

로, A와 B를 동시에 제외하는 경우에는

```
fit.AB <- lm(y ~ x, infludata[c(-1,-2),])
```

으로 작성하여 적합할 수 있다.

각 경우에 대한 계수추정값과 정확도를 나타내는 표준오차, 그리고 잔차표준오차 s와 결정계수 R^2의 값들이 [표 5.1]에 정리되어 있다. 먼저 A와 B를 각각 제외한 경우를 보면, 절편과 기울기의 추정값이 크게 변하고 있어 각각은 $\hat{\beta}_0$과 $\hat{\beta}_1$에 대한 영향력 관측

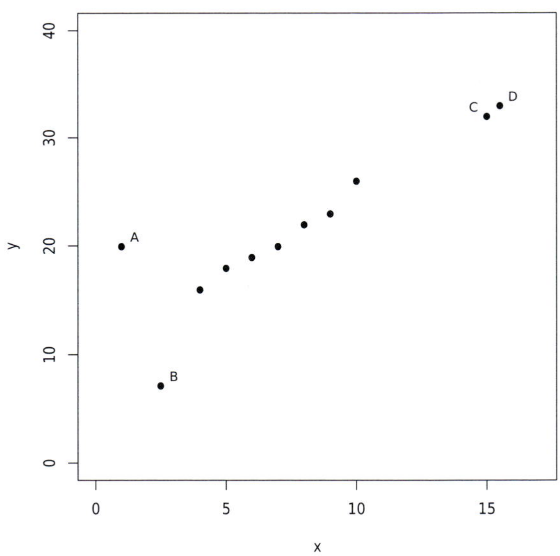

[그림 5.2] 영향력 관측치와 영향력 관측치군. A, B 각각은 기울기에 대한 영향력 관측치들이지만 A와 B를 동시에 고려하면 영향력 관측치군은 아니다. C와 D 각각은 기울기 추정값의 정확도에 대한 영향력 관측치가 아니지만 동시에 고려하면 영향력 관측치군이 된다.

[표 5.1] 자료 'infludata'에서의 여러 가지 경우에 대한 추정 결과

	$\hat{\beta}_0$	SE($\hat{\beta}_0$)	$\hat{\beta}_1$	SE($\hat{\beta}_1$)	s	R^2
모든 자료	11.112	2.109	1.373	0.241	3.550	0.783
A를 제외	7.753	1.454	1.691	0.158	2.065	0.934
B를 제외	13.581	1.583	1.158	0.173	2.380	0.848
A, B를 제외	10.280	0.433	1.465	0.045	0.520	0.994
C를 제외	11.188	2.369	1.358	0.301	3.764	0.718
D를 제외	11.294	2.401	1.337	0.309	3.756	0.701
C, D를 제외	11.704	3.055	1.255	0.471	3.998	0.503

치라고 할 수 있다. 그러나 (A, B)를 동시에 제외하면 $\hat{\beta}_0$과 $\hat{\beta}_1$의 변화가 상대적으로 적어, 기울기에 대한 영향력 관측치군은 아니라고 할 수 있다. 한편 (A, B)를 동시에 제외하면 $\hat{\beta}_0$과 $\hat{\beta}_1$의 표준오차, s들이 크게 작아지고, R^2는 커져서 추정의 정확도가 높아지는 것을 알 수 있다. 즉, (A, B)는 추정의 정확도에 대한 영향력 관측치군이 된다.

C, D의 경우에는 각각을 제외하면 대부분의 통계량값들은 큰 변화가 없다. 그러나 동시에 제외하면 $\hat{\beta}_0$과 $\hat{\beta}_1$에 대한 영향력은 작지만, 표준오차가 커지고 결정계수 값이 작아져 역시 추정의 정확도에 대한 영향력 관측치군이 된다고 볼 수 있다. □

5.3.2 영향력 측도

관측치의 영향력을 판단하기 위해서는 **영향력 측도**(influence measure)가 필요하다. 참고문헌 김&강(2010)에 설명되었듯이 지금까지 제안된 영향력 측도는 많은 종류가 있으나 대부분 소거법(deletion method)에 기초한 것이라 할 수 있다.

소거법이란 i번째 관측치의 영향력을 측정하기 위해, n개의 관측치를 모두 사용하여 계산한 추정값과 i번째 관측치를 제거한 후 $(n-1)$개의 관측치로 계산한 추정값의 차이를 이용하는 방법이다. 예를 들어, i번째 관측치의 $\hat{\boldsymbol{\beta}}$에 대한 영향력을 측정하기 위해 $\hat{\boldsymbol{\beta}} - \hat{\boldsymbol{\beta}}_{(i)}$를 계산하는 방식이다. 단, 여기서 $\hat{\boldsymbol{\beta}}_{(i)}$은 i번째 관측치를 제외한 $(n-1)$개의 관측치로 구한 $\boldsymbol{\beta}$의 최소제곱추정량이다. 참고로 i번째 관측치를 제거한 $(n-1)\times p$

디자인행렬을 $\boldsymbol{X}_{(i)}$, i번째 원소를 제거한 $(n-1)$차원 반응벡터를 $\boldsymbol{y}_{(i)}$로 나타내면 $\hat{\boldsymbol{\beta}}_{(i)}$는 다음과 같이 주어진다.

$$\hat{\boldsymbol{\beta}}_{(i)} = (\boldsymbol{X}'_{(i)}\boldsymbol{X}_{(i)})^{-1}\boldsymbol{X}'_{(i)}\boldsymbol{y}_{(i)}$$

소거법을 사용한 다양한 영향력 측도들이 제안되어 있지만, 아래에서는 일반적으로 많이 사용되는 네 가지 측도들을 소개한다.

(1) 쿡의 거리 통계량

쿡의 거리(Cook's distance) 통계량은 가장 널리 사용되고 있는 영향력 측도로, i번째 관측치의 최소제곱추정량 $\hat{\boldsymbol{\beta}}$에 대한 영향력을 나타낸다.

먼저, i번째 관측치의 쿡의 거리를 정의해보자. i번째 관측치의 $\hat{\boldsymbol{\beta}}$에 대한 영향력은 $\hat{\boldsymbol{\beta}} - \hat{\boldsymbol{\beta}}_{(i)}$로 생각할 수 있으며, Miller(1964)는

$$\hat{\boldsymbol{\beta}} - \hat{\boldsymbol{\beta}}_{(i)} = (\boldsymbol{X}'\boldsymbol{X})^{-1}\boldsymbol{x}_i e_i/(1-h_{ii}) \tag{5.7}$$

임을 보였다. 그런데, 식(5.7)은 p차원 벡터이고 척도무관하지 않아 이에 대한 표준화가 필요한데, 쿡(Cook, 1977)은

$$C_i = \frac{1}{p}(\hat{\boldsymbol{\beta}} - \hat{\boldsymbol{\beta}}_{(i)})'\text{Cov}(\hat{\boldsymbol{\beta}})^{-1}(\hat{\boldsymbol{\beta}} - \hat{\boldsymbol{\beta}}_{(i)}) \tag{5.8}$$

를 제안하였으며, 이를 i번째 관측치의 쿡의 거리라 부른다. 그리고 C_i의 값이 클 경우 i번째 관측치를 최소제곱추정량 $\hat{\boldsymbol{\beta}}$에 대한 영향력 관측치로 판단한다. 식(5.7)을 이용하면

$$C_i = \frac{1}{p\sigma^2}\cdot\frac{e_i^2\ h_{ii}}{(1-h_{ii})^2} \tag{5.9}$$

임을 쉽게 보일 수 있고, 일반적으로 σ^2이 알려져 있지 않으므로 s^2으로 대체하여 사용한다. 또한, 내 표준화잔차 r_i(식(5.2) 참조)를 사용하면

$$C_i = \frac{r_i^2}{p}\cdot\frac{h_{ii}}{1-h_{ii}} \tag{5.10}$$

임을 보일 수 있다. 따라서 C_i는 잔차와 지렛값의 증가함수로 표현되어, i번째 관측치가

특이점이거나(r_i^2이 큰 경우) 높은 지렛점이면(h_{ii}가 큰 경우) 영향력 관측치가 될 가능성이 높아지게 된다.

그렇다면 C_i에 대한 기준값은 어떤 값일까? 쿡(Cook, 1977)은 $\boldsymbol{\beta}$의 공동신뢰영역이

$$\frac{1}{p}(\boldsymbol{\beta}-\hat{\boldsymbol{\beta}})'\mathrm{Cov}(\hat{\boldsymbol{\beta}})^{-1}(\boldsymbol{\beta}-\hat{\boldsymbol{\beta}}) \le F(\alpha; p, n-p) \tag{5.11}$$

로 주어짐에 근거하여, 식(5.8)에 정의된 C_i가 식(5.11)에서 $\boldsymbol{\beta}$ 대신 $\hat{\boldsymbol{\beta}}_{(i)}$으로 대체한 형태이므로,

$$C_i \ \ge \ F(0.50; p, n-p) \tag{5.12}$$

이면 영향력 관측치로 판단하자고 제안하였다. 그러나 김과 스토러(Kim & Storer, 1996)는 모의실험을 통해 여러 형태의 선형회귀모형에서 쿡의 거리 통계량의 95% 백분위수에 해당되는

$$C_i \ \ge \ 3.67/(n-p) \tag{5.13}$$

이 더 적절한 쿡의 거리 통계량의 기준값임을 보였다. 한편 $r_i^2/(n-p)$이 베타분포를 따르므로 식(5.10)에 의해 베타분포의 95% 백분위수가 식(5.13)의 기준값과 거의 같음을 알 수 있다.

영향력 관측치군을 위한 쿡의 거리 통계량의 일반화된 공식은 김&강(2010)을 참조하기 바란다.

(2) *DFBETAS*

쿡의 거리 통계량은 관측치의 p차원 벡터 $\hat{\boldsymbol{\beta}}$에 대한 영향력을 나타낸다. 따라서 관측치가 어떤 $\hat{\beta}_j$, $j = 0, 1, \cdots, p-1$에 영향을 미치는지는 알 수 없다. 이를 위해 Belsley 외(1980)는 i번째 관측치가 개개의 $\hat{\beta}_j$에 미치는 영향력 측도를 제안하였는데, 이 측도는

$$DFBETAS_{j,i} \ = \ \frac{\hat{\beta}_j - \hat{\beta}_{j(i)}}{s_{(i)}\sqrt{(\boldsymbol{X}'\boldsymbol{X})^{-1}_{jj}}} \ = \ \frac{c_{ji}}{\sqrt{\sum_{l=1}^{n} c_{jl}^2}} \cdot \frac{e_i}{s_{(i)}(1-h_{ii})} \tag{5.14}$$

로 주어지며, 이를 *DFBETAS*(Difference in betas)라 부른다. 위의 식에서 c_{ij}는 행렬 $\boldsymbol{C} = (\boldsymbol{X}'\boldsymbol{X})^{-1}\boldsymbol{X}'$의 원소를 나타낸다. 큰 *DFBETAS*값에 대한 판정기준으로는 2 또는 $2/\sqrt{n}$를 사용한다.

(3) *DFFITS*

i 번째 관측치의 i 번째 적합값 $\hat{y}_i$ 에 대한 영향력은 $\hat{y}_i - \hat{y}_{i(i)}$ 에 의해 계산될 수 있다. 여기서 $\hat{y}_{i(i)}$ 은 i 번째 관측치를 제거시킨 후 추정한 회귀식에 의한 y_i 의 적합값을 나타내는 것으로

$$\hat{y}_{i(i)} = \boldsymbol{x}_i'\hat{\boldsymbol{\beta}}_{(i)}$$

을 의미한다. 이에 대한 표준화된 값으로

$$\frac{|\,\hat{y}_i - \hat{y}_{i(i)}\,|}{\mathrm{SD}(\hat{y}_i)} = \frac{|\,\boldsymbol{x}_i'(\hat{\boldsymbol{\beta}} - \hat{\boldsymbol{\beta}}_{(i)})\,|}{\sigma\sqrt{h_{ii}}}$$

을 생각할 수 있다. Belsley 외(1980)는 σ 대신에 $s_{(i)}$ 를 사용한 것을 *DFFITS*(Difference in Standardized Fits)라 정의하였는데, 이것은 다음과 같이 주어진다.

$$DFFITS_i = \frac{|\,\boldsymbol{x}_i'(\hat{\boldsymbol{\beta}} - \hat{\boldsymbol{\beta}}_{(i)})\,|}{s_{(i)}\sqrt{h_{ii}}} = \frac{1}{s_{(i)}} \cdot \frac{|\,e_i\,|\sqrt{h_{ii}}}{1 - h_{ii}} = \frac{|\,r_i^*\,|\sqrt{h_{ii}}}{\sqrt{1 - h_{ii}}} \tag{5.15}$$

위의 공식에서 만일 두 표준화잔차 r_i 와 r_i^* 가 같은 경우, $DFFITS_i$ 는 쿡의 거리 C_i 와

$$C_i = \frac{1}{p}(DFFITS_i)^2$$

의 관계가 있어 두 측도가 매우 유사한 것임을 알 수 있다. 큰 *DFFITS*값에 대한 판정기준으로는 2 또는 $2\sqrt{p/n}$ 를 사용한다.

(4) *COVRATIO*

*COVRATIO*는 $\hat{\boldsymbol{\beta}}$ 의 분산-공분산행렬인 $\mathrm{Cov}(\hat{\boldsymbol{\beta}})$ 의 추정값에 대한 i 번째 관측치의 영향력을 나타내는 측도로, $\mathrm{Cov}(\hat{\boldsymbol{\beta}}_{(i)}) = \sigma^2(\boldsymbol{X}_{(i)}'\boldsymbol{X}_{(i)})^{-1}$ 와 $\mathrm{Cov}(\hat{\boldsymbol{\beta}}) = \sigma^2(\boldsymbol{X}'\boldsymbol{X})^{-1}$ 를 비교한 것이다. 비교방법으로 Belsley 외(1980)는 두 행렬의 행렬식(determinant)의 비를 제안하였고, $\mathrm{Cov}(\hat{\boldsymbol{\beta}}_{(i)})$ 에 필요한 σ^2 의 추정치로 $s_{(i)}^2$, $\mathrm{Cov}(\hat{\boldsymbol{\beta}})$ 에 필요한 σ^2 의 추정치로 s^2 을 사용하였다. 즉,

$$COVRATIO_i = \det(s_{(i)}^2(\boldsymbol{X}_{(i)}'\boldsymbol{X}_{(i)})^{-1}) \,/\, \det(s^2(\boldsymbol{X}'\boldsymbol{X})^{-1})$$

그리고 위의 식은

$$\det(\boldsymbol{X}_{(i)}{}'\boldsymbol{X}_{(i)}) = (1 - h_{ii})\det(\boldsymbol{X}'\boldsymbol{X})$$

의 관계식을 이용하면 다음과 같이 주어짐을 보일 수 있다.

$$COVRATIO_i \;=\; 1\,/\,(\frac{n-p-1}{n-p} \;+\; \frac{r_i^{*2}}{n-p})^p(1-h_{ii})$$

$COVRATIO_i$의 기준값으로는 $|\,COVRATIO_i\; - \;1\,| \;\geq\; 3p/n$가 사용된다.

자료에 특이점, 높은 지렛점, 영향력 관측치들이 있는 경우 모형의 적합도 외에 예측의 정확도에도 영향을 줄 수 있다. 2.4.2절에서 정의된 *PRESS*의 값이 적합된 모형의 *SSE* 값보다 큰 정도를 보고 이들 점들의 존재여부를 파악할 수도 있다.

예제 5.3

3장의 중고차 가격 자료 'usedcars'에서 모든 설명변수를 포함시켜 적합한 모형에 대하여 여러 가지 영향력 측도들을 구하여 분석하여라.

풀이 여러 가지 영향력 측도는 `influence.measures()`를 이용하여 구한다. 아래 출력물에서 처음 5개의 열은 상수항을 포함한 5개 회귀계수 각각에 대한 *DFBETAS*의 값이고, 다음으로 *DFFITS*, *COVRATIO*, 쿡의 거리, 지렛값들이 주어져있다.

```
> fit <- lm(price ~ ., usedcars)
> influence.measures(fit)
Influence measures of
         lm(formula = price ~ ., data = usedcars) :

   dfb.1_ dfb.year dfb.milg dfb.cc dfb.atmt  dffit cov.r cook.d   hat inf
1  -0.207   -0.109    0.327  0.179    0.193  0.447 1.344  0.040 0.215
2  -0.188    0.033   -0.347  0.247    0.234  0.833 0.455  0.116 0.105
3  -0.103   -0.087    0.009  0.110    0.064 -0.235 1.366  0.011 0.156
4   0.005    0.016   -0.012 -0.006   -0.003 -0.021 1.513  0.000 0.190
5   0.112    0.102   -0.135 -0.125    0.135 -0.246 1.363  0.012 0.158
6  -0.079    0.136   -0.181  0.087    0.112  0.298 1.216  0.018 0.119
7  -0.142    0.101   -0.106  0.147   -0.102 -0.241 1.381  0.012 0.165
8  -0.277    0.308   -0.321  0.257    0.250 -0.581 1.123  0.066 0.187
9   0.155   -0.066   -0.054 -0.139    0.031  0.216 1.592  0.010 0.251
10  0.131   -0.056    0.169 -0.138   -0.102  0.339 1.328  0.023 0.174
11  0.001   -0.001    0.000 -0.001   -0.002 -0.003 1.331  0.000 0.078
12 -0.279    0.085   -0.022  0.311   -0.339  0.566 0.842  0.060 0.113
13  0.109   -0.028    0.029 -0.128    0.160 -0.246 1.246  0.012 0.110
14  0.529   -0.230   -0.167 -0.478    0.117  0.731 1.145  0.104 0.239
15 -0.024   -0.037   -0.032  0.044   -0.100  0.140 1.464  0.004 0.178
```

```
16 -0.472   0.092   0.102  0.455  -0.291 -0.700 0.655  0.088 0.113
17  0.081  -0.112   0.031 -0.068  -0.100 -0.178 1.396  0.007 0.153
18  0.146   0.139   0.019 -0.181  -0.159 -0.511 0.795  0.049 0.089
19  0.088  -0.454   0.733 -0.160   0.366 -0.876 1.505  0.152 0.373
20  0.173  -0.085   0.008 -0.165   0.103  0.268 1.239  0.015 0.116
21  0.148   0.081  -0.204 -0.133  -0.140 -0.308 1.292  0.019 0.150
22 -0.214  -0.012   0.084  0.193   0.164 -0.310 1.255  0.020 0.137
23 -0.128   0.072   0.084  0.105   0.137  0.249 1.423  0.013 0.185
24  0.223   0.431  -0.103 -0.263  -0.100  0.730 1.108  0.103 0.229
25  0.001   0.000  -0.001 -0.001  -0.001 -0.003 1.332  0.000 0.079
26  0.069   0.205  -0.141 -0.086   0.126  0.252 1.641  0.013 0.278    *
27 -0.081  -0.093  -0.048  0.128  -0.250  0.340 1.263  0.023 0.151
28  0.285  -0.571   0.448 -0.266  -0.379 -0.821 0.688  0.121 0.150
29  0.026   0.019   0.011 -0.029  -0.016  0.071 1.471  0.001 0.171
30  0.007   0.017  -0.010 -0.010   0.017 -0.026 1.509  0.000 0.188
```

영향력 측도들은 개별적으로도 계산할 수 있다. 예를 들어, 쿡의 거리 통계량은 **cooks.distance**() 함수를 이용하여 구할 수도 있다.

```
cooks.distance(fit)
```

C_i의 값들은 식(5.12)의 기준값 $F(0.50; 5, 25) = 0.894$보다는 모두 작으나, 식(5.13)의 기준값 $3.67/25 = 0.147$을 사용하였을 때는 19번째의 관측값이 어느 정도 계수 추정량에 영향을 준다고 할 수 있다.

그리고 *COVRATIO*는 **covratio**() 함수로, *DFFITS*는 **dffits**() 함수로, *DFBETAS*는 **dfbetas**() 함수로도 구할 수 있다. 이들 영향력 측도들의 크기 정도도 기준값과 비교하여 판단을 하게 되는데, 이 예제의 경우 제안된 각 기준값은 다음과 같다.

- *COVRATIO* : $3p/n = 15/30 = 0.5$이므로, $COVRATIO_i \geq 1.5$ 또는 $COVRATIO_i \leq 0.5$
- *DFFITS* : 2 또는 $2\sqrt{p/n} = 0.817$
- *DFBETAS* : 2 또는 $2/\sqrt{n} = 0.365$

*COVRATIO*의 경우는 기준값을 확실하게 벗어나는 값들이 없으므로, $\hat{\boldsymbol{\beta}}$의 분산-공분산행렬인 $\mathrm{Cov}(\hat{\boldsymbol{\beta}})$의 추정값에 영향을 주는 관측치는 없다고 판단된다.

*DFFITS*의 경우는 0.817의 기준값을 사용하였을 때 2번째와 19번째 관측치가 적합값 $\hat{y}_i$에 대한 영향력을 준다고 볼 수 있다. *DFBETAS*의 경우는 0.365의 기준값을 사용하였을 때 'year'의 계수 추정값에는 19, 24, 28번째 관측치들이, 'mileage'의 경우에는 19, 28번째 관측치들이, 'cc'의 경우에는 14, 16번째 관측치들이, 'automatic'의 경우에는 28번째 관측치가 영향을 준다고 볼 수 있다.

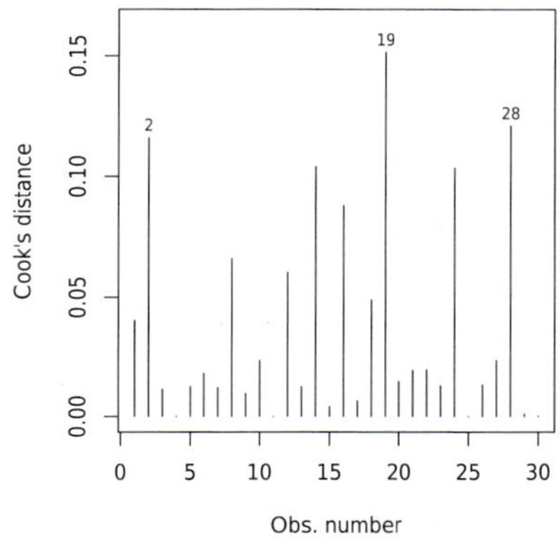

[그림 5.3] 쿡의 거리 그림

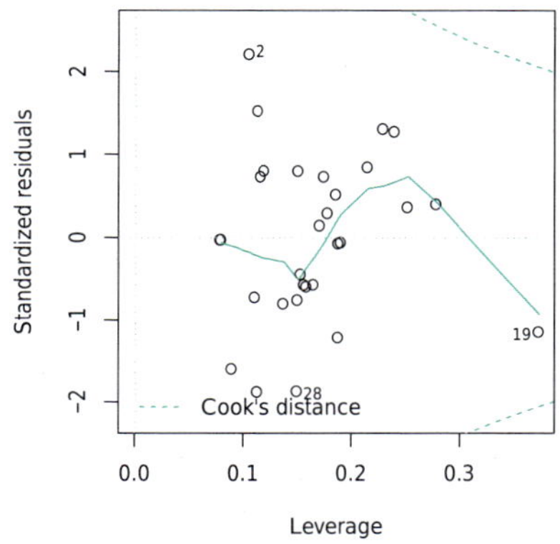

[그림 5.4] 내 표준화잔차 대 지렛값 그림

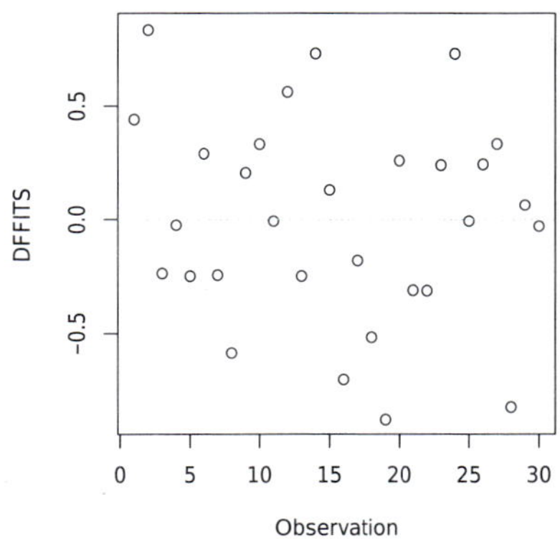

[그림 5.5] *DFFITS* 그림

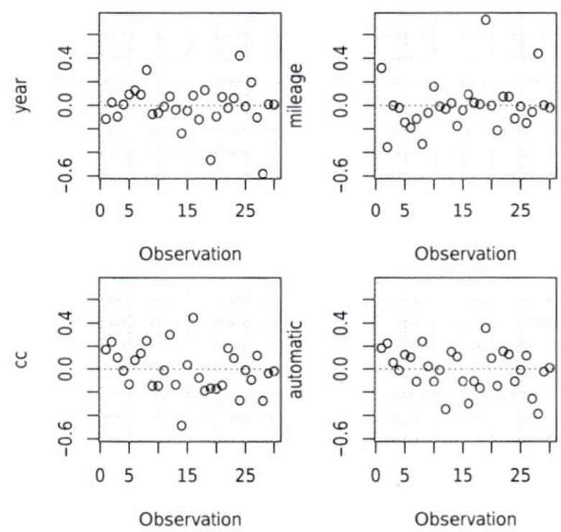

[그림 5.6] *DFBETAS* 그림

자료의 개수가 많은 경우에는 위와 같이 출력물을 보고 값들의 크기를 일일이 파악하는 것은 쉽지 않으므로 그래프를 작성하여 검토하는 것이 좋다. `lm` 객체에 대해 `plot()`을 적용하면 기본적으로 4개의 그래프를 그려주지만, `which` 인자를 이용하면 6가지 형태의 그래프를 선별적으로 그릴 수 있다. [그림 5.3]의 쿡의 거리 그림은 다음과 같이 `which`를 4로 지정하면 그릴 수 있다. 더 자세한 내용은 `plot.lm()`의 도움말을 참조하여라.

```
plot(fit, which=4)
```

각 측도에 대한 간단한 그림은 `plot(diffits(fit))`, `plot(covratio(fit))` 등으로도 그릴 수 있다.

5.4 자기상관과 더빈-왓슨 검정

시간에 따라 관측되는 자료들, 특히, 경제나 기상 관련 자료들은 기본적으로 인접한 값들 간에 밀접한 관계를 가지며, 또한 모형의 구축단계에서 시간과 관련된 중요한 변수가 생략되면 설정된 회귀모형에서 오차항들이 서로 독립이 아니면서 상관관계를 가질 수 있다. 이 경우 여러 가지 문제가 발생하게 되는데, 예를 들어, 회귀계수 추정량들이 비편향성은 만족하나 최소분산성은 만족하지 못하게 되며, 특히 추정량의 표준오차들이 편향된 값을 갖는다. 따라서 독립성 가정 하에 수행되는 신뢰구간의 계산, 가설검정 등 여러 가지 추론의 결과가 정확하지 않게 된다. 이 절에서는 오차항의 독립성 여부를 판정하는 방법과 독립성 가정이 만족되지 않을 때의 해결방법에 대해 알아본다.

5.4.1 일차자기회귀모형과 더빈-왓슨 검정

오차항의 독립성 여부는 일차적으로 잔차분석에서 잔차의 산점도를 이용하여 판정할 수 있다. 예를 들어, 잔차 대 관측순서의 산점도에서 점들이 랜덤하게 나타나면 독립성이 성립한다고 할 수 있지만, 특정한 경향이 나타나는 경우에는 독립성을 의심해야 한다. 다음으로 이 절에서 설명할 **더빈-왓슨 검정**(Durbin-Watson test)은 오차항들 간에 일차 자기상관관계가 있는지를 객관적으로 조사하는 방법이다. 만약 오차항들 사이에 상관관계가 있다고 판정되면 독립성 가정이 만족된다고 할 수 없다.

오차항들의 관계는 다양한 형태가 있을 수 있지만, 일반적으로 다음의 q차 **자기회귀모형**(autoregressive model)을 가정하고 있다.

$$\varepsilon_t = \phi_1\varepsilon_{t-1} + \phi_2\varepsilon_{t-2} + \cdots + \phi_q\varepsilon_{t-q} + \delta_t \tag{5.16}$$

위에서 δ_t는 서로 독립이면서, 평균이 0이고 분산이 σ_δ^2인 확률변수이다. 회귀분석에서는 특히 차수가 1인 다음의 1차 자기회귀모형을 많이 사용한다.

$$\varepsilon_t = \phi\varepsilon_{t-1} + \delta_t, \quad |\phi| < 1 \tag{5.17}$$

위의 모형 하에서 성립하는 오차항의 몇 가지 성질들을 살펴보자. 먼저 오차항들의 관계를 축차적으로 대입하면 ε_t를 ϕ와 δ_t들의 무한급수로 나타낼 수 있다. 즉,

$$\begin{aligned}\varepsilon_t &= \phi(\phi\varepsilon_{t-2} + \delta_{t-1}) + \delta_t \\ &= \phi^2(\phi\varepsilon_{t-3} + \delta_{t-2}) + \phi\delta_{t-1} + \delta_t \\ &\cdots \\ &= \delta_t + \phi\delta_{t-1} + \phi^2\delta_{t-2} + \cdots \\ &= \sum_{j=0}^{\infty} \phi^j \delta_{t-j}\end{aligned}$$

위의 식을 이용하면 ε_t의 기댓값은 다음과 같이 0이 됨을 보일 수 있다.

$$\mathrm{E}(\varepsilon_t) = \sum_{j=0}^{\infty} \phi^j \, \mathrm{E}(\delta_{t-j}) = 0$$

시간 l만큼 떨어져 있는 두 오차항의 공분산은 다음과 같이 구할 수 있다([연습문제 5.5]).

$$\mathrm{Cov}(\varepsilon_t, \varepsilon_{t-l}) = \frac{\phi^l \sigma_\delta^2}{1-\phi^2} \tag{5.18}$$

또한 ε_t의 분산은 위의 공분산 공식에서 $l = 0$인 경우로

$$\mathrm{Var}(\varepsilon_t) = \frac{\sigma_\delta^2}{1-\phi^2}$$

이 됨을 알 수 있다. 이 결과는 오차항 사이에 자기상관이 있는 경우에도 등분산성은 여전히 만족됨을 보여주고 있다. 그리고 시차가 l인 두 오차항의 상관계수는

$$\mathrm{Corr}(\varepsilon_t, \varepsilon_{t-l}) = \frac{\mathrm{Cov}(\varepsilon_t, \varepsilon_{t-l})}{\sqrt{\mathrm{Var}(\varepsilon_t)\mathrm{Var}(\varepsilon_{t-l})}} = \phi^l, \quad l \neq 0 \tag{5.19}$$

임을 보일 수 있는데, 이를 ε_t의 l차 **자기상관계수**(autocorrelation coefficient)라 한다. 위에서 $|\phi| < 1$이므로 시차가 클수록 자기상관계수는 점점 작아진다. 특히 $l = 1$인 1차 자기상관계수를 ρ라고 나타내면 식(5.19)에서 $\rho = \phi$로 주어짐을 알 수 있다.

이제 오차항 사이에 1차 자기상관이 존재하는 지를 검정하기 위한 더빈-왓슨 검정통

계량을 구하기 위하여 다음의 관계식을 생각하자.

$$\begin{aligned}\mathrm{E}(\varepsilon_t - \varepsilon_{t-1})^2 &= \mathrm{E}(\varepsilon_t^2 + \varepsilon_{t-1}^2 - 2\varepsilon_t\varepsilon_{t-1}) \\ &= \mathrm{E}(\varepsilon_t^2) + \mathrm{E}(\varepsilon_{t-1}^2) - 2\mathrm{E}(\varepsilon_t\varepsilon_{t-1}) \\ &= 2\sigma_\varepsilon^2 - 2\frac{\rho\sigma_\delta^2}{1-\rho^2} \\ &= 2(1-\rho)\sigma_\varepsilon^2\end{aligned}$$

위의 식은, $E(\varepsilon_t) = 0$이므로 두 번째 줄에 있는 각 항은 각각 ε_t의 분산과 $l = 1$인 경우의 공분산이 되며, 따라서 식(5.18)에서 ϕ 대신에 ρ로 대체하면 얻어진다. 그리고 위의 식에서 1차 자기상관계수 ρ의 값에 따라 다음의 관계식들이 성립함을 알 수 있다.

$$\begin{aligned}&\rho = 0 \text{ 이면 } \mathrm{E}(\varepsilon_t - \varepsilon_{t-1})^2 = 2\sigma_\varepsilon^2 \\ &\rho > 0 \text{ 이면 } \mathrm{E}(\varepsilon_t - \varepsilon_{t-1})^2 < 2\sigma_\varepsilon^2 \\ &\rho < 0 \text{ 이면 } \mathrm{E}(\varepsilon_t - \varepsilon_{t-1})^2 > 2\sigma_\varepsilon^2\end{aligned} \tag{5.20}$$

식(5.20)은 모수들을 포함하므로 추정값을 대신 사용하여 우측 부등식의 대소 관계를 파악하면, 우리는 역으로 일차 자기상관계수 ρ에 대한 정보를 알 수 있을 것이다. 구체적으로 오차항 ε_t 대신에 잔차 e_t를 사용하고, 기댓값 대신에 합기호를 사용하면 다음의 **더빈-왓슨 검정통계량**을 얻게 된다(Durbin & Watson, 1951).

$$\text{더빈-왓슨 검정통계량:} \quad D = \frac{\sum_{t=2}^{n}(e_t - e_{t-1})^2}{\sum_{t=1}^{n} e_t^2}$$

식(5.20)의 관계식에서 짐작할 수 있듯이 만약 D의 값이 2 근처이면 자기상관이 없고, 2 보다 작으면 양의 자기상관관계, 2 보다 크면 음의 자기상관관계가 있음을 알 수 있다. 실제로 표본의 크기 n이 어느 정도 크면 더빈-왓슨 검정통계량 D와 일차 자기상관계수 ρ의 점추정량 $\hat{\rho}$ 사이에

$$D \approx 2(1-\hat{\rho})$$

의 관계식이 성립함을 보일 수 있다. 위의 식에서 $\hat{\rho}$은 다음과 같이 주어진다.

$$\hat{\rho} = \frac{\sum_{t=2}^{n} e_{t-1}e_t}{\sum_{t=1}^{n} e_t^2} \tag{5.21}$$

그러므로 D의 값이 2 근처이면 $\rho = 0$이고, 0에 가까우면 양의 자기상관관계, 4에 가까우면 음의 자기상관관계가 있음을 알 수 있다.

더빈-왓슨 검정은 보다 정확한 D의 기각역을 사용한다. 기각역의 상한값(d_U)과 하한값(d_L)을 사용하여 다음과 같이 검정한다.

더빈-왓슨 검정

귀무가설 $H_0 : \rho = 0$와 대립가설 $H_1 : \rho > 0$에 대하여
$D < d_L$ 이면 귀무가설을 기각하여 양의 자기상관이 있다고 판정
$D > d_U$ 이면 귀무가설을 기각하지 못하여 자기상관이 없다고 판정
$d_L \le D \le d_U$ 이면 판정을 보류

위에서 알 수 있듯이 이 검정의 특징은 결정을 유보하는 구간이 있다는 것이다. 음의 자기상관관계에 대한 검정은 D 대신에 $D^* = 4 - D$를 계산하여 위와 같이 하면 된다. 그러나 대부분의 회귀분석 문제에서는 양의 자기상관관계가 나타난다.

예제 5.4

강판을 생산하는 회사에서는 강판의 출고가격이 그 강판을 생산하는 기계의 가격으로부터 어떠한 영향을 받는지를 조사하기 위하여 과거 16개월 동안의 자료를 수집하였다. 자료는 [표 5.2]에 정리되어 있으며(‘`steel`’), [그림 5.7]의 왼쪽은 산점도를 보여준다. 단순선형회귀분석을 실시하고 자기상관이 있는지를 조사하여라.

풀이 [그림 5.7]의 왼쪽 산점도를 보면 기계가격에 따라 강판가격이 선형적으로 증가한다는 것을 알 수 있으므로, 우선 오차항의 독립성 가정을 그대로 유지하면서 단순선형회귀모형을 적합시킨다.

```
fit <- lm(steelprice ~ machineprice, steel)
```

[표 5.2] 강판의 가격(단위:십만원)과 기계의 가격(단위:백만원) 자료

월	1	2	3	4	5	6	7	8
강판가격(Y)	66.7	66.0	64.0	64.0	61.3	64.0	66.7	68.7
기계가격(X)	82.3	81.4	79.3	79.0	76.8	80.7	83.4	85.4
월	9	10	11	12	13	14	15	16
강판가격(Y)	70.0	68.7	68.0	67.3	68.7	68.7	70.0	64.7
기계가격(X)	85.8	83.6	83.7	82.7	84.5	85.4	87.3	81.2

적합된 회귀식은

$$\hat{Y}_i = -4.995 + 0.8676X_i$$

로, [그림 5.7]의 왼쪽 산점도에 함께 표시되어 있다. 적합된 회귀직선은 두 변수의 관계를 어느 정도 잘 나타내고 있으나, [그림 5.7] 오른쪽의 잔차 대 관측순서의 산점도를 보면 독립성에 문제가 있다는 것이 확연히 나타난다. 잔차들의 분포가 랜덤하지 않고 특히 양의 잔차, 음의 잔차가 군집되어 나타나는데 이는 양의 자기상관관계가 있는 경우의 대표적인 형태이다.

독립성 여부를 판별하는데 유용한 다른 도구 중의 하나는 시차그림(lag plot)이다. 인접한 값들 간의 산점도로, 잔차들이 독립인 경우에는 점들이 랜덤하게 나타나게 된다. 아래 명령문으로 작성된 잔차들의 시차그림([그림 5.8])을 보면 값들이 랜덤하게 나타나지 않고 양의 선형관계를 보이고 있다. 즉, 잔차들 간에 양의 1차 자기상관관계가 어느 정도 있음을 보여주고 있다.

```
lag.plot(resid(fit), do.lines=FALSE)
```

이 문제에서 잔차들로 계산된 일차 자기상관계수의 추정값은 $\hat{\rho} = 0.588$이다.

```
> e <- resid(fit)
> n <- length(e)
> sum(e[1:(n-1)] * e[2:n]) / sum(e^2)
[1] 0.588354
```

이에 대한 더빈-왓슨 검정통계량의 값은 $D = 0.709$로 상대적으로 0에 가까우므로, 양의 자기상관관계가 있다는 것을 알 수 있다. 직접 계산하면 다음과 같다.

```
> sum(diff(e)^2) / sum(e^2)
[1] 0.7094545
```

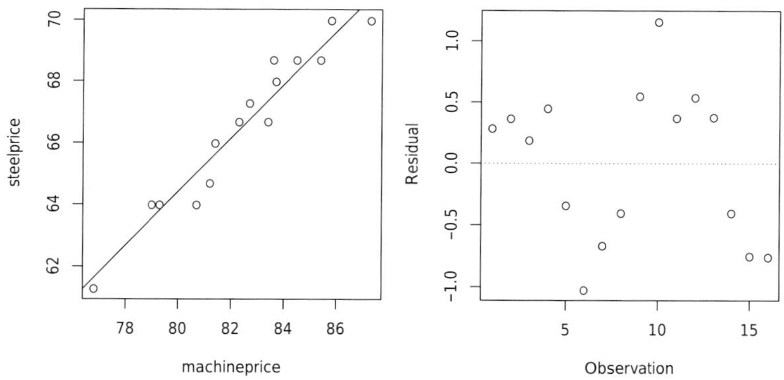

[그림 5.7] 강판가격 자료의 산점도(좌)와 잔차의 산점도(우)

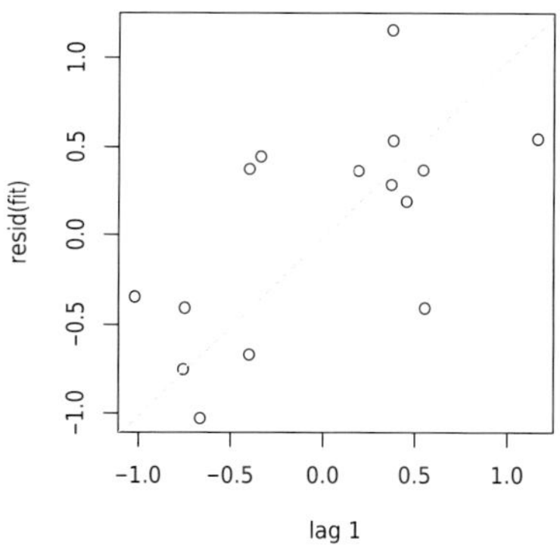

[그림 5.8] 강판가격 자료의 잔차들의 시차 그림

R에서는 `lmtest` 패키지에서 제공하는 `dwtest()` 함수를 이용하면 더빈-왓슨 검정을 편리하게 할 수 있다. 패키지를 `library()`로 읽어들이지 않고도 다음과 같이 패키지명과 함수명을 연결하여 실행할 수 있다.

```
> lmtest::dwtest(fit)
        Durbin-Watson test

data:  fit
DW = 0.7095, p-value = 0.0006058
alternative hypothesis: true autocorrelation is greater than 0
```

가설 $H_0 : \rho = 0$, $H_1 : \rho > 0$에 대한 p값이 0.0006으로 매우 작으므로 위의 사실을 뒷받침하고 있다.

□

5.4.2 자기상관 수정 회귀분석

오차항들에 자기상관이 존재하는 경우에는 이에 대한 적절한 조치가 필요하다. 첫 번째 방법은 자기상관을 유발하는 변수를 설명변수로 모형에 포함시키는 것이다. 예를 들어, 어느 회사의 판매액과 광고비와의 관계를 분석하는 문제에서는 일반적으로 양의 자기상관관계가 있을 수 있는데, 이 경우 그 회사의 증가하는 외형적 크기(자본금의 크기, 종업원의 수 등)를 나타내는 변수들을 회귀모형에 포함시키면 독립성이 만족될 수 있다. 그리고 경제 관련 문제에서는 시간과 관련된 변수나 시간변수 자체를 추가할 수 있다.

두 번째 방법으로는 독립성이 만족되도록 변수변환을 하는 것이다. 이 방법을 단순회귀모형을 이용하여 설명해보자. 오차항 사이에 일차 자기상관관계가 있는 다음의 회귀모형을 생각하자.(아래에서 δ_t는 서로 독립이며, 정규분포 $N(0,\sigma_\delta^2)$를 따르는 확률변수이다.)

$$Y_t \;=\; \beta_0 \;+\; \beta_1 X_t \;+\; \varepsilon_t, \quad \varepsilon_t = \rho\varepsilon_{t-1} + \delta_t \tag{5.22}$$

위와 같은 모형을 **자기회귀오차모형**(autoregressive error model)이라고 하며, 위의 모형에서 반응변수를 $Y_t' = Y_t - \rho Y_{t-1}$로 변환하면

$$\begin{aligned}
Y_t' &= Y_t - \rho Y_{t-1} \\
&= (\beta_0 + \beta_1 X_t + \varepsilon_t) - \rho(\beta_0 + \beta_1 X_{t-1} + \varepsilon_{t-1}) \\
&= \beta_0(1-\rho) + \beta_1(X_t - \rho X_{t-1}) + (\varepsilon_t - \rho\varepsilon_{t-1}) \\
&= \beta_0' \;+\; \beta_1 X_t' \;+\; \delta_t
\end{aligned}$$

가 되어, 서로 독립인 오차항 δ_t를 갖는 회귀모형을 얻을 수 있다(단, $\beta_0' = \beta_0(1-\rho)$, $X_t' = X_t - \rho X_{t-1}$). 그러나 일차 자기상관계수 ρ는 알려져 있지 않은 모수이므로, 대신에 적당한 추정값 $\hat\rho$을 사용할 필요가 있다. 이와 같은 방법으로 구한 β_0'과 β_1의 최소제곱추정값을 각각 $\hat\beta_0'$과 $\hat\beta_1$이라 하면, $\hat\beta_1$은 위의 모형에서 직접 구해지며, β_0의 추정값은 $\hat\beta_0' = \hat\beta_0(1-\hat\rho)$에서

$$\hat\beta_0 = \hat\beta_0'/(1-\hat\rho)$$

로 주어지고, $\hat\beta_0$의 근사적 표준오차는

$$\mathrm{SE}(\hat\beta_0) = \mathrm{SE}(\hat\beta_0')/(1-\hat\rho)$$

으로 주어진다. 이와 같이 변수변환을 이용하여 오차항의 자기상관을 없애는 것을 **자기상관 수정**(autocorrelation correction)이라 한다.

위의 변수변환에 필요한 ρ의 추정값 $\hat{\rho}$을 구하는 방법에는 일반적으로 세 가지가 있다 (Neter 외, 1996). 먼저 Cochrane-Orcutt 방법에서는 ρ의 값을 반복 추정하여 사용한다. 초기 단계에서는 자기상관을 무시하고 모형 $Y_t = \beta_0 + \beta_1 X_t + \varepsilon_t$을 적합하여 잔차 e_t를 구한 다음, 식(5.21)을 이용하여 추정값 $\hat{\rho}$을 계산하여 변수변환에 사용한다. 그리고 변환된 회귀모형을 적합하여 구한 잔차를 이용하여 자기상관에 대한 더빈-왓슨 검정을 실시한다. 만약 자기상관이 없다고 판정되면 이 단계에서 끝나고, 아니면 추정값 $\hat{\rho}$을 다시 계산하여 변수변환을 계속적으로 수행하게 된다. 이 방법이 항상 성공적이지는 않다. 대표적인 이유는 $\hat{\rho}$이 ρ를 과소추정하기 때문인데, 한두번의 반복추정으로 자기상관이 없어지지 않으면 다른 방법을 사용하는 것을 권유하고 있다(Montgomery & Peck, 1992).

두 번째로 Hildreth-Lu 방법에서는 ρ와 회귀계수의 값을 동시에 추정하게 된다. 이 경우 비선형 최소제곱 문제가 되어 이 방법을 위한 프로그램이 필요하게 된다. 이에 대한 대안으로 박스-칵스 변환에서 모수 λ의 추정과 같이 타당한 여러 개의 ρ값을 사용하여 분석한 후 그 중에서 오차제곱합 SSE의 값이 제일 작은 경우를 선택할 수도 있다.

마지막으로 차분법(difference method)은 시계열분석에서 흔히 사용하는 방법으로, ρ의 값을 1로 가정하여 변수변환하는 방법이다. 즉, 각 변수에 대하여

$$Y_t' = Y_t - Y_{t-1}, \quad X_t' = X_t - X_{t-1}$$

로 변환한 모형

$$Y_t' = \beta_1 X_t' + \delta_t \tag{5.23}$$

를 적합하는 것이다. 이 경우 β_1의 추정량 $\hat{\beta}_1$은 원점을 지나는 회귀직선의 기울기 추정량으로 주어지며, β_0의 추정량은 $\hat{\beta}_0 = \overline{Y} - \hat{\beta}_1 \overline{X}$로 주어지게 된다.

예제 5.5

앞의 예제에서 수행한 강판가격 자료 'steel'에 대한 회귀분석에서 오차항들 사이에 일차 자기상관관계가 있다고 판정되었다. Cochrane-Orcutt 방법을 적용하여 자기회귀 오차모형을 추정하여라.

풀이 오차항의 독립성을 가정한 회귀분석에서 얻은 잔차들로 계산한 일차 자기상관계수 ρ의 추정값은 $\hat{\rho} = 0.588$이다.

```
> fit <- lm(steelprice ~ machineprice, steel)
> e <- resid(fit)
> n <- length(e)
> ( rho <- sum(e[1:(n-1)] * e[2:n]) / sum(e^2) )
[1] 0.588354
```

그러므로 변환공식은

$$Y_t' = Y_t - 0.588Y_{t-1}, \quad X_t' = X_t - 0.588X_{t-1}$$

로 주어진다. 이 공식에 근거하여 다음과 같이 변환할 수 있다.

```
y <- steel$steelprice
x <- steel$machineprice
n <- length(x)
y2 <- y[2:n] - rho * y[1:(n-1)]
x2 <- x[2:n] - rho * x[1:(n-1)]
```

변환된 변수를 사용한 회귀분석 결과는 다음과 같이 얻을 수 있다.

```
> fit.ar <- lm(y2 ~ x2)
> summary(fit.ar)
(...)

Coefficients:
            Estimate Std. Error t value Pr(>|t|)
(Intercept)  -1.6784     2.0608  -0.814     0.43
x2            0.8551     0.0605  14.133 2.87e-09 ***
---
Signif. codes:  0 '***' 0.001 '**' 0.01 '*' 0.05 '.' 0.1 ' ' 1

Residual standard error: 0.5138 on 13 degrees of freedom
Multiple R-squared:  0.9389,    Adjusted R-squared:  0.9342
F-statistic: 199.7 on 1 and 13 DF,  p-value: 2.872e-09
```

따라서 추정된 회귀식은

$$\hat{Y}_t' = -1.6784 + 0.8551X_t'$$

으로 주어진다. 그리고 이 변환된 모형이 독립성을 만족하는지를 검정하게 된다.

```
> e <- resid(fit.ar)
> n <- length(e)
> sum(e[1:(n-1)] * e[2:n]) / sum(e^2)
[1] 0.309616
```

```
> lmtest::dwtest(fit.ar)

        Durbin-Watson test

data:  fit.ar
DW = 1.3349, p-value = 0.07499
alternative hypothesis: true autocorrelation is greater than 0
```

즉, 변환된 모형에서의 일차 자기상관계수의 추정값은 $\hat{\rho} = 0.3096$이나, 이에 대한 더빈-왓슨 검정통계량의 값은 $D = 1.335$로 상대적으로 2에 가까우므로 변환된 모형에서의 자기상관관계는 없다고 할 수 있다(p값$=0.075$). 생략되었지만 잔차의 산점도 역시 특별한 경향을 보이지 않는다.

그러므로 반복추정 작업은 이 단계에서 끝나게 되고, 원래 변수를 사용한 회귀모형에서의 절편의 추정값과 표준오차는 근사적으로 각각

$$\hat{\beta}_0 = \frac{-1.6784}{1-0.588} = -4.0738, \quad \text{SE}(\hat{\beta}_0) = \frac{2.0608}{1-0.588} = 5.0019$$

로 주어진다. 기울기에 대한 값은 변환된 모형의 추정값과 동일하다.

참고로 자기상관계수의 추정값은 ar() 함수를 이용하여 계산할 수 있다. 모형의 차수를 강제로 지정하면 다음과 같다. 최대차수를 1차로 제한하고 aic 인자를 끄면 지정된 차수에 맞추어 모형을 적합한다.

```
> fit <- lm(steelprice ~ machineprice, steel)
> e <- resid(fit)
> ar(e, aic=FALSE, order.max=1)

Call:
ar(x = e, aic = FALSE, order.max = 1)

Coefficients:
     1
0.5884

Order selected 1  sigma^2 estimated as  0.2686
```

□

연습문제

5.1 본문의 5.2절에 주어진 잔차벡터의 표현식 $\boldsymbol{e} = (\boldsymbol{I} - \boldsymbol{H})\boldsymbol{y}$ 를 이용하여, 잔차벡터의 기댓값벡터와 분산-공분산행렬이 다음과 같이 주어짐을 보여라(3.1.3절 참조).

$$\mathrm{E}(\boldsymbol{e}) = \boldsymbol{0}$$

$$\mathrm{Cov}(\boldsymbol{e}) = (\boldsymbol{I} - \boldsymbol{H})\sigma^2$$

5.2 트레이스(trace) $\mathrm{tr}(\cdot)$은 행렬의 대각원소 합을 구하는 함수이다. 행렬의 곱 $\boldsymbol{AB}$와 $\boldsymbol{BA}$가 정의되는 임의의 두 행렬 $\boldsymbol{A}$, $\boldsymbol{B}$에 대해 $\mathrm{tr}(\boldsymbol{AB}) = \mathrm{tr}(\boldsymbol{BA})$가 성립함을 이용하여, 모자행렬 $\boldsymbol{H}$의 대각원소 합이 p가 됨을 보여라. 따라서 $\sum_{i=1}^{n} h_{ii} = p$가 된다.

5.3 함수 `lm()`으로 회귀분석을 할 때 디자인행렬을 `model.matrix()` 함수로 추출할 수 있다. 중고차 가격 예제의 경우에 디자인행렬은 다음과 같이 구할 수 있다.

```
fit <- lm(price ~ ., usedcars)
X <- model.matrix(fit)
```

(1) 행렬연산자를 사용하여 모자행렬 $\boldsymbol{H}$를 다음과 같이 생성하여라.

```
H <- X %*% solve(t(X) %*% X) %*% t(X)
```

(2) 지렛값을 계산하여 모자행렬 $\boldsymbol{H}$의 대각원소들과 동일함을 보여라.

(3) $\boldsymbol{H}$의 대각원소들의 합을 구하여 디자인행렬의 열의 개수와 같음을 보여라.

5.4 쿡의 거리 통계량에 대하여

(1) 본문의 5.3.2절에 주어진 식(5.7)을 사용하면 식(5.8)의 공식을 식(5.9)인

$$C_i = \frac{1}{p\,\sigma^2} \cdot \frac{e_i^2\, h_{ii}}{(1 - h_{ii})^2}$$

로 나타낼 수 있음을 보여라.

(2) 위의 식에서 모수 σ^2 대신에 s^2으로 대체하면 식(5.10)으로 주어짐을 보여라.

(3) 두 표준화잔차 r_i와 r_i^*가 같은 경우 $DFFITS_i$와 C_i 사이에는 $C_i = (DFFITS_i)^2/p$의 관계가 있음을 보여라.

5.5 식(5.17)의 1차 자기회귀모형에서 시차가 l 인 두 오차항의 공분산은 식(5.18)의

$$\mathrm{Cov}(\varepsilon_t, \varepsilon_{t-l}) = \frac{\phi^l \sigma_\delta^2}{1-\phi^2}$$

로 주어짐을 보여라.

5.6 회귀모형에서 오차항 $\varepsilon_1, \cdots, \varepsilon_n$ 의 분산-공분산행렬을 $\boldsymbol{V}$ 라 하자. 오차항들 사이에 1차 자기상관관계가 있을 경우(식(5.17) 참조), 행렬 $\boldsymbol{V}$ 를 σ^2 과 1차 자기상관계수 ρ 를 이용하여 나타내어라.

5.7 회귀분석에서 특정 관측값의 영향력을 시각적으로 볼 수 있으면 영향력측도의 개념을 더욱 쉽게 이해할 수 있다. 인터넷 사이트 `http://regbook.github.io/lm/influential`에서 제공하는 앱(application)을 사용하여 여러 위치의 값들이 회귀계수 기울기의 추정값에 어떻게 영향을 주는지를 실험해보아라.

⋆ ⋆ ⋆

5.8 자료 '`infludata`'를 사용하여 [예제 5.2]에 주어진 [표 5.1]의 결과들을 모두 확인해보아라.

5.9 [예제 4.12]에서 설명된 주택판매가격 자료('`houseprice`')를 분석하는 문제에서 설명변수들이 모두 포함된 모형을 이용하여 쿡의 거리 통계량, 지렛값, *DFFITS*, *DFBETAS* 등의 그림을 작성하여 특이점과 높은 지렛점의 존재여부를 판단하고, 영향력 관측치의 존재여부를 분석하여라.

5.10 자료 '`hald`'에서 3개의 설명변수 X_1, X_3, X_4 가 포함된 모형에 대해 [연습문제 5.9]와 같이 특이점, 높은 지렛점, 영향력 관측치의 존재여부를 분석하여라.

5.11 자료 '`carsale`'은 26개 자동차 영업소에서 1년 동안의 자동차 판매실적을 나타낸 것으로 총판매액(`sale` : 억원), 광고비(`ad` : 백만원), 영업장 면적(`area` : m^2), 차량종류(`car`), 영업사원수(`emp`)의 값이 주어져 있다. 이 자료는 3장의 연습문제에서 분석되었다. 총판매액 `sale`을 반응변수로, 나머지 4개 변수를 설명변수로 하는 선형회귀모형을 적합한 다음, 여러 영향력 측도들의 그림을 작성하고 해석하여라.

5.12 자료 'stackloss'는 암모니아를 산화시켜 질산을 만드는 21일간의 연속공정에서 얻어졌다. 이 자료에는 반응변수 stack.loss와 3개의 설명변수 X_1, X_2, X_3가 있다 (자료 출처 및 변수들에 대한 자세한 설명은 [예제 8.7]에 주어져있다).

(1) 자료에 대한 특이점과 높은 지렛점의 존재여부를 분석하여, 21번째 관측치가 특이점이고 17번째 관측치가 높은 지렛점으로 판정됨을 확인하여라.

(2) 위의 자료는 21일간의 연속공정에서 얻어졌으므로 자료의 독립성이 의심된다. 오차들의 독립성에 대한 더빈-왓슨 검정을 실시하고 분석하여라.

(3) 자료에서 17번째와 21번째 관측치들을 제거하고 오차들의 독립성에 대한 더빈-왓슨 검정을 다시 실시하여라. 2개의 관측치들이 독립성에 영향을 주는가?

5.13 본문의 [예제 5.4]에서 사용된 강판가격 자료 'steel'을 차분법을 이용하여 상수항이 없는 회귀모형 (5.23)을 적합하고, 기울기의 추정값과 표준오차를 [예제 5.5]의 결과들과 비교하여라. 자료의 차분을 구하기 위해서는 diff()를 이용하면 된다.

5.14 자료 'MLB1'은 미국 프로야구의 아메리칸리그 소속 타자 124명에 대한 1985년과 1986년 타율을 나타낸 것이다.

(1) 1985년 타율을 설명변수, 1986년 타율을 반응변수로 하여 단순선형회귀모형을 적합하여 산점도 위에 나타내어라. 적합은 잘되었는가?

(2) 외 표준화잔차 r_i^*, 지렛값 h_{ii}, 쿡의 거리 통계량 C_i, $DFFITS$를 계산하여 특이값 또는 영향력 관측치가 있는지를 분석하여라.

(3) 더빈-왓슨 통계량값을 구하여 자료의 독립성 여부에 대하여 판단하여라.

5.15 국내 프로야구 주요 선수들의 2년간 타율 자료를 수집하여 [연습문제 5.14]와 같은 분석을 실시하여라.(참고 사이트 : 한국야구위원회, www.koreabaseball.com)

6

회귀모형의 선택

회귀분석을 위한 반응변수와 설명변수들이 있을 때, 처음에 설정한 모형이 최종모형이 되는 경우는 거의 없다. 변수변환을 한다든지 또는 불필요한 설명변수들을 모형에서 제외하는 작업이 필요하고, 잔차분석 등을 통하여 다른 설명변수들을 추가하거나 관측자료의 성격에 대한 이해를 넓혀가면서 모형을 다듬어 가야 한다. 이러한 전반적인 과정을 **모형구축**(model building)이라 한다. 이 장에서는 특히 많은 설명변수들이 있을 때 반응변수를 가장 잘 설명해줄 수 있는 적절한 개수의 설명변수들을 선택하는 문제를 다룬다. 일반적으로 통계학에서는 **변수선택**(variable selection)의 문제와 **모형선택**(model selection)의 문제는 별개이다. 그러나 선형회귀분석에서는 모형에 포함되는 설명변수들에 의해 모형의 형태가 결정되기 때문에 같은 문제로 볼 수 있다. 그래서 이 장에서 소개하는 변수선택의 기준은 곧 모형선택의 기준과 동일하다고 볼 수 있다.

6.1 모형구축의 단계

반응변수와 이를 설명해 줄 것으로 여겨지는 설명변수들의 자료를 바탕으로 가장 적절한 회귀모형을 구축한다는 것은 쉽거나 간단한 문제가 아니다. 이는 회귀분석에서 가장 중요하고 본질적인 문제인데, 이에 대한 해결책으로 어떤 정형화된 과정이 있는 것은 아니지만 일반적으로 다음과 같은 과정을 거치는 것이 바람직하다.

첫 번째는 예비단계로, 자료의 수집과 예비모형의 설정이다. 먼저 자료를 수집하기 위해서는 관심 있는 반응변수에 영향을 줄 것으로 판단되는 설명변수들을 결정해야 한다. 이를 위해 경험적으로 알려져 있는 사실이나 이론적 배경 등을 참고로 하는 것이 좋다. 그러나 이러한 정보들이 없는 경우에는 비용이 허용하는 한 되도록 많은 설명변수들을 고려하는 것이 바람직하다. 이때 자료의 크기 n을 정하는 특별한 규칙은 없으나 한 개의 설명변수 당 적어도 6~10개 이상의 관측치가 있으면 무난하다고 할 수 있다. 그리고 수집된 자료를 바탕으로 예비모형을 구축한다.

두 번째는 예비모형의 수정이다. 예비모형을 우선 적합시킨 후, 선형성, 등분산성, 독립성, 정규성, 다중공선성의 존재 등에 대한 광범위한 회귀진단을 실시하여 적절한 조치가 필요한지 검토한다. 자료 또는 변수의 변환 가능성도 이 단계에서 탐색된다.

세 번째는 변수선택의 단계로, 예비모형에 포함된 설명변수들 중에서 반응변수를 충분히 잘 설명해 주는 핵심적인 소수의 설명변수들을 찾게 된다. 일반적으로 설명변수가 많이 포함된 모형이 반드시 좋은 모형이 되는 것은 아니다. 적절한 개수의 설명변수들로 이루어진 모형이 해석하기 쉽고, 경제적으로 사용될 수 있다.

네 번째는 변수선택 단계에서 최적으로 판단된 모형에 대해 회귀진단을 한번 더 실시한다. 오차항에 대한 가정들의 타당성을 검토하고, 영향력 관측치의 존재 여부 등에 대한 진단을 실시한다.

마지막 단계에서는 선택된 모형에 대해 확인(validation)작업이 필요하다. 예를 들어, 이론이나 경험에 근거한 예상과 비교하여, 모형에 포함된 설명변수들이 타당한지, 또는 회귀계수 추정값의 크기나 부호들이 부합한지 등을 검토할 필요가 있다. 또는 새로운 자료에 대한 최종모형의 예측도를 평가하기도 한다. 이에 대한 자세한 방법은 6.4절에서 다루게 된다. 모형의 확인과정에서 결과가 좋으면 최종모형으로 선택하게 된다.

회귀분석에서 최적의 모형을 논할 때는 두 가지 측면을 고려해야 한다. 첫 번째는 현재모형이 주어진 자료들을 얼마나 잘 설명하거나 또는 대표하는 가를 나타내는 **적합도**(quality of fit)의 문제이다. 일반적으로 적합도는 설명변수가 많을수록 높아진다. 실제로 적합도를 나타내는 결정계수는 설명변수가 많을수록 값이 커지게 된다. 예를 들어, 설명변수가 1개 있고 자료가 10개 있는 경우, 모형식으로 9차 다항식을 사용하면 적합도 100%의 모형을 얻을 수 있다.

그러나 회귀분석에서 중요한 목적 중의 하나는 예측인데, 실제 문제들에 있어서 적합도가 높은 모형이더라도 **예측도**(quality of prediction)는 낮은 경우가 있다. 따라서 예측이 주목적인 경우에는 설명변수가 많은 모형(즉, 적합도가 높은 모형)이 최적의 모형이 되는 것은 아니다. 예를 들어, 김&강(2010)의 5.1.3절에서는 구체적인 예제를 이용하여 설명변수가 너무 많으면 예측오차가 오히려 클 수 있음을 보이고 있다. 그러므로 적합도와 예측도 두 가지 모두를 고려하여 종합적으로 최적모형을 선택해야 한다.

변수선택의 기준들을 설명하기 전에 다음의 예제를 통해 앞에서 설명된 모형구축의 여러 단계들을 살펴보기로 하자.

예제 6.1

주택판매가격(price, Y; 천만원)과 이에 영향을 줄 것으로 판단되는 4개의 설명변수 세금(tax, X_1; 만원), 대지평수(ground, X_2; 평), 건물평수(floor, X_3; 평), 주택연령(year, X_4; 년)을 27가구에 대해 조사하였다([표 6.1], 'houseprice'). 이 자료에 대한 예비모형으로 중회귀모형을 구축하고 회귀진단을 실시하여라.(참고: 1평$\simeq 3.3m^2$.)

풀이 4개의 설명변수를 모두 사용한 중선형회귀모형

$$Y = \beta_0 + \beta_1 X_1 + \beta_2 X_2 + \beta_3 X_3 + \beta_4 X_4 + \varepsilon$$

을 적합시키기 전에 몇 가지 예비분석을 해보자. 먼저 [그림 6.1]의 산점도행렬을 보면 반응변수가 세금과 건물평수와는 양의 선형관계를 보이고 있으며, 대지평수와 주택연령과도 특이값을 제외하면 약한 선형관계를 가지고 있다. 그리고 각 산점도에서 2개 내지 3개 정도의 특이값이 있다는 것을 추가로 알 수 있다. 변수들의 표본상관계수행렬은 X_4(year)를 제외한 나머지 변수들 사이에 비교적 높은 상관관계를 보이고 있다.

```
> cor(houseprice)
            price        tax     ground      floor       year
price   1.0000000  0.9152495  0.7263346  0.9288268 -0.3102901
tax     0.9152495  1.0000000  0.6868497  0.8324154 -0.3711720
ground  0.7263346  0.6868497  1.0000000  0.7032694 -0.3802745
floor   0.9288268  0.8324154  0.7032694  1.0000000 -0.1780570
year   -0.3102901 -0.3711720 -0.3802745 -0.1780570  1.0000000
```

이 자료에 중선형회귀모형을 적합시킨 다음 장의 결과를 살펴보자. 결정계수가 $R^2 = 0.93$으로 매우 높고, 분산분석표의 F값에 대한 유의확률도 매우 작아(1.817×10^{-12}) 어느 정도 적합이 잘되었음을 알 수 있다. 각 회귀계수 추정값에 대한 유의성을 검정하면, X_2(대지평수), X_4(주택연령)의 경우는 p값이 커서 통계적으로 유의하지 않으며, 주로 세금과 건물평수가 주택가격 결정의 중요 항목이라 할 수 있다.

[표 6.1] 27가구에 대한 주택판매가격

번호	판매가격(Y)	세금(X_1)	대지평수(X_2)	건물평수(X_3)	주택연령(X_4)
1	12.95	98.352	34.720	19.96	4.2
2	14.75	100.416	35.310	30.00	6.2
3	13.95	90.858	22.750	23.50	4.0
4	12.95	91.146	40.500	24.64	5.4
5	14.95	101.194	44.550	22.42	4.2
6	14.95	77.820	44.550	19.76	5.6
7	15.45	117.960	58.500	24.80	5.1
8	14.45	112.186	95.200	30.02	3.2
9	42.45	308.404	98.000	68.40	4.2
10	41.45	289.196	128.000	60.00	1.4
11	17.95	116.564	64.350	24.50	3.2
12	15.75	106.006	49.883	31.04	3.0
13	15.50	125.424	55.200	19.50	3.0
14	15.45	119.184	66.660	22.42	3.2
15	15.00	101.000	50.000	20.40	4.6
16	18.45	164.928	51.500	33.28	5.0
17	20.95	133.938	69.020	29.76	2.2
18	20.25	155.682	71.020	27.52	1.7
19	21.95	180.768	78.000	30.00	2.3
20	18.75	119.788	55.200	25.12	4.0
21	18.95	150.844	40.000	33.80	2.2
22	22.25	175.902	98.900	36.40	5.0
23	18.95	121.862	67.265	33.04	4.4
24	19.45	167.214	91.500	35.54	4.8
25	18.45	162.800	80.000	30.08	0.3
26	22.90	182.832	73.262	36.62	3.1
27	20.50	240.000	50.000	24.00	3.0

```
> fit <- lm(price ~ ., houseprice)
> summary(fit)
(...)

Coefficients:
            Estimate Std. Error t value Pr(>|t|)
(Intercept)  1.21874    2.04661   0.595  0.55759
tax          0.05195    0.01383   3.756  0.00109 **
ground       0.01159    0.02534   0.458  0.65169
floor        0.34941    0.07268   4.807 8.41e-05 ***
year        -0.21894    0.33149  -0.660  0.51582

Residual standard error: 2.039 on 22 degrees of freedom
Multiple R-squared:  0.9313,	Adjusted R-squared:  0.9188
F-statistic: 74.53 on 4 and 22 DF,  p-value: 1.817e-12
```

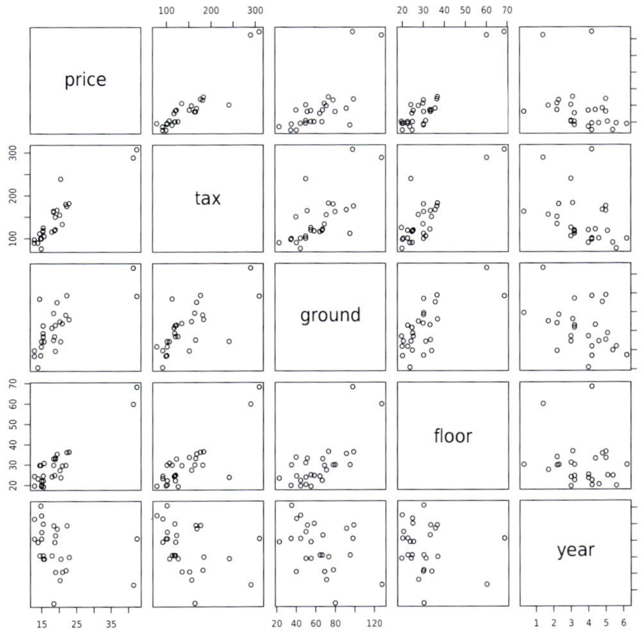

[그림 6.1] 주택판매가격 예제 변수들의 산점도행렬

한편 회귀진단을 위하여 잔차에 관한 [그림 6.2]의 그림들을 살펴보면, 대부분의 점들에서 표준화잔차의 값이 ±2안에 있고, 큰 값의 경우도 경계선에 걸쳐있어 특이점은 없다고 판단되나, 9, 10, 27번째 관측치들은 높은 지렛점으로 판단된다. 또한 쿡 거리 통계값이 매우 커서 이 관측치들이 회귀계수 추정값에 영향을 많이 주고 있음을 알 수 있다. 특히 9, 10번째 관측치들은 일종의 영향력 관측치군을 형성하고 있다. 잔차에 대한 정규확률도를 보면 정규성 가정은 성립한다고 할 수 있다.

그리고 좌측의 상하 두 그림을 보면 9, 10번째 관측치들만 제외하면 등분산성 가정에도 특별한 문제가 없는 것으로 판단된다. 따라서 대부분의 가정들은 만족된다고 할 수 있으며, 변수변환의 필요성도 없어 보인다. 높은 지렛점인 세 관측치 중에서 9, 10번째는 고가의 주택에 대한 정보를 제공하는 중요한 점으로 분석에 포함시키도록 하며, 27번째 값은 [그림 6.1]의 가격 대 세금의 산점도에서 알 수 있듯이 가격이 낮음에도 불구하고 세금은 큰 관측치로, 분석에 큰 영향을 줄 것이라 예상되므로 이 점의 포함여부는 신중하게 판단해야 한다.

네 개의 설명변수를 모두 사용한 중선형회귀분석이 여러 가지 측면에서 적합이 잘

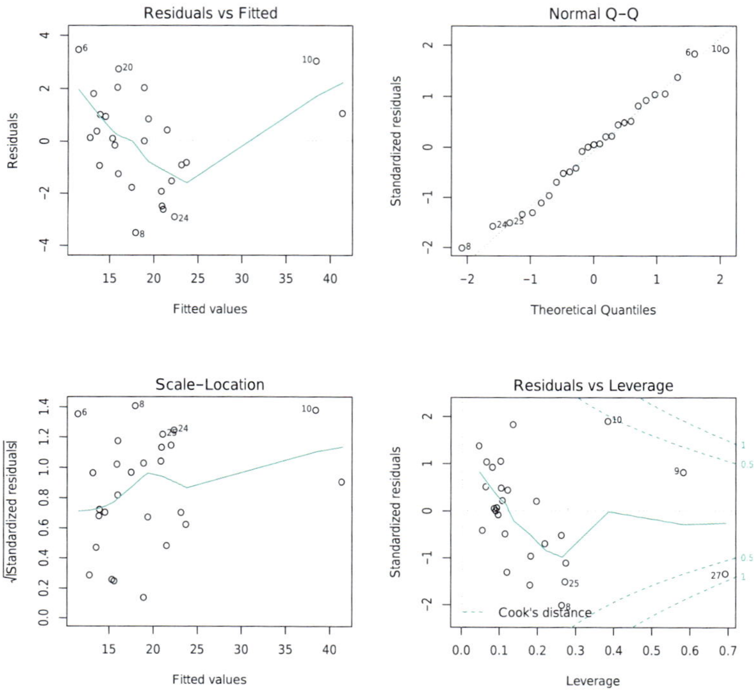

[그림 6.2] 주택판매가격 예제: 회귀진단 그림

되었지만, 보다 더 적은 개수의 설명변수로도 이에 근접하는 적합을 이룰 수 있다면 더욱 좋을 것이다. 통계분석의 주요 목적 중의 하나가 자료축약이란 점과 해석의 편리함 때문이다. 반응변수 Y를 잘 설명해 줄 수 있는 설명변수들을 어떻게 선택할 것인가 하는 문제가 다음 절에서 다루어진다. □

6.2 변수선택의 기준

예비모형의 구축 단계에서는 고려된 설명변수들이 모두 사용된다. 설명변수의 총 개수를 $(k-1)$개라 하면, 이들 변수들을 모두 사용하여 만든 예비모형을 **최대모형**(maximal model)이라 부른다. 그러나 가능한 설명변수를 모두 사용하는 것은 앞에서도 설명되었지만 여러 가지 측면에서 바람직하지 못하다. 따라서 반응변수를 잘 설명해주는 최소한의 설명변수들만 선택하는 것이 중요하다. 전체 $(k-1)$개 중에서 $(p-1)$개의 설명변수로 구성된 모형을 **현재모형**(current model)이라고 하며, 설명변수가 전혀 사용되지 않고 반응변수 자체의 변동만을 고려한 모형(상수항만 포함된 모형)을 **최소모형**(minimal model) 또는 **영모형**(null model)이라 한다.

변수선택의 원리는 되도록 적은 개수의 설명변수를 사용하여 반응변수의 많은 부분을 설명해 줄 수 있는 현재모형을 찾는 것이다(3.3절의 간결함의 원칙 참조). 이러한 변수선택 작업은 자료가 생성된 분야의 전문가가 사전 지식이나 경험에 근거하여 주관적으로 진행할 수도 있지만, 통계학 이론에 근거한 객관적인 기준을 사용하는 것도 바람직하다.

현재모형에 $(p-1)$개의 설명변수가 있다고 가정하면, 상수항을 나타내는 모수 β_0가 포함된 경우 현재모형에 사용된 회귀계수는 $\beta_0, \beta_1, \cdots, \beta_{p-1}$로 p개가 된다. 즉, 디자인 행렬 $\boldsymbol{X}$는 $n \times p$ 행렬이고, $\boldsymbol{X}$의 첫 번째 열은 전부 1로 이루어져 있다고 가정한다.

R에서 `leaps` 패키지의 `regsubsets()` 함수를 이용하면 가능한 모형들에 대해 이 장에서 설명될 여러 변수선택 기준들의 값을 계산할 수 있다. 결정계수(`rsq`), 수정된 결정계수(`adjr2`), 잔차제곱합(`rss`), 멜로우즈 C_p, BIC 등을 계산해 준다. `regsubsets()`의 결과를 확인할 때에는 `regbook` 패키지에서 제공하는 `summaryf()` 함수를 사용하면 편리하다. 아래 명령문에서 'nbest=6'은 특정 개수의 설명변수들에 대해 가능한 모형들 중 상위 6개만을 출력하라는 옵션이다. 예를 들어, 7개의 설명변수들 중 3개만 선택하여 구축가능한 모형의 수는 35개인데 이런 경우 출력 대상을 좋은 모형 몇 개로 한정시킬 수 있다.

```
> houseprice.rgs <- regsubsets(price ~ ., houseprice, nbest=6)
> summaryf(houseprice.rgs)
          tax ground floor year    rss    rsq  adjr2     cp    bic
1  ( 1 )                *        182.7 0.8627 0.8572  20.94 -47.02
1  ( 2 )   *                     216.0 0.8377 0.8312  28.96 -42.50
1  ( 3 )          *              628.6 0.5276 0.5087 128.23 -13.65
1  ( 4 )                      * 1202.5 0.0963 0.0601 266.28   3.86
2  ( 1 )   *            *         95.2 0.9285 0.9225   1.90 -61.32
2  ( 2 )                *     *  153.8 0.8844 0.8748  16.00 -48.37
2  ( 3 )          *     *        168.6 0.8733 0.8627  19.56 -45.89
2  ( 4 )   *      *              191.9 0.8558 0.8437  25.17 -42.39
2  ( 5 )   *                  *  214.6 0.8387 0.8252  30.64 -39.37
2  ( 6 )          *           *  626.8 0.5289 0.4897 129.79 -10.44
3  ( 1 )   *            *     *   92.3 0.9306 0.9216   3.21 -58.86
3  ( 2 )   *      *     *         93.3 0.9299 0.9208   3.44 -58.58
3  ( 3 )          *     *     *  150.1 0.8872 0.8725  17.11 -45.73
3  ( 4 )   *      *           *  187.5 0.8591 0.8407  26.11 -39.72
4  ( 1 )   *      *     *     *   91.4 0.9313 0.9188   5.00 -55.82
```

6.2.1 결정계수

회귀분석의 결과 총변동(SST) 중에서 회귀모형에 의해 설명되는 변동(SSR)이 차지하는 비율, 즉, SSR/SST를 결정계수라 하였다. 결정계수는 0과 1 사이의 값으로 1에 가까울수록 회귀의 적합도, 즉, 설명변수가 반응변수를 설명해주는 정도가 높은 것이다. p개의 회귀계수를 갖는 현재모형의 결정계수를 R_p^2로 나타내면, R_p^2는 총변동에서 현재모형의 회귀에 의한 변동(SSR_p)이 차지하는 비율, 즉,

$$R_p^2 = \frac{SSR_p}{SST} = 1 - \frac{SSE_p}{SST} \tag{6.1}$$

으로 정의된다. 그렇다면 R_p^2의 값이 얼마일 때 모형을 선택할 것인가? 현재모형에 새로운 변수가 추가되면 R_p^2는 항상 증가한다. 또한, 현재모형에서 변수가 제거되면 R_p^2는 감소한다. 즉, R_p^2는 최소모형일 때는 0이고, 최대모형일 때 최대값을 갖는다. 그러므로 결정계수를 사용하여 최적모형을 찾을 때는 최대값이 아니라 p가 증가해도 R_p^2의 증가폭이 그다지 크지 않은 시점을 선택한다.

R의 `leaps` 패키지를 이용한 계산 결과를 보면, 당연히 4개의 설명변수가 모두 포함된 15번째 모형이 가장 큰 결정계수 값 0.9313을 가진다. [그림 6.3]은 모수의 개수

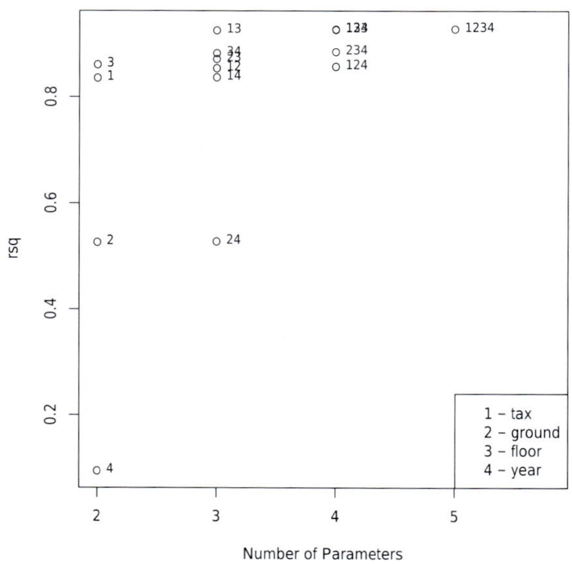

[그림 6.3] 주택판매가격 자료에 대한 R_p^2

$p = 2, 3, 4, 5$를 갖는 모든 모형들의 R_p^2값을 표시한 것이다. 설명변수가 한 개일 때는 X_3를 포함하는 모형의 R_p^2이 가장 크고, 두 개일 때는 (X_1, X_3)로 이루어진 모형의 R_p^2가 가장 크다. 세 개일 때는 (X_1, X_3, X_4)로 이루어진 모형의 R_p^2가 가장 크지만, X_4를 추가함으로써 얻어진 R_p^2의 증가폭이 매우 작으므로 결정계수에 근거한 최적모형은 (X_1, X_3)만을 포함한 모형이라 할 수 있다.

6.2.2 수정된 결정계수와 *MSE*

결정계수는 현재모형에 새로운 변수가 추가되면 언제나 증가한다. 따라서 R_p^2는 변수의 개수를 반영하지 못하는 단점이 있으며, 변수가 추가됨에 따라 증가하는 결정계수의 값이 어느 정도 이상이어야 추가된 변수의 유의성이 보장되는지 가늠하기 어렵다. 이러한 점들을 보완하기 위해 **수정된 결정계수**(adjusted R^2)가 제시되었다. 이것은 식(6.1)의 마지막 식에서 각 제곱합을 자유도로 나눈 것으로 정의된다. 즉,

$$R_{ap}^2 = 1 - \frac{SSE_p/(n-p)}{SST/(n-1)} = 1 - \frac{s_p^2}{SST/(n-1)} \tag{6.2}$$

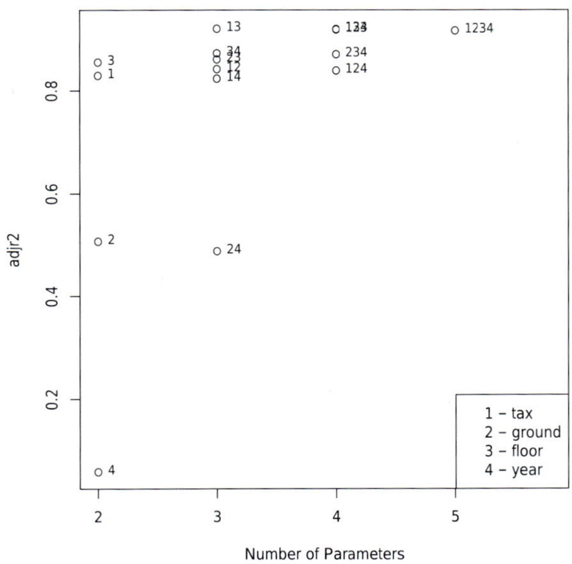

[그림 6.4] 주택판매가격 자료에 대한 R_{ap}^2

수정된 결정계수 R_{ap}^2는 R_p^2와는 달리 모수가 많아짐에 따라 항상 증가하지는 않는다. 처음에는 증가하다가 모수의 개수가 어느 정도 이상이면 감소하게 된다. 따라서 R_{ap}^2의 값이 최대가 되는 모형을 최적모형으로 선택하게 된다. 또한 식(6.2)에서 알 수 있듯이 R_{ap}^2 기준은 s_p^2, 즉, MSE를 최소화하는 기준을 사용하는 것과 동일하다.

주택판매가격 예제에 대한 R_{ap}^2을 사용하면 최적모형으로 제일 큰 값인 0.9225를 갖는 (X_1, X_3)로 이루어진 모형이 선택된다. [그림 6.4]는 모수의 개수 $p = 2, 3, 4, 5$를 갖는 모든 모형들의 R_{ap}^2값을 표시한 것이다.

6.2.3 맬로우즈 C_p

이 기준은 맬로우즈(Mallows, 1973)에 의해 제안된 것으로 적합값의 총 평균제곱오차(total mean square error)를 최소화하기 위한 것이다. 반응변수 Y_i의 참 평균값(true mean response)을 μ_i라 하고, $\hat{y}_i$을 현재모형에서 얻어진 적합값이라 하면 $\hat{y}_i$의 **평균제곱오차**(mean square error)는

$$E(\hat{y}_i - \mu_i)^2$$

으로 정의되고, 이것은

$$\begin{aligned} E(\hat{y}_i - \mu_i)^2 &= E[\,(\hat{y}_i - E(\hat{y}_i)) + (E(\hat{y}_i) - \mu_i)\,]^2 \\ &= Var(\hat{y}_i) + (E(\hat{y}_i) - \mu_i)^2 \end{aligned}$$

으로 표현된다. 즉, 평균제곱오차는 언제나 분산과 편향(bias)의 제곱의 합으로 표현될 수 있다. 적합값의 총 평균제곱오차(즉, 모든 적합값의 평균제곱오차들의 합)를 σ^2으로 나눈 것을 Γ_p라 하자. 즉,

$$\Gamma_p = \frac{1}{\sigma^2}\sum_{i=1}^{n}[\,Var(\hat{y}_i) + (E(\hat{y}_i) - \mu_i)^2\,]$$

이라 하면 변수선택을 위한 맬로우즈 C_p 기준은 Γ_p의 추정값인

$$C_p = \frac{SSE_p}{s^2} - (n - 2p) \tag{6.3}$$

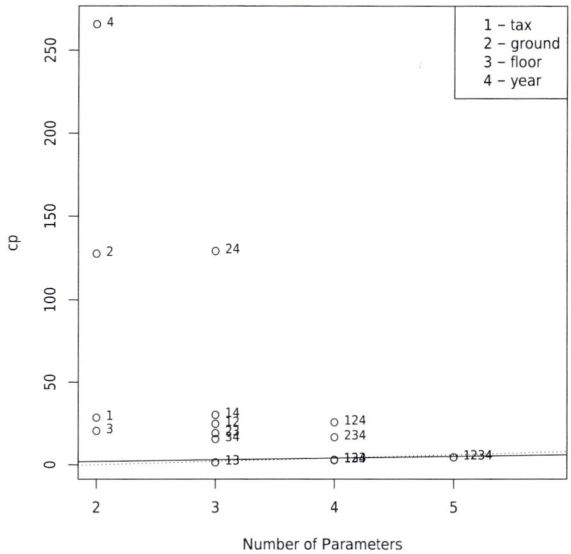

[그림 6.5] 주택판매가격 자료에 대한 C_p

으로 정의된다. C_p 값을 최소화하는 모형이 최적모형으로 선택되는데, 이는 적합값의 분산과 편향의 제곱의 합을 최소화한다는 의미이다. 단, 식(6.3)에서 s^2은 현재모형이 아닌 최대모형에서 구한 값이다.

맬로우즈 C_p 기준에 대한 몇 가지 성질을 살펴보자. 식(6.3)에서 첫 번째 항인 SSE_p/s^2은 모형의 적합도를 나타내는 것으로 이는 설명변수의 개수가 많을수록 작아진다. 반면에 두 번째 항인 $-(n-2p) = 2p-n$은 설명변수의 개수가 많을수록 커지는 값으로 일종의 벌칙항(penalty term)이다. 따라서 C_p는 모형의 적합도와 복잡정도에 대한 적절한 타협(compromise)이라 볼 수 있다.

다음으로, 만약 현재모형이 좋은 것이라면 최대모형과 적합도가 비슷할 것이므로 $SSE_p \simeq SSE = (n-p)s^2$, 즉, $SSE_p/s^2 \simeq (n-p)$일 것이다. 따라서 역으로

$$C_p \simeq (n-p) - (n-2p) = p$$

가 되면 좋은 모형이라 판단할 수 있다. 그러므로 C_p를 변수선택 기준으로 사용할 때는 $C_p = p$에 가까운 모형을 최적모형으로 선택한다. 최대모형에서는 $SSE_p = (n-p)s^2$이므로 언제나 $C_p = p$가 되는데, 사실 맬로우즈는 하나의 최적모형보다는 $C_p \leq p$가 되는 모형들을 대상으로 추가적인 분석을 하도록 제안하였다.

주택판매가격 예제에서는 C_p =3.44를 갖는 (X_1, X_2, X_3) 모형이 최적모형으로 선택된다. 각 모수에 대한 C_p값을 보여주는 [그림 6.5]에는 참조선(실선) $C_p = p$가 표시되어 있어 판단에 도움을 주고 있다. 점선으로 표시된 참조선은 Hocking(1976)이 제안한 것으로, Hocking은 모형의 예측도가 중요할 때에는 맬로우즈 C_p를 사용하고, 적합도가 중요할 때는 수정된 기준인

$$C_p \le 2p - (\text{최대모형에 있는 설명변수의 개수})$$

을 사용하도록 세분화하여 제안하였다. [그림 6.5]의 경우에는 $(2p-4)$이다.

6.2.4 $PRESS_p$

지금까지 제시된 모형선택의 기준인 R_p^2, s_p^2, C_p 등은 관측된 자료들에 대한 현재모형의 적합도(quality of fit)가 얼마나 좋은 지를 나타내는 측도들이다. 그러나 회귀분석에서 중요한 목적 중의 하나는 예측인데, 실제 문제들에 있어서는 적합도가 높은 모형이더라도 낮은 예측도(quality of prediction)를 갖는 경우가 있다. 그러므로 정확도가 높은 예측이 중요한 분석 목적인 경우에는 적합도보다 예측도가 높은 모형을 선택할 필요가 있다.

예측도를 나타내는 측도의 하나로 $PRESS_p$가 있다. $PRESS_p$는 **예측잔차제곱합**(predicted residual sum of squares)으로 예측잔차, $y_i - \hat{y}_{i(i)}$, 들의 제곱합인

$$PRESS_p = \sum_{i=1}^{n} \left(y_i - \hat{y}_{i(i)}\right)^2 \tag{6.4}$$

으로 정의된다(Allen, 1971). 여기서 $\hat{y}_{i(i)}$은 i번째 관측치를 제외시킨 $(n-1)$개의 관측치로 현재모형을 추정한 다음, $\boldsymbol{x}_i$에서 예측한 y값을 나타낸다. 즉, $PRESS_p$는 n개의 자료를 나누어서 $(n-1)$개는 추정에 이용하고 나머지 한 개는 예측의 정확도 계산에 사용하는 것으로, **교차확인**(cross validation)의 개념과 같은 것이다(6.4절 참조). 이 $PRESS_p$의 값을 최소화하는 모형을 최적모형으로 선택하면 된다.

예측잔차 $y_i - \hat{y}_{i(i)}$를 구하기 위해서 n번의 회귀분석을 할 필요는 없다. $y_i - \hat{y}_{i(i)} =$

$e_i/(1-h_{ii})$임이 알려져 있으므로 $PRESS_p$는 다음의 공식에 의해 계산될 수 있다.

$$PRESS_p = \sum_{i=1}^{n}(\frac{e_i}{1-h_{ii}})^2$$

R에서는 특정한 모형을 적합한 후에 다음과 같이 $PRESS$를 계산할 수 있다.

```
> fit <- lm(price ~ ., houseprice)
> sum((resid(fit)/(1 - hatvalues(fit)))^2)
[1] 170.5
```

편의를 위해 `regbook` 패키지에서는 `press()` 함수를 제공하고 있다.

```
> press(fit)
$PRESS
[1] 170.5

$pred.r.squared
[1] 0.8719
```

즉, 4개의 설명변수를 모두 포함하는 모형에 대한 $PRESS$값은 170.5로 주어지며, 두 번째 값은 2.4절에서 설명된 예측의 정도를 나타내는 $R^2_{Prediction}$의 값이다.

주택판매가격 예제에서 가능한 모든 모형에 대해 각각 $PRESS_p$를 계산하여 정리하면 다음과 같다. `regsubsets()`의 결과에 `regbook` 패키지의 `press()`를 적용하면 각 모형에 대한 $PRESS$와 $R^2_{Prediction}$을 계산해준다. (X_1, X_3), 즉, (`tax`, `floor`)로 이루어진 모형이 가장 작은 값 144.40을 가지므로 최적모형으로 선택된다.

```
> houseprice.rgs <- regsubsets(price ~ ., houseprice, nbest=6)
> press(houseprice.rgs)
         tax ground floor year     PRESS pred.r.squared
1  ( 1 )               *        220.8853      0.8339932
1  ( 2 )  *                     316.0868      0.7624443
1  ( 3 )        *               838.8121      0.3695891
1  ( 4 )                     * 1430.6084      0.0000000
2  ( 1 )  *            *        144.3991      0.8914766
2  ( 2 )               *     *  207.6594      0.8439331
2  ( 3 )        *      *        233.7615      0.8243161
2  ( 4 )  *     *               358.2145      0.7307832
2  ( 5 )  *                  *  341.4294      0.7433981
2  ( 6 )        *            *  911.3553      0.3150691
3  ( 1 )  *            *     *  153.5941      0.8845661
3  ( 2 )  *     *      *        159.1752      0.8803716
3  ( 3 )        *      *     *  233.2240      0.8247200
3  ( 4 )  *     *            *  380.1744      0.7142792
4  ( 1 )  *     *      *     *  170.4810      0.8718747
```

6.2.5 AIC와 BIC

통계학의 거의 모든 분야에서 사용되는 모형선택 기준으로 AIC(Akaike information criterion)가 있다. AIC는 두 확률분포의 차이를 나타내는 Kullback-Leibler 거리의 추정값으로 제안된 것으로(Akaike, 1973; Sakamoto 외, 1986), 가능도함수의 크기와 모수의 개수를 함께 반영한 종합적인 모형선택 기준이라 할 수 있다.

가능도함수(likelihood function)란 모수의 함수로 본 결합확률밀도함수로 자료에 포함된 모수에 대한 정보의 크기를 나타낸다고 할 수 있다. 확률변수 $Y_1, Y_2, \cdots, Y_n$가 서로 독립이고 각각 확률밀도함수가 $f(y_i : \boldsymbol{\theta})$인 연속(또는 이산)확률분포를 따른다면, 결합확률밀도함수는 $\prod_{i=1}^{n} f(y_i : \boldsymbol{\theta})$로 주어지고, 이때 y_i가 확률변수 Y_i의 관측값이라 하면 모수벡터 $\boldsymbol{\theta}$의 가능도함수는

$$L(\boldsymbol{\theta}) = \prod_{i=1}^{n} f(y_i : \boldsymbol{\theta})$$

로 정의된다. 통계학에서 모수추정방법으로 많이 사용하는 **최대가능도추정법**(maximum likelihood estimation method)은 위의 가능도함수를 최대화하는 모수 $\boldsymbol{\theta}$의 값 $\hat{\boldsymbol{\theta}}$을 구하는 방법이다. 즉, $L(\hat{\boldsymbol{\theta}})$은 $L(\boldsymbol{\theta})$의 최대값이 된다.

모수 $\boldsymbol{\theta}$의 추정값이 $\hat{\boldsymbol{\theta}}$이고, 모수의 개수가 p인 모형의 AIC는 다음과 같이 정의되며

$$\begin{aligned} \text{AIC} &= -2 \log L(\hat{\boldsymbol{\theta}}) + 2p \\ &= -2 \sum_{i=1}^{n} \log f(y_i : \hat{\boldsymbol{\theta}}) + 2p \end{aligned}$$

가능도함수의 값이 커지면 AIC의 값은 작아지므로, AIC의 값이 작을수록 좋은 모형이라고 판정한다. 일반적으로 모수의 개수가 많을수록 가능도함수의 값은 커지는데, AIC는 복잡한 모형(즉, 모수가 많은 모형)에 일종의 벌칙($2p$)을 주어 간결함의 원칙을 반영하게 된다. AIC는 여러 가지 좋은 성질을 많이 가지고 있는데, 예를 들어, AIC를 최소화하는 것은 예측오차분산의 추정량인 FPE(final prediction error)를 최소화하는 모형을 선택하는 것과 동일하다고 알려져 있다(Sakamoto 외, 1986).

회귀분석에서는 오차항이 정규분포를 따른다고 가정하면 회귀계수들의 최소제곱추

정량 $\hat{\boldsymbol{\beta}}$은 최대가능도추정량과 일치하며, 가능도함수의 로그값은

$$\log L(\hat{\boldsymbol{\beta}}) = -\frac{1}{2\sigma^2} SSE + \text{const}$$

으로 주어진다(const는 모수와 p에 의존하지 않는 상수). 따라서 AIC는

$$\text{AIC} = \frac{1}{\sigma^2} SSE + 2p + \text{const}$$

으로 표현되며, 만약 위에서 SSE가 현재모형의 오차제곱합을 나타낸다면 맬로우즈 C_p와 같은 기준이 됨을 알 수 있다(식(6.3) 참조).

AIC와 유사한 기준들도 많이 제안되어 있는데, 베이지안 이론에서 유도된 BIC(Bayesian information criterion)는 다음과 같이 정의된다(Schwarz, 1978).

$$\text{BIC} = -2\log L(\hat{\boldsymbol{\theta}}) + p\log(n)$$

베이지안 이론에서 유도된 다른 기준과 구별하기 위하여 SBC(Schwarz's Bayesian information criterion)라고 부르기도 한다. 일반적으로 $\log(n) > 2$ 라 할 수 있으므로, BIC가 AIC보다 모형의 복잡성에 더 큰 벌칙을 주고 있다.

이상으로 변수선택 기준인 R_p^2, R_{ap}^2, s_p^2, C_p, $PRESS_p$, AIC, BIC 등이 소개되었다. 절대적으로 좋은 선택기준은 없으므로 여러 가지 기준에 의해 선택되는 모형들을 종합적으로 검토하여 최종모형을 결정해야 한다. 주택판매가격의 문제에서는 여러 기준에 의해 (X_1, X_3), 즉, (`tax`, `floor`)로 이루어진 모형이 선택되었다. 이 모형에 대해 회귀진단을 다시 실시해보면, 전반적으로 특별한 문제점은 없으므로 최종모형으로 선택할 수 있다. 그러나 사전분석 단계에서 언급된, 높은 주택가격과 상대적으로 높은 세금과 관련된 9, 10, 27번째 값들은 여전히 높은 지렛점과 영향력 관측치로 평가되어, 이들의 포함여부에 따라 회귀계수 추정값 등 모형의 많은 특성이 영향을 받을 것이라고 판단된다.

6.3 변수선택의 방법

앞 절에서는 여러 가지 변수선택의 기준에 대해 소개하였는데, 이들을 변수선택의 과정에서 어떻게 이용할 것인가도 중요한 문제이다. 한 가지 방법은 가능한 모든 모형들을 분석하여 그 중에서 최적의 모형을 선택하는 방법으로, 이를 **모든 가능한 회귀**(all possible regression)라 하며, 설명변수의 개수가 많지 않은 경우에 사용할 수 있다. 앞 절의 주택판매가격 예제에서도 이 방법을 적용하였다. 이 방법은 모든 가능한 경우에 대해 확인절차를 거치므로 가장 확실한 방법이 될 수 있지만 설명변수의 개수가 많은 경우에는 계산량이 많아 적용하기가 어렵다.

최대모형이 k개의 변수로 구성되어 있을 때 가능한 현재모형의 가짓수를 살펴보자. 우선 설명변수를 전혀 포함하지 않는 영모형이 한 개 있고, 한 개의 설명변수만 가지는 모형이 k개 있을 수 있다. 이렇게 두 개, 세 개 등으로 확장시켜 나가면 k개의 변수로 구성할 수 있는 모든 가능한 가짓수는

$$\binom{k}{0} + \binom{k}{1} + \cdots + \binom{k}{k} = 2^k$$

이 된다. 예를 들어, $k = 10$개의 설명변수가 있다면 약 1,000개, $k = 20$개이면 약 백만개의 가능한 모형이 있게 되어, 이들 모든 모형을 검토한다는 것은 어려운 일이다.

따라서 회귀분석에서는 하나의 "최적모형" 또는 "최적모형군"을 자동으로 선택해주는 알고리즘들이 많이 개발되어 있다. 예를 들어, SAS에서는 설명변수를 모두 포함하는 모형 외에 추가로 8가지의 모형선택 방법들을 제공해주고 있으며, R에서도 기본 함수인 `step()` 외에 여러 패키지에서 다양한 모형선택 함수들을 제공해주고 있다. 이들 방법은 사용이 간편하다는 점, 모든 가능한 모형들 중에서 일부만 적합하므로 계산량이 줄어들어 계산속도가 빠르다는 점, 그리고 실제로 많은 경우에 의미 있는 최종모형을 제시해준다는 점 등의 장점이 있어 널리 사용되고 있다.

먼저 이러한 기법들 중 가장 많이 사용되는 **단계별 회귀**(stepwise regression)를 알아보자. 단계별 회귀는 (1) 상수항 또는 필수 설명변수들만 있는 모형에서 시작하여, (2) 설명력이 가장 높은 설명변수부터 순차적으로, (3) 기준에 만족하는지를 검사하여 모형에 포함시켜 나가는 방법이다.

설명력의 정도는 매 단계에서 포함 대상이 되는 설명변수 각각에 대한 t 통계량값

또는 부분 F 통계량값의 크기로 나타내어진다. 즉, 대상이 되는 설명변수 각각을 기존의 모형에 하나씩 추가로 모형에 포함시켰을 때 그 변수의 t값이 가장 크게 되는 변수가 모형에 포함된다. 이때 t값의 제곱은 그 변수가 포함된 모형에서 제거 가능성을 검정하는 부분 F 검정의 F값과 같으므로(4.1절), F값을 일반적으로 사용하고 있다.

설명변수가 모형에 포함되는 기준값은 일반적으로 F값의 유의도, 즉, p값으로 설정된다. 따라서 F값이 제일 큰 설명변수의 p값이 사용자가 설정한 기준값보다 작으면 모형에 포함되고, 다음 단계로 진행한다. 단계별 회귀에서는 기존의 모형에 포함된 변수에 대해서도 유의성 조사를 하는데, 만일 해당 p값이 사용자가 설정한 기준값보다 크면 모형에서 제거된다. 이러한 과정이 아래에 구체적으로 설명되고 있다.

[단계 1] 상수항만 있는 모형을 가정하자. 추가되는 각 설명변수에 대한 부분 F 검정 통계량의 F값은

$$F_i = \frac{MSR_i}{s_i^2}, \quad i = 1, \cdots, k-1$$

이 되고(이 값은 t값의 제곱과 일치한다), 이 중에서 가장 큰 F값의 p값이 설정된 기준값보다 작으면 해당 변수는 추가되고 다음 단계로 진행하며, 그렇지 않으면 영모형을 최종모형으로 채택하게 된다.

[단계 2] 단계 1에서 X_7이 추가되었다고 하자. 이제 X_7 외에 또 다른 설명변수가 추가된 두 개의 설명변수를 포함하는 모형을 최대모형으로 하고, X_7만 포함된 모형을 현재모형으로 하여 부분 F 검정을 실시한다. 이 경우 F 검정통계량값은 다음과 같이 주어진다.

$$F_i = \frac{MSR(X_i \mid X_7)}{s^2(X_7, X_i)} = \left(\frac{\hat{\beta}_i}{\mathrm{SE}(\hat{\beta}_i)}\right)^2, \quad i \neq 7$$

위에서 $MSR(X_i \mid X_7)$은 X_7이 있는 모형에 X_i를 추가하였을 때 증가하는 회귀제곱합, 즉, 추가제곱합이고, $s^2(X_7, X_i)$는 X_7과 X_i로 구성된 '최대모형'에서의 오차평균제곱이다. F_i 중에서 가장 큰 값의 p값이 설정된 기준값보다 작으면 해당 변수는 추가되고, 그렇지 않으면 여기서 변수선택과정을 끝낸다.

[단계 3] 단계 2에서 X_3이 추가되었다고 하자. 즉, 현재모형에는 X_7과 X_3이 있다. 단계 3에서는 모형에 있는 이들 두 변수에 대해 부분 F 검정을 한다. 이미 단계 2에서 X_3에 대한 검정은 실시되었으므로, X_7에 대한 부분 F 검정만 하면 된다. 즉,

$$F_7 = \frac{MSR(X_7 \mid X_3)}{s^2(X_7, X_3)}$$

의 p값이 기준값보다 작으면 X_7은 현재모형에 유지되고, 그렇지 않으면 제거된다.

[단계 4] 만약 단계 3에서 X_7이 남아있게 된다고 하자. 이제 X_3과 X_7이 아닌 변수들에 대해 단계 2와 단계 3을 반복 적용한다. 이 과정은 선택 또는 제거의 대상이 되는 설명변수가 더 이상 없거나, 또는 직전에 제거된 변수가 바로 다음 단계에서 다시 선택되는 경우에는 무한순환을 방지하기 위해 끝나게 된다.

예제 6.2

주택판매가격 자료('**houseprice**')에 대해 R을 이용하여 단계별 회귀를 수행하여라.

풀이 R에서 단계별 회귀는 **step**() 함수를 이용하여 수행할 수 있으며, 본문에서 설명된 F 검정통계량값 대신에 AIC를 기준으로 모형을 선택해주고 있어 절차가 상대적으로 간단하다고 할 수 있다. 이 예제에서는 설명변수 개수가 많지 않으므로 먼저 **add1**() 함수와 **drop1**() 함수를 이용하여 대화식으로 단계별 회귀를 진행해보자. **add1**()은 후보 대상군에 있는 설명변수들을 현재모형에 하나씩만 포함시켰을 때의 결과들을 보여주는 함수이고, **drop1**()은 현재모형에 포함된 각 설명변수를 현재모형에서 제거하였을 때의 결과들을 보여주는 함수이다.

(1) 우선 단계 1에서는 상수항만 있는 모형(`model0`)을 먼저 적합시킨다. 그리고 **add1**() 함수를 이용하여 설명변수들의 후보군에서 변수를 하나씩만 추가한 4개의 모형을 적합하고, 각 모형에서의 제곱합들과, AIC, F값을 계산한다. 설명변수들의 후보군은 `scope` 인자에서 수식(formula) 형태로 설정된다. 분석 결과를 보면 변수 `floor`(X_3)를 포함시키는 경우가 AIC값이 55.619로 최소가 되므로 제일 먼저 모형에 포함된다.(또는 변수 `floor`(X_3)가 가장 큰 F값, 157.11을 가지면서, p값이 매우 작다). 아래에서 `<none>`은 현재모형에 변수를 추가 또는 제거를 하지 않은 모형을 의미하는데 단계 1에서는 상수항만 있는 모형을 나타낸다.

```
> model0 <- lm(price ~ 1, houseprice)
> add1(model0, scope= ~ tax + ground + floor + year, test="F")
Single term additions

Model:
price ~ 1
       Df Sum of Sq     RSS     AIC  F value    Pr(>F)
<none>              1330.58 107.233
tax     1   1114.60  215.98  60.142 129.0183 2.310e-11 ***
ground  1    701.96  628.62  88.987  27.9170 1.792e-05 ***
```

```
floor   1   1147.92  182.66  55.619 157.1084 2.807e-12 ***
year    1    128.11 1202.47 106.500   2.6634    0.1152
```

(2) 단계 2에서는 현재모형으로 `floor`(X_3)가 포함된 모형(`model1`)을 적합시킨 후, 다시 `add1`() 함수를 사용하여 나머지 변수들을 역시 하나씩만 추가한 3개의 모형에 대한 AIC 등의 통계값들을 구한다. 이 단계에서는 `tax`(X_1)을 추가하는 경우 AIC가 40.023으로 가장 작아지므로 이 변수를 모형에 추가한다.

```
> model1 <- lm(price ~ floor, houseprice)
> add1(model1, scope= ~ tax + ground + floor + year, test="F")
Single term additions

Model:
price ~ floor
       Df Sum of Sq     RSS    AIC F value    Pr(>F)
<none>              182.663 55.619
tax     1    87.468  95.195 40.023 22.0517 8.997e-05 ***
ground  1    14.075 168.588 55.454  2.0037   0.16976
year    1    28.854 153.809 52.977  4.5023   0.04437 *
```

이 단계에서도 현재모형과 변수들이 하나씩만 추가된 3개의 모형에 대한 부분 F 검정을 실시하면, 즉,

$$F_i = \frac{MSR(X_i \mid X_3)}{s^2(X_3, X_i)}, \quad i = 1, 2, 4$$

을 계산하면 $F_1 = 87.468/3.97 = 22.05$가 가장 크고, p값이 작아 `tax`(X_1)를 모형에 추가시키는 것으로도 해석할 수 있다.

참고로 기존에 적합된 모형이 있고, 여기에 약간의 수정을 가한 다른 모형을 적합하는 경우에는 `update`() 함수를 사용하면 편리하다. 단계 2에서 아래의 두 명령문들은 동일한 결과를 생성한다.

```
model1 <- lm(price ~ floor, houseprice)
model1 <- update(model0, . ~ . + floor)
```

위의 `update`() 함수에서 '`. ~ . + floor`'는 기존의 모형 `model0`에 있는 반응변수와 설명변수에 새로운 변수 `floor`를 추가하라는 의미이다. `update`() 함수를 사용하면 현재모형을 구체적으로 명시할 필요가 없고 데이터프레임 이름을 입력하지 않아도 되는 장점이 있다. 기존의 설명변수 중에서 일부를 제거하려면 '`-`' 기호를 사용하면 된다.

(3) 단계 3에서는 `floor`(X_3)와 `tax`(X_1)가 포함된 현재모형(`model2`)을 적합시킨 후, 이제는 `drop1`() 함수를 사용하여 현재모형에 포함된 변수들의 '자격'에 대해 평가한다. 실제로는 `tax`(X_1)에 대해서는 단계 2에서 자격을 획득하여 포함되었으므로 `floor`(X_3)

에 대해서만 평가하는 것이라 할 수 있다. 아래의 결과를 보면 현재모형에서 각 변수를 제거하는 경우 AIC의 값이 현재모형의 값(40.023)보다 감소하지 않으므로 각 변수를 현재모형에 유지하는 것이 좋다고 판단한다.

```
> model2 <- update(model1, . ~ . + tax)
> drop1(model2, test="F")
Single term deletions

Model:
price ~ floor + tax
       Df Sum of Sq     RSS    AIC F value    Pr(>F)
<none>               95.195 40.023
floor   1   120.782 215.978 60.142  30.451 1.126e-05 ***
tax     1    87.468 182.663 55.619  22.052 8.997e-05 ***
```

이 단계 역시 부분 F 검정의 관점에서 볼 수 있는데 `floor`(X_3)에 대한 F값은

$$F_3 = \frac{MSR(X_3 \mid X_1)}{s^2(X_1, X_3)} = \frac{120.782}{3.97} = 30.45$$

이고 p값이 작으므로 X_3를 제거하지 않는다.

(4) 단계 4에서는 두 개의 변수 `floor`(X_3)와 `tax`(X_1)가 포함된 현재모형(`model2`)에 대해 `ground`(X_2)와 `year`(X_4)의 추가 가능성을 위해 조사한다.

```
> add1(model2, scope= ~ tax + ground + floor + year, test="F")
Single term additions

Model:
price ~ floor + tax
       Df Sum of Sq    RSS    AIC F value Pr(>F)
<none>              95.195 40.023
ground  1    1.9335 93.262 41.469  0.4768 0.4968
year    1    2.8761 92.319 41.194  0.7165 0.4060
```

그러나 이 단계에서는 새로운 변수들을 현재모형에 포함시키는 경우 AIC의 값이 현재모형의 값(40.023)보다 더 이상 감소하지 않으므로 변수의 추가 없이 현재모형을 유지하는 것이 좋다고 판단한다. 따라서 최종모형으로 `floor`(X_3)와 `tax`(X_1)가 포함된 모형이 선택되며, 이는 앞 절에서 여러 가지의 변수선택 기준에 의한 결과와도 일치한다.

설명변수가 많은 경우에는 위와 같이 대화식으로 해나가는 것은 쉽지 않으므로, `step()` 함수를 사용하면 위의 `add1()`과 `drop1()`이 내부적으로 자동으로 실행되면서 단계별 회귀가 실시된다. 아래에서 분석은 상수항만 있는 모형에서 시작하여 `scope`

에 주어진 변수들을 대상으로 진행된다. `direction` 인자에 주어진 `"both"`는 단계별 회귀를 나타내며, `test="F"`를 추가하면 각 단계에 대한 F 검정결과도 보여준다.

```
> model0 <- lm(price ~ 1, houseprice)
> step(model0, scope= ~ tax+ground+floor+year, direction="both", test="F")
Start:  AIC=107.23
price ~ 1

         Df Sum of Sq     RSS     AIC  F value    Pr(>F)
+ floor   1   1147.92  182.66  55.619 157.1084 2.807e-12 ***
+ tax     1   1114.60  215.98  60.142 129.0183 2.310e-11 ***
+ ground  1    701.96  628.62  88.987  27.9170 1.792e-05 ***
+ year    1    128.11 1202.47 106.500   2.6634    0.1152
<none>                1330.58 107.233

Step:  AIC=55.62
price ~ floor

         Df Sum of Sq     RSS     AIC  F value    Pr(>F)
+ tax     1     87.47   95.20  40.023  22.0517 8.997e-05 ***
+ year    1     28.85  153.81  52.977   4.5023   0.04437 *
+ ground  1     14.08  168.59  55.454   2.0037   0.16976
<none>                 182.66  55.619
- floor   1   1147.92 1330.58 107.233 157.1084 2.807e-12 ***

Step:  AIC=40.02
price ~ floor + tax

         Df Sum of Sq     RSS    AIC F value    Pr(>F)
<none>                 95.195 40.023
+ year    1     2.876  92.319 41.194  0.7165    0.4060
+ ground  1     1.934  93.262 41.469  0.4768    0.4968
- tax     1    87.468 182.663 55.619 22.0517 8.997e-05 ***
- floor   1   120.782 215.978 60.142 30.4507 1.126e-05 ***

Call:
lm(formula = price ~ floor + tax, data = houseprice)

Coefficients:
(Intercept)        floor          tax
    0.39497      0.34835      0.05742
```

위의 출력에는 모형에 추가하는 것에 해당되는 경우에는 각 변수 앞에 '+'가, 제거에 해당되는 경우에는 '-'가 표시되어 있다. 결과는 대화식 분석의 경우와 동일하다. □

단계별 회귀와 비슷한 방법으로 **전진선택**(forward selection) 방법과 **후진제거**(backward elimination) 방법이 있다. 전진선택 방법은 단계별 회귀와 동일하나 모형에 이미 포함된 변수는 제거되지 않는 것이 차이점이다. 즉, [단계 3]에서 수행되는 현재모형에 있는 설명변수에 대한 부분 F 검정은 실시하지 않는다.

후진제거 방법은 전진선택 방법과 정반대로, 최대모형에서 시작하여 가장 낮은 F값이 기준값보다 작으면 해당 설명변수를 하나씩 제거해 나간다. 예를 들어, 첫 단계에서 변수 X_1에 대한 F값은

$$F_1 = \frac{MSR(X_1 \mid X_2, \cdots, X_{k-1})}{s^2(X_1, \cdots, X_{k-1})}$$

이다. 그리고 한번 제거된 변수는 모형에 다시 포함될 수 없다.

예제 6.3

주택판매가격 자료('houseprice')에 대해 전진선택법과 후진제거법으로 모형을 구축하여라.

풀이 R에서 전진선택법은 단계별 회귀와 동일한 방식을 사용하면 되는데 단지 direction 인자에 "forward"를 설정하면 된다.

```
model0 <- lm(price ~ 1, houseprice)
step(model0, scope = ~ tax + ground + floor + year, direction = "forward")
```

후진제거법을 위해서는 먼저 최대모형을 설정해주어야 하며, direction 인자에는 "backward"라고 주면 된다. (기본설정이 "backward"이므로 명시하지 않아도 된다.)

```
modelM <- lm(price ~ tax + ground + floor + year, houseprice)
step(modelM, direction = "backward")
```

출력 결과는 단계별 회귀와 유사하므로 생략한다. 전진대입법의 경우에는 각 변수의 추가만 고려하므로 모든 변수 앞에 '+' 기호만 붙으며, 후진제거법의 경우에는 각 변수의 제거만 고려하므로 '-'만 표시된다. 이 예제의 경우에는 두 가지 방법 모두 단계별 회귀와 같은 모형을 제시해주지만 항상 일치하는 것은 아니다.

이러한 자동화 변수선택방법들은 설명변수들이 많은 경우 간편한 방법이기는 하나 그 결과를 너무 신뢰해서는 곤란하다. 모형들은 단계적으로 구축되기 때문에 최종모형이 최적모형이라는 보장은 없으며, 더 나아가 "최적"의 의미가 애매하게 된다. 그리고 최종모형에서의 회귀계수 추정량들은 일반적으로 비편향성을 만족하지 못하고 추정값의

유의정도가 과장되는 등 통계학적인 측면에서는 여러 문제점들을 가지고 있으므로 신중하게 사용할 필요가 있다(Cook & Weisberg, 1999; [연습문제 6.12] 참조). 이 방법들은 설명변수가 많은 경우에 좋은 모형군을 찾는 사전작업으로 사용하는 것이 바람직하고, 최적모형은 6.2절의 여러 가지 변수선택 기준을 사용하여 종합적으로 구축해야 한다.

6.4 모형의 확인

회귀분석에서 구축된 모형은 예측이나 시스템 조정 등 여러 가지 목적으로 사용되는데, 모형구축자와 사용자가 다를 수 있고 새로운 자료에 대해 적용될 수 있으므로, 최종모형을 이와 같이 사용하기 위해서는 마지막으로 모형의 타당성에 대한 **모형확인**(model validation)의 단계를 거쳐야 한다. 모형확인 작업에는 여러 가지가 있다. 예를 들어, 이론이나 경험에 근거한 예상과 비교하여, 모형에 포함된 설명변수들이 타당한지, 또는 회귀계수 추정값의 크기나 부호들이 부합한지 등을 검토할 필요가 있다. 또는 새로운 자료를 활용하여 최종모형의 예측능력이 어느 정도인지에 대해 평가를 하면 된다.

먼저 자료개수가 충분히 큰 경우를 생각해보자. 이 경우에는 데이터마이닝(data mining) 기법에서 주로 사용하는 것처럼 자료를 모형적합에 사용되는 자료인 **훈련자료**(training data)와 적합된 모형의 확인에 사용되는 자료인 **확인자료**(validation data)로 구분하여 사용할 수 있다. 일반적으로 훈련자료와 확인자료는 전체자료에서 일정부분(예, 70%와 30%)을 추출하여 사용하게 된다. 추출방법은 특별한 알고리즘을 사용하거나(Snee, 1977), 자료가 시간에 따라 관측된 경우에는 시간을 감안하여 분리하여 추출하게 되며, 자료가 충분히 많은 경우에는 무작위로 추출하기도 한다.

먼저 훈련자료를 이용하여 현재모형을 적합한 후 확인자료를 이용하여 적합된 모형을 평가하게 되는데, 이때 평가방법으로 예측오차를 주로 사용한다. 즉, 확인자료에는 반응변수의 관측값이 있으므로, 적합된 모형을 이용하여 계산한 예측값이 실제 관측값과 얼마나 일치하는지를 보는 것이다.

훈련자료를 사용하여 적합된 현재모형을

$$\hat{y} = \boldsymbol{x}'\hat{\boldsymbol{\beta}} \tag{6.5}$$

이라 나타내자. 그리고 m개의 확인자료가 있다고 가정하고, 확인자료에 있는 반응변수의 j번째 값을 y_j, 모형 (6.5)를 이용하여 예측한 값을 $\hat{y}_j$이라 나타내면, m개의 확인자료에 대해 발생하는 예측오차의 추정값은 다음과 같이 주어진다.

$$\sum_{j=1}^{m}(y_j - \hat{y}_j)^2 \tag{6.6}$$

지금까지 분석해온 예제 자료들처럼 자료개수가 충분하지 않은 경우에는, 모형의 적합도를 높이기 위해 가능한 모든 자료를 사용해야 하므로 따로 훈련자료와 확인자료로 구분하기가 어렵다. 이런 경우에는 **교차확인**(cross validation) 방법을 사용하고 있다. 이 방법은 6.2.4절에서 설명된 $PRESS$ 통계량의 계산방법과 동일하다. 즉, n개의 자료 중 i번째 관측값 y_i를 확인자료로 남겨두고, 나머지 $(n-1)$개를 훈련자료로 하여 모형을 적합시킨다. 그리고 적합된 모형에서 i번째 반응변수값을 예측하여 예측오차의 추정값 $(y_i - \hat{y}_{i(i)})$을 계산하게 된다. 그리고 같은 작업을 모든 자료에 대해 반복하면 총 예측오차의 추정값은 식(6.4)의 $PRESS$ 통계량과 같은 값으로 주어지게 된다. 이러한 절차를 **한점소거 교차확인**(leave-one-out cross validation)이라 하며, 이 개념을 확장하여 확인자료로 남겨두는 자료를 2개 이상으로 할 수도 있다. 예를 들어, 전체 자료를 g등분하여 $(g-1)$등분은 훈련자료로 사용하고, 나머지 1등분을 확인자료로 사용하는 과정을 g번 반복하는 방법을 g-접힘 교차확인(g-fold cross validation)이라 한다.

일반적으로 예측오차를 나타내는 $PRESS$는 훈련자료의 적합오차를 나타내는 SSE보다 큰 값을 가지는데, 만약 두 값이 비슷하다면 모형의 새로운 자료에 대한 예측의 정확도가 좋다고 할 수 있다. 또 다른 척도로 결정계수와 비슷한 값을 사용하는데, 확인자료가 새로운 자료인 경우에는

$$R^2_{Prediction} = 1 - \frac{\sum_{j=1}^{m}(y_j - \hat{y}_j)^2}{\sum_{j=1}^{m}(y_j - \overline{y})^2}$$

으로, 교차확인의 경우에는

$$R^2_{Prediction} = 1 - \frac{PRESS}{SST} \tag{6.7}$$

으로 정의하여 예측의 정도를 나타내는 값으로 사용하고 있다. 위에서 SST는 전체 자료를 사용하여 계산한 총제곱합이다.

예제 6.4

주택판매가격 예제에서 구축된 X_1(`tax`), X_3(`floor`)를 포함한 모형에 대해 *PRESS* 통계량을 이용하여 모형확인 작업을 실시하여라.

풀이 우선 모형을 적합하고 *SSE*를 구하면 다음과 같다.

```
> fit <- lm(price ~ tax + floor, houseprice)
> sum(resid(fit)^2)
[1] 95.2
```

예측잔차와 예측잔차제곱합의 계산을 위해 `regbook` 패키지에서 `rpredict`(), `press`()를 제공하고 있으며, 또는 잔차와 지렛값을 이용하여 직접 계산할 수도 있다. *PRESS* 계산 공식을 이용하면 다음과 같다.

```
> sum((resid(fit) / (1 - hatvalues(fit)))^2)
[1] 144.3991
```

최종모형의 *PRESS*값은 144.40으로, *SSE*값 95.20보다 훨씬 커 예측의 정확도가 높지 않은 것으로 판단할 수 있다. 그러나 예측오차의 개별적인 값을 보면,

```
> resid(fit) / (1 - hatvalues(fit))
     1      2      3      4      5      6      7      8      9     10
-0.049 -2.087  0.164 -1.372  0.994  3.517 -0.375 -3.075  1.010  5.220
    11     12     13     14     15     16     17     18     19     20
 2.444 -1.726  1.233  0.426  1.821 -3.140  2.601  1.411  0.795  2.856
    21     22     23     24     25     26     27
-1.968 -0.974  0.052 -3.067 -1.865 -0.793 -5.215
```

높은 지렛점인 10번째와 27번째 관측값의 예측오차 추정값이 각각 $y_{10} - \hat{y}_{10(10)} = 5.22$, $y_{27} - \hat{y}_{27(27)} = -5.215$로 다른 관측치의 값들보다 상대적으로 큰 값을 가지고 있다. 즉, 이 두 관측치는 예측오차에도 큰 영향력을 주고 있음을 알 수 있고, 따라서 두 관측치만의 예측오차가 전체 오차의 30%를 넘는다는 점을 감안하면 최종모형의 *PRESS*값이 *SSE* 값보다 그렇게 크다고는 할 수 없다.

$SST = 1330.58$이므로 $R^2_{Prediction}$은 $1 - 144.40/1330.58 = 0.8915$로 주어진다. 적합도를 나타내는 결정계수값 0.9285에 비하여 크게 낮은 수치는 아니므로, 예측의 정확도가 어느 정도 높다고 할 수 있고, 따라서 최종모형을 새로운 자료에 적용할 수 있다고 판단된다. □

연습문제

6.1 현재모형이 최대모형일 때 $C_p = p$ 임을 증명하여라.

6.2 단계별 회귀에서 변수제거를 위한 F 기준값(또는 p 기준값)이 변수추가를 위한 F 기준값(또는 p 기준값)보다 반드시 작아야 하는(또는 커야 하는) 이유는 무엇인가?

6.3 최대가능도추정법은 통계학에서 가장 많이 사용되는 모수추정방법으로, 표본들의 가능도함수를 최대화하는 모수의 값을 구하는 방법이다. 가능도함수는 모수의 함수로 본 결합확률밀도(질량)함수이며 보통 로그변환하여 사용하면 계산이 편리하다.

(1) 확률표본 Y_i가 평균이 μ이고 분산이 σ^2인 정규분포를 따를 때, Y_i들이 독립이므로 가능도함수는 다음과 같이 주어진다.

$$\begin{aligned} L(\mu) = \prod_{i=1}^{n} f(y_i \mid \mu, \sigma) &= \prod_{i=1}^{n} \frac{1}{\sqrt{2\pi\sigma^2}} \exp[-\frac{1}{2\sigma^2}(y_i - \mu)^2] \\ &= (2\pi\sigma^2)^{-n/2} \exp[-\frac{1}{2\sigma^2}\sum_{i=1}^{n}(y_i - \mu)^2] \end{aligned}$$

로그가능도함수 $\log L(\mu)$를 최대화하는 값이 $\mu = \bar{y}$가 됨을 보여라. 이때 모수 μ의 최대가능도추정량이 $\overline{Y}$ 라 하며, $\hat{\mu}_{MLE} = \overline{Y}$로 나타낸다.

(2) 선형회귀분석에서는 Y_i들이 평균이 $\boldsymbol{x}_i'\boldsymbol{\beta}$인 정규분포를 따른다고 가정한다. 따라서 이 경우 모수인 회귀계수벡터 $\boldsymbol{\beta}$에 대한 가능도함수는 (1)에 주어진 식에서 μ를 $\boldsymbol{x}_i'\boldsymbol{\beta}$로 대체한 식으로 주어진다. $\boldsymbol{\beta}$의 최대가능도추정량은 최소제곱추정량과 동일함(즉, $\hat{\boldsymbol{\beta}}_{MLE} = \hat{\boldsymbol{\beta}}_{LSE}$)을 설명하여라.

⋆ ⋆ ⋆

6.4 본문에서 분석되었던 주택판매가격 자료(‘`houseprice`’)에서는 9, 10, 27번째 관측치들의 지렛값이 커서 특히 회귀계수 추정량에 영향을 주었다. 원래 자료에서 이들 세 관측치를 제외하고 분석을 하고자 한다.

(1) 9, 10번째 관측치를 제외하고 단계별 회귀를 실시하여라.

(2) 9, 10, 27번째 관측치를 모두 제외하고 단계별 회귀를 실시하여라.

6.5 주택판매가격 예제(자료 'houseprice')에 대하여 전진선택방법과 후진제거방법으로 각각 최종모형을 찾아 본문에 나와 있는 단계별 회귀에 의한 최종모형과 비교하여라.

6.6 [예제 3.1]에서 설명되었던 중고차 가격 예제에 대해

(1) 변수선택 기준으로 수정된 결정계수 R_{ap}^2 를 사용하여 최적모형을 구축하여라.
(2) 단계별 회귀에 의한 모형을 찾아라(test="F" 옵션을 사용할 것).
(3) 각 모형에서 $R_{Prediction}^2$ 을 계산하여 비교하여라.

6.7 자료 'suneung'은 고등학교 3학년 학생 25명의 수학능력 시험점수 (Y)와 4개 교과목의 학교성적(X_1 : 국어(kor), X_2 : 영어(eng), X_3 : 수학(math), X_4 : 과학(sci))을 조사한 것이다([연습문제 3.13] 참조). 수정된 결정계수 R_{ap}^2와 맬로우즈 C_p를 변수선택 기준으로 사용하여 모형을 구축하고, 단계별 회귀분석 결과와 비교하여라.

6.8 자료 'carsale'는 26개 자동차 영업소에서 1년 동안의 자동차 판매실적을 나타낸 것으로 총판매액(sale, Y ; 억원), 광고비(ad, X_1 ; 백만원), 영업장 면적(area, X_2 ; m^2), 차량종류(car, X_3), 영업사원수(emp, X_4)의 값이 주어져 있다.

(1) 단계별 회귀를 사용하여 모형구축을 하여라.
(2) 맬로우즈 C_p를 변수선택 기준으로 사용하여 모형을 구축하여라.
(3) 이번에는 8번째 관측치를 제외하고, 맬로우즈 C_p를 변수선택 기준으로 사용하여 모형을 구축하여라.

6.9 [연습문제 3.18]에서 분석된 KBO 타자 162명의 자료 'KBO1'에는 7개의 설명변수들이 있다. 상용로그변환된 연봉을 반응변수로 하여 7개의 설명변수들에 대한 회귀분석을 하고자 한다.

(1) 7개의 설명변수를 모두 포함한 모형을 적합하고 어느 변수들이 유의한 관계를 가지는지 분석하여라.
(2) 맬로우즈 C_p를 변수선택 기준으로 사용하여 모형을 구축하여라.
(3) 단계별 회귀에 의한 모형을 찾아라.
(4) 위에서 구한 최종모형들에 대해 s, R^2, $R_{Prediction}^2$ 을 계산하여 서로 비교하여라.

6.10 자료 'Cars93'은 MASS 패키지에 있는 것으로, 1993년에 미국에서 판매된 93가지 종류의 자동차들에 대한 자료이다. 여러 변수들 중에서 MPG.highway를 반응변수로, EngineSize, Weight, Price, Width, Length, Horsepower, Wheelbase를 설명변수로 하는 회귀모형을 구축하고자 한다.

(1) add1(), drop1()을 사용하여 대화식 방식으로 모형을 구축하여라.
(2) step() 함수를 사용하여 단계별 회귀를 실시하여 모형을 구축하여라.
(3) step() 함수를 사용하여 후진제거법을 실시하고, 최종모형을 비교하여라.

6.11 [예제 4.14]에서 설명된 자료 'hald'에 대해 모형구축을 해보자.

(1) 함수 regsubsets()를 이용하여 모든 가능한 모형에 대한 변수선택 기준값들을 계산하여라. 수정된 결정계수, C_p, BIC 기준으로 선택되는 최적모형은 각각 무엇인가?
(2) $PRESS$를 기준으로 할 때 최적모형은 무엇인가?
(3) add1(), drop1() 함수를 사용하여 대화식 방식으로 모형을 구축하여라. 단, 변수선택 또는 제거 기준값으로 F값을 5로 하여라.
(4) 단계별 회귀를 실시하여 모형을 구축하여라. 함수 step()에서 사용하는 변수선택 기준은 무엇인가?
(5) 후진제거법을 사용하여 모형을 구축하여라.
(6) 위에서 선택된 모형들에 대해 lm() 함수로 분석하여라. 그리고 분석결과들을 종합하여 최적모형을 제시하여라.

6.12 단계별 회귀를 포함하여 소위 변수선택 자동화 알고리즘들이 항상 최적모형을 찾아준다는 보장은 없다. 이에 대한 예제로 다음과 같은 모의실험을 실시해볼 수 있다 (Cook & Weisberg, 1999).

(1) 컴퓨터 소프트웨어를 이용하여 난수(random number)를 추출할 때 매 시행마다 다른 값들이 생성되게 된다. 이는 난수의 초기값을 결정하는 seed를 매번 변경하기 때문인데 통계적 모의실험 등에서 분석의 일관성을 위하여 매 실험마다 동일한 난수들을 생성할 필요가 있을 수 있다. 이를 위해서는 seed의 값을 고정시키면 되는데 R에서는 seed() 함수를 사용한다. 다음과 같이 표준정규분포에서 난수를

생성하여 관측치 개수가 $n = 100$ 인 51개의 가상적인 변수들을 생성하여라. 변수 이름들은 자동적으로 X1~X51로 주어진다.

```
set.seed(321)    # seed를 생략하면 결과가 매번 달라진다.
randata <- matrix(rnorm(5100), ncol=51)
randata <- data.frame(randata)
```

(2) 첫 번째 변수를 반응변수로, 나머지 변수들을 설명변수로 하여 선형회귀모형을 적합하여라.

```
fit.lm <- lm(X1 ~ ., randata)
```

(3) 생성된 값들이 난수이므로 변수들 간에는 서로 독립이 되어 위에서 가정된 회귀모형의 모집단회귀계수들은 모두 0이 되어야 한다. 추정된 회귀계수들 중에서 유의수준 $\alpha = 0.05$ 하에서 유의한 것은 몇개인가? 결정계수와 수정된 결정계수의 값은 각각 얼마인가?

(4) 후진제거법으로 모형을 구축하여라.

```
step(fit.lm, test="F")
```

7

선형회귀모형의 응용

회귀모형을 이용하면 다양한 형태의 통계모형에 대한 분석을 할 수 있다. 이 장에서는 범주형 설명변수가 있는 경우에 가변수를 이용한 모형설정 및 해석 방법을 설명하고, 가변수와 연속형변수를 결합할 때 나타나는 여러 가지 모형에 대해 알아본다. 그리고 모든 설명변수가 범주형으로 주어지는 회귀모형으로 분석할 수 있는, 여러 집단들의 평균을 비교하는 분산분석 문제로 확장한다. 다음으로 반응변수와 설명변수가 직선이 아닌 곡선의 관계를 가질 때 사용할 수 있는 다항회귀모형을 소개하고, 이와 관련하여 생산공정에서 많이 사용되고 있는 반응표면분석을 설명한다.

7.1 범주형 설명변수

지금까지 소개된 대부분의 예제들에서는 설명변수들이 양적변수로 주어졌으나, 질적 변수 또는 범주형변수로 주어지는 경우에도 회귀분석이 적용될 수 있을 뿐만 아니라 회귀분석의 중요한 응용분야로 자리를 차지하고 있다. 이를테면, 성별, 학년, 원료나 기계의 종류 등 자료가 속하는 범주(category)들을 나타내는 값을 갖는 변수들이 범주형변수들의 예인데, 이들 변수에 있어서는 평균 등의 측도는 의미가 없으므로 이들을 포함하는 회귀분석에서는 결과의 해석에 주의가 필요하며, 범주형변수의 특성에 따른 해석이 요구된다.

한편 반응변수가 범주형변수로 주어지는 경우에는 정규분포의 가정이 성립하지 않으므로 지금까지 설명된 회귀분석의 이론을 그대로 적용할 수는 없다. 이런 경우에 대한 분석은 주로 일반화선형모형(generalized linear model)이라는 통계분석방법에서 다루고 있다.

7.1.1 범주형 설명변수의 가변수화

광고비와 판매액의 관계를 분석한 문제(자료 'adsale', [연습문제 2.22] 참조)에서 각 회사는 신문과 방송 중에서 한 가지 광고매체만을 이용하였다고 하자. 이 경우 광고매체(media)는 '방송'과 '신문'의 두 가지 값을 갖는 범주형변수로 주어져있는데, 이러한 변수를 회귀분석에 포함시킬 때는 일반적으로 숫자로 변환하여 사용한다. 예를 들어, 변수 Z를 다음과 같이 정의하자.

$$Z = \begin{cases} 0 & \text{광고매체가 '방송'인 경우} \\ 1 & \text{광고매체가 '신문'인 경우} \end{cases}$$

그러면 판매액(Y)의 광고비(X)와 변수 Z에 대한 다음의 회귀모형을 생각할 수 있다.

$$Y = \beta_0 + \beta_1 X + \delta Z + \varepsilon \tag{7.1}$$

위에서 정의된 변수 Z와 같이 0과 1의 두 값만을 갖는 변수를 **가변수**(dummy variable) 또는 **지시변수**(indicator variable)라 부른다. 가변수가 포함된 회귀모형에서 중요한 것은 회귀계수의 해석이다. 회귀모형 (7.1)에서 평균함수는

$$\mathrm{E}[\,Y \mid X, Z\,] = \beta_0 + \beta_1 X + \delta Z$$

로 주어지는데 각 광고매체별로 보면 다음과 같이 정리된다.

(1) 방송을 광고매체로 한 회사: $Z = 0$의 값을 가지므로 평균함수는

$$\mathrm{E}[\,Y \mid X, Z = 0\,] = \beta_0 + \beta_1 X$$

즉, 절편이 β_0이고 기울기가 β_1인 직선의 식이다.

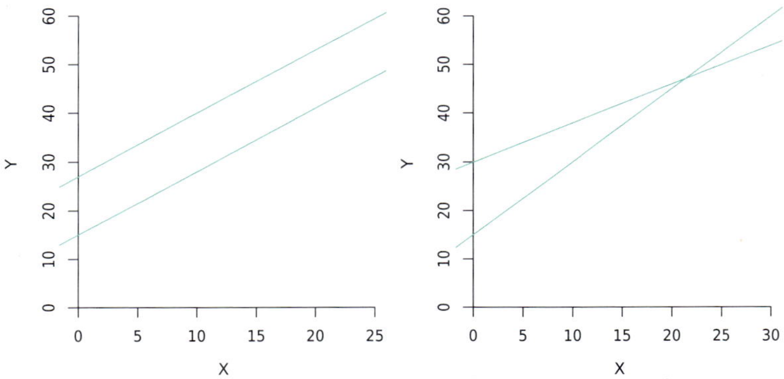

[그림 7.1] 두 범주에 대한 회귀직선(왼쪽: 기울기는 같고 절편이 다르다. 오른쪽: 기울기와 절편이 모두 다르다.)

(2) 신문을 광고매체로 한 회사: $Z = 1$의 값을 가지므로 평균함수는

$$\mathrm{E}[\,Y \mid X, Z = 1\,] \;=\; (\beta_0 + \delta) \;+\; \beta_1 X$$

즉, 절편이 $(\beta_0 + \delta)$이고 기울기는 β_1인 직선의 식이다.

그러므로 이용한 광고매체로 분류되는 두 종류의 회사는 판매액과 광고비의 관계에 대하여 기울기는 같고 절편은 다른 값으로 주어지는 평균함수를 각각 갖게 되고, 평균판매액의 차이는 가변수 Z의 회귀계수인 δ로 나타내어진다([그림 7.1]의 왼쪽 그림 참조). 만약 δ가 0이면 광고매체 간에 차이는 없다고 할 수 있으므로 모형(7.1)의 분석에서는 가설 $H_0 : \delta = 0$에 대한 검정이 중요한 관심의 대상이 된다.

범주형변수를 위해 가변수를 사용할 때 가변수를 범주 각각에 대하여 정의하는 경우를 보자. 이를테면 앞의 예제에서 두 범주 각각에 대해 가변수를

$$Z_1 = \begin{cases} 1 & \text{광고매체가 '신문' 인 경우} \\ 0 & \text{'신문'이 아닌 경우} \end{cases}, \qquad Z_2 = \begin{cases} 1 & \text{광고매체가 '방송' 인 경우} \\ 0 & \text{'방송'이 아닌 경우} \end{cases}$$

와 같이 정의하여 회귀모형에 포함시키는 것이다. 즉,

$$Y = \beta_0 \;+\; \beta_1 X \;+\; \delta_1 Z_1 \;+\; \delta_2 Z_2 \;+\; \varepsilon$$

이 경우, 예를 들어, 총10개의 회사 중 처음 5개는 신문을, 마지막 5개는 방송을 광고매체로 사용하였다고 가정하면, 디자인행렬 $\boldsymbol{X}$는

$$\boldsymbol{X} = \begin{bmatrix} 1 & X_1 & 1 & 0 \\ 1 & X_2 & 1 & 0 \\ 1 & X_3 & 1 & 0 \\ 1 & X_4 & 1 & 0 \\ 1 & X_5 & 1 & 0 \\ 1 & X_6 & 0 & 1 \\ 1 & X_7 & 0 & 1 \\ 1 & X_8 & 0 & 1 \\ 1 & X_9 & 0 & 1 \\ 1 & X_{10} & 0 & 1 \end{bmatrix}$$

와 같이 주어진다. 그러나 행렬 $\boldsymbol{X}$의 세 번째와 네 번째 열을 합하면 첫 번째 열과 같아지는 선형종속관계가 존재하게 된다. 따라서 행렬 $\boldsymbol{X}$의 계수(rank)는 4가 아닌 3이 되어 최대계수행렬이 되지 못하고(4.6절 참조), 회귀계수의 추정에 문제가 발생하게 된다. 이런 경우에는 상수항이 없는 모형을 사용하거나 모수들에 대해 제약조건을 추가해야 한다.

일반적으로 가변수를 사용하는 경우의 기본원칙은 '나타내고자 하는 범주의 개수가 c개일 때는 $(c-1)$개의 가변수를 정의하여 모형에 포함시킨다'는 것이다. 예를 들어, 벼품종에 따른 수확량 분석에서 네 가지 벼품종 A, B, C, D가 사용되었다고 하면 이 때는 네 개의 범주가 있으므로 다음과 같이 세 개의 가변수를 정의하여 사용한다.

	Z_B	Z_C	Z_D
A 품종인 경우	0	0	0
B 품종인 경우	1	0	0
C 품종인 경우	0	1	0
D 품종인 경우	0	0	1

만약 다른 설명변수들이 없다고 가정하면 이 경우에 대한 회귀모형은

$$Y = \beta_0 + \delta_B Z_B + \delta_C Z_C + \delta_D Z_D + \varepsilon \tag{7.2}$$

와 같이 설정되며, 벼 품종 A, B, C, D에 대한 수확량의 평균값은 각각 순서대로 β_0, $\beta_0 + \delta_B$, $\beta_0 + \delta_C$, $\beta_0 + \delta_D$로 주어진다(예를 들어, 품종 B에 대한 평균값은 식(7.2)에

$Z_B = 1$, $Z_C = Z_D = 0$을 대입하여 얻어진다). 따라서 가변수 Z_B, Z_C, Z_D의 회귀계수들인 δ_B, δ_C, δ_D 들은 품종 B, C, D와 품종 A와의 평균수확량의 차이를 나타내는데, 이때 품종 A를 **기준범주**(reference category)라고 한다. 그러므로 가변수를 설정하는 경우에는 나중에 분석결과를 해석할 때 편리하도록 기준범주를 정하는 것이 좋다. 기준범주는 대조군(control group)처럼 분석에서 사전에 정해져 있는 경우가 많다. 그렇지 않은 경우에는 일반적으로 범주들 간의 차이를 가장 명확하게 나타낼 수 있는 범주, 예를 들어, 반응변수의 평균값이 제일 작거나 큰 범주를 기준범주로 하면 된다.

가변수를 정의하는 방법은 여러 가지가 있으나 편의상 0과 1, 또는 −1과 1을 보통 사용하고 있다. 가변수의 정의가 달라지면 회귀계수의 추정값도 달라지므로, 사용하는 통계소프트웨어에서 가변수가 어떻게 설정되는지, 또는 기준범주가 무엇인지 사전에 유의해야 한다. 그렇지만 결정계수, 제곱합, 검정통계량 등 다른 추론 통계량들의 값은 가변수를 정의하는 방법과는 관계없이 동일하게 주어진다.

예제 7.1

광고비예제(자료 'adsale')에서 광고비(ad, X)의 판매액(sale, Y)에 대한 효과는 광고매체(media)에 관계없이 일정하다고 가정을 하고, 광고매체별 차이에 대하여 분석을 하여라.

풀이 [그림 7.2]의 산점도를 보면 두 매체에 따라 기울기는 비슷하지만 판매액에 일정한 차이가 있음을 알 수 있다. 가변수 Z를 위에서와 같이

$$Z = \begin{cases} 0 & \text{광고매체가 '방송' 인 경우} \\ 1 & \text{광고매체가 '신문' 인 경우} \end{cases}$$

으로 정의하고, 회귀모형을 다음과 같이 설정할 수 있다.

$$Y = \beta_0 + \beta_1 X + \delta Z + \varepsilon$$

이 자료에서 광고매체(media)는 문자형으로 값이 입력되어 있는데, 이런 경우 R에서는 가변수를 자동으로 설정해준다. 광고매체의 값을 정렬한 다음(즉, '방송', '신문' 으로), 첫 번째 값을 기준범주로 하여 가변수를 생성하는데 여기서는 범주가 2개이므로 '방송'

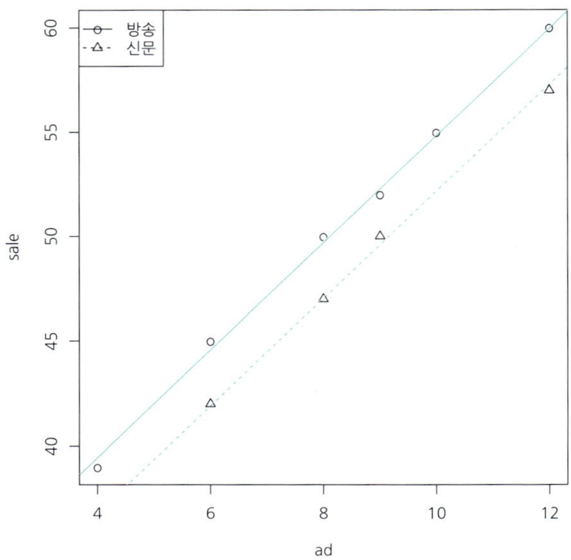

[그림 7.2] 광고비 예제의 산점도와 광고매체별 추정회귀직선

을 기준범주로 하여 하나의 가변수만 생성된다. 다음과 같이 모형식을 지정할 경우 가변수가 어떻게 설정되는지 살펴보자. 현재모형에 대한 디자인행렬 X는 `model.matrix()` 함수를 이용하여 추출할 수 있다.

```
> fit1 <- lm(sale ~ ad + media, adsale)
> model.matrix(fit1)
   (Intercept) ad media신문
1            1  4         0
2            1  6         1
3            1  6         0
4            1  8         1
5            1  8         0
6            1  9         1
7            1  9         0
8            1 10         0
9            1 12         1
10           1 12         0
```

가변수의 이름이 'media신문'으로 부여되었으며, '0'은 광고매체가 신문이 아님을(즉, 방송을 의미), '1'은 광고매체가 신문임을 뜻한다. 분석결과는 다음과 같다.

```
> summary(fit1)
(...)

Coefficients:
```

```
            Estimate Std. Error t value Pr(>|t|)
(Intercept) 29.21888    0.38588   75.72 1.84e-11 ***
ad           2.56503    0.04408   58.19 1.16e-10 ***
media신문   -2.66294    0.22114  -12.04 6.21e-06 ***
---
Signif. codes:  0 '***' 0.001 '**' 0.01 '*' 0.05 '.' 0.1 ' ' 1

Residual standard error: 0.3403 on 7 degrees of freedom
Multiple R-squared:  0.998,     Adjusted R-squared:  0.9974
F-statistic:  1707 on 2 and 7 DF,  p-value: 3.875e-10
```

추정회귀식은

$$\hat{Y} = 29.2189 + 2.5650X - 2.6629Z$$

로 주어지는데, 이 식에서 방송을 광고매체로 한 회사들에 대한 추정회귀식은

$$\hat{Y} = 29.2189 + 2.5650X$$

로, 신문을 광고매체로 한 회사들에 대한 추정회귀식은

$$\begin{aligned}\hat{Y} &= (29.2189 - 2.6629) + 2.5650X \\ &= 26.5560 + 2.5650X\end{aligned}$$

로 유도할 수 있다. 절편의 차이를 조사하기 위하여 δ에 대한 t 검정을 하면

$$t = \frac{-2.6629 - 0}{0.2211} = -12.04$$

로 절댓값이 자유도 7인 t 분포표에서 구한 값보다 크므로(또는 p값이 매우 작으므로), 귀무가설 $H_0 : \delta = 0$을 기각하게 되어 두 회귀식에서 절편의 차이는 통계적으로 유의하다고 판단된다. 즉, 광고비의 액수와 무관하게, 방송을 광고매체로 하는 경우 신문보다 평균적으로 약2.663백만원의 판매효과가 더 발생한다고 볼 수 있다.

□

범주형 설명변수를 가변수화하지 않고 그냥 사용할 때의 문제점을 알아보자. 모형 (7.2)에서는 품종별 수확량의 평균값 차이가 개별적인 모수로 나타내어진다. 즉, 품종 B, C, D와 품종 A와의 평균차이는 각각 δ_B, δ_C, δ_D가 되며, B와 C의 차이는 $\delta_B - \delta_C$, C와 D의 차이는 $\delta_C - \delta_D$, 품종 B와 D의 차이는 $\delta_B - \delta_D$ 등으로 각 범주별 차이가 다른

값으로 표현된다. 이와는 달리 설명변수 X를 A, B, C, D에 대하여 각각 1, 2, 3, 4의 값을 갖게 하여 회귀모형을

$$Y = \beta_0 + \beta_1 X + \varepsilon$$

과 같이 설정하면, 모수 개수가 적은 간단한 모형이 되나 해석의 한계를 내포하고 있다. 이를테면, 평균수확량은 $\mathrm{E}[Y] = \beta_0 + \beta_1 X$ 이므로, 품종 A와 B의 차이는 $2\beta_1 - \beta_1 = \beta_1$, B와 C의 차이는 $3\beta_1 - 2\beta_1 = \beta_1$, C와 D의 차이는 $4\beta_1 - 3\beta_1 = \beta_1$ 등으로, 이 경우에는 인접한 두 범주의 차이가 모두 β_1으로 동일하게 주어지는 것을 알 수 있다. 그러므로 설명변수 X를 사용한 모형은 범주별 차이가 일정하다는 가정을 할 수 있는 경우에만 사용해야 한다. 가변수를 사용하는 모형은 이런 가정이 필요 없는 일반적인 경우에 대하여 설정될 수 있다는 장점이 있다.

7.1.2 가변수 이용의 확장

가변수를 이용하면 다양한 형태의 회귀모형과 관련된 문제들을 해결할 수 있다. 예를 들어, 모형 (7.1)은 기울기가 같은 두 개의 회귀직선에 대해 절편의 차이 여부를 밝히기 위한 것이었다. 이 절에서는 절편과 함께 기울기 역시 다를 수 있는 두 개의 회귀직선을 비교하는 문제와, 반응변수와 설명변수가 갖는 선형관계가 설명변수의 영역에 따라 달라지는 문제에 가변수를 응용하는 방법을 알아보자.

먼저 앞의 광고비 예제에서 이용하는 광고매체에 따라 회귀식의 절편과 기울기가 모두 달라질 가능성이 있다고 가정하자([그림 7.1]의 오른쪽 그림 참조). 이 문제에 대한 회귀모형은 모형 (7.1)에 양적설명변수 X와 가변수 Z의 교호작용항을 추가하여 주어진다. 즉,

$$Y = \beta_0 + \beta_1 X + \delta_1 Z + \delta_2 XZ + \varepsilon$$

(위에서 XZ는 변수 X와 Z를 곱하여 구한 변수를 나타낸다). 그러면 각 회사에 대한 평균함수는 다음과 같이 주어진다.

(1) 방송을 광고매체로 한 회사: $Z = 0$의 값을 대입하면

$$\mathrm{E}[Y \mid X, Z = 0] = \beta_0 + \beta_1 X$$

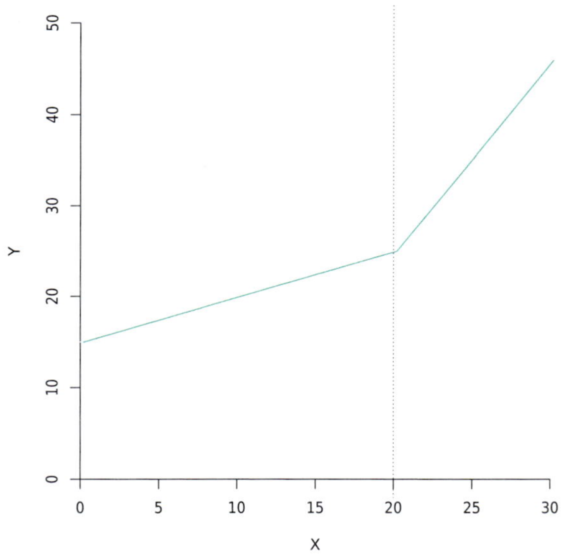

[그림 7.3] 영역에 따라 다른 기울기를 갖는 회귀직선

(2) 신문을 광고매체로 한 회사: $Z = 1$의 값을 대입하면

$$\mathrm{E}[\, Y \mid X, Z = 1\,] = (\beta_0 + \delta_1) \; + \; (\beta_1 + \delta_2) X$$

그러므로 '$\delta_1 = 0$'이라는 가설과 '$\delta_2 = 0$'이라는 가설을 각각 검정하면 두 범주에 대한 평균함수의 절편과 기울기가 같은 지를 추론할 수 있다.

두 번째 문제는 설명변수의 영역에 따라 회귀식이 달라지는 경우이다. 예를 들어, 광고비를 투자함에 따라 판매액이 일정하게 증가하다가 어느 시점에서 가속효과가 발생하여 판매액이 급증할 수 있다. [그림 7.3]은 이 경우의 회귀식을 보여주고 있는데 $X = 20$과 같이 회귀식의 형태가 변하는 점을 변화점(change point)이라 한다. 이 문제에 대해서는 변화점의 전과 후를 나타내는 가변수 Z를

$$Z = \begin{cases} 0 & X \le 20 \\ 1 & X > 20 \end{cases}$$

와 같이 정의하여 다음과 같은 회귀모형을 설정하면 된다.

$$Y = \beta_0 \; + \; \beta_1 X \; + \; \delta(X - 20) Z \; + \; \varepsilon$$

각 영역에서의 평균함수는 다음과 같이 주어진다.

(1) X의 값이 20 이하인 경우

$$\mathrm{E}[\,Y\,|\,X, Z=0\,] = \beta_0 \,+\, \beta_1 X$$

(2) X의 값이 20보다 큰 경우

$$\mathrm{E}[\,Y\,|\,X, Z=1\,] = (\beta_0 - 20\delta) \,+\, (\beta_1 + \delta)X$$

그러므로 실제 $X = 20$을 변화점으로 볼 수 있는지에 대한 판별여부는 'δ=0'이라는 가설에 대한 검정의 결과로 주어지게 된다.

예제 7.2

광고비예제에서 기울기도 차이가 있을 것이라는 가정 하에 두 평균함수를 비교하여라.

풀이 [예제 7.1]에서 정의된 가변수 Z를 사용하여 회귀모형을 다음과 같이 설정할 수 있다.

$$Y = \beta_0 \,+\, \beta_1 X \,+\, \delta_1 Z \,+\, \delta_2 XZ \,+\, \varepsilon$$

위의 모형에는 변수 X와 Z의 교호작용항 XZ가 포함되어 있다. R에서는 ':'을 이용하여 다음과 같이 교호작용항을 간단하게 표현할 수 있다.

```
fit2 <- lm(sale ~ ad + media + ad:media, adsale)
```

위의 모형에 대한 디자인행렬 $\boldsymbol{X}$와 적합 결과는 다음과 같다.

```
> model.matrix(fit2)
   (Intercept) ad media신문 ad:media신문
1            1  4        0            0
2            1  6        1            6
3            1  6        0            0
4            1  8        1            8
5            1  8        0            0
6            1  9        1            9
7            1  9        0            0
8            1 10        0            0
9            1 12        1           12
10           1 12        0            0
```

```
> summary(fit2)
(...)

Coefficients:
              Estimate Std. Error t value Pr(>|t|)
(Intercept)   29.00000    0.46388  62.516 1.13e-09 ***
ad             2.59184    0.05411  47.901 5.55e-09 ***
media신문     -1.93333    0.85628  -2.258   0.0647 .
ad:media신문 -0.08517    0.09645  -0.883   0.4112
```

추정회귀식은 다음과 같다.

$$\hat{Y} = 29.0 + 2.5918X - 1.9333Z - 0.0852XZ$$

그러므로 방송을 광고매체로 한 회사들에 대한 추정회귀식은

$$\hat{Y} = 29.0 + 2.5918X$$

이며, 신문을 광고매체로 한 회사들에 대한 추정회귀식은

$$\begin{aligned}\hat{Y} &= (29.0 - 1.9333) + (2.5918 - 0.0852)X \\ &= 27.0667 + 2.5066X\end{aligned}$$

로 주어진다. 절편의 차이를 조사하기 위한 δ_1 에 대한 t 검정통계량의 값은

$$t = \frac{-1.9333}{0.8563} = -2.258$$

로 절댓값이 $t(0.025; 6) = 2.448$보다 약간 작다(p값은 0.0647). 그리고 기울기의 차이를 조사하기 위하여 δ_2 에 대한 t 검정통계량의 값을 구하면

$$t = \frac{-0.0852}{0.0965} = -0.8830$$

으로 가설 $H_0 : \delta_2 = 0$를 기각하지 못한다. 즉, 두 회귀식에서 기울기의 차이는 없다고 해석할 수 있다. □

위의 예제에서 절편의 차이에 대한 검정의 결과가 [예제 7.1]의 결과와 일치하지 않는 이유는 교호작용항을 반영한 회귀모형이 필요 이상으로 설명변수를 많이 포함하기 때문이다. 이와 같이 참 모형보다 설명변수를 많이 포함시키는 것을 과대적합(overfitting)하였다고 하며, 이런 경우에는 추정량의 분산이 커지는 경향이 있다. 위의 절편의 차이에 대한 t 검정통계량의 값이 기각역보다 약간 작게 나온 것은 이러한 이유 때문이다.

또한 위의 예제는 회귀계수에 대한 검정의 결과가 유의하지 않게 나왔을 때 모형구축의 과정에서 조심할 점을 알려주고 있다. 두 개 이상의 회귀계수가 유의하지 않더라도 이들을 회귀모형에서 동시에 제거하기보다는, 유의정도가 제일 작은 것부터 하나씩 제거해 나가면서 단계적인 분석을 해야 한다. 위의 모형에서 유의성이 제일 작은 교호작용항을 제거하면 [예제 7.1]의 모형이 되어 이제는 모든 회귀계수의 추정값이 유의하게 됨을 볼 수 있다.

7.2 회귀모형을 이용한 분산분석과 공분산분석

분산분석(analysis of variance)은 두 개 이상의 모집단들의 평균들을 비교하고자 할 때 사용하는 통계적 방법이다. 이 분석의 일차적인 목적은 모든 모집단에서의 평균들이 같다는 가설에 대한 검정으로, 관측치들이 갖는 총변동을 **집단내 변동**(within variation)과 **집단간 변동**(between variation)으로 분할하여 서로 상대적인 크기를 비교하여 판단하게 된다. 분산분석에서도 모든 모집단들의 분산은 일정하다고 가정을 하는데, 만일 모집단들의 평균들까지 같다면 집단의 차이가 작아 집단간 변동은 집단내 변동보다 크지 않게 된다. 그러므로 역으로 각 변동을 추정하여 집단간 변동이 집단내 변동보다 상대적으로 훨씬 크게 되면 우리는 평균들이 같지 않다는 결론을 내릴 수 있다(강근석 외, 2003).

집단(앞 절에서의 범주에 해당)을 나타내는 변수가 한 개인 경우의 분산분석을 **일원분산분석**(oneway analysis of variance)이라 한다. 만일 모집단의 개수가 c개이고 각 모집단에서 크기 n_i의 표본을 추출한다고 가정하면, 이에 대한 분산분석모형은 다음과 같이 주어진다.

$$Y_{ij} = \mu + \alpha_i + \varepsilon_{ij}, \quad i = 1, 2, \cdots, c\,;\ j = 1, 2, \cdots, n_i \tag{7.3}$$

위에서 Y_{ij}는 i번째 집단의 j번째 관측값, μ는 Y의 전체 모평균을 나타내고, 그리고 α_i는 각 집단 간의 차이를 나타내기 위한 모수로, i번째 집단의 모평균을 μ_i라고 하면 $\alpha_i = \mu_i - \mu$로 주어진다. 오차항 ε_{ij}에 대한 가정은 회귀분석에서의 가정과 동일하다.

모형 (7.3)은 일종의 회귀모형으로 해석할 수 있는데, 이를테면, 모집단의 개수가 $c = 4$이고, 각 모집단에서 크기 $n_i = 3$의 표본을 추출한다고 가정하면 디자인행렬과 회귀계수벡터를 다음과 같이 정의할 수 있다.

$$\boldsymbol{X} = \begin{bmatrix} 1 & 1 & 0 & 0 & 0 \\ 1 & 1 & 0 & 0 & 0 \\ 1 & 1 & 0 & 0 & 0 \\ 1 & 0 & 1 & 0 & 0 \\ 1 & 0 & 1 & 0 & 0 \\ 1 & 0 & 1 & 0 & 0 \\ 1 & 0 & 0 & 1 & 0 \\ 1 & 0 & 0 & 1 & 0 \\ 1 & 0 & 0 & 1 & 0 \\ 1 & 0 & 0 & 0 & 1 \\ 1 & 0 & 0 & 0 & 1 \\ 1 & 0 & 0 & 0 & 1 \end{bmatrix}, \qquad \boldsymbol{\beta} = \begin{bmatrix} \mu \\ \alpha_1 \\ \alpha_2 \\ \alpha_3 \\ \alpha_4 \end{bmatrix}$$

그러나 이 경우에도 디자인행렬의 열들은 선형종속이 되어(마지막 네 개의 열을 합하면 첫 번째 열이 된다) 행렬 $\boldsymbol{X}$는 최대계수행렬이 되지 못한다. 실제로 행렬 $\boldsymbol{X}$를 가지고 정규방정식을 작성하면 미지수는 5개가 있고 독립적인 식은 4개가 있는 추정불능(non-estimable)의 형태가 됨을 알 수 있다. 이런 경우에는 7.1.1절에서와 같이 상수항이 없는 모형을 사용하거나 모수들에 대해 제약조건을 추가해야 한다.

우선 네 개의 집단(범주)에 대해 마지막 집단을 기준으로 하는 세 개의 가변수를 다음과 같이 정의하여

	Z_1	Z_2	Z_3
집단1인 경우	1	0	0
집단2인 경우	0	1	0
집단3인 경우	0	0	1
집단4인 경우	0	0	0

사용해보자. 그리고 모든 설명변수들이 가변수로 주어지는 다음과 같은 회귀모형

$$Y_i = \beta_0 + \delta_1 Z_{i1} + \delta_2 Z_{i2} + \delta_3 Z_{i3} + \varepsilon_i \quad (i = 1, 2, \cdots, 12) \tag{7.4}$$

을 설정할 수 있다.(첨자 i는 이제 임의의 관측치를 나타낸다.) 이 경우 각 모집단 평균은 $\beta_0 + \delta_1$, $\beta_0 + \delta_2$, $\beta_0 + \delta_3$, β_0로 주어지고, 추정량 $\hat{\beta}_0, \hat{\delta}_1, \hat{\delta}_2, \hat{\delta}_3$을 대입하면 각 집단의 평균추정값을 얻게 된다. 그리고 $\delta_1, \delta_2, \delta_3$는 각각 집단 1, 2, 3의 평균값과 집단 4의 평균값의 차이를 나타낸다.

모형 (7.3)과 (7.4)를 비교하면 유사성을 발견할 수 있는데, 가변수를 위와 같이 정의하여 사용한다는 것은, 모형 (7.3)에서 $\alpha_4 = 0$의 제약조건을 주는 것과 동일하다는 것을 알 수 있다. 이 제약조건 하에서 μ는 μ_4, 즉, 4번째 집단의 평균으로 주어지고, $\alpha_1, \alpha_2, \alpha_3$는 모형 (7.4)의 $\delta_1, \delta_2, \delta_3$와 같게 주어진다. 이러한 제약조건을 **구석점 제약조건**(corner point constraint)이라 한다(R에서는 treatment coding이라 부른다). 보통 해석의 편리함을 위하여 기준범주에 해당하는 α의 값을 0으로 설정하며, 이 경우 각 모수는 해당 범주와 기준범주와의 평균의 차이를 나타내게 된다.

흔히 사용하는 다른 제약식으로 **합이 0인 제약조건**(sum-to-zero constraint)이 있다. 이 방법은 모형 (7.3)을 사용하면서 모든 α의 값을 합하면 0이 되도록 하는 것이다(즉, 위의 경우에는 $\alpha_1 + \alpha_2 + \alpha_3 + \alpha_4 = 0$). 이 경우 각 모수의 의미는 모형 (7.3)에서와 동일하게 주어진다.

분산분석에서 각 모집단의 평균들이 같다는 가설은 아래와 같이 주어지며,

$$H_0 : \alpha_1 = \alpha_2 = \alpha_3 = \alpha_4 = 0 \tag{7.5}$$

총변동, 집단내 변동, 집단간 변동 등을 나타내는 제곱합을 계산하여 정리한 분산분석표에서 평균제곱들을 정의하여 F 검정을 하게 된다. 이러한 통계값들은 제약조건의 종류에 관계없이 동일하게 주어지며, 검정 과정은 회귀모형 (7.4)에 대한 분석에서 분산분석표를 이용하여 가설 $H_0 : \delta_1 = \delta_2 = \delta_3 = 0$에 대한 F 검정을 하는 것과 같다. 실제로 회귀제곱합은 집단간 변동을, 오차제곱합은 집단내 변동을 나타내는 제곱합과 같다.

분산분석에서 가설 (7.5)를 기각하는 경우에 차이가 어느 집단 간에 존재하는지를 알아보기 위하여 사후적으로 수행되는 두 집단 간의 평균차이에 대한 분석은 $\delta_1, \delta_2, \delta_3$에 대한 유의성 검정과 $\delta_1 - \delta_2$, $\delta_1 - \delta_3$, $\delta_2 - \delta_3$에 대한 유의성 검정을 이용하여 수행된다.

예제 7.3

어느 4년제 대학교에서 학년별 영어실력을 비교하기 위하여 각 학년에서 6명씩을 무작위로 추출하여 같은 영어시험을 보게 한 결과 [표 7.1]의 자료를 얻었다(‘english1’). (단, 3학년에서 1명, 4학년에서 2명의 결시자가 있었다고 가정한다.) 이 자료에 대하여 회귀모형 (7.4)를 적합하고 F 검정을 하여라.

[표 7.1] 학년 별 영어 성적

학년	영어 점수	평균
1	81 75 69 90 72 83	78.3
2	65 80 73 79 81 69	74.5
3	72 67 62 76 80	71.4
4	89 94 79 88	87.5

풀이 이 예제에서도 범주의 개수는 네 개이므로 세 개의 가변수를 정할 수 있는데 평균값이 가장 작은 3학년, 또는 평균값이 가장 큰 4학년을 기준범주로 하는 것이 좋다. 4학년을 기준범주로 하는 경우 다음과 같이 정의할 수 있다.

	Z_1	Z_2	Z_3
1학년인 경우	1	0	0
2학년인 경우	0	1	0
3학년인 경우	0	0	1
4학년인 경우	0	0	0

우선 이 자료에서 학년은 수치형으로 설정되어 있으므로 범주형으로 바꿀 필요가 있는데 범주형 변수는 `factor()` 함수로 생성할 수 있다. 그리고 R에서는 범주형 설명변수에 대해서는 자동으로 가변수로 변환하여 모형에 포함시키며, 기본적으로 첫 번째 범주를 기준으로 하는 구석점 제약조건을 사용하고 있다. 다른 범주를 기준으로 하고자 할 때는 범주의 순서를 변경하면 되는데, 예를 들어, 이 예제에서는 다음과 같이 `factor()`에서 `levels` 인자를 사용하여 4학년을 첫 번째 범주, 즉, 기준범주로 설정할 수 있다.

```
english1$grade <- factor(english1$grade, levels=c(4, 1:3))
```

다음과 같이 명령문을 주면 자동으로 디자인행렬이 만들어지고 회귀모형이 적합된다.

```
> fit <- lm(score ~ grade, english1)
> summary(fit)
(...)

Coefficients:
            Estimate Std. Error t value Pr(>|t|)
(Intercept)   87.500      3.513  24.910 8.06e-15 ***
grade1        -9.167      4.535  -2.021  0.05927 .
grade2       -13.000      4.535  -2.867  0.01069 *
grade3       -16.100      4.713  -3.416  0.00329 **
---
Signif. codes:  0 '***' 0.001 '**' 0.01 '*' 0.05 '.' 0.1 ' ' 1

Residual standard error: 7.025 on 17 degrees of freedom
Multiple R-squared:  0.4341,       Adjusted R-squared:  0.3342
F-statistic: 4.347 on 3 and 17 DF,  p-value: 0.01905
```

적합된 회귀식은 아래와 같다.

$$\hat{Y} = 87.5 - 9.167Z_1 - 13.0Z_2 - 16.1Z_3$$

F비는 4.347로 MSR이 MSE보다 4배 이상 크다는 것을 보여준다. 또한, 이 값은 F 분포표에서 구한 값 $F(0.05; 3, 17) = 3.20$보다 크다(또는 p값이 0.019로 유의수준 0.05 보다 작다). 그러므로 유의수준 0.05하에서 귀무가설 $H_0 : \delta_1 = \delta_2 = \delta_3 = 0$은 기각된다. 다시 말해서, 이 대학교의 학년 간에는 영어 실력의 차이가 있다고 말할 수 있다.

위의 추정회귀계수를 이용하여 각 학년의 평균영어성적을 추정할 수 있다.

- 1학년의 평균영어성적 추정값은 $\hat{\beta}_0 + \hat{\delta}_1 = 87.50 - 9.16 = 78.33$
- 2학년의 평균영어성적 추정값은 $\hat{\beta}_0 + \hat{\delta}_2 = 87.50 - 13.0 = 74.50$
- 3학년의 평균영어성적 추정값은 $\hat{\beta}_0 + \hat{\delta}_3 = 87.50 - 16.10 = 71.40$
- 4학년의 평균영어성적 추정값은 $\hat{\beta}_0 = 87.50$

즉, 각 학년의 평균영어성적 추정값은 각 학년 표본들의 표본평균과 같다. 또한 각 회귀계수에 대한 유의성 검정을 하면 기준범주인 4학년에 대하여 1학년과는 유의한 차이가 없고, 2, 3학년과는 유의한 차이가 있음을 알 수 있다.

위의 예제에서 알 수 있듯이 기준범주와의 차이에 대한 검정은 출력물에 나오는 회귀계수의 추정값에 대한 t값을 이용하여 쉽게 할 수 있으나, 다른 범주 사이의 차이(예를 들어, 1학년과 3학년 차이인 $\delta_1 - \delta_3$)에 대한 검정을 위해서는 회귀계수 추정량들의 분산-공분산행렬의 값들을 이용하여 추가적인 계산을 하거나, 또는 기준범주를 재설정하여 모형을 다시 적합해야 한다([연습문제 7.10] 참조).

분산분석모형에 연속형 설명변수가 추가된 모형을 **공분산분석**(analysis of covariance, ANCOVA)모형이라 한다. 회귀분석의 관점에서 보면 중선형회귀모형의 한 경우이지만 회귀분석의 사용이 일반화되기 전의 용어라 할 수 있다. 유의할 점은 범주형 설명변수들에 하나의 연속형 설명변수가 추가된 중회귀모형이 모두 공분산분석모형에 해당되지는 않는다는 것이다. 공분산분석모형에서는 분산분석과 마찬가지로 범주들 간의 평균의 차이에 주관심이 있으며, 연속형 설명변수는 단지 그 차이를 좀 더 정확하게 찾아낼 수 있도록 추가되는 부수적인 역할을 한다. 예를 들어, 앞에서 분석한 판매액과 광고비 예제에서 광고비는 연속형이고 광고매체는 범주형이지만, 이 문제를 공분산분석이라고 하지는 않는다. 왜냐하면 이 문제에서는 광고비와 판매액의 관계에 더 관심이 있으며, 광고매체는 그 관계를 더욱 세분화하기 위해서 추가되는 설명변수이기 때문이다.

구체적인 설명을 위하여 세 가지 다이어트방법의 효과를 비교하는 실험을 생각해보자. 다른 변수들의 영향을 받지 않으면서 순수하게 다이어트방법들의 차이만을 정확하게 찾아내려면 실험을 어떻게 하는 것이 좋은가? 통계적 실험에서는 랜덤화(randomization)의 개념을 사용한다. 즉, 예를 들어, 30명의 비슷한 조건의 실험대상을 무작위로 추출한 다음, 세 가지 방법 각각에 다시 무작위로 10명씩 배치를 하는 것이다. 이렇게 하면 다이어트방법 외의 다른 요인들이 미치는 영향을 평준화시킬 수 있다. 그렇지만 모든 다른 요인들에 대해 랜덤화할 필요는 없으며 우리가 쉽게 조정할 수 있는 요인들, 예를 들어, 성별, 나이, 직업 등은 사전에 동일하게 할 수 있으며, 또는 조정하기 힘들지만 쉽게 관측할 수 있는 요인들은 모형에 포함시킬 수 있다. 이런 경우 만약 실험 전의 체중을 모형에 포함시키면 바로 공분산분석모형에 해당된다고 할 수 있다. 반응변수로 일정 실험기간 후의 체중을 측정하여 분석을 하면 체중에 따른 영향이 반영된 결과를 얻을 수 있게 된다. 이 문제는 공분산분석에 속하는데, 여기서는 다이어트방법의 차이를 찾아내는 것이 주목적이며, 연속형 설명변수인 실험 전의 체중은 단지 분석의 정확도를 높이기 위하여 추가하는 변수라 할 수 있다.

예제 7.4

최근에 제안된 영어교육방법 A, B, C를 비교하기 위해 6개월 동안 각 영어교육방법으로 교육을 받은 후 영어시험성적을 측정하였다. 이런 경우 영어성적에 영향을 주는 요인들은 교육방법 외에도 여러 가지가 있을 수 있는데, 중학교 2학년 남학생으로 교육대상자를 정하면 나이와 성별은 고정되며, 우리가 조정하기 힘든 요인들 중에서 각 교육대상자의 IQ는 랜덤화로 평준화시키고, 교육 전 영어실력은 사전에 비슷한 영어시험으로 측정하여 모형에 포함시킬 수 있다. 자료 'english2'에는 각 그룹별로 9명씩 전체 27명의 교육 후 영어성적(postscore, Y), 교육 전 영어성적(prescore, X_1), 교육방법종류(method, X_2 : A, B, C)가 있다. 공분산분석을 실시하여라.

풀이 교육방법종류는 세 가지 범주를 갖는 변수이므로 2개의 가변수로 표시할 수 있는데, [그림 7.4]의 산점도를 보면 교육방법 B의 효과가 상대적으로 제일 낮아 보이므로 이것을 기준범주로 설정해도 되지만, 여기서는 중간정도인 C를 기준범주로 설정하여 다음과 같이 가변수를 정의하자.

$$Z_A = \begin{cases} 1 & \text{교육방법 A} \\ 0 & \text{다른 방법} \end{cases}, \quad Z_B = \begin{cases} 1 & \text{교육방법 B} \\ 0 & \text{다른 방법} \end{cases}$$

교육방법종류는 문자형 변수이므로 factor()를 사용할 필요는 없으며, 기준범주만을 relevel() 함수를 이용하여 다음과 같이 C로 설정하면 된다.

```
english2$method <- relevel(english2$method, ref="C")
```

그리고 설정된 모형과 분석결과는 다음과 같다.

$$Y_i = \beta_0 + \delta_A Z_{iA} + \delta_B Z_{iB} + \beta_1 X_{i1} + \varepsilon_i \quad (i = 1, 2, \cdots, 27)$$

```
> fit <- lm(postscore ~ method + prescore, english2)
> summary(fit)
(...)

Coefficients:
            Estimate Std. Error t value Pr(>|t|)
(Intercept) 22.67685    3.22300   7.036 3.61e-07 ***
methodA      3.05503    1.00713   3.033  0.00591 **
methodB     -1.87530    1.00225  -1.871  0.07411 .
prescore     0.73981    0.04066  18.195 3.76e-15 ***
```

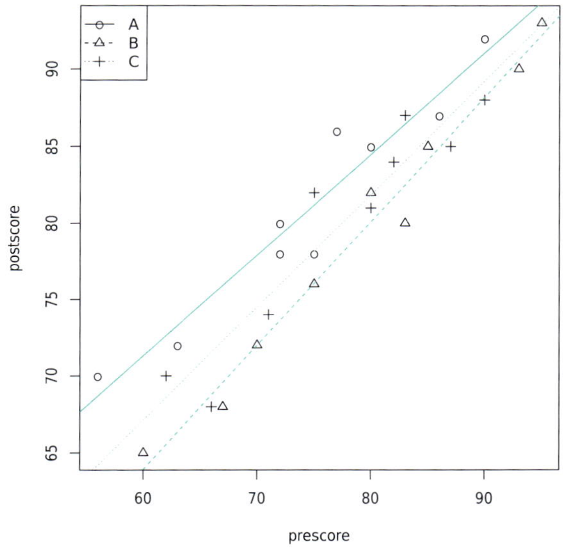

[그림 7.4] 영어교육 전후의 영어성적 산점도

```
Residual standard error: 2.123 on 23 degrees of freedom
Multiple R-squared:  0.9357,        Adjusted R-squared:  0.9273
F-statistic: 111.5 on 3 and 23 DF,  p-value: 7.563e-14
```

적합된 회귀식은 아래와 같다.

$$\hat{Y} = 22.677 + 3.055Z_A - 1.875Z_B + 0.740X_1 \tag{7.6}$$

추정값의 유의확률로 판단하면 교육방법 A와 C 간에는 차이가 있으며(p값=0.0059), B와 C 간에는 유의한 차이가 나타나지 않는다(p값=0.0741). 방법 A와 B의 평균점수 차이는 약 4.930($= 3.055 - (-1.875)$)으로 더 큰 차이를 보이고 있다. 따라서 교육방법 A가 상대적으로 제일 효과적이라 할 수 있다. [그림 7.5]에는 교육방법별 추정회귀식이 각각 표시되어 있다. 동일한 기울기를 가정하였으므로 세 직선은 평행하고 있다.

교육전의 영어성적이 교육후의 영어성적과 큰 상관관계를 보이고 있는데 이것은 당연한 것이다. 만일 이 문제에서 교육전의 영어성적을 모형에 포함시키지 않으면 교육방법의 차이를 정확하게 찾아낼 수 없게 된다([연습문제 7.13] 참조). □

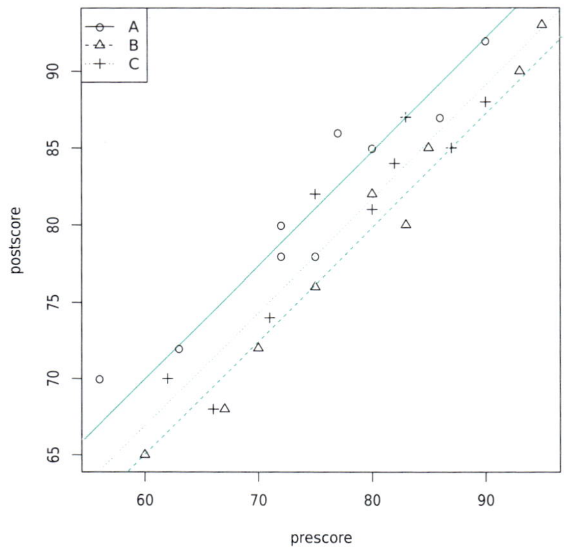

[그림 7.5] 영어교육방법별 추정회귀직선(동일한 기울기 가정)

7.3 다항회귀분석

회귀모형에서 회귀식이 설명변수들의 다항식으로 표시되는 경우 이를 **다항회귀모형**(polynomial regression model)이라 한다. 예를 들어, 단순선형회귀모형은 설명변수가 하나 있는 일차(first-order) 다항회귀모형으로 볼 수 있고, 다음은 이차(second-order) 다항회귀모형들의 예이다.

설명변수가 1개 : $Y = \beta_0 + \beta_1 X + \beta_2 X^2 + \varepsilon$

설명변수가 2개 : $Y = \beta_0 + \beta_1 X_1 + \beta_2 X_2 + \beta_{11} X_1^2 + \beta_{22} X_2^2 + \beta_{12} X_1 X_2 + \varepsilon$

설명변수가 k 개 : $Y = \beta_0 + \sum_{i=1}^{k} \beta_i X_i + \sum_{i=1}^{k} \beta_{ii} X_i^2 + \sum \sum_{i<j}^{k} \beta_{ij} X_i X_j + \varepsilon$

다항회귀모형은 보통 반응변수와 설명변수들 간의 함수관계가 명확하게 알려져 있지 않을 때 근사적인 관계식을 나타내기 위하여 사용된다. 이 절에서는 회귀식이 하나의 설명변수의 d차 다항식으로 주어지는 경우와 회귀식이 설명변수들의 이차다항식으로 주어지는 경우의 두 가지에 대한 이론과 응용을 다룬다.

7.3.1 다항회귀모형

설명변수가 하나인 d차 다항회귀모형은 다음과 같이 주어진다.

$$Y = \beta_0 + \beta_1 X + \beta_2 X^2 + \cdots + \beta_d X^d + \varepsilon \tag{7.7}$$

수학에서의 중요한 정리 중의 하나는 두 변수 사이의 모든 함수관계는 다항식으로 표현이 가능하다는 것이다. 그러므로 반응변수와 설명변수의 관계는 적당한 차수 d를 찾으면 위의 모형을 사용하여 근사적으로 나타낼 수 있다.

모형 (7.7)에서 X의 각 거듭제곱항을 새로운 설명변수로 해석하면 중회귀모형과 동일하게 된다. 그러므로 다항회귀분석에도 중회귀모형의 분석방법을 그대로 적용하여 사용할 수 있다. 다만 모형식의 특성상 두 가지 중요한 문제가 발생하게 된다. 첫 번째는 각 항이 X의 거듭제곱으로 주어지므로 설명변수들의 상관관계가 높아지게 되어 다중공선성의 문제가 발생할 수 있으며, 두 번째는 적당한 차수 d의 선택문제이다. 따라서 최소제곱추정값을 구하는 특별한 알고리즘이 필요하게 되며, 3장에서 언급된 간결함의 원칙에 따라 두 변수의 관계를 충분히 설명하면서도 차수가 낮은 모형을 선택해야 한다.

먼저 추정문제를 살펴보자. 중회귀모형에서의 최소제곱추정공식을 그대로 적용하는 경우에는 설명변수들의 상관관계를 작게 하기 위하여 평균에 대한 수정을 한 다음에 사용할 수 있다. 즉, 설명변수 X의 관측값들의 표본평균을 $\overline{X}$, 최소값과 최대값을 각각 X_{min}, X_{max}라 나타내면, 각 관측값에 대해

$$X_i - \overline{X}$$

또는 모든 값을 $[-1, 1]$ 사이의 값으로 변환하는

$$\frac{X_i - (X_{min} + X_{max})/2}{(X_{max} - X_{min})/2} \tag{7.8}$$

와 같은 변수변환을 하여 새로운 설명변수로 사용하면 거듭제곱항들 간의 상관관계의 정도는 일반적으로 작아진다. 그러나 차수가 높아지면 여전히 다중공선성의 문제가 있을 수 있으므로, 통계패키지 등에서는 정확한 계산을 위해서 **직교다항식**(orthogonal polynomial)을 이용한 알고리즘을 이용한다. 직교다항식들은 서로 직교하므로 상관관계가 전혀 없게 되어 다중공선성의 문제가 발생하지 않는다(Kennedy & Gentle, 1980).

R에서는 `poly()` 함수를 이용하면 손쉽게 직교다항식을 이용한 계산을 수행할 수 있다.

다항회귀분석에서 적당한 차수 d를 선택하는 문제는 여러 가지 방법이 있으나, 일반적인 방법은 다항식의 차수를 하나씩 높여가면서 매 단계에서 가장 높은 차수의 회귀계수에 대하여 t 검정 또는 부분 F 검정을 실시하는 것이다. 즉, 먼저 1차 모형 $Y = \beta_0 + \beta_1 X + \varepsilon$을 적합시킨 다음, 가설 $H_0 : \beta_1 = 0$에 대한 검정을 실시한다. 귀무가설 H_0를 기각할 수 없으면 분석을 끝내고, 아니면 2차 모형 $Y = \beta_0 + \beta_1 X + \beta_2 X^2 + \varepsilon$을 적합시킨다. 그리고 가설 $H_0 : \beta_2 = 0$에 대한 검정을 하여 귀무가설을 기각할 수 없으면 분석을 끝내고, 아니면 3차 이상의 모형을 적합시키는 과정을 계속하여 차수 d를 정하면 된다.

예제 7.5

자료 '`enzyme`'은 배양액의 농도(`conc`, X)에 따른 효소의 반응속도(`rate`, Y)를 측정한 것이다. 이 자료는 Bates & Watts(1988)에서 사용한 puromycin 자료 중 처리군에 해당되는 부분이다. 다음 표는 12개의 관측자료를 보여주며, [그림 7.6]은 이들의 산점도를 보여주고 있다. 이 자료에 대해 적당한 차수의 다항회귀모형을 적합시켜라.

농도	0.02	0.02	0.06	0.06	0.11	0.11	0.22	0.22	0.56	0.56	1.10	1.10
반응속도	76	47	97	107	123	139	159	152	191	201	207	200

풀이 농도를 설명변수, 반응속도를 반응변수로 하여 일차모형부터 적합시켜 나가면 3차 다항식까지는 모든 회귀계수의 추정값이 유의하게 나온다. 그러나 4차 다항식의 적합에서는 4차항의 계수추정값이 유의하지 않으므로 3차 다항식을 최종모형으로 선택한다.

```
> fit <- lm(rate ~ conc + I(conc^2) + I(conc^3), enzyme)
> summary(fit)
(...)
Coefficients:
             Estimate Std. Error t value Pr(>|t|)
(Intercept)    56.281      9.026   6.235  0.00025 ***
conc          716.836    118.146   6.067  0.00030 ***
I(conc^2)   -1159.255    294.093  -3.942  0.00429 **
I(conc^3)     572.142    178.915   3.198  0.01265 *
Residual standard error: 12.51 on 8 degrees of freedom
Multiple R-squared:  0.9594,	Adjusted R-squared:  0.9442
F-statistic: 63.02 on 3 and 8 DF,  p-value: 6.575e-06
```

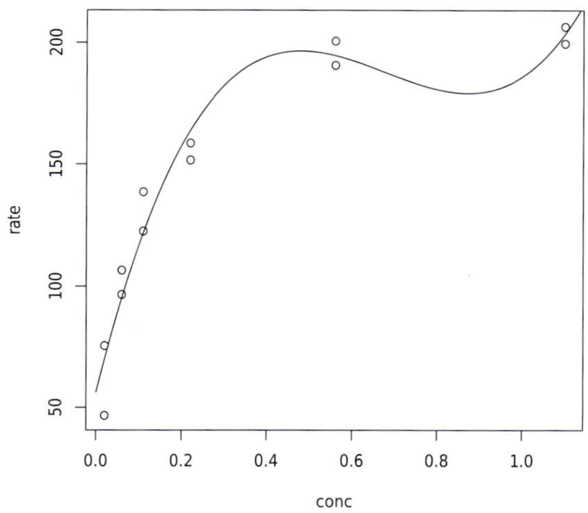

[그림 7.6] 효소의 농도별 반응속도자료의 산점도와 적합된 회귀곡선

적합된 최종 3차 다항회귀모형식은 다음과 같으며

$$\hat{Y} = 56.28 + 716.84X - 1159.26X^2 + 572.14X^3$$

[그림 7.6]의 산점도에 나타내어졌다. 추정된 다항식은 어느 정도 자료를 잘 대표한다고 볼 수 있으나, 농도 0.6과 1.0 사이에서는 자료의 정보가 없는 관계로 전체적인 추세를 반영하지 못하는 것을 볼 수 있다.

참고로 위에서와 같이 차수를 높여가면서 모형을 추정할 때는 6장의 단계별 회귀에서 소개되었던 `update()` 함수를 사용하면 편리하며, 최종모형은 다음과 같이 직교다항식을 생성하는 `poly()` 함수로도 같은 결과를 얻을 수 있다.

```
fit <- lm(rate ~ poly(conc, 3, raw=TRUE), enzyme)
```

위의 `poly()` 함수에서 `raw=TRUE` 옵션을 사용하면 원래 변수에 대한 다항식의 회귀계수가 계산된다. 이 옵션을 사용하지 않으면 직교다항식의 회귀계수가 계산된다.

□

위의 방법은, 예를 들어, 삼차항은 유의하지 않으나 사차항은 유의한 모형을 배제하는 단점이 있다. 그래서 경우에 따라서는 연속적으로 두 최고 차수의 계수가 유의하지 않는 경우에만 모형구축을 멈추는 방법을 사용하기도 한다.

7.3.2 반응표면분석

생산공정 등에서 많이 사용되고 있는 회귀분석의 응용 중에 **반응표면분석**(response surface analysis)이 있다. 이 방법에서는 분석에 포함된 설명변수들의 값에 따라 반응변수의 변화가 만드는 반응표면에 대한 통계적 분석을 실시하게 되는데, 보통 반응변수와 설명변수들의 관계를 일차 또는 이차 다항회귀모형으로 적합한다. 그리고 일반 회귀분석에서와는 다르게 추정량의 유의성 등에 대한 분석보다는 반응표면의 형태에 대한 분석과 반응변수의 최적조건을 찾는 것이 주요 목적이다.

먼저 간단한 모형 두 가지를 살펴보자. 설명변수가 1개인 이차모형을 적합하여 다음과 같은 추정식을 얻었다고 하자.

$$\hat{Y} = \hat{\beta}_0 + \hat{\beta}_1 X + \hat{\beta}_2 X^2$$

위 식은 X의 이차식이므로 Y의 최적조건은 이 식을 X에 대해 미분하여 구해진다. 즉,

$$\frac{d\hat{Y}}{dX} = \hat{\beta}_1 + 2\hat{\beta}_2 X = 0$$

에서 극점

$$X_m = -\frac{\hat{\beta}_1}{2\hat{\beta}_2}$$

을 얻을 수 있으며, 이 점에서 $\hat{Y}$의 최대(최소)값은

$$\hat{Y}_m = \hat{\beta}_0 - \frac{\hat{\beta}_1^2}{4\hat{\beta}_2}$$

로 주어짐을 알 수 있다. 그리고 이차 도함수가 $\frac{d^2\hat{Y}}{dX^2} = 2\hat{\beta}_2$이므로, $\hat{\beta}_2$이 양수이면 $\hat{Y}_m$은 최소값이 되고, 음수이면 $\hat{Y}_m$은 최대값이 된다.

또 다른 예로, 설명변수가 2개인 일차모형의 다음과 같은 추정식을 생각해보자.

$$\hat{Y} = \hat{\beta}_0 + \hat{\beta}_1 X_1 + \hat{\beta}_2 X_2$$

위의 식은 X_1과 X_2의 일차함수이므로, Y의 최적점은 구할 수 없고 단지 증가 또는 감소하는 방향만을 구할 수 있다. 위의 식에서 $\hat{Y}$의 값을 고정시키면 X_1과 X_2는 다음과

같은 직선의 식을 형성하는데 (c는 $c = (\hat{Y} - \hat{\beta}_0)/\hat{\beta}_2$ 으로 정의되는 상수)

$$X_2 = -\frac{\hat{\beta}_1}{\hat{\beta}_2} X_1 + c$$

이 직선 위에 있는 모든 X_1과 X_2값들의 조합에서는 $\hat{Y}$이 같은 값을 가지며, 이 직선의 기울기와 다른 방향으로 X_1과 X_2의 값을 움직이면 $\hat{Y}$의 값은 증가 또는 감소하게 된다. 이 중에서 위 직선의 기울기와 직각이 되는 방향(즉, X_1과 X_2의 값이 가장 적게 변하는 방향)으로 움직이면 $\hat{Y}$의 값이 가장 빠르게 변화하므로 이 방향을 **최대상승**(steepest ascent) 또는 **최대하강**(steepest descent) 방향이라 하며 이 방향의 기울기는 $\hat{\beta}_2/\hat{\beta}_1$으로 주어진다.

일반적으로 반응표면분석에서 많이 사용되는 모형은 설명변수가 k개 있는 다음과 같은 이차모형이다.

$$Y = \beta_0 + \sum_{i=1}^{k} \beta_i X_i + \sum_{i=1}^{k} \beta_{ii} X_i^2 + \sum\sum_{i<j}^{k} \beta_{ij} X_i X_j + \varepsilon$$

그리고 벡터와 행렬을 이용하면 위의 모형은

$$Y = \beta_0 + \boldsymbol{x}'\boldsymbol{\beta} + \boldsymbol{x}'\boldsymbol{B}\boldsymbol{x} + \varepsilon \tag{7.9}$$

과 같이 나타낼 수 있다. 위의 식에서 $\boldsymbol{x} = (X_1, X_2, \cdots, X_k)'$, $\boldsymbol{\beta} = (\beta_1, \beta_2, \cdots, \beta_k)'$이며, $k \times k$ 행렬 $\boldsymbol{B}$는 다음과 같이 정의된다.

$$\boldsymbol{B} = \begin{bmatrix} \beta_{11} & \frac{1}{2}\beta_{12} & \cdots & \frac{1}{2}\beta_{1k} \\ \frac{1}{2}\beta_{12} & \beta_{22} & \cdots & \frac{1}{2}\beta_{2k} \\ \cdots & \cdots & \cdots & \cdots \\ \frac{1}{2}\beta_{1k} & \frac{1}{2}\beta_{2k} & \cdots & \beta_{kk} \end{bmatrix}$$

모형 (7.9)는 이차모형이므로 설명변수들의 상관관계가 그렇게 크지 않아 각 설명변수를 식(7.8)과 같이 변환한 후 중회귀모형을 위한 계산공식을 사용하여 최소제곱추정량을 구한다. 이와 같이 적합된 회귀식을

$$\hat{Y} = \hat{\beta}_0 + \boldsymbol{x}'\hat{\boldsymbol{\beta}} + \boldsymbol{x}'\hat{\boldsymbol{B}}\boldsymbol{x} \tag{7.10}$$

이라 하자. $\hat{\boldsymbol{B}}$은 행렬 $\boldsymbol{B}$의 각 원소를 추정량으로 대체한 행렬이다. 반응변수 Y의 최적값은 역시 식(7.10)을 설명변수에 대하여 미분하여 구해지는데, 설명변수가 2개 이상인 경우에는 도함수 벡터로 주어진다. 즉, 일차 도함수벡터를 구하여 $\mathbf{0}$으로 두면

$$\frac{\partial \hat{Y}}{\partial \boldsymbol{x}} = \hat{\boldsymbol{\beta}} + 2\hat{\boldsymbol{B}}\boldsymbol{x} = \mathbf{0}$$

이 되고, 여기에서 극점

$$\boldsymbol{x}_s = -\frac{1}{2}\hat{\boldsymbol{B}}^{-1}\hat{\boldsymbol{\beta}} \tag{7.11}$$

을 얻을 수 있으며 이 점을 **정상점**(stationary point)이라 한다. 반응변수 Y가 이 점에서 최대값 또는 최소값을 갖는지에 대한 판정은 역시 이차 도함수를 이용하는데, 이 경우에는

$$\frac{\partial^2 \hat{Y}}{\partial \boldsymbol{x}\partial \boldsymbol{x}'} = 2\hat{\boldsymbol{B}}$$

과 같이 행렬로 주어진다. 행렬 $\hat{\boldsymbol{B}}$을 이용한 판정은 아래에서 설명되고 있다. 정상점 주위에서 반응변수가 생성하는 반응표면의 형태에 대한 분석을 **정준분석**(canonical analysis)이라 하며, 행렬 $\hat{\boldsymbol{B}}$에 대한 **고유값분석**(eigenvalue analysis)과 반응표면의 **등고선그림**(contour plot)을 이용한다.

반응변수 Y가 정상점에서 갖는 값은

$$\hat{Y}_s = \hat{\beta}_0 + \boldsymbol{x}_s'\hat{\boldsymbol{\beta}} + \boldsymbol{x}_s'\hat{\boldsymbol{B}}\boldsymbol{x}_s$$

로 주어지며, 정준분석을 하기 위하여 설명변수들의 원점을 정상점 $\boldsymbol{x}_s$로 옮기는 변환을 한다. 즉, 새로운 벡터 $\tilde{\boldsymbol{x}}$를 $\tilde{\boldsymbol{x}} = \boldsymbol{x} - \boldsymbol{x}_s$라 정의하여, 식(7.10)에 대입하면

$$\begin{aligned}
\hat{Y} &= \hat{\beta}_0 + (\boldsymbol{x}_s + \tilde{\boldsymbol{x}})'\hat{\boldsymbol{\beta}} + (\boldsymbol{x}_s + \tilde{\boldsymbol{x}})'\hat{\boldsymbol{B}}(\boldsymbol{x}_s + \tilde{\boldsymbol{x}}) \\
&= \hat{\beta}_0 + \boldsymbol{x}_s'\hat{\boldsymbol{\beta}} + \boldsymbol{x}_s'\hat{\boldsymbol{B}}\boldsymbol{x}_s + \tilde{\boldsymbol{x}}'\hat{\boldsymbol{\beta}} + 2\tilde{\boldsymbol{x}}'\hat{\boldsymbol{B}}\boldsymbol{x}_s + \tilde{\boldsymbol{x}}'\hat{\boldsymbol{B}}\tilde{\boldsymbol{x}} \\
&= \hat{Y}_s + \tilde{\boldsymbol{x}}'\hat{\boldsymbol{B}}\tilde{\boldsymbol{x}} + \tilde{\boldsymbol{x}}'(\hat{\boldsymbol{\beta}} + 2\hat{\boldsymbol{B}}\boldsymbol{x}_s) \\
&= \hat{Y}_s + \tilde{\boldsymbol{x}}'\hat{\boldsymbol{B}}\tilde{\boldsymbol{x}}
\end{aligned} \tag{7.12}$$

의 식을 얻는다. 마지막 등식은 식(7.11)에 의하여 $\hat{\boldsymbol{\beta}} + 2\hat{\boldsymbol{B}}\boldsymbol{x}_s = \mathbf{0}$이므로 성립한다. 그러므로 이 식에서 행렬 $\hat{\boldsymbol{B}}$이 양정치이면(즉, 모든 $\mathbf{0}$ 아닌 벡터 $\boldsymbol{w}$에 대해 $\boldsymbol{w}'\hat{\boldsymbol{B}}\boldsymbol{w} > 0$)

정상점에서의 값 $\hat{Y}_s$은 최소값이 되고, 음정치이면(즉, 모든 $\mathbf{0}$ 아닌 벡터 $\boldsymbol{w}$에 대해 $\boldsymbol{w}'\hat{\boldsymbol{B}}\boldsymbol{w} < 0$) $\hat{Y}_s$은 최대값이 됨을 알 수 있다.

행렬의 양정치 여부를 판별하는 간단한 방법은 행렬의 고유값을 구해보는 것으로, 고유값이 모두 양수이면 양정치이고, 모두 음수이면 음정치가 된다. 그러므로 $\lambda_1, \lambda_2, \cdots, \lambda_k$를 행렬 $\hat{\boldsymbol{B}}$의 k개 고유값이라 하면 다음과 같이 판별할 수 있다.

1) 모든 λ_j가 양수이면 정상점 $\boldsymbol{x}_s$는 최소점이 되며, $\hat{Y}$은 최소값 $\hat{Y}_s$을 갖는다.
2) 모든 λ_j가 음수이면 정상점 $\boldsymbol{x}_s$는 최대점이 되며, $\hat{Y}$은 최대값 $\hat{Y}_s$을 갖는다.
3) λ_j가 일부는 양수이고 일부는 음수이면, $\hat{Y}$은 $\boldsymbol{x}_s$에서 벗어나는 방향에 따라 증가 또는 감소하게 되는데, 이때 $\boldsymbol{x}_s$를 **안장점**(saddle point)이라 한다.

반응표면의 자세한 형태는 행렬 $\hat{\boldsymbol{B}}$의 고유값의 부호와 크기, 고유벡터들을 이용하여 알 수 있다. 행렬 $\hat{\boldsymbol{B}}$의 고유값 λ_j에 대한 고유벡터를 $\boldsymbol{v}_j$라 하면, 식(7.12)의 마지막 식은

$$\begin{aligned}\hat{Y} &= \hat{Y}_s + \tilde{\boldsymbol{x}}'\hat{\boldsymbol{B}}\tilde{\boldsymbol{x}} \\ &= \hat{Y}_s + \lambda_1(\boldsymbol{v}_1'\tilde{\boldsymbol{x}})^2 + \lambda_2(\boldsymbol{v}_2'\tilde{\boldsymbol{x}})^2 + \cdots + \lambda_k(\boldsymbol{v}_k'\tilde{\boldsymbol{x}})^2 \\ &= \hat{Y}_s + \lambda_1 w_1^2 + \lambda_2 w_2^2 + \cdots + \lambda_k w_k^2 \end{aligned} \tag{7.13}$$

의 정준형태(canonical form)로 주어짐을 보일 수 있다([연습문제 7.8]). 위의 식에서 w_j는 $w_j = \boldsymbol{v}_j'\tilde{\boldsymbol{x}}$로 정의되며 **정준변수**(canonical variable)라 부른다. 즉, 원래 변수를 고유벡터들로 회전하여 얻어지는 새로운 변수라 할 수 있다. 따라서 고유값의 부호로 새로운 변수의 축 방향으로의 증가와 감소 여부를 알 수 있고, 고유값의 크기로는 경사의 정도를 파악할 수 있다. 유의할 점은 설명변수들의 단위가 다르면 식(7.13)에서 고유값들의 크기를 상대적으로 비교할 수 없으므로, 정준분석을 할 때는 설명변수들을 식(7.8)로 표준화하여 사용할 필요가 있다.

설명변수의 개수가 적은 경우에는 등고선그림과 3차원그림을 이용하면 편리하다. 등고선그림(contour plot)은 반응표면에서 $\hat{Y}$의 값이 같은 점들을 연결하여 선으로 나타낸 것으로, $\hat{Y}$이 증가 또는 감소하는 방향과 속도(경사)를 쉽게 파악할 수 있게 해준다. 그러나 설명변수 개수가 많은 경우에는 2차원 또는 3차원그림에 축이 설정되지 않는 다른 변수들의 값들을 고정시켜야하므로 단면만을 봐야하는 제약이 따른다. [그림 7.7]은 등고선그림으로 나타낸 반응표면의 여러 가지 형태를 보여주고 있다.

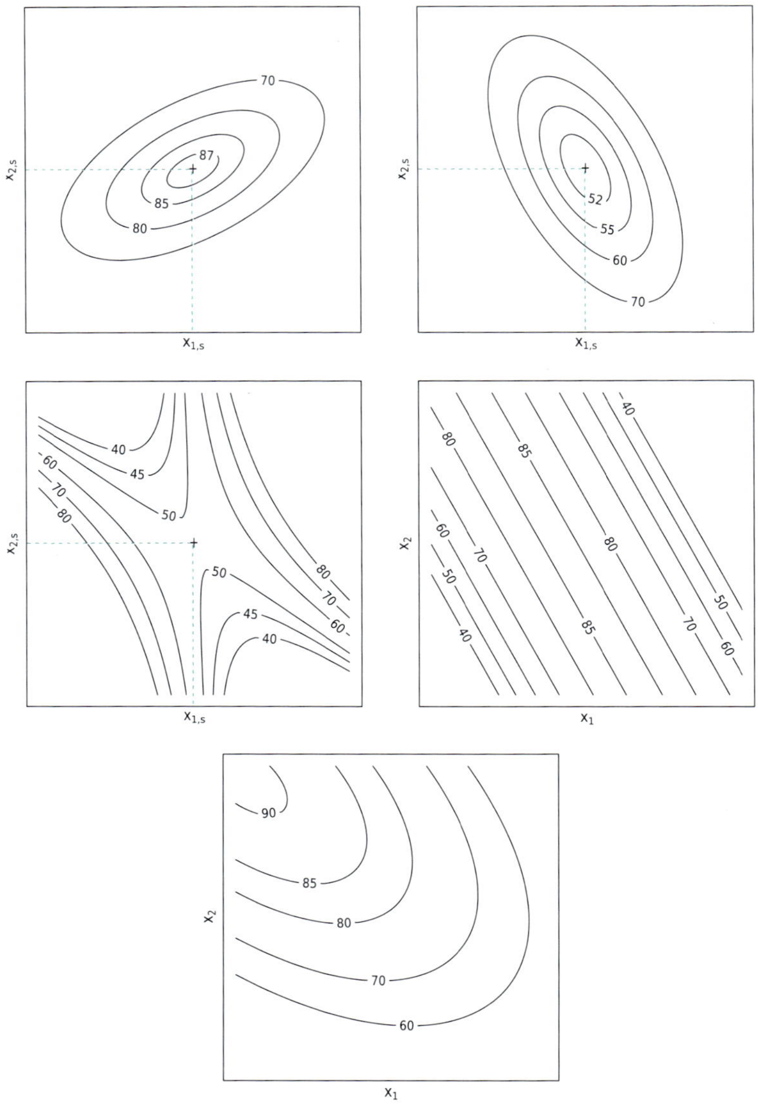

[그림 7.7] 여러 가지 형태의 반응표면

예제 7.6

[표 7.2]의 자료 'yield'는 어느 화학공정에서 공정시간(time, X_1)과 공정온도(temp, X_2)에 따른 효율(yield, Y)을 조사한 것이다. 이 자료에 대해 이차모형을 이용한 반응표면분석을 실시하여라.

[표 7.2] 화학공정에서의 효율 자료

효율	81.3	83.1	85.3	72.7	83.8	81.7	84.7	67.9	82.4	82.9	81.2
공정시간	6.3	6.3	17.7	17.7	4.0	20.0	12.0	12.0	12.0	12.0	12.0
공정온도	229	271	229	271	250	250	220	280	250	250	250

풀이 R에서는 반응표면분석을 위한 패키지로 `rsm`이 있다. 같은 이름의 함수 `rsm()`에 모형식을 지정하여 사용하는데, X_1, X_2와 같은 일차항(First Order)은 `FO`, X_1^2, X_2^2과 같은 순수 이차항(Pure Quadratic)은 `PQ`, X_1X_2와 같은 이원 교호작용항(Two-Way Interaction)은 `TWI`으로 지정한다. 그렇지만 보통 모든 항을 포함시키므로 `SO`(Second Order)를 사용하면 이들 모든 항을 자동으로 생성할 수 있다.

```
> library(rsm)
> yield.rsm <- rsm(yield ~ SO(time, temp), data=yield)
> yield.rsm

Call:
rsm(formula = yield ~ SO(time, temp), data = yield)

Coefficients:
        (Intercept)    FO(time, temp)time    FO(time, temp)temp
        -324.859494              6.901046              3.139936
     TWI(time, temp)  PQ(time, temp)time^2  PQ(time, temp)temp^2
          -0.030075              0.017134             -0.005968
```

적합된 모형식과 분석결과는 다음과 같다.

$$\hat{Y} = -324.86 + 6.9010X_1 + 3.1399X_2 + 0.01713X_1^2 - 0.005968X_2^2 - 0.03008X_1X_2$$

```
> summary(yield.rsm)

Call:
rsm(formula = yield ~ SO(time, temp), data = yield)

                Estimate   Std. Error t value Pr(>|t|)
(Intercept) -324.8594940  136.0910729 -2.3871  0.06261 .
time           6.9010461    2.4646855  2.8000  0.03799 *
temp           3.1399363    1.0655953  2.9466  0.03201 *
time:temp     -0.0300752    0.0094237 -3.1914  0.02423 *
time^2         0.0171336    0.0295975  0.5789  0.58776
temp^2        -0.0059682    0.0021178 -2.8181  0.03719 *

Multiple R-squared:  0.9121,    Adjusted R-squared:  0.8243
F-statistic: 10.38 on 5 and 5 DF,  p-value: 0.01128
```

```
Analysis of Variance Table

Response: yield
                Df  Sum Sq Mean Sq F value   Pr(>F)
FO(time, temp)   2 160.856  80.428 15.8022 0.006896
TWI(time, temp)  1  51.840  51.840 10.1853 0.024226
PQ(time, temp)   2  51.522  25.761  5.0614 0.062856
Residuals        5  25.448   5.090
Lack of fit      3  23.922   7.974 10.4461 0.088623
Pure error       2   1.527   0.763

Stationary point of response surface:
      time       temp
  9.182004 239.921637

Eigenanalysis:
$values
[1]  0.02454460 -0.01337914

$vectors
           [,1]       [,2]
time -0.8969851 -0.4420607
temp  0.4420607 -0.8969851
```

계수추정값과 함께 주어지는 t값과 p값으로 판단할 때 '시간'의 제곱항을 제외한 모든 계수추정값들은 유의함을 알 수 있다. 한편 '시간'의 제곱항이 유의하지 않으므로 우리는 반응변수가 '시간'에 대해서는 선형적으로 변하게 되어, 반응표면의 형태가 '시간'축에 대해서는 평면에 가까울 것이라고 짐작할 수 있다.

반응표면분석에서는 반응표면의 형태에 대한 분석과 최적조건을 구하는 것이 주목적이므로 각 추정값의 유의성에 관계없이 일반적으로 이차모형을 그대로 사용한다. 필요한 통계값들은 위의 출력결과에 대부분 나와있지만 직접 구할 수도 있다 . 예를 들어, 벡터 $\hat{\boldsymbol{\beta}}$과 행렬 $\hat{\boldsymbol{B}}$은 다음과 같이 주어진다.

```
> yield.rsm$b
    time     temp
6.901046 3.139936
> yield.rsm$B
            time         temp
time  0.01713363 -0.015037594
temp -0.01503759 -0.005968169
```

그리고 식(7.11), $\boldsymbol{x}_s = -\hat{\boldsymbol{B}}^{-1}\hat{\boldsymbol{\beta}}/2$에 의하여 계산된 정상점은 xs() 함수를 사용하여

```
> xs(yield.rsm)
      time       temp
  9.182004 239.921637
```

으로 얻을 수 있다. 정상점에서의 반응변수 적합값도 아래와 같이 구해진다.

```
> nw <- data.frame(time=xs(yield.rsm)[1], temp=xs(yield.rsm)[2])
> predict(yield.rsm, newdata=nw)
    time
83.49256
```

반응표면의 형태를 알아보기 위하여 계산된 행렬 $\hat{\boldsymbol{B}}$의 고유값들은 위의 출력결과에서

$$\lambda_1 = 0.02454\,, \quad \lambda_2 = -0.01338$$

로 한 값은 양수, 다른 값은 음수로 주어지므로, 정상점은 일종의 안장점(saddle point)으로 판단된다. 즉, 방향에 따라 반응변수의 값이 증가하거나 감소하게 된다. 반응표면분석에서 또 다른 관심의 대상은 표면의 경사 정도인데, 위의 고유값은 각각 설명변수들의 단위와 크기에 의존하므로 직접적으로 비교하여 해석할 수는 없다. 이런 이유로 반응표면분석에서는 설명변수들의 값을 표준화하여 사용하는 것이 일반적이다.

이제 설명변수들의 값을 식(7.8)로 표준화한 후 반응표면분석을 실시해보자. 값의 변환은 `coded.data()` 함수를 이용하여 수행된다. 이 예제의 자료에서 'time'과 'temp'의 최소, 최대값은 각각 $(4, 20)$, $(220, 280)$으로 주어지므로 다음과 같이 변환하여 분석한다.

```
> yieldcoded <- coded.data(yield, x1~(time-12)/8, x2~(temp-250)/30)
> yieldcoded.rsm <- rsm(yield ~ SO(x1, x2), data=yieldcoded)
> summary(yieldcoded.rsm)
(...)
Stationary point of response surface:
        x1         x2
-0.3522495 -0.3359454

Stationary point in original units:
      time       temp
  9.182004 239.921637

Eigenanalysis:
$values
[1]  2.708577 -6.983377

$vectors
          [,1]      [,2]
x1 -0.9130575 0.4078309
x2  0.4078309 0.9130575
```

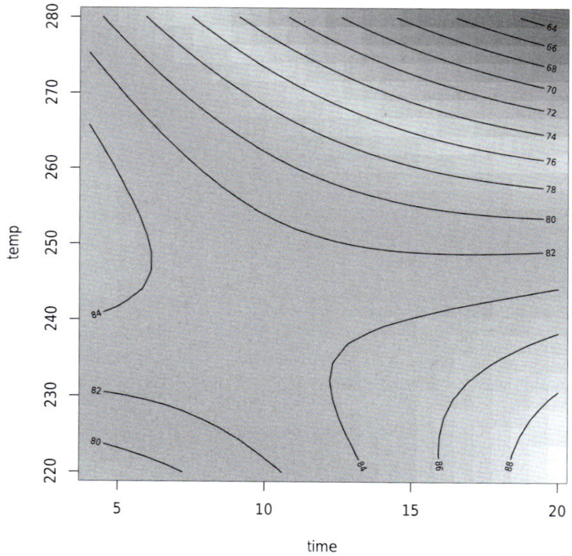

[그림 7.8] 공정시간과 공정온도별 효율의 반응표면(등고선그림)

위의 출력결과에서 표준화된 설명변수들을 사용했을 때 행렬 $\hat{\boldsymbol{B}}$의 고유값은 각각

$$\lambda_1 = 2.7086\ , \quad \lambda_2 = -6.9834$$

으로 주어지고 있다. 따라서 식(7.13)의 정준형태는

$$\hat{Y} = 83.4926\ +\ 2.7086w_1^2\ -\ 6.9834w_2^2$$

으로 나타낼 수 있다. 그리고 λ_2의 절댓값이 λ_1의 절댓값보다 상대적으로 크므로, 정상점에서 감소하는 방향의 경사가 증가하는 방향의 경사보다 훨씬 크다는 것을 알 수 있다. 각 고유값에 대응하는 고유벡터를 보면 λ_1의 경우에는 '시간'에, λ_2의 경우에는 '온도'에 더 큰 가중치를 가지고 있으므로, 우리는 대략적으로 정상점에서 공정시간 X_1을 변화시키면 효율은 증가하고, 공정온도 X_2를 변화시키면 효율은 반대로 감소한다는 것을 알 수 있다. 정확한 방향은 고유벡터들을 이용하면 알 수 있는데, 증가하는 방향은

$$w_1 = -0.913\tilde{x}_1 + 0.408\tilde{x}_2 = -0.913(x_1 + 0.352) + 0.408(x_2 + 0.336)$$

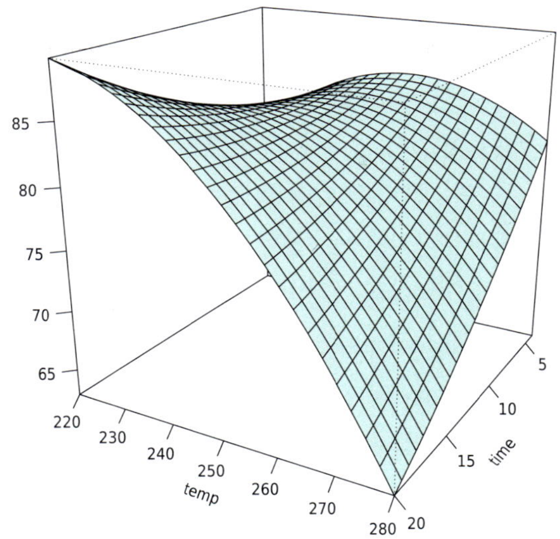

[그림 7.9] 공정시간과 공정온도별 효율의 반응표면(3D)

이며([그림 7.8]의 등고선 그림에서 보면 북서 또는 남동 방향), 감소하는 방향은

$$w_2 = 0.408\tilde{x}_1 + 0.913\tilde{x}_2 = 0.408(x_1 + 0.352) + 0.913(x_2 + 0.336)$$

로 주어진다(등고선 그림에서 북동 또는 남서 방향). 반응표면분석 결과는 `contour()` 함수를 이용하여 등고선그림으로, `persp()` 함수를 이용하여 3차원그림으로 표현할 수 있다. 각 그래프는 원래 변수와 변환된 변수에 관계없이 동일하게 작성된다.

```
contour(yieldcoded.rsm, ~ x1 + x2, image=TRUE)
persp(yieldcoded.rsm, ~ x1 + x2, theta=120, col="lightcyan")
```

[그림 7.8]은 등고선 그림으로 반응표면을 보여주고 있다. `image` 옵션을 `TRUE`로 주어 등고선에 색깔을 추가하였다. [그림 7.9]는 정상점 근처에서의 반응표면을 보여주는 3차원그림이다. `theta`로 입체를 바라보는 시선의 방위를 조절할 수 있다. 이 두 그림은 위의 사실들을 뒷받침해주고 있다.

□

반응표면분석에서는 대부분 통계적 실험에서 생성된 자료를 분석한다. 따라서 반응표면분석에서의 주된 문제 중의 하나는 설명변수의 어느 값에서 실험을 할 것인가를 결정하는 실험설계(experimental design)이다. 실험설계에서는 가능한 적은 실험횟수로 많은 정보를 추출할 수 있는 수준들을 선택하게 된다. 일반적으로 보통의 실험설계에서는 2수준 또는 3수준을 사용하는데, 예를 들어, k개의 설명변수(실험설계에서는 요인(factor)이라 함)가 있고 각 요인에서 2개 수준만을 사용하는 2^k **요인실험**(factorial design)이 많이 사용되고 있다. 그러나 반응표면분석에서는 모형에 이차항이 포함되어 있으므로 최소한 3 수준 이상을 사용하는 실험이 필요하다.

반응표면분석을 위한 다양한 실험설계방법이 개발되어 있는데 가장 많이 사용하는 것 중의 하나는 **중심합성설계**(central composite design)이다. 이 설계에서는 2^k 요인실험에서의 2^k개의 **요인점**(factorial point), $2k$개의 **축점**(axial point), n개의 **중심점**(center point)을 사용한다. 예를 들어, $k = 2$개의 요인이 있고 2개의 수준을 -1과 1로 나타낼 때, 요인점은 정사각형의 4개 꼭지점인 $(-1, -1)$, $(-1, 1)$, $(1, -1)$, $(1, 1)$로 주어지며, 축점은 반경이 $\sqrt{2} = 1.414$인 원주에 요인점과 같이 위치하도록 2개의 좌표축 위에 있는 점들인 $(\pm 1.414, 0)$, $(0, \pm 1.414)$로 정의된다. 중심점은 (0, 0)에 해당된다.

[예제 7.6]의 자료 '`yield`'에서는 시간의 경우 6.3과 17.7이 -1과 $+1$에 해당되며, 온도의 경우에는 229와 271이 -1과 $+1$에 해당된다. 따라서 중심점은 (12, 250)이며, 축점은 대략 (4, 250), (20, 250), (12, 220), (12, 280)으로 주어진다.

연습문제

7.1 본문의 [예제 7.3]에서 분석된 영어성적 자료('`english1`')에 대해 다음의 두 가지 방법으로 회귀모형을 각각 추정하고, 두 모형의 차이점을 설명하여라.

```
fit1 <- lm(score ~ grade, english1)
fit2 <- lm(score ~ factor(grade), english1)
```

7.2 아버지의 IQ(X_1)와 아들의 IQ(Y)간의 관계를 조사하기 위하여 회귀분석을 사용하였다. 여기에 추가로 아버지의 사회적 지위(social status)를 나타내는 변수 X_2를 추가하였다. X_2는 3개의 범주(1, 2, 3)를 갖는 범주형 변수이므로 다음과 같이 가변수로 변환하였다.

$$Z_2 = \begin{cases} 1 & \text{지위가 2인 경우} \\ 0 & \text{아닌 경우} \end{cases}, \quad Z_3 = \begin{cases} 1 & \text{지위가 3인 경우} \\ 0 & \text{아닌 경우} \end{cases}$$

현재모형은 다음과 설정되었다.

$$Y = \beta_0 + \beta_1 X_1 + \delta_2 Z_2 + \delta_3 Z_3 + \delta_4 Z_2 X_1 + \delta_5 Z_3 X_1 + \varepsilon$$

(1) 사회적 지위 1, 2, 3 각각에 대한 반응변수 Y의 기대값을 구하여라.

(2) 회귀계수 δ_2과 δ_4의 의미를 각각 설명하여라.

(3) 위의 모형식에서 $\delta_5 - \delta_4$의 의미를 설명하여라.

(4) 이 문제에서 27개의 관측된 값을 이용한 분석결과가 아래에 주어져 있다. 사회적 지위에 따라 절편과 기울기가 달라지는 지를 검정하여라.

```
Coefficients:
                  Estimate Std. Error t value   Pr(>|t|)
(Intercept)      -1.872044  17.808264  -0.105      0.917
X1                0.977562   0.163192   5.990 0.00000604 ***
factor(Z)2        2.688068  31.604178   0.085      0.933
factor(Z)3        9.076654  24.448704   0.371      0.714
X1:factor(Z)2    -0.004995   0.329525  -0.015      0.988
X1:factor(Z)3    -0.029140   0.244580  -0.119      0.906
```

7.3 본문에서 설명된 변화점이 있는 경우 변화점 전후에서 반응변수의 값에 큰 차이가 나타날 수 있다. 이 경우에 대한 모형을 살펴보자. 반응변수 Y와 설명변수 X_1의 산점도에서 $X_1 = 54$ 근처에서 불연속점(discontinuity point)의 가능성이 나타나 이것을 구체적으로 조사하기위해 다음의 모형을 적합하였다.

$$Y = \beta_0 + \beta_1 X_1 + \delta_2 Z_2 + \delta_3 X_a + \varepsilon$$

위의 모형에서 Z_2는 X_1이 54보다 작으면 0, 크면 1의 값을 갖는 가변수이고, $X_a = (X_1 - 54)Z_2$이다. 위의 모형을 적합한 결과가 다음과 같을 때 각 질문에 답하여라.

```
Coefficients:
            Estimate Std. Error t value Pr(>|t|)
(Intercept)     30.5      3.640    8.38 0.000157
X1              2.83      0.361    7.84 0.000228
Z2              1.24      0.408    3.04 0.022803
Xa             -1.75      0.412   -4.25 0.005380
```

(1) 위의 결과를 이용하여 X_1이 54보다 작은 경우와 큰 경우에 대해 각각 해당되는 모집단 회귀식을 구하여라.

(2) 위에서 구한 회귀식에 대한 그래프를 그려보아라.

(3) $X_1 = 54$에서 불연속점의 가능성에 대해 검정하여라.
(4) 두 부분의 기울기가 같다는 가설을 검정하여라.

7.4 변수 X는 1부터 10까지의 정수값을 갖는다.

(1) X와 X^2의 표본상관계수값을 구하여라.
(2) X의 각 값에서 X의 평균인 5.5를 빼주어 구한 변수를 X_m 이라 하자. X_m과 X_m^2의 표본상관계수값을 구하여라.
(3) X에 대해 식(7.8)을 적용하면 $X_s = \frac{X-5.5}{4.5}$이 된다. X_s의 값이 모두 $[-1, 1]$ 사이에 있음을 확인하고, X_s와 X_s^2의 표본상관계수값을 구하여라.

7.5 본문의 [예제 7.5]에서는 다항회귀모형을 적합하였다. `update()` 함수를 이용하여 1차부터 4차까지의 모형을 적합해보아라.

7.6 설명변수가 두 개인 반응표면분석에서 다음과 같은 일차회귀모형을 적합시켰다.

$$\hat{Y} = 200 + 20X_1 + 46X_2$$

반응변수를 최소화하는 것이 이 분석의 목적일 때 최대하강 방향을 구하여라.

7.7 본문의 [예제 7.6]에서는 중심합성설계로 정해진 설명변수들의 값에서 실험이 진행되었다. 이 실험에서 사용된 시간과 온도의 실험점들을 [그림 7.8] 위에 표시하여라. 점들이 어떠한 형태를 형성하는가?

7.8 행렬 $\hat{\boldsymbol{B}}$의 고유값 λ_j에 대한 고유벡터를 $\boldsymbol{v}_j$라 하면, 행렬 $\boldsymbol{V} = [\boldsymbol{v}_1, \boldsymbol{v}_2, \cdots, \boldsymbol{v}_k]$에 대하여 $\boldsymbol{V}'\hat{\boldsymbol{B}}\boldsymbol{V} = \mathrm{diag}(\lambda_1, \lambda_2, \cdots, \lambda_k)$의 관계식이 성립한다. 또한 고유벡터행렬 $\boldsymbol{V}$는 직교행렬이므로 대각행렬 $\mathrm{diag}(\lambda_1, \lambda_2, \cdots, \lambda_k)$를 $\boldsymbol{\Lambda}$라 나타내면 $\hat{\boldsymbol{B}} = \boldsymbol{V}\boldsymbol{\Lambda}\boldsymbol{V}'$으로도 표현할 수 있다(선형대수학에서는 이를 스펙트럴 분해라고 한다). 이를 이용하여 본문의 식(7.13)이 성립함을 보여라.

⋆ ⋆ ⋆

7.9 본문의 [예제 7.3]에서 사용된 영어성적(‘`english1`’) 예제는 분산분석 문제이다. R에서 분산분석은 `aov()`를 이용하여 할 수 있다. 사용방법은 `lm()`과 동일하다. 영어성

적이 변수 score에, 학년 1, 2, 3, 4가 변수 grade에 저장되어 있을 때 다음 명령으로 분산분석을 할 수 있다.

```
> english1.aov <- aov(score ~ factor(grade), english1)
```

이렇게 얻어진 객체에 anova() 또는 summary()를 적용하면 분산분석 결과를 확인할 수 있다. lm()을 이용한 분석과 비교해 보아라.

7.10 본문의 [예제 7.3]에서는 기본적으로 기준범주인 4학년과 다른 학년 간의 평균 영어성적 차이에 대하여 검정하였다. 이제 1학년과 3학년 사이에 차이가 있는지, 즉, $H_0 : \delta_1 = \delta_3$ 를 검정하고자 한다.

(1) lm()으로 모형을 적합한 후 $\hat{\boldsymbol{\delta}}$들의 분산-공분산행렬의 추정값들은 vcov() 함수로 구할 수 있다. 이 값들을 구한 후 $\hat{\delta}_1 - \hat{\delta}_3$의 표준오차를 계산하고, 이를 이용하여 주어진 가설에 대한 t 검정을 실시하여라.

(2) factor() 함수의 levels 인자로 기본범주를 3으로 변경하여 회귀분석을 한 후 출력결과를 이용하여 주어진 가설에 대한 t 검정을 실시하여라. (1)의 결과와 동일한가?

7.11 본문의 [예제 7.3]에서 사용된 영어성적('english1') 예제에서는 3개의 가변수를 설정하여 분석하였다. 4개 학년 모두에 대해 가변수를 설정하여 사용하면 상수항과 선형종속 문제가 발생하기 때문인데, 이를 대처하는 다른 방법은 상수항이 없는 모형을 적합하는 것이다.

(1) 학년 각각에 대한 가변수를 사용하고, 상수항이 없는 회귀모형을 아래의 명령문을 사용하여 적합하여라.

```
> fit <- lm( score ~ factor(grade) - 1, english1)
```

(2) 위의 모형에서 각 회귀계수 추정값의 의미는 무엇인가?

(3) 위의 모형을 이용하여 각 학년 사이의 평균영어성적 차이를 검정하는 방법에 대하여 설명하고, 1학년과 3학년 사이의 차이를 실제로 검정하여라.(회귀계수 추정량들의 분산-공분산행렬 추정값은 vcov() 함수로 구할 수 있다.)

7.12 4장의 [예제 4.11]에서 설명된 자료 'wool'을 다시 분석해 보자. 이 자료는 3개의 요인 각각에 대하여 3 수준에서 실험을 수행한 3^3 요인실험에서 나온 것이다. 회귀분석을

적용하고자 할 때 [예제 4.11]에서 반응변수의 로그변환 필요성이 제기되었고, 요인들은 범주형 설명변수에 해당되어 가변수화 할 필요가 있다.

(1) 반응변수인 `cycle`을 로그변환하고 3개의 설명변수에 대하여 회귀분석을 실시하여라. 설명변수가 수치로 입력되어 있으므로 `factor()`를 이용하여 강제로 범주형으로 바꾼 후 분석해야 한다. 요인들의 각 수준 간에 차이가 있는지를 조사하여라.

(2) 요인들 간의 교호작용효과를 알아보고자 한다. 설명변수로 요인들의 주효과와 2차 교호작용효과를 포함하는 모형을 적합하고, 교호작용효과들의 유의성에 대하여 분석하여라.

7.13 본문의 [예제 7.4]에서 분석된 영어교육방법 자료 '`english2`'를 다시 분석해보자.

(1) [예제 7.4]의 모형에서 `prescore`('교육전 영어성적') 변수를 제외하고 다시 분석을 하여라. 교육방법 간에 유의한 차이가 나타나는가?

(2) 예제에서 적합된 추정회귀식 (7.6)을 각 영어교육방법별로 나타내어 보아라.

(3) [예제 7.4]의 모형은 세 방법들 간에 기울기는 같고 절편은 다르다는 가정 하에서 설정된 것이다. 그러나 [그림 7.4]를 보면 교육방법 각각에 대하여 기울기가 같지 않을 가능성도 보인다. 기울기도 다를 수 있다는 가정 하에서의 모형을 설정하고 (즉, 기존의 모형에 교육방법과 `prescore`의 교호작용항을 추가) 분석한 다음, 기울기가 같다는 가설에 대한 검정을 실시하여라.

7.14 1장에서 분석되었던 20~24세 남녀별 키와 몸무게 예제('`hweight`')에서

(1) 성별을 가변수로 변환한 다음, 몸무게를 반응변수로, 키, 성별, 키와 성별의 교호작용을 설명변수로 하는 중회귀모형을 적합하여라.

(2) 위에서 적합된 회귀식에서 남녀별 식을 유도하여라. 남녀별로 기울기의 차이가 있는가?

7.15 아래 표의 자료는 보건복지부 산하 질병본부에서 2001년에 조사한 우리나라 남자들의 나이별 평균 혈압이다. 이 자료는 '`blood2001m`'에 각 나이 구간의 중간값을 사용하여 저장되어 있다.

혈압	121.09	120.82	121.62	121.39	122.56	126.28	129.52	131.35
나이	20–24	25–29	30–34	35–39	40–44	45–49	50–54	55–59

(1) 혈압(bp)의 나이(age)에 대한 산점도를 작성하여라. 산점도를 보면 40세 이전에는 평균 혈압의 변화가 작으나, 40세 이후에는 지속적으로 증가함을 알 수 있다.

(2) 혈압과 나이와의 관계를 보기 위하여 단순선형회귀모형을 설정하고자 한다. 40세 전후의 변화를 고려해주기 위하여 변화점을 나타내는 가변수 z를 설정하여라. 그리고 age와 z의 교호작용항을 포함하는 회귀모형을 적합하여라. 가변수 z와 필요한 교호작용항은 다음과 같이 생성할 수 있다.

```
blood2001m <- within(blood2001m, {
  z <- ifelse(age > 40, 1, 0)
  agez <- (age - 40) * z
})
```

(3) 40세 전후 각 영역에서의 추정회귀식을 적어보아라.

(4) 40세 전후에서 혈압과 나이와의 관계가 통계적으로 유의하게 달라지는가?

(5) 위의 회귀분석에서 age의 회귀계수 추정값은 통계적으로 유의하지 않게 나온다. 이것의 의미는 무엇인가?

7.16 4장의 [예제 4.8]에 주어진 자료 'bug'에 대해 적당한 차수의 다항회귀모형을 적합하고, [예제 4.8]의 결과와 비교하여라.

7.17 자료 'normaldensity'는 표준정규분포의 확률밀도함수에 적당한 크기의 오차를 더하여 생성한 자료이다(변수: y, $x(0 \sim 3)$). 적당한 차수의 다항회귀식을 구축하여라.

7.18 어느 화학공정에서 수율을 최대화하는 촉매의 양을 찾기 위하여 현재 사용하고 있는 촉매의 농도 근처에서 실험을 하여 다음의 결과를 얻었다. 자료는 'catalyst'에 저장되어 있다.

수율	87.1	90.4	92.5	92.2	89.4
촉매의 농도	9.0	9.5	10.0	10.5	11.0

(1) 산점도를 작성하고, 그 위에 2차 곡선을 나타내어라. 수율을 최대화하는 촉매의 농도는 어느 정도라고 짐작이 되는가?

(2) 이차모형을 적합시키고, 수율을 최대화하는 촉매의 농도를 구하여라. 수율의 가능한 최대값은 얼마인가?

7.19 자료 'factorial'은 2^3 요인실험의 결과로 설명변수 x_1, x_2, x_3의 2개 수준에서 실험이 실시되었다.

(1) 함수 rsm()을 사용하여 x_1과 x_3의 일차모형으로 반응표면분석을 실시하여라.

```
y.rsm <- rsm(y ~ FO(x1, x3), factorial)
```

(2) summary()로 분석결과를 출력하고 해석하여라. 추정된 일차모형식은 무엇인가? 최대상승 또는 최대하강방향은 무엇인가?

(3) x_1을 수평축, x_3를 수직축으로 하는 평면에 $\hat{y}$의 서로 다른 3개 정도의 값에 대해 주어지는 일차 직선식들을 표시하고, 최대상승방향을 표시하여라.

7.20 자료 'rsadata1'은 설명변수 X1, X2를 이용한 실험에서 반응변수(Y)의 값을 측정한 것이다. 이 자료에 대해 이차모형을 이용한 반응표면분석을 실시하여라. 자료에 주어진 설명변수들의 값들은 식(7.8)로 표준화된 것이다.

(1) 2차원 좌표 위에 실험점을 표시하여라. X1, X2의 어느 수준에서 실험이 되었나?

(2) 적합된 모형식은 무엇인가?

(3) 정상점은 어떻게 되는가? 정상점에서의 반응변수의 적합값은 얼마인가?

(4) 적합된 모형식을 정준형태로 나타내어라.

(5) 등고선그림과 3차원그림을 작성하고 반응표면의 형태에 대해 논하여라.

7.21 자료 'wrapper'는 빵 포장지의 강도를 높이기 위한 최적조건을 찾기 위한 실험에서 얻어진 것이다(Myers, 1976). 반응변수는 포장지의 강도(Y)이며, 실험변수로는 밀봉온도(X_1), 냉각온도(X_2), 첨가되는 폴리에틸렌의 비율(X_3)이 사용되었다. 이 자료에 대해 이차모형을 이용한 반응표면분석을 실시하여라.

(1) X_1의 실험점은 몇 개인가?

(2) 중심점에서 X_1, X_2, X_3 의 값은 얼마이며, 중심점에서 몇 번 실험되었는가?

(3) 적합된 모형식은 무엇인가?

(4) 정상점은 어떻게 되는가? 정상점에서의 반응변수의 적합값은 얼마인가?

(5) 적합된 모형식을 정준형태로 나타내고, 반응표면의 형태를 설명해보아라.

8

회귀모형의 확장

반응변수의 등분산성과 정규성이 만족되지 않는 경우 간단한 해결방법은 반응변수의 변환을 사용하는 것이다(4.4절). 그리고 특이값으로 판정되는 관측치가 있는 경우에는 해당 관측치를 삭제한다든지, 또는 다중공선성이 존재하는 경우에는 관련되는 설명변수들 중의 하나를 모형에서 제거하는 것도(4.6절) 간단한 문제해결방법이 될 수 있다. 이 장에서는 이들 방법에 대한 대안으로, 지금까지 우리가 사용해온 회귀모형을 위의 문제점들을 허용하는 형태로 확장하여 사용하는 방법을 소개한다. 특정 관측치를 임의로 제외하는 것은 중요한 정보의 손실을 초래할 수 있고, 반응변수를 변환하거나 설명변수를 제거하는 것은 설정된 모형의 틀을 변경하는 것이기 때문에 적용하기가 불가능하거나 해석상의 문제를 초래할 수도 있으므로 확장된 형태의 회귀모형도 많이 사용되고 있다.

8.1 가중회귀모형

회귀분석에서 가장 중요한 가정들 중의 하나는 설명변수들의 값에 관계없이 반응변수의 분산이 항상 일정하다는 것이었다. 이를 **등분산성**(homoscedasticity)이라 하며, 오차항의 분산도 반응변수의 분산과 같으므로 다음과 같이 표현할 수 있다.

$$\mathrm{Var}(Y_i) = \mathrm{Var}(\varepsilon_i) = \sigma^2, \quad i = 1, 2, \cdots, n$$

그리고 등분산성 가정의 타당성은 잔차분석을 통해 알 수 있었다(2.6절).

그러나 많은 문제에서 반응변수의 분산이 평균에 따라 변하게 되어 등분산성 가정이 만족되지 않을 수 있으며(4.4.2절), 특히 자료의 수집방법에 따라서 기본적으로 이 가정이 성립하지 않는 경우도 있다. 예를 들어, 자료들이 여러 소집단에서 관측되는 경우, 각 자료들의 분산이 σ^2 으로 동일하다고 하더라도 만약 i 번째 소집단에서 관측된 n_i 개 값들의 표본평균이나 합을 반응변수 Y_i 로 사용한다면, Y_i 의 분산은 σ^2/n_i 또는 $n_i\sigma^2$ 으로 주어지므로 등분산성을 만족하지 않게 된다.

일반적으로 등분산성 가정 하에서 유도된 최소제곱추정량은 이분산성 하에서도 비편향성을 만족하므로 회귀계수 추정값에 대한 영향은 없으나, 구간추정이나 가설검정 등의 추론과정에는 잘못된 결과를 초래할 수 있다(Carroll & Ruppert, 1988). 등분산성이 만족되지 않는 경우에 대응방법 중의 하나는 4.4.2절에서 소개된 분산안정화 변환방법이다. 그러나 반응변수의 변환은 설명변수와의 관계식에도 영향을 주므로, 등분산성이 만족되지 않지만 사전에 이미 타당한 회귀모형식이 설정된 경우에는 적용하기가 곤란할 수 있다. 이 경우 다른 대안으로 기존의 회귀모형을 등분산성이 요구되지 않도록 확장하는 방법을 생각할 수 있다. 반응변수 또는 오차항이 다른 분산을 가진다는 것은 일반적으로

$$\mathrm{Var}(Y_i) = \mathrm{Var}(\varepsilon_i) = \sigma_i^2 = \frac{\sigma^2}{w_i}, \quad i = 1, 2, \cdots, n \tag{8.1}$$

으로 나타낼 수 있다. 위에서 w_i 는 어느 특정한 Y 의 분산을 σ^2 이라 할 때, 다른 분산값을 나타내기 위해 사용되는 **가중치**(weight)라 불리는 상수이다. 이러한 가정을 **이분산성**(heteroscedasticity)이라 하는데, 이 가정 하에서 최소제곱추정량을 구하는 문제를 생각해보자.

8.1.1 분산이 알려진 경우

우선 분산 σ_i^2 또는 가중치 w_i 의 값이 알려져 있는 경우를 가정하자. 이해를 돕기 위해 일단 단순선형회귀모형을 생각한다. 가정 (8.1)을 반영한 회귀모형을 **가중회귀모형**(weighted regression model)이라 하며

$$Y_i = \beta_0 + \beta_1 X_i + \varepsilon_i, \quad \mathrm{Var}(\varepsilon_i) = \frac{\sigma^2}{w_i}, \quad i = 1, 2, \cdots, n \tag{8.2}$$

로 나타낼 수 있다. 위의 식에서 양변에 $\sqrt{w_i}$ 를 곱하면

$$\sqrt{w_i}Y_i = \beta_0\sqrt{w_i} + \beta_1\sqrt{w_i}X_i + \sqrt{w_i}\varepsilon_i \tag{8.3}$$

가 되며, 여기에서 새로운 오차항을 $\sqrt{w_i}\varepsilon_i = \varepsilon_i^*$ 라 나타내면, ε_i^* 의 분산은

$$\text{Var}(\varepsilon_i^*) = \text{Var}(\sqrt{w_i}\varepsilon_i) = w_i\text{Var}(\varepsilon_i) = w_i\,\frac{\sigma^2}{w_i} = \sigma^2$$

으로 주어지므로 등분산성을 만족하게 된다. 따라서 변환된 모형 (8.3)은 $\sqrt{w_i}Y_i$ 를 반응변수로, $\sqrt{w_i}$ 와 $\sqrt{w_i}X_i$ 를 설명변수로 하면서 등분산성 가정을 만족하는 선형회귀모형이 되어, β_0 와 β_1 의 최소제곱추정량은 오차제곱합

$$S_w(\beta_0, \beta_1) = \sum_{i=1}^{n}(\varepsilon_i^*)^2 = \sum_{i=1}^{n} w_i(\varepsilon_i)^2 = \sum_{i=1}^{n} w_i(Y_i - \beta_0 - \beta_1X_i)^2 \tag{8.4}$$

을 최소화하는 값으로 구할 수 있다.

위에서 정의된 제곱합 $S_w(\beta_0, \beta_1)$는 등분산성 가정 하에서의 제곱합에서 각 관측치에 가중치 1 대신에 w_i 를 주는 것으로 볼 수 있다. 직관적으로 이것은 매우 합리적이라 할 수 있다. 왜냐하면, Y_i 의 분산이 σ^2/w_i 이므로, 분산이 작은(즉, w_i 가 큰) 관측치의 경우 측정값의 정확도가 높다고 해석할 수 있다. 따라서 이 관측치에 큰 가중치 w_i 를 주어 그 역할을 크게 만드는 것이다. 일반적으로 가중치는 상대적인 값으로 정확한 값이라는 의미는 없다. 식(8.4)에서 알 수 있듯이 w_i 가 가중치이면, 임의의 상수 c를 곱한 값 cw_i 도 가중치가 된다. 이와 같이 각 관측치에 다른 가중치를 주어 구하는 최소제곱추정량을 **가중최소제곱추정량**(weighted least squares estimator, WLSE)이라 한다. 그리고 이와 구분하여 등분산성 가정(즉, $w_i = 1$) 하에서 구해지는 최소제곱추정량을 **보통최소제곱추정량**(ordinary least squares estimator, OLSE)이라 부른다.

식(8.4)의 제곱합에서 가중치 w_i 가 적용되는 것은 설명변수의 개수와 무관하다. 따라서 중회귀모형에서도 같은 방식으로 가중최소제곱추정량을 구할 수 있다. 즉, 오차항의 분산이 각각 $\text{Var}(\varepsilon_i) = \sigma^2/w_i$ 으로 주어지는 중회귀모형

$$Y_i = \beta_0 + \beta_1X_{i1} + \beta_2X_{i2} + \cdots + \beta_{p-1}X_{i,p-1} + \varepsilon_i, \quad i = 1, 2, \cdots, n$$

에서 β_j 들의 가중최소제곱추정량은

$$S_w(\beta_0, \cdots, \beta_{p-1}) = \sum_{i=1}^{n} w_i(Y_i - \beta_0 - \beta_1 X_{i1} - \beta_2 X_{i2} - \cdots - \beta_{p-1} X_{i,p-1})^2$$

을 최소화하는 값으로 주어진다.

가중최소제곱추정량의 구체적인 공식은 행렬을 이용하면 간편하게 나타낼 수 있다. 즉, 오차항의 분산이 각각 $\mathrm{Var}(\varepsilon_i) = \sigma^2/w_i$ 으로 주어지는 다음의 중회귀모형을 가정하자.

$$\boldsymbol{y} = \boldsymbol{X\beta} + \boldsymbol{\varepsilon}$$

그리고 각 대각원소가 w_i 와 $\sqrt{w_i}$ 로 주어지는 $n \times n$ 대각행렬 $\boldsymbol{W} = \mathrm{diag}(w_1, \cdots, w_n)$ 와 $\boldsymbol{W}^{1/2} = \mathrm{diag}(\sqrt{w_1}, \cdots, \sqrt{w_n})$ 를 정의하면 $\boldsymbol{W} = \boldsymbol{W}^{1/2}\boldsymbol{W}^{1/2}$ 이 성립하고, $\boldsymbol{W}$ 의 역행렬 $\boldsymbol{W}^{-1} = \mathrm{diag}(\frac{1}{w_1}, \cdots, \frac{1}{w_n})$ 를 사용하면 오차벡터의 분산-공분산행렬은

$$\mathrm{Cov}(\boldsymbol{\varepsilon}) = \sigma^2 \boldsymbol{W}^{-1}$$

로 나타낼 수 있다. 그리고 중회귀모형의 양변에 $\boldsymbol{W}^{1/2}$ 를 곱하면

$$\boldsymbol{W}^{1/2}\boldsymbol{y} = \boldsymbol{W}^{1/2}\boldsymbol{X\beta} + \boldsymbol{W}^{1/2}\boldsymbol{\varepsilon}$$

가 되며, 여기에서 $\boldsymbol{W}^{1/2}\boldsymbol{y} = \boldsymbol{z}$, $\boldsymbol{W}^{1/2}\boldsymbol{X} = \boldsymbol{Q}$, $\boldsymbol{W}^{1/2}\boldsymbol{\varepsilon} = \boldsymbol{\delta}$ 라 나타내면

$$\boldsymbol{z} = \boldsymbol{Q\beta} + \boldsymbol{\delta} \tag{8.5}$$

라는 새로운 중회귀모형을 얻게 된다. 그리고 새로운 오차항 $\boldsymbol{\delta}$ 는 등분산성을 만족하게 되어, 회귀계수의 최소제곱추정량 $\hat{\boldsymbol{\beta}}$ 은 정규방정식

$$\boldsymbol{Q}'\boldsymbol{Q}\hat{\boldsymbol{\beta}} = \boldsymbol{Q}'\boldsymbol{z}$$

을 사용하여 구할 수 있는데, 위에서 정의된 관계식을 이용하면, WLSE $\hat{\boldsymbol{\beta}}_w$ 은

$$\hat{\boldsymbol{\beta}}_w = (\boldsymbol{Q}'\boldsymbol{Q})^{-1}\boldsymbol{Q}'\boldsymbol{z} = (\boldsymbol{X}'\boldsymbol{W}\boldsymbol{X})^{-1}\boldsymbol{X}'\boldsymbol{W}\boldsymbol{y} \tag{8.6}$$

로, $\hat{\boldsymbol{\beta}}_w$ 의 분산-공분산행렬은

$$\text{Cov}(\hat{\boldsymbol{\beta}}_w) = \sigma^2(\boldsymbol{Q}'\boldsymbol{Q})^{-1} = \sigma^2(\boldsymbol{X}'\boldsymbol{W}\boldsymbol{X})^{-1} \tag{8.7}$$

로 주어짐을 쉽게 보일 수 있다.

위에서 행렬 $\boldsymbol{W}$ 또는 $\boldsymbol{W}^{-1}$가 대각행렬이라고 가정한 것은 오차항의 독립성에 의한 것이다. 오차항들이 독립이 아닌 경우에는 공분산이 0이 아니므로, $\boldsymbol{W}$는 대각행렬이 아닌 임의의 양정치행렬이 된다. 그러나 이 경우에도 $\boldsymbol{W} = \boldsymbol{W}^{1/2}\boldsymbol{W}^{1/2}$를 만족하는 행렬 $\boldsymbol{W}^{1/2}$가 항상 존재하게 되어 앞에서와 같은 방법으로 최소제곱추정량을 구할 수 있으며, 이 경우의 식들도 (8.6)과 (8.7)로 동일하게 주어진다. 이와 같이 일반적인 오차항의 분산-공분산행렬 가정 하에서 구한 최소제곱추정량을 **일반화최소제곱추정량**(generalized least squares estimator, GLSE)이라 하며, 경제학 등에서 많이 사용되고 있다.

예제 8.1

아래 표에는 지식경제부 산하 기술표준원에서 실시한 제5차 한국인 인체치수조사사업(2003~2004)에서 발표한 초등학교에 해당하는 6세에서 12세까지의 나이별 키의 자료가 나와 있다(‘`elementheight`’). 각 나이별로 250명 정도의 표본에서 구한 키의 표본평균과 표준편차가 주어져 있는데 나이에 따라 평균과 함께 표준편차도 증가하고 있음을 알 수 있다. 가중회귀방법을 이용하여 키의 나이에 대한 회귀분석을 실시하여라.

키의 표본평균	1155.41	1219.61	1277.71	1332.77	1380.04	1448.76	1506.94
키의 표준편차	45.91	48.24	53.36	58.01	57.08	67.84	80.14
나이	6	7	8	9	10	11	12

풀이 이 자료에 대한 [그림 8.1]의 산점도를 보면 나이(`age`, X)에 따라 키(`meanheight`, Y)가 선형적으로 증가하고 있으므로 단순선형회귀모형

$$Y_i = \beta_0 + \beta_1 X_i + \varepsilon_i$$

를 가정할 수 있다. 그러나 이 자료에서는 반응변수 Y가 표본평균으로 주어지고, 분산이 Y 또는 X가 커짐에 따라 증가하고 있으므로 등분산성 가정이 타당하지 않아 가중회귀

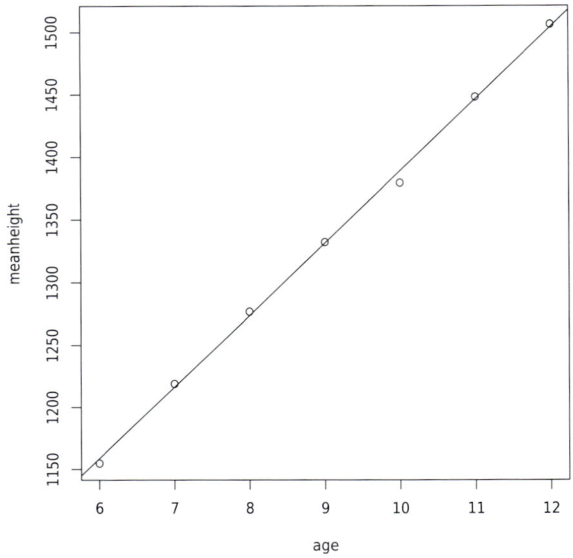

[그림 8.1] 키와 나이의 산점도, 적합 가중회귀직선

방법을 적용해야 한다. 이 경우 가중치로는 표에 주어진 표준편차(`sdheight`)로 계산된 분산의 역수를 사용할 수 있다.

R에서 가중회귀분석도 `lm()`을 통해 수행되며, 각 관측치에 대한 가중치를 지정하는 `weights` 인자를 추가하면 된다. 예를 들어, 이 예제에서 분산의 역수값을 가중치로 준다면

```
fit.wls <- lm(meanheight ~ age, elementheight, weights=1/sdheight^2)
```

와 같이 가중회귀분석을 할 수 있다. 적합된 가중회귀직선은 다음과 같다.

$$\hat{Y} = 813.335 + 57.553X$$

```
> summary(fit.wls)
(...)

Weighted Residuals:
       1        2        3        4        5        6        7
-0.07069  0.07051  0.07398  0.02507 -0.15468  0.03445  0.03699

Coefficients:
            Estimate Std. Error t value Pr(>|t|)
(Intercept)  813.335      8.838   92.02 2.87e-09 ***
age           57.553      1.031   55.83 3.49e-08 ***
```

```
Residual standard error: 0.09225 on 5 degrees of freedom
Multiple R-squared:  0.9984,    Adjusted R-squared:  0.9981
F-statistic:  3117 on 1 and 5 DF,  p-value: 3.488e-08
```

□

8.1.2 이분산성의 판정과 가중치의 추정

지금까지는 가중치 w_i가 알려진 값이라고 가정하였다. 그러나 대부분의 경우에는 이분산성 여부와 w_i의 값이 사전에 알려져 있지 않으므로, 분석과정에서 이분산성 여부를 판정해야 하고 필요하면 w_i의 값을 추정해야 한다.

이분산성 여부를 판단하기 위해서는 먼저 관측된 반응변수 값들의 산점도에서 분산이 일정하게 유지되는 지를 살펴볼 수 있다. 예를 들어, [그림 8.2]의 경우처럼 반응변수의 값이 커짐에 따라 산포가 증가하면 등분산성 가정이 타당하지 않음을 알 수 있다. 또는 잔차분석에서 사용한 것처럼 등분산성 가정 하에서 계산된 잔차와 예측값의 산점도를 이용하여서도 등분산성 여부를 판정할 수 있다([예제 8.2] 참조).

일반적으로 보통최소제곱추정량(OLSE) $\hat{\boldsymbol{\beta}}$은 오차항의 독립성과 등분산성이 만족되지 않은 경우에도 비편향추정량이 되나, $\hat{\boldsymbol{\beta}}$의 분산-공분산행렬 $\text{Cov}(\hat{\boldsymbol{\beta}})$의 추정량인 $s^2(\boldsymbol{X}'\boldsymbol{X})^{-1}$은 불일치추정량(inconsistent estimator)이 된다. White(1980)는 등분산성이 만족되지 않는 경우에 $\text{Cov}(\hat{\boldsymbol{\beta}})$의 근사적 일치추정량으로

$$HC_0 = (\boldsymbol{X}'\boldsymbol{X})^{-1}(\boldsymbol{X}'\text{diag}(e_i^2)\boldsymbol{X})(\boldsymbol{X}'\boldsymbol{X})^{-1} \tag{8.8}$$

를 제안하였다. 위에서 e_i는 등분산성 가정 하에서 계산되는 잔차, 즉, $e_i = y_i - \boldsymbol{x}_i'\hat{\boldsymbol{\beta}}$이며, $\text{diag}(e_i^2)$는 대각원소가 e_i^2으로 주어지는 대각행렬을 나타낸다. 만일 $s^2(\boldsymbol{X}'\boldsymbol{X})^{-1}$의 값들이 HC_0의 값들과 차이를 보이면 이분산성의 증거가 될 수 있다.

이분산성 여부에 대한 구체적인 검정방법으로는 Breusch-Pagan 검정이 있다(Breusch & Pagan, 1979; Koenker, 1981). 이 검정은 등분산성 가정 하에서 계산된 잔차에 대해 기존의 설명변수들로 다시 회귀분석을 실시하여 분산이 추가로 많이 설명되면 이분산성이 있다고 판단하는 방법이다. 이 검정방법에서의 검정통계량은 카이제곱분포를 따

르며 자유도는 모형에 포함된 설명변수의 개수로 주어진다. R에서는 `lmtest` 패키지의 `bptest()` 함수를 사용하여 실시할 수 있다.

예제 8.2

자료 '`restaurant`'는 비슷한 업종의 음식점 30개의 매출액(Y)과 광고비(X)를 조사한 것이다.

(1) 등분산성을 가정한 단순선형회귀모형을 적합하고 잔차분석을 실시하여 이분산성 여부를 조사하여라.
(2) 식(8.8)의 HC_0를 계산하여 이분산성 여부를 조사하여라.
(3) Breusch-Pagan 검정을 실시하여 이분산성 여부를 판단하여라.

풀이 (1) [그림 8.2]의 산점도를 보면 광고비에 따라 매출액이 선형적으로 증가하는 것을 알 수 있으나, 매출액이 커짐에 따라 산포가 증가하고 있어 등분산성 가정이 타당하지 않음을 알 수 있다. 먼저 등분산성을 가정한 단순선형회귀모형을 적합하고, 잔차 대 예측값의 산점도를 살펴보자.

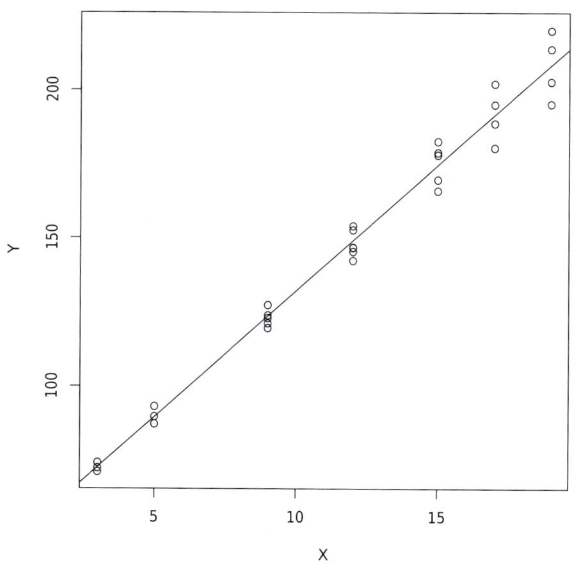

[그림 8.2] 음식점 매출액과 광고비의 산점도

```
> fit.ols <- lm(Y ~ X, restaurant)
> plot(resid(fit.ols) ~ fitted(fit.ols))
```

[그림 8.3]의 잔차의 산점도를 보면 잔차의 분산이 예측값에 따라 커지고 있어 이분산성이 확실하게 있음을 알 수 있다.

(2) HC_0를 계산하기 전에 먼저 OLSE의 분산-공분산행렬의 추정량 $s^2(\boldsymbol{X}'\boldsymbol{X})^{-1}$을 계산해보자. 이를 위해서는 **vcov**() 함수를 이용하면 된다.

```
> vcov(fit.ols)
            (Intercept)           X
(Intercept)   7.8055024 -0.55140912
X            -0.5514091  0.04595076
```

이제 식(8.8)에 주어진 그대로 HC_0를 계산하면 다음과 같다.(t와 %*%는 행렬의 전치와 곱셈을 위한 연산자이다.)

```
> X <- model.matrix(fit.ols)          # 디자인행렬을 추출
> invXX <- solve(t(X) %*% X)          # (X'X)^-1의 계산
> e2 <- resid(fit.ols)^2
> HC0 <- invXX %*% (t(X) %*% diag(e2) %*% X) %*% invXX
> HC0
            (Intercept)           X
(Intercept)   3.5535222 -0.38664630
X            -0.3866463  0.04746766
```

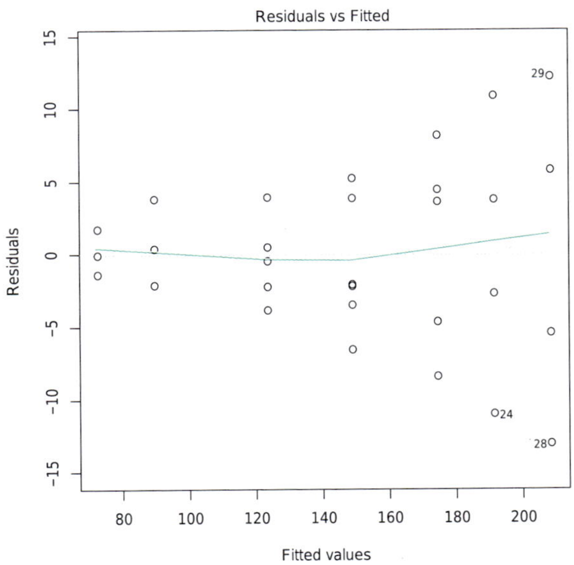

[그림 8.3] 음식점 매출액 자료: 등분산성 가정 하에서의 잔차 대 예측값의 산점도

이 값은 sandwich 패키지의 vcovHC() 함수를 이용하면 편리하게 계산할 수 있다.

```
> ( HC0 <- sandwich::vcovHC(fit.ols, type="HC0") )
            (Intercept)           X
(Intercept)   3.5535222 -0.38664630
X            -0.3866463  0.04746766
```

위의 결과에서 $\hat{\beta}_0$과 $\hat{\beta}_1$에 대한 두 가지 분산의 추정값을 비교해보자. 첫 번째 출력된 값은 등분산성 가정 하에서 계산된 값이고, 두 번째 값은 HC_0 공식으로 계산한 근사적 일치 추정량의 값이다. $\hat{\beta}_1$의 분산은 0.0460과 0.0475로 비슷하나, $\hat{\beta}_0$의 분산은 7.806과 3.554로 상당한 차이가 있으므로 이분산성이 의심된다고 할 수 있다.

참고로 회귀계수에 대한 HC_0를 이용하는 유의성검정은 lmtest 패키지의 coeftest() 함수를 사용하여 수행할 수 있다. 다음과 같이 분산-공분산행렬을 지정하여 회귀계수에 대한 검정을 할 수 있다.

```
> lmtest::coeftest(fit.ols, vcov=HC0)
(...)
            Estimate Std. Error t value  Pr(>|t|)
(Intercept) 47.21595    1.88508  25.047 < 2.2e-16 ***
X            8.48785    0.21787  38.958 < 2.2e-16 ***
```

분산-공분산행렬을 별도로 지정하지 않으면 다음과 같이 등분산성 가정 하에서 계산한 값이 얻어진다. 즉, summary() 함수를 사용했을 때와 동일한 결과이다.

```
> lmtest::coeftest(fit.ols)
(...)
            Estimate Std. Error t value  Pr(>|t|)
(Intercept) 47.21595    2.79383  16.900 3.192e-16 ***
X            8.48785    0.21436  39.596 < 2.2e-16 ***
```

(3) 회귀계수가 많은 경우에는 분산이나 표준오차들의 차이의 정도를 파악하여 종합적인 결론을 내리기는 쉽지 않다. 이 경우에는 현재모형에 대한 Breusch-Pagan 이분산성 검정을 실시하는 것이 바람직하다.

```
> lmtest::bptest(fit.ols)

        studentized Breusch-Pagan test

data:  fit.ols
BP = 11.2179, df = 1, p-value = 0.0008101
```

유의확률 p값이 0.05보다 작으므로 귀무가설을 기각하게 되어 이분산성이 존재한다고 판단된다.

□

이제 가중회귀분석을 해야 하는 경우 가중치를 추정하는 방법을 알아보자. 아래에서 소개하는 추정방법 두 가지는 모두 많은 경우에 분산 σ_i^2이 반응변수 Y의 기댓값 또는 설명변수의 함수로 설정될 수 있다는 경험적 관측에 근거하고 있다.

첫 번째 방법은 여러 수준에서 Y의 값들이 반복관측된 경우로, 각 수준에서 반복관측치들의 표본분산을 구하면 분산의 크기에 대한 정보를 알 수 있다. 구체적으로 설명하면, g개의 수준에서 반복관측치가 있을 때, 먼저 $j = 1, 2, \cdots, g$ 수준에서 표본평균 $\overline{Y}_j$와 표본분산 s_j^2 또는 표본표준편차 s_j를 계산한다. 그리고 s_j^2 또는 s_j를 반응변수로 하여 $\overline{Y}_j$ 또는 적당한 설명변수에 대한 회귀분석을 실시하여 분산함수를 추정하는 방법이다.

두 번째 방법은 반복관측치가 없는 경우 잔차 e_i가 σ_i의 추정값이 될 수 있다는 사실을 이용하는 것이다. 즉, 오차항 ε_i의 기댓값은 0이므로, 분산 σ_i^2은

$$\sigma_i^2 = \mathrm{E}[\,\varepsilon_i^2\,]$$

으로 정의되며, 이 식에서 ε_i의 "관측값"인 잔차 e_i의 제곱 e_i^2이 σ_i^2의 추정량이 될 수 있음을 알 수 있다(또는 절댓값 $|e_i|$가 σ_i의 추정량이 된다). 따라서 e_i^2 또는 $|e_i|$을 반응변수로 설정하고, Y의 예측값 $\hat{Y}_i$ 또는 적당한 설명변수에 대한 회귀분석을 실시하여 분산함수를 추정하게 된다. 이 방법에서는 가중치를 계산하기 전에 e_i와 $\hat{Y}_i$의 값들이 필요한데, 일반적으로 등분산성 가정 하에서 적합된 회귀식에서 계산되는 값을 사용하고 있다. 필요에 따라서는 가중치의 추정과 모형적합 과정을 반복하여 수행하기도 한다.

위의 두 방법을 이용하여 분산함수가 추정되면 각 관측치에서 이 분산함수의 값을 계산하게 되고, 이 값들의 역수를 가중치로 사용하면 된다. 첫 번째 방법은 아래 예제에서 구체적으로 설명되며, 두 번째 방법은 연습문제에서 설명된다. 일반적으로 두 방법 모두에서 특이값의 영향을 줄이기 위하여 표준편차 함수를 추정하는 것이 좋다고 할 수 있다. 이 경우에 가중치는 추정된 표준편차값의 제곱의 역수로 주어진다.

예제 8.3

앞의 음식점 매출액 자료(‘`restaurant`’)에 대하여 가중회귀분석을 실시하여라.

풀이 [예제 8.2]에서 등분산성이 만족되지 않는다는 것을 알았으므로 이제 가중최소제곱법을 적용시켜보자. 이를 위해서는 가중치 w_i를 추정해야 하는데, 반복관측치가 있으므로 본문에서 설명된 첫 번째 방법을 사용할 수 있다.

[그림 8.2]를 보면 설명변수의 7개 수준 모두에서 반복관측치가 있는데, 각 수준에서 반응변수 값들의 표본표준편차 s_j를 계산하면 다음과 같다.

x_j	:	3	5	9	12	15	17	19
s_j	:	1.5663	2.9721	2.9404	4.5135	6.8741	9.3051	11.2769

```
> ( agg <- aggregate(Y ~ X, restaurant, sd) )
   X         Y
1  3  1.566296
2  5  2.972099
3  9  2.940356
4 12  4.513454
5 15  6.874129
6 17  9.305095
7 19 11.276932
```

이 예제의 경우에는 관측치의 모든 수준에서 s_j의 값을 구할 수 있으므로 굳이 분산함수를 추정할 필요없이 s_j의 제곱의 역수를 각 관측치의 가중치로 사용할 수 있다. 그러나 일반적인 경우에는 반복관측치가 없는 수준도 있으므로 여기서는 분산함수를 추정해보기로 한다. 설명변수가 한 개인 경우에는 s_j를 설명변수의 함수로 추정하는 것이 편리하므로, s_j를 반응변수로, x_j를 설명변수로 하는 적절한 회귀모형을 찾으면 다음과 같은 이차모형식을 얻을 수 있다([그림 8.4] 참조).

$$\hat{s} = 2.7074 - 0.3222x + 0.0408x^2$$

```
> ( sdfit <- lm(Y ~ X + I(X^2), agg) )
Coefficients:
(Intercept)            X        I(X^2)
     2.7074      -0.3222        0.0408
```

그리고 위의 이차식을 이용하여 모든 $x_i(i = 1, \cdots, 30)$에서 s_i 값을 계산하면, i번째 관측치에 대한 가중치는 $w_i = 1/s_i^2$으로 주어진다.

```
> s <- predict(sdfit, newdata=data.frame(X=restaurant$X))
> ( w <- 1/s^2 )
      1       2       3       4       5       6       7       8
0.22500 0.22500 0.22500 0.22300 0.22300 0.22300 0.10300 0.10300
      9      10      11      12      13      14      15      16
0.10300 0.10300 0.10300 0.04490 0.04490 0.04490 0.04490 0.04490
     17      18      19      20      21      22      23      24
0.04490 0.02010 0.02010 0.02010 0.02010 0.02010 0.01230 0.01230
     25      26      27      28      29      30
0.01230 0.01230 0.00781 0.00781 0.00781 0.00781
```

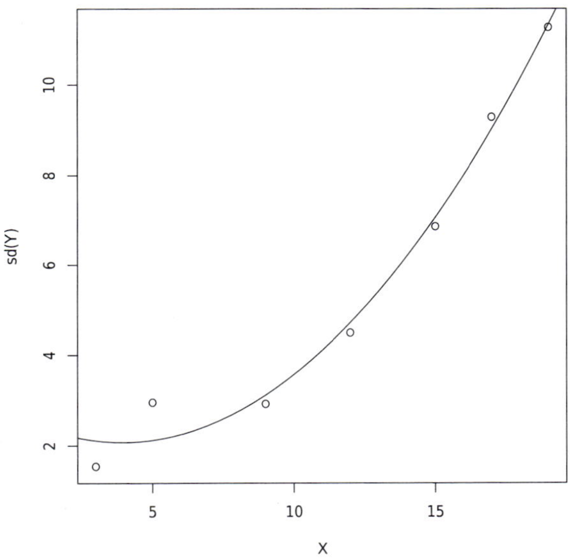

[그림 8.4] 음식점 매출액 자료: 수준별 반응변수의 표준편차 산점도와 추정회귀식

계산된 가중치를 이용하여 가중회귀분석을 하면 다음과 같다.

```
> fit.wls <- lm(Y ~ X, restaurant, weights=w)
> summary(fit.wls)
(...)

Coefficients:
            Estimate Std. Error t value Pr(>|t|)
(Intercept)   47.732      1.206   39.57   <2e-16 ***
X              8.430      0.149   56.59   <2e-16 ***

Residual standard error: 0.9198 on 28 degrees of freedom
Multiple R-squared:  0.9913,    Adjusted R-squared:  0.991
F-statistic:  3202 on 1 and 28 DF,  p-value: < 2.2e-16
```

가중최소제곱추정량에 대한 White의 HC_0 공식으로 계산된 표준오차 값을 구하면 다음과 같다.

```
> HC0 <- sandwich::vcovHC(fit.wls, type="HC0")
> lmtest::coeftest(fit.wls, vcov=HC0)
(...)
            Estimate Std. Error t value  Pr(>|t|)
(Intercept) 47.73216    1.10612  43.153 < 2.2e-16 ***
X            8.42962    0.13591  62.023 < 2.2e-16 ***
```

표준오차 값들이 앞의 값들과 비슷하므로 이분산성 문제가 해결되었다고 볼 수 있다. □

위의 예제를 이용하여 가중회귀분석에 대한 중요한 두 가지 사항을 추가로 설명할 필요가 있다. 먼저 [예제 8.2]와 [예제 8.3]에서 회귀계수의 추정값을 비교하면, $\hat{\beta}_0$과 $\hat{\beta}_1$의 OLSE는 각각 47.2160과 8.4879, WLSE는 각각 47.7322와 8.4296으로 비슷한 값으로 주어짐을 알 수 있다. 이것은 이 예제만의 특징은 아니다. 일반적으로 OLSE는 이분산성 하에서도 비편향성을 만족하므로 회귀계수의 OLSE와 WLSE는 비슷한 값을 가지게 된다. 더 나아가서 가중회귀분석을 하였을 때 계수 추정값들이 등분산성 가정 하에서의 값들과 비슷하게 나오면 가중치가 적절하다는 증거가 된다고 볼 수 있다.

두 번째는 가중회귀분석에서의 잔차의 정의이다. 대부분의 통계패키지에서 가중회귀분석의 경우에도 잔차는 $e_i = y_i - \hat{y}_i$로 정의되고 이 값을 출력해주고 있다. 그러나 [예제 8.3]의 가중회귀에서 오차제곱합은 이 잔차들의 제곱합이 아니라 "가중잔차" (weighted residual) $\sqrt{w}_i e_i = \sqrt{w}_i(y_i - \hat{y}_i)$ 들의 제곱합으로 주어진다. 즉, $SSE = \sum_{i=1}^{n} w_i e_i^2 = \sum_{i=1}^{n} w_i(y_i - \hat{y}_i)^2$ 이므로 주의할 필요가 있다. 또한 e_i를 이용하여 산점도를 작성하면 여전히 OLSE를 사용했을 때의 형태와 비슷하게 나온다. 가중치가 반영된 오차항이 등분산성을 만족한다는 것을 확인하기 위해서는 가중잔차 또는 표준화잔차를 이용한 산점도를 작성해야 한다. R을 포함한 대부분의 통계패키지에서는 가중잔차를 직접 계산해주지 않으므로 가중치를 이용하여 추가로 계산해야 한다. [그림 8.5]의 왼쪽 그림은 가중잔차 대 "가중예측값" $\sqrt{w}_i\hat{y}_i$의 산점도이다. 점들이 랜덤하게 나타나므로 가중치가 반영된 오차항은 등분산성을 만족한다는 것을 알 수 있다. 표준화잔차를 사용한 산점도도 비슷한 결과를 보여주고 있다([그림 8.5]의 오른쪽 그림).

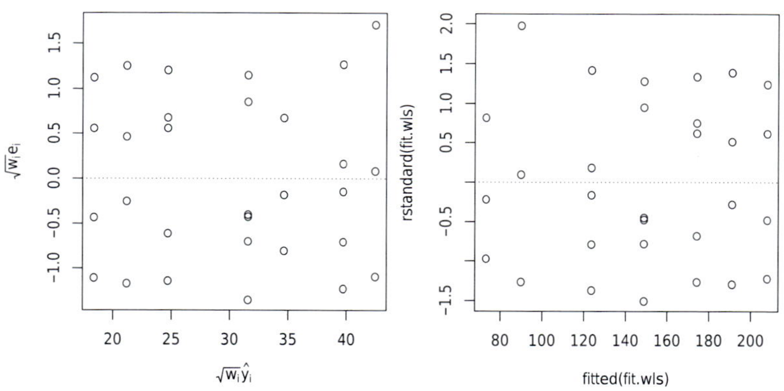

[그림 8.5] 음식점 매출액 자료: 가중잔차 대 가중예측값의 산점도(왼쪽). 표준화잔차 대 예측값의 산점도(오른쪽)

8.2 편향추정

최소제곱추정량 $\hat{\boldsymbol{\beta}} = (\boldsymbol{X}'\boldsymbol{X})^{-1}\boldsymbol{X}'\boldsymbol{y}$는 $\boldsymbol{\beta}$의 비편향추정량이며, 가우스-마르코프 정리에 의해 $\boldsymbol{y}$의 선형함수로 주어지는 비편향추정량들 중에서 최소분산을 가진다(3.2.2절). 한편 필요한 경우에 비편향성을 요구하지 않으면 더 작은 분산을 갖는 추정량을 구할 수도 있다. 일반적으로 편향추정량의 정확도는 분산 대신에 **평균제곱오차**(mean square error)로 나타내어진다. 모수 θ의 임의의 추정량 $\hat{\theta}$에 대해 평균제곱오차는

$$MSE(\hat{\theta}) = \mathrm{E}[(\hat{\theta} - \theta)^2]$$

으로 정의되며, $\hat{\theta}$의 편향(bias)인 $(\mathrm{E}[\hat{\theta}] - \theta)$를 $b(\hat{\theta})$라 나타내면, 위의 식은 다시

$$MSE(\hat{\theta}) = \mathrm{Var}(\hat{\theta}) \ + \ [b(\hat{\theta})]^2 \tag{8.9}$$

로 주어진다. 즉, 추정량 $\hat{\theta}$의 평균제곱오차는 편향의 제곱과 분산의 합으로 주어지며, 만약 $\hat{\theta}$이 비편향이면 분산과 같아지게 된다. 그리고 경우에 따라 편향추정량의 평균제곱오차는 비편향추정량의 분산보다 작을 수도 있다.

설명변수들 사이에 다중공선성이 있는 경우 간단한 해결방법은 관련된 설명변수들 중의 하나를 제거하는 것이었다(4.6절). 그러나 문제에 따라서는 설명변수를 제거하는 것이 전체 시스템의 유지를 위해서는 가능하지 않을 수도 있다. 이런 경우에 대한 대안으로 편향추정량을 사용할 수 있다. 비편향성을 잃는 대신에 모든 설명변수들을 모형에 포함시킬 수 있고, 또한 평균제곱오차 측면에서 정확도가 높을 수 있다는 장점이 있다. 이 절에서는 여러 가지 편향 추정기법(biased estimation techniques)들 중에서 **능형회귀**(ridge regression)와 **주성분회귀**(principal components regression)를 소개한다.

8.2.1 능형회귀

중선형회귀모형 $\boldsymbol{y} = \boldsymbol{X}\boldsymbol{\beta} + \boldsymbol{\varepsilon}$에서 $p \times p$ 행렬 $\boldsymbol{X}'\boldsymbol{X}$의 p개의 고유값을 $\lambda_1, \cdots, \lambda_p$라 하자. 설명변수들 간에 다중공선성이 존재하는 경우 이 고유값들 중에는 0에 가까운 값이 존재한다(4.6절). 그리고 $\boldsymbol{X}'\boldsymbol{X}$의 행렬식 값은 고유값들의 곱으로 주어지므로, 이런 경

우에는 행렬식의 값도 0에 가깝게 되어 $\boldsymbol{X}'\boldsymbol{X}$의 역행렬이 매우 불안정하게 된다. 이러한 행렬을 **나쁜 상태 행렬**(ill-conditioned matrix)이라고 부르며, 이러한 상황에서는 $\hat{\boldsymbol{\beta}}$의 계산은 가능하지만 $\hat{\boldsymbol{\beta}}$값 자체는 매우 불안정하며 정확도가 낮아진다. 구체적으로 이 경우 4.6절에서 정의된 분산팽창인수(VIF)들 중 큰 값이 존재하여, 해당 최소제곱추정량 $\hat{\beta}_k$의 분산이 커지게 되어 추정의 정확도가 낮아지게 된다. 따라서 다중공선성이 존재하면 $\boldsymbol{\beta}$에 대한 비편향추정량 $\hat{\boldsymbol{\beta}} = (\boldsymbol{X}'\boldsymbol{X})^{-1}\boldsymbol{X}'\boldsymbol{y}$는 바람직하지 않을 수 있다.

이런 점을 해결하는 한 방법으로 Hoerl & Kennard(1970)는 $\boldsymbol{\beta}$의 최소제곱추정량 대신에 편향추정량인 **능형추정량**(ridge estimator) $\hat{\boldsymbol{\beta}}(\lambda)$를 제안하였다.

$$\hat{\boldsymbol{\beta}}(\lambda) = (\boldsymbol{X}'\boldsymbol{X} + \lambda \boldsymbol{I})^{-1}\boldsymbol{X}'\boldsymbol{y} \tag{8.10}$$

위에서 λ는 추정되어야 할 양수값의 모수로 **능형모수**(ridge parameter) 또는 **축소모수**(shrinkage parameter)라 한다. 식(8.10)에서의 연산은 $\boldsymbol{X}'\boldsymbol{X}$의 각 대각원소에 λ를 더해주는 것이며, 이 결과로 $\boldsymbol{X}'\boldsymbol{X}$의 모든 고유값은 $\lambda_i + \lambda (i = 1, \cdots, p)$가 되어, 즉, λ 만큼 커지게 되어 $\boldsymbol{X}'\boldsymbol{X}$와 그 역행렬을 더욱 안정적으로 만들어주게 된다.

능형추정량을 이용하는 회귀분석을 **능형회귀**(ridge regression)라고 하는데, 능형회귀에서는 능형모수 λ의 추정이 중요한 문제이다. λ가 클수록 능형추정량은 안정적이 되지만, 편향성이 커지게 되므로 최적의 λ 값을 찾을 필요가 있다.

λ의 일반적인 추정방법은 **능형 트레이스**(ridge trace)를 이용하는 방법이다. 능형 트레이스는 $\lambda = 0$(비편향추정량)부터 λ의 값을 증가시키면서 $\hat{\beta}_j(\lambda)$, $j = 0, \cdots, p-1$를 계산한 다음, 이 값들이 변하는 궤적(trace)을 작성한 그림이다. 다중공선성이 있는 경우 일반적으로 초기에는 $\hat{\beta}_j(\lambda)$ 값들이 크게 변하다가 λ의 값이 증가하면서 일정한 값에 수렴하기 시작한다. 이 방법에서는 모든 $\hat{\beta}_j(\lambda)$ 값들이 수렴하기 시작하는 λ의 값을 추정값으로 선택하면 된다.

λ를 추정하는 다른 방법으로는 우선 Wahba 외(1979)가 제안한 **일반화 교차확인법**(generalized cross-validation)을 사용할 수 있다. 이 방법에서는

$$GCV_\lambda = \sum e_{i,\lambda}^2 / [1 - \frac{1}{n}\mathrm{tr}(\boldsymbol{H}_\lambda)]$$

를 최소화하는 λ를 사용한다. 위에서 $e_{i,\lambda} = y_i - \hat{y}_{i,\lambda}$는 λ가 주어졌을 때의 잔차이고, $\boldsymbol{H}_\lambda$는 $\boldsymbol{H}_\lambda = \boldsymbol{X}(\boldsymbol{X}'\boldsymbol{X} + \lambda\boldsymbol{I})^{-1}\boldsymbol{X}'$로 정의되는 일종의 모자행렬이다.

예제 8.4

4장에서 다중공선성의 예제로 사용되었던 'hald' 자료에 대해 능형회귀를 실시하여라.

풀이 [예제 4.15]에서는 이 문제에 있는 4개의 설명변수들 간에 1개의 선형종속관계가 있어 변수 x2를 제외하고 분석하였다. 능형회귀의 경우에는 4개의 설명변수를 모두 포함하는 모형을 적합한다. R에서 능형회귀를 하기 위해서는 MASS 패키지의 lm.ridge() 함수를 이용할 수 있다. 능형모수의 값은 lambda 인자로 지정하는데, 아래에 설정된 것은 능형모수 λ의 값을 0에서 0.5까지 0.01 간격으로 증가시키면서 능형회귀를 수행하라는 의미이다.

```
library(MASS)
fit <- lm.ridge(y ~ x1 + x2 + x3 + x4, hald, lambda=seq(0, 0.5, 0.01))
plot(fit)
```

위의 명령을 실행하면 [그림 8.6]에 주어진 능형 트레이스가 얻어진다. lm.ridge()에서는 '표준화'된 설명변수를 사용하므로 능형 트레이스에 주어진 값은 $\hat{\beta}_j(\lambda)$가 아닌 일종의 표준화 회귀계수값을 보여주고 있다. 이 예제의 경우에는 네 개의 값들이 대략 $\lambda = 0.2 \sim 0.3$ 이후에 특정값에 수렴한다는 것을 알 수 있으므로 이 사이의 적당한 값을 능형모수로 사용하면 된다.

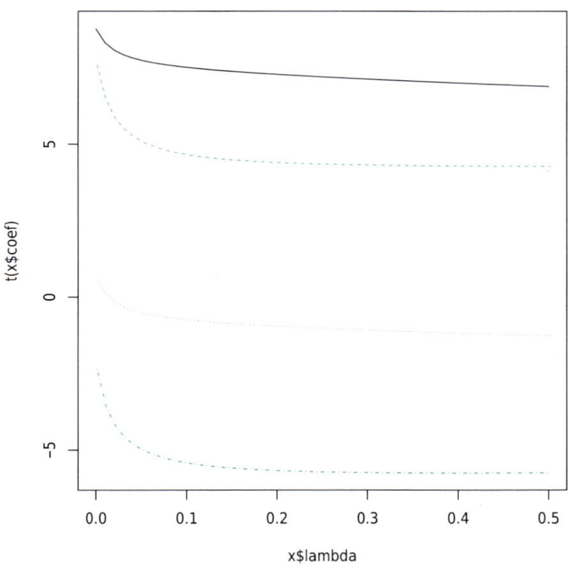

[그림 8.6] Hald 자료에 대한 능형 트레이스

`lm.ridge()`에서는 GCV 방법에서의 능형모수 추정값도 구해주는데 `select()`를 이용해 얻을 수 있다. 이 함수에서는 사용자가 지정한 λ의 값들 중에서 GCV를 최소화하는 값을 찾아준다. 이 예제의 경우 GCV는 $\lambda = 0.32$에서 최소가 된다.

```
> select(fit)
modified HKB estimator is 0.08499604
modified L-W estimator is 0.05830686
smallest value of GCV  at 0.32
```

능형회귀 결과는 각 능형모수에 따른 회귀계수의 값을 아래와 같이 출력해 준다. $\lambda = 0$인 경우는 최소제곱추정값이다.

```
> lm.ridge(y ~ x1 + x2 + x3 + x4, hald, lambda=seq(0, 0.4, 0.1))
                   x1        x2          x3         x4
0.0 62.40537 1.551103 0.5101676  0.1019094 -0.1440610
0.1 81.82511 1.330187 0.3137801 -0.1160452 -0.3357076
0.2 83.80448 1.289529 0.2969330 -0.1499042 -0.3512491
0.3 84.62924 1.262037 0.2916674 -0.1705469 -0.3553534
0.4 85.11662 1.239195 0.2895888 -0.1866606 -0.3562602
```

능형모수의 추정값으로 $\lambda = 0.25$를 선택한다면 최종모형은 다음과 같이 주어진다.

$$\hat{y} = 84.28 + 1.275x_1 + 0.2937x_2 - 0.1610x_3 - 0.3539x_4 \tag{8.11}$$

```
> lm.ridge(y ~ x1 + x2 + x3 + x4, hald, lambda=0.25)
                   x1          x2          x3          x4
84.2818772  1.2749591  0.2936682 -0.1610382 -0.3539305
```

□

능형추정량은 편향추정량이지만 나름대로 바람직한 성질을 가지고 있다. 첫째로 능형추정량은 제한된 조건 하에서 최소제곱추정량이 된다. $\hat{\boldsymbol{\beta}}(\lambda)$는 $\boldsymbol{\beta}'\boldsymbol{\beta} = c^2$이라는 제한 하에서 오차제곱합 $(\boldsymbol{y} - \boldsymbol{X}\boldsymbol{\beta})'(\boldsymbol{y} - \boldsymbol{X}\boldsymbol{\beta})$를 최소화하는 추정량이 된다. 둘째로 $\hat{\boldsymbol{\beta}}(\lambda)$의 평균제곱오차는 경우에 따라 최소제곱추정량의 분산보다 더 작을 수도 있다는 것이다. 따라서 능형추정량의 정확도가 높을 수도 있다.

8.2.2 주성분회귀

주성분분석(principal component analysis)은 다변량 통계분석에서 사용하는 기법으로, 분석에 포함된 변수들의 선형결합을 이용하여 주성분이라 불리는 새로운 변수를 생성하는 방법이다. p개의 변수가 있으면 p개의 주성분이 존재하는데 이 중에서 중요한 주성분을 찾아내고 그 의미를 해석하게 된다. 따라서 변수의 개수가 많은 경우에도 적은 개수의 주성분만을 사용함으로써, 자료가 갖고 있는 대부분의 정보를 활용하면서 문제를 단순화시키는 효과를 얻을 수 있다. 예를 들어, 고등학교에서 여러 교과목이 있지만 평가를 위해서는 언어영역과 수리영역을 주로 사용하고 있는 것은 주성분분석의 결과를 활용한 것이다.

중선형회귀모형 $\boldsymbol{y} = \boldsymbol{X}\boldsymbol{\beta} + \boldsymbol{\varepsilon}$에서 설명변수들을 표준화하여 생성된 $n \times (p-1)$ 행렬 $\boldsymbol{W}$를 생각하자. 이 경우 $(p-1) \times (p-1)$ 행렬 $\boldsymbol{W}'\boldsymbol{W}$는 설명변수들의 상관계수 행렬로 주어진다(4.5절 참조). 행렬 $\boldsymbol{W}'\boldsymbol{W}$의 고유값과 고유벡터를 각각 $\lambda_1, \cdots, \lambda_{p-1}$와 $\boldsymbol{v}_1, \cdots, \boldsymbol{v}_{p-1}$라 하자. 설명변수들의 선형결합으로 주어지는 성분들은

$$\boldsymbol{z}_i = \boldsymbol{W}\boldsymbol{v}_i, \quad i = 1, \cdots, p-1 \tag{8.12}$$

로 정의된다. **주성분회귀**(principal component regression)는 원래의 설명변수들 대신에 주성분 $\boldsymbol{z}_i (i = 1, \cdots, p-1)$들을 설명변수로 이용하는 회귀분석이다. 주성분 $\boldsymbol{z}_i$들은 행렬 $\boldsymbol{W}$에 대해 주성분분석을 실시하여 구할 수 있고, 결과를 저장하여 회귀분석에 사용하게 된다. 주성분 $\boldsymbol{z}_i$들은 서로 직교하기 때문에(즉, $\boldsymbol{z}_i'\boldsymbol{z}_j = 0,\ i \neq j$), 상관관계가 0이 된다. 따라서 반응변수에 대한 각 주성분의 역할이 독립적으로 주어진다. 예를 들어, 주성분 $\boldsymbol{z}_i$의 회귀계수는 모형에 다른 주성분들의 포함여부와 관계없이 항상 같은 값을 가지므로, 반응변수와 $\boldsymbol{z}_i$의 관계 해석이 쉬워지게 된다.

예제 8.5

'hald' 자료에 대해 주성분회귀를 실시하여라.

풀이 주성분분석에 앞서 상관계수행렬을 계산하고 고유값 분해를 해보자. 상관계수행렬의 계산은 cor()를 이용하여, 고유값 분해는 eigen()을 이용하여 수행할 수 있다.

```
> ( R <- cor(hald[2:5]) )
           x1         x2         x3         x4
x1  1.0000000  0.2285795 -0.8241338 -0.2454451
x2  0.2285795  1.0000000 -0.1392424 -0.9729550
x3 -0.8241338 -0.1392424  1.0000000  0.0295370
x4 -0.2454451 -0.9729550  0.0295370  1.0000000
```

```
> eigen(R)
$values
[1] 2.235704035 1.576066070 0.186606149 0.001623746

$vectors
           [,1]       [,2]       [,3]      [,4]
[1,] -0.4759552  0.5089794  0.6755002 0.2410522
[2,] -0.5638702 -0.4139315 -0.3144204 0.6417561
[3,]  0.3940665 -0.6049691  0.6376911 0.2684661
[4,]  0.5479312  0.4512351 -0.1954210 0.6767340
```

R에서 주성분분석은 `prcomp()` 또는 `princomp()`를 이용하여 할 수 있다. 두 함수의 결과에는 실질적으로 큰 차이가 없으나 계산 방법을 달리 한다. `prcomp()`는 특이값 분해를, `princomp()`는 고유값 분해를 이용한다. 여기에서는 `princomp()`를 이용하여 분석해보자. 다음과 같이 `cor` 인자를 참으로 지정하면 상관계수행렬을 이용하여 주성분분석을 한다.

```
pr <- princomp(hald[2:5], cor=TRUE)
```

주성분분석 결과는 다음과 같이 확인할 수 있다.

```
> summary(pr)
Importance of components:
                         Comp.1    Comp.2     Comp.3       Comp.4
Standard deviation     1.495227 1.2554147 0.43197934 0.0402957285
Proportion of Variance 0.558926 0.3940165 0.04665154 0.0004059364
Cumulative Proportion  0.558926 0.9529425 0.99959406 1.0000000000
```

주성분분석 결과 객체에 `plot()` 또는 `screeplot()`을 적용하면 [그림 8.7]의 scree plot이 얻어진다.

```
plot(pr, type="l")
```

주성분회귀는 이들 주성분을 설명변수로 하여 회귀분석을 하면 된다. 편의상 주성분 값들로 이루어진 데이터프레임을 만든 후 회귀분석을 해보자.

```
> hald.pc <- data.frame(pr$scores)
> hald.pc$y <- hald$y
> fit <- lm(y ~ ., hald.pc)
> summary(fit)

Coefficients:
            Estimate Std. Error t value Pr(>|t|)
(Intercept)  95.4231     0.6784 140.659 7.30e-15 ***
Comp.1        9.4954     0.4537  20.928 2.85e-08 ***
Comp.2       -0.1201     0.5404  -0.222   0.8297
Comp.3        4.3761     1.5704   2.787   0.0237 *
Comp.4        5.6085    16.8355   0.333   0.7476
```

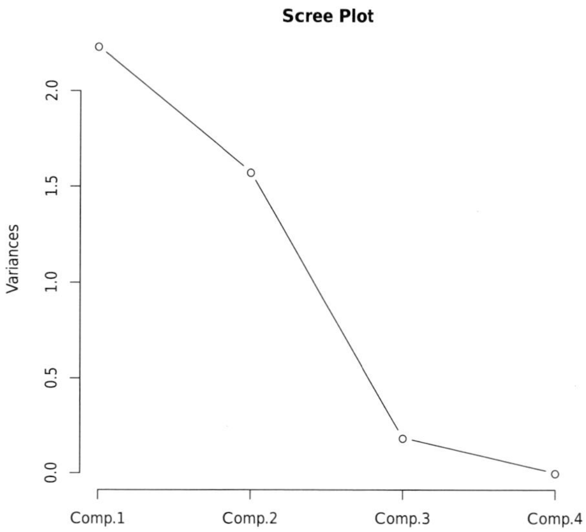

[그림 8.7] Hald 자료에 대한 주성분석: scree plot(각 주성분에 대한 고유값의 산점도)

```
Residual standard error: 2.446 on 8 degrees of freedom
Multiple R-squared:  0.9824,        Adjusted R-squared:  0.9736
F-statistic: 111.5 on 4 and 8 DF,  p-value: 4.756e-07
```

본문에서 설명한대로 주성분들은 서로 직교하므로 주성분들에 대한 해석은 독립적으로 할 수 있다. 예를 들어, 각 회귀계수 추정값은 각 주성분에 대해 단순회귀를 했을 대와 같은 값으로 주어지며, 4개의 주성분에 대한 순차제곱합과 편제곱합이 동일하게 주어진다.

□

주성분분석의 목적이 변수 개수의 축소에 있으므로, 위와 같이 설명변수들과 같은 개수의 주성분을 사용하는 것은 바람직하지 않다. [예제 8.5]의 `summary(pr)` 결과에는 4개의 표준편차가 주어져 있는데, 이것은 고유값의 제곱근에 해당하며 고유값의 크기는 각 주성분의 중요도를 알려준다. 고유값들의 합은 변수들의 개수(이 경우는 4)와 같으며, 각 고유값은 변수들이 갖는 전체 변동을 해당 주성분이 얼마만큼 설명해주는 지를 나타낸다. 예를 들어, 주성분1의 고유값 2.2357은 전체 변동의 약55.89%(=2.2357/4)를 설명해주고 있다(`summary(pr)`의 '`Proportion of Variance`' 부분 참조). 그리고 주성분1과 주성분2는 함께 전체 변동의 95.29%를 설명해주고 있고('`Cumulative Proportion`'

부분 참조), 주성분3까지 합하면 약99.96%의 변동을 설명해주므로 주성분4는 사실상 필요 없는 주성분이라 할 수 있다.

이들 고유값들의 변화를 그림으로 보여주는 것이 [그림 8.7]로, 주성분분석에서 몇 개의 주성분을 사용할 것인지 판단을 할 때 유용하게 사용된다. 문제에 따라 다르지만 사회과학에서는 보통 고유값이 1보다 큰 주성분들을 사용하고 있다.

[예제 8.5]의 4개의 고유값은 4.6절에서도 계산한 적이 있다. 0에 가까운 고유값이 다중공선성의 존재를 알려주므로, 이 예제의 경우에는 처음 3개(또는 처음 2개)의 주성분을 사용하면 다중공선성의 문제를 해결할 수 있는 방법이 된다. 이와 같이 주성분들 중에서 일부만 가지고 회귀분석을 하는 것을 **불완전 주성분회귀**(incomplete principal component regression)라 한다. 위의 예제에서 처음 3개의 주성분을 사용하여 불완전 주성분회귀를 하면 주성분의 특성상 회귀계수는 변함이 없으므로 적합된 회귀식은 다음과 같이 주어진다.

$$\hat{Y} = 95.4231 + 9.4954\text{Comp1} - 0.1201\text{Comp2} + 4.3761\text{Comp3}$$

각 주성분은 모든 설명변수들의 선형결합으로 주어지므로 위의 모형에는 4개의 설명변수들이 모두 포함되었다고 할 수 있다.

주성분회귀모형은 각 주성분의 의미를 알 수 있으면 해석이 편리한 매우 바람직한 통계모형이 된다. 그러나 주성분분석에서 각 주성분의 의미가 무엇인지를 파악하는 것은 통계적인 문제가 아니기 때문에 해당 분야의 전문가와 상의할 필요가 있다. 위의 예제에서는 설명변수들이 시멘트를 만들 때 혼합되는 원료들의 양을 나타내므로, 이 분야의 전문가가 아니면 각 주성분의 의미를 파악하기가 힘들어 주성분회귀모형의 해석에 어려움이 있을 수 있다.

예제 8.6

'`hald`' 자료에 대해 불완전 주성분회귀를 실시하여라.

풀이 여기서는 중요도가 큰 주성분 3개만을 이용하여 불완전 주성분회귀를 수행해 보자. 주성분회귀분석에서 각 회귀계수의 추정값은 주성분의 개수와 무관하게 동일하게 주어진다. 따라서 [예제 8.5]의 주성분회귀 결과 중 주성분 3개에 해당하는 회귀계수만을 취하면 불완전 주성분회귀분석이 된다. `regbook` 패키지에서는 편의를 위해 주성분회귀

분석을 할 수 있는 pcr() 함수를 제공하고 있다. 주성분이 4개인 경우와 3개인 경우를 비교하면 다음과 같다.

```
> regbook::pcr(y ~ ., hald, ncomp=4)

Coefficients:
          Comp.1   Comp.2   Comp.3   Comp.4
95.4231   9.4954  -0.1201   4.3761   5.6085
```

```
> regbook::pcr(y ~ ., hald, ncomp=3)

          Comp.1   Comp.2   Comp.3
95.4231   9.4954  -0.1201   4.3761
```

주성분회귀분석의 결과를 원래 설명변수들로 표현한 모형으로 변환하기 위하여 regbook 패키지에서는 pcr() 결과에 대한 coef.pcr() 함수를 제공하고 있다. 3개의 주성분만을 이용한 불완전 주성분회귀의 결과를 원래 설명변수에 관한 것으로 변환하면 다음과 같다.

```
> fit.pcr <- regbook::pcr(y ~ ., hald, ncomp=3)
> coef(fit.pcr)
(Intercept)          x1          x2          x3          x4
 85.7432635   1.3118899   0.2694193  -0.1427654  -0.3800747
```

따라서 불완전 주성분회귀분석으로 적합한 모형은

$$\hat{y} = 85.743 + 1.3119x_1 + 0.2694x_2 - 0.1428x_3 - 0.3801x_4$$

로 주어지며, 이 모형은 능형회귀방법으로 적합한 모형 (8.11)과 비슷함을 알 수 있다. □

8.3 로버스트 회귀

통계모형에 포함된 모수 θ의 추정량 $\hat{\theta}$이 그 모형에 대한 가정들의 성립여부에 민감하지 않을 때 이를 **로버스트**(robust)하다고 한다. 가정들의 종류에 따라 다양한 문제를 생각할 수 있으나 여기서는 정규성 가정을 생각해보자. 정규성이 성립하지 않는 경우에 자료의 분포는 일반적으로 정규분포보다 두터운 꼬리(heavy-tail)를 가지게 되므로

특이값(outlying value)이 나타날 가능성이 많아진다. 따라서 좁은 의미에서는 추정량 $\hat{\theta}$이 특이값에 덜 민감할 때 이를 **로버스트 추정량**(robust estimator)이라 한다. 예를 들어, 중심위치를 추정할 때 표본평균은 특이값의 존재유무에 따라 값이 크게 변하는 반면, 중앙값은 상대적으로 거의 변하지 않으므로 중앙값이 표본평균보다 로버스트한 추정량이라 할 수 있다.

회귀분석에서 보통최소제곱추정량(OLSE)도 특이값에 민감한 추정량이라 할 수 있는데, 그 이유는 값들의 차이를 더 크게 증폭시키는 제곱합 함수를 이용하기 때문이다. 예를 들어, 10배의 차이가 나는 두 관측값의 경우 추정량을 구하기 위해서 사용되는 오차제곱합함수에서는 100배의 차이로 값들의 영향력이 반영된다. 따라서 잔차분석이나 영향력분석을 통하여 특이값의 존재가 파악되고, 그 영향력이 클 것이라고 판단되면 **로버스트 회귀**(robust regression)를 사용할 필요가 있다. 로버스트 회귀의 여러 방법들에서는 기본적으로 특이값의 영향력을 어떠한 방법으로 제거 또는 축소하는가에 초점을 맞추고 있다. 이를테면 가중최소제곱법을 이용하여 로버스트 회귀를 할 수 있는데, 예를 들어, 일반 관측값에 대한 가중치를 $w_i = 1$, 특이값에 대한 가중치를 $w_i = 0.5$로 설정하면 특이값의 영향력을 반으로 감소시킬 수 있다. 또는 최소화하는 목적함수로, 제곱함수보다 증가하는 속도가 작은 함수(예를 들어, 절댓값 함수)를 사용하면 역시 특이값의 영향력을 최소제곱추정량의 경우보다 감소시킬 수 있다.

일반적으로 로버스트 회귀방법은 특이값에 영향을 받지 않는 안정적인 추정값을 구해주는 것 외에도 특이값의 존재유무를 판단해주기도 한다. 그런데 특이값이라 함은 다수의 관측값에서 벗어나 있는 값들을 말하는데, 회귀분석에서는 세 가지 경우로 나눌 수 있다. 첫 번째는 반응변수에 특이값이 있는 경우로 이러한 관측치를 **특이점**(outlier)이라 한다. 두 번째는 설명변수들의 대부분 값들에서 벗어나 있는 경우로 이러한 관측치를 **높은 지렛점**(high-leverage points)이라 한다(5.2절). 세 번째는 특이점이면서 동시에 높은 지렛점으로 두 가지 모두에 해당되는 경우이다. 그러므로 자료에 존재하는 특이값이 어떠한 종류인지를 파악한 다음 그것에 맞는 로버스트방법을 사용해야 한다.

로버스트 회귀에는 여러 가지 방법이 있지만 R의 `MASS` 패키지에서는 `rlm()` 함수를 통해 첫 번째 경우에 사용할 수 있는 *M* 추정량과 세 번째 경우에 사용할 수 있는 *MM* 추정량을 계산해주고, `lqs()` 함수를 통해 두 번째 경우에 사용할 수 있는 *LTS*, *LQS*, *LMS*, *S* 추정량을 계산해주고 있다.

8.3.1 M 추정량

M 추정량은 Huber(1973)가 제안한 것으로 반응변수에 특이점이 있는 경우에 사용할 수 있는 방법이다. 중회귀모형 $\boldsymbol{y} = \boldsymbol{X}\boldsymbol{\beta} + \boldsymbol{\varepsilon}$ 에서 계수벡터 $\boldsymbol{\beta}$의 M 추정량 $\hat{\boldsymbol{\beta}}_M$은 목적함수

$$Q(\boldsymbol{\beta}) = \sum_{i=1}^{n} \rho(\frac{\varepsilon_i}{\sigma}) = \sum_{i=1}^{n} \rho(\frac{y_i - \boldsymbol{x}_i'\boldsymbol{\beta}}{\sigma}) \tag{8.13}$$

을 최소화하는 $\boldsymbol{\beta}$의 값으로 주어진다. 예를 들어, $\rho(u) = |u|$ 이면 최소절대편차추정량이 되며 (2.3절), $\rho(u) = u^2$ 이면 최소제곱추정량의 경우가 된다. 일반적으로 함수 $\rho(\cdot)$는 증가하는 속도가 제곱함수보다는 작은, 대칭인 양의 증가함수가 사용된다. [표 8.1]과 [그림 8.8]에는 대표적으로 사용되는 ρ 함수들의 식과 그래프들이 주어져있다.

[그림 8.8]을 보면 각 함수는 2 근처까지는 비슷한 값을 가지나 그 이후에는 큰 차이를 보이는데, 급격하게 증가하는 최소제곱법의 함수를 제외한 다른 함수들은 증가하는 속도가 매우 완만함을 알 수 있다. 특히 4 이후에는 특이값의 영향력이 목적함수 $Q(\boldsymbol{\beta})$에 거의 선형 (Huber 함수) 또는 상수 (Hampel과 Tukey 함수)로 반영된다고 볼 수 있다.

M 추정량을 구하기 위하여 최소제곱법과 같이 식(8.13)을 β_j에 대해 일차 미분한 것을 0으로 놓으면, 다음과 같은 p개의 식

$$\sum_{i=1}^{n} x_{ij}\psi\left(\frac{y_i - \boldsymbol{x}_i'\boldsymbol{\beta}}{\sigma}\right) = 0, \quad j = 0, 1, \cdots, p-1 \tag{8.14}$$

을 얻게 된다. 위에서 x_{ij}는 $\boldsymbol{x}_i$의 $(j+1)$번째 원소이고, ψ(그리스문자로 '프사이'라고 읽는다)는 $\psi = \partial\rho(u)/\partial u$ 로 정의된다. 그런데 ψ는 $\boldsymbol{\beta}$에 대해 비선형함수이므로 식(8.14)에서 β_j의 명시된 해를 구할 수는 없고, 반복적 방법을 사용해야 한다.

구체적으로 $\hat{\boldsymbol{\beta}}_M$은 가중최소제곱법을 반복적으로 적용하여 계산된다. 즉,

$$w_{i\boldsymbol{\beta}} = \frac{\psi(\varepsilon_i/\sigma)}{\varepsilon_i/\sigma}, \quad i = 1, 2, \cdots, n \tag{8.15}$$

을 정의하면, 식(8.14)는

$$\sum_{i=1}^{n} x_{ij}\, w_{i\boldsymbol{\beta}}\, \varepsilon_i = \sum_{i=1}^{n} x_{ij}\, w_{i\boldsymbol{\beta}}\, (y_i - \boldsymbol{x}_i'\boldsymbol{\beta}) = 0, \quad j = 0, 1, \cdots, p-1$$

[표 8.1] 대표적 $\rho(u)$, $\psi(u)$, $w(u)$ 함수들. 조율상수 a, b, c의 기본값은 패키지에 따라 다를 수 있다.

$\rho(u)$	$\psi(u)$	$w(u)$
최소제곱법		
$\frac{1}{2}u^2, \quad -\infty < u < \infty$	u	1
Huber ($c = 1.345$)		
$\begin{cases} \frac{1}{2}u^2, & \lvert u\rvert \le c \\ c(\lvert u\rvert - \frac{c}{2}), & \lvert u\rvert > c \end{cases}$	u $c \cdot \mathrm{sign}(u)$	1 $c/\lvert u\rvert$
Hampel ($a = 1.487$, $b = 2.974$, $c = 5.948$)		
$\begin{cases} u^2/2, & \lvert u\rvert \le a \\ a\lvert u\rvert - \frac{a^2}{2}, & a < \lvert u\rvert \le b \\ a(b - \frac{a}{2} + \frac{(\lvert u\rvert - b)(c - \frac{b+\lvert u\rvert}{2})}{c-b}), & b < \lvert u\rvert \le c \\ a(b + c - a)/2, & \lvert u\rvert > c \end{cases}$	u $a \cdot \mathrm{sign}(u)$ $\frac{a \cdot \mathrm{sign}(u)(c - \lvert u\rvert)}{c-b}$ 0	1 $a/\lvert u\rvert$ $\frac{a}{\lvert u\rvert}\frac{c-\lvert u\rvert}{c-b}$ 0
Tukey ($c = 4.685$)		
$\begin{cases} \frac{c^2}{6}[1 - (1 - (\frac{u}{c})^2)^3], & \lvert u\rvert \le c \\ \frac{c^2}{6}, & \lvert u\rvert > c \end{cases}$	$u(1 - \frac{u^2}{c^2})^2$ 0	$(1 - \frac{u^2}{c^2})^2$ 0

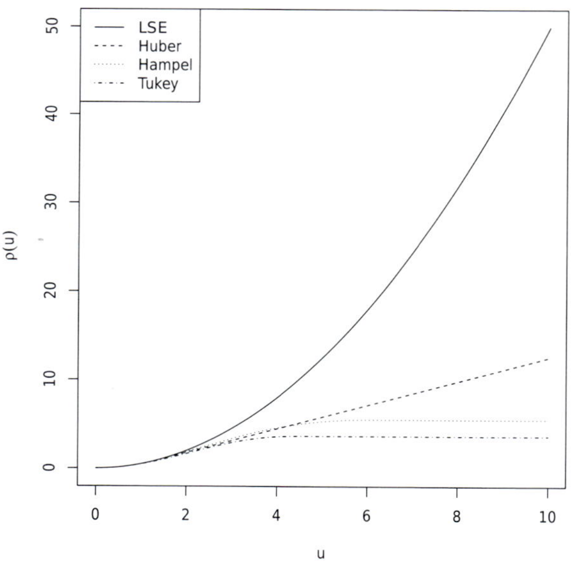

[그림 8.8] 대표적인 ρ 함수들의 그래프

이 되며, 이는

$$\sum_{i=1}^{n} x_{ij}\, w_{i\boldsymbol{\beta}}\, \boldsymbol{x}_i'\boldsymbol{\beta} = \sum_{i=1}^{n} x_{ij}\, w_{i\boldsymbol{\beta}}\, y_i, \quad j = 0, 1, \cdots, p-1$$

으로 표현된다. 이것을 $\boldsymbol{W}_{\boldsymbol{\beta}} = \text{diag}(w_{1\boldsymbol{\beta}}, w_{2\boldsymbol{\beta}}, \cdots, w_{n\boldsymbol{\beta}})$ 을 이용하여 행렬로 표현하면

$$\boldsymbol{X}'\boldsymbol{W}_{\boldsymbol{\beta}}\boldsymbol{X}\boldsymbol{\beta} = \boldsymbol{X}'\boldsymbol{W}_{\boldsymbol{\beta}}\,\boldsymbol{y} \tag{8.16}$$

이 된다. 식(8.16)은 8.1절에서 다룬 가중최소제곱법의 정규방정식과 같은 모양이다. 그러나 이 경우에는 가중치 $w_{i\boldsymbol{\beta}}$가 $\boldsymbol{\beta}$의 함수이므로 한 번의 계산으로 구할 수는 없고 반복적으로 계산해야 한다. 즉, $\boldsymbol{\beta}$의 적절한 초기값 $\hat{\boldsymbol{\beta}}^{(0)}$ 을 선택하여(보통 OLSE를 사용한다) 가중치 $w_{i\boldsymbol{\beta}}$를 계산한 다음, 식(8.16)에 대입하여 $\hat{\boldsymbol{\beta}}^{(1)}$ 을 구한다. 그리고 $\hat{\boldsymbol{\beta}}^{(1)}$ 으로 가중치 $w_{i\boldsymbol{\beta}}$를 다시 계산하여 식(8.16)에 대입하는 방식이다. 이 과정을 추정값의 변화가 충분히 작을 때까지 반복하면 궁극적으로 $\hat{\boldsymbol{\beta}}_M$ 에 수렴하게 된다. 이러한 계산과정을 **반복가중최소제곱법**(iteratively reweighted least squares(IRLS) method)이라 부른다.

식(8.16)에는 오차항의 표준편차인 σ가 포함되어 있으므로 σ의 추정도 필요하다. 위의 반복가중최소제곱법에서 $\boldsymbol{\beta}$와 σ를 교대로 추정하기도 하지만, 주로 σ의 로버스트 추정량으로 **중위절대편차**(median absoulte deviation, MAD)의 표준화 값인

$$s = \text{median}|e_i - \text{median}(e_i)|/0.6745$$

를 사용하거나 또는 간단하게

$$s = \text{median}|e_i|/0.6745 \tag{8.17}$$

를 사용한다. 위에서 e_i는 각 단계에서의 $\hat{\boldsymbol{\beta}}_M$ 값으로 계산되는 잔차이며, median$|e_i|$는 잔차 e_i의 절댓값들의 중앙값으로 MAR(median absolute residual)이라 불리는 통계량이다. 분모의 0.6745는 표준정규분포에서의 75% 백분위수이다.

8.3.2 가중치함수

로버스트 회귀는 기본적으로 특이점의 크기에 반비례하는 가중치를 주어 특이점의 영향력을 축소시킨다. 그러므로 반복가중최소제곱법에서는 식(8.15)의 가중치함수

$$w(u) = \frac{\psi(u)}{u}$$

의 선택이 중요한 문제가 된다. 대표적으로 사용되는 $\rho(u), \psi(u), w(u)$ 함수들이 [표 8.1]에 요약되어 있고, [그림 8.9]에는 가중치함수 $w(u)$의 그래프들이 주어져 있다.

최소제곱법은 모든 잔차에 동일한 가중치(=1)를 주는 반면, Huber와 Hampel의 경우에는 표준화잔차의 절댓값이 특정값(1.5 정도)보다 작을 때는 최소제곱법과 같은 가중치를 주고, 그보다 크면 급격하게 감소하는 가중치를 부여한다. 한편, Tukey의 이중제곱(bisquare 또는 biweight) 함수의 경우에는 표준화잔차의 값이 0에서 벗어나는 순간부터 1보다 작은 가중치를 주기 시작하여, 그 절댓값이 특정값(4.685)보다 크면 아예 0의 가중치를 부여하고 있다.

일반적으로 로버스트 회귀는 가중치함수의 종류보다 가중치함수에 a, b, c 등으로 표현된 **조율상수**(tuning constant)들의 값에 더욱 민감하다. 특히 조율상수 c를 작게

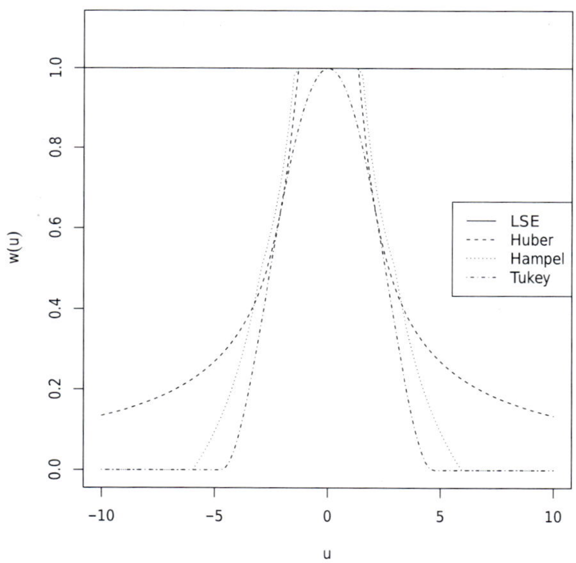

[그림 8.9] 대표적 가중치함수 $w(u)$의 그래프

하면 로버스트의 정도는 높아지나, 정보의 손실이 많아 효율(efficiency)이 떨어지게 된다. R의 `MASS` 패키지 또는 로버스트 통계를 위해 전문화된 `robustbase` 및 `robust` 패키지에서는 주요한 가중치함수들을 제공하며 조율상수 값을 사용자가 설정할 수 있다.

8.3.3 특이점과 높은 지렛점의 판정

로버스트 회귀에서는 특이값의 영향이 축소된 회귀모형을 적합하는 것 외에 특이값의 판정도 중요한 문제이다. 5장에서 특이값의 판정에 사용된 표준화잔차와 지렛값은 이미 특이값의 영향력이 반영된 추정회귀식에서 계산된 값들이므로 판정기준으로 부적합할 수 있다. 따라서 로버스트 회귀에서는 일반적으로 특이값들의 영향력이 배제된 기준을 사용하는데, 예를 들어, 특이점 여부는 **표준화 로버스트 잔차**의 값으로, 높은 지렛점 여부는 **로버스트 MCD 거리**를 사용하여 판정할 수 있다.

표준화 로버스트 잔차는 $\boldsymbol{\beta}$와 σ의 적절한 로버스트 추정량 $\hat{\boldsymbol{\beta}}_R$과 s를 사용하여 잔차를 표준화한

$$\frac{r_i}{s} = \frac{y_i - \boldsymbol{x}_i'\hat{\boldsymbol{\beta}}_R}{s}$$

로 정의되며, 로버스트 MCD 거리는 5장에서 정의된 Mahalanobis 거리의 로버스트 추정량으로

$$RD(\boldsymbol{x}_i) = [(\boldsymbol{x}_i - \boldsymbol{t}(\boldsymbol{X}))'\boldsymbol{C}(\boldsymbol{X})^{-1}(\boldsymbol{x}_i - \boldsymbol{t}(\boldsymbol{X}))]^{1/2}$$

로 정의된다. 위에서 벡터 $\boldsymbol{t}(\boldsymbol{X})$와 행렬 $\boldsymbol{C}(\boldsymbol{X})$는 각각 로버스트 다변량 위치모수와 척도모수의 추정량으로 Rousseeuw(1984)의 MCD(minimum covariance determinant) 방법으로 구해진다.

일반적으로 표준화 로버스트 잔차 r_i/s의 절댓값이 3보다 크면 특이점으로 판정하고, 로버스트 MCD 거리 $RD(\boldsymbol{x}_i)$의 값이 $\sqrt{\chi^2(\alpha; p-1)}$ 보다 크면 높은 지렛점으로 판정한다($\chi^2(\alpha;\nu)$는 자유도 ν인 카이제곱분포의 상위 α 분위수이다).

예제 8.7

자료 '`stackloss`'는 암모니아를 산화시켜 질산을 만드는 21일간의 연속 공정에서 얻어졌다(Brownlee, 1965). 설명변수로는 공정변수들인 공기주입량(`Air.Flow`, X_1), 냉각

수의 온도(`Water.Temp`, X_2), 흡수액 중 질산의 농도(`Acid.Conc`, X_3)가 있으며, 반응변수 `stack.loss`(Y)는 질소산화물의 형태로 흡수되지 않아 손실된 암모니아 백분율의 10배이다. 이는 질산 수율을 간접적으로 나타내는 측도가 된다. 이 자료에 대하여 M 추정량을 사용한 로버스트 회귀분석을 실시하여라.(이 자료는 Cook(1979), Daniel & Wood(1980), Atkinson(1985), Nelder(2000) 등 여러 문헌에서 분석되었다.)

[표 8.2] stackloss 자료

Y	42	37	37	28	18	18	19	20	15	14	14	13	11	12	8	7	8	8	9	15	15
X_1	80	80	75	62	62	62	62	62	58	58	58	58	58	58	50	50	50	50	50	56	70
X_2	27	27	25	24	22	23	24	24	23	18	18	17	18	19	18	18	19	19	20	20	20
X_3	89	88	90	87	87	87	93	93	87	80	89	88	82	93	89	86	72	79	80	82	91

풀이 먼저 변수들에 대한 [그림 8.10]의 산점도행렬을 보면 Y와 X_1의 산점도에서 2개 정도의 특이값이, Y와 X_3의 산점도에서는 1개 정도의 특이값이 보인다. 이 점들은 4차원 공간에 있으므로 특이점인지 또는 높은 지렛점인지는 명확하지 않다.

이 변수들에 대한 보통최소제곱추정량(OLSE)을 구하면 적합된 회귀식은

$$\hat{Y} = -39.920 + 0.716X_1 + 1.295X_2 - 0.152X_3 \tag{8.18}$$

```
> lm(stack.loss ~ ., stackloss)
(...)
Coefficients:
(Intercept)      Air.Flow   Water.Temp   Acid.Conc.
   -39.9197        0.7156       1.2953      -0.1521
```

로 주어지며, [그림 8.11]의 표준화잔차 대 지렛값의 산점도를 보면, 표준화잔차의 절댓값이 2보다 큰 21번째 관측치가 특이점으로 판정된다(외 표준화잔차를 사용하면 4번째 관측치도 특이점으로 판정됨). 그리고 17번째 관측치는 높은 지렛점으로 판정된다. 그러나 이들 특이값들의 영향력이 반영된 추정회귀식에서 계산된 잔차들을 이용하여 특이점 등을 판별하는 것은 공정하지 않을 수 있으며, 더욱 정확한 분석은 로버스트 회귀에 의해 실시되어야 한다.

로버스트 회귀분석에 앞서 각 변수에 대해 표준편차와 함께 산포도의 로버스트 추정값인 표준화 중위절대편차(MAD)를 계산해 보자. 만약 표준화 MAD의 값이 표준편차와 큰 차이가 나면, 그 변수에 특이값이 있을 가능성이 높다고 할 수 있다. 이 자료에

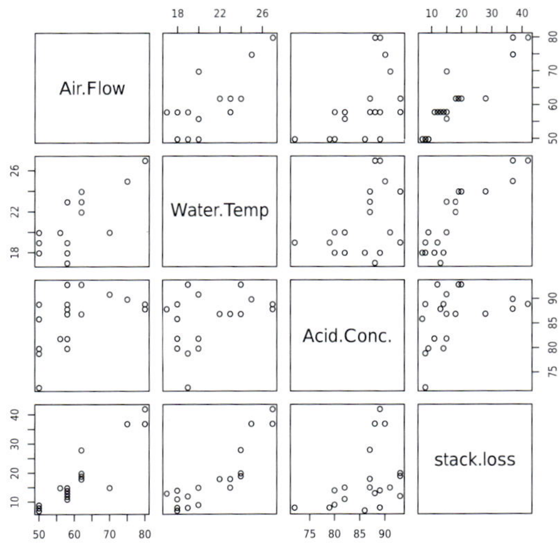

[그림 8.10] stackloss 자료에 대한 산점도행렬

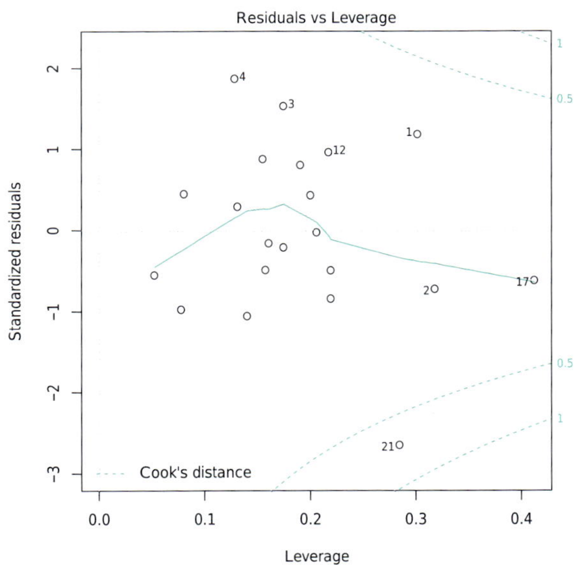

[그림 8.11] stackloss 자료에 대한 보통최소제곱추정: 표준화잔차 대 지렛값 산점도

서는 반응변수의 경우에 가장 큰 차이를 보이고 있어(10.17과 5.93) 특이점의 가능성을 보여주고, 또한 `Air.Flow`(X_1)의 경우에도 차이가 나타나(9.17과 5.93) 높은 지렛점의 가능성도 보여주고 있다.

```
> sapply(stackloss, sd)
  Air.Flow Water.Temp Acid.Conc. stack.loss
  9.168268   3.160771   5.358571  10.171623
> sapply(stackloss, mad)
  Air.Flow Water.Temp Acid.Conc. stack.loss
    5.9304     2.9652     4.4478     5.9304
```

로버스트 회귀는 `MASS` 패키지의 `rlm()`을 이용하여 할 수 있는데 기본적으로 `lm()`과 유사하다. `method` 인자로 추정방법을, `psi` 인자로 가중치함수를 지정할 수 있다.

```
fitM <- rlm(stack.loss ~ ., stackloss, method="M", psi=psi.bisquare)
```

기본적으로 M 추정량이 사용되며, 가중치함수로는 Huber 함수가 사용된다. 따라서 위의 명령에서 `method="M"`은 지정하지 않아도 되는 기본값이다. 한편 가중치함수로는 기본값 대신에 Tukey 함수인 `psi.bisquare`를 지정하였다.

로버스트 회귀 결과를 확인하여 보자.

```
> summary(fitM)

Residuals:
     Min       1Q   Median       3Q      Max
-10.4356  -1.7065  -0.2392   0.8797   6.9326

Coefficients:
            Value    Std. Error t value
(Intercept) -42.2853   9.5316    -4.4363
Air.Flow      0.9275   0.1081     8.5841
Water.Temp    0.6507   0.2949     2.2068
Acid.Conc.   -0.1123   0.1252    -0.8970

Residual standard error: 2.282 on 17 degrees of freedom
```

적합된 로버스트 회귀식은

$$\hat{Y} = -42.285 + 0.928X_1 + 0.651X_2 - 0.112X_3$$

로 주어지는데, 식(8.18)의 OLSE 결과와 차이가 있음을 알 수 있다. 마지막 줄의 'Residual standard error'는 식(8.17)로 추정한 σ의 추정값이다.

특이점과 높은 지렛점의 판정에는 표준화 로버스트 잔차와 로버스트 MCD 거리의 그래프를 사용한다. `regbook` 패키지에서는 이를 위한 내부 함수를 제공하고 있는데,

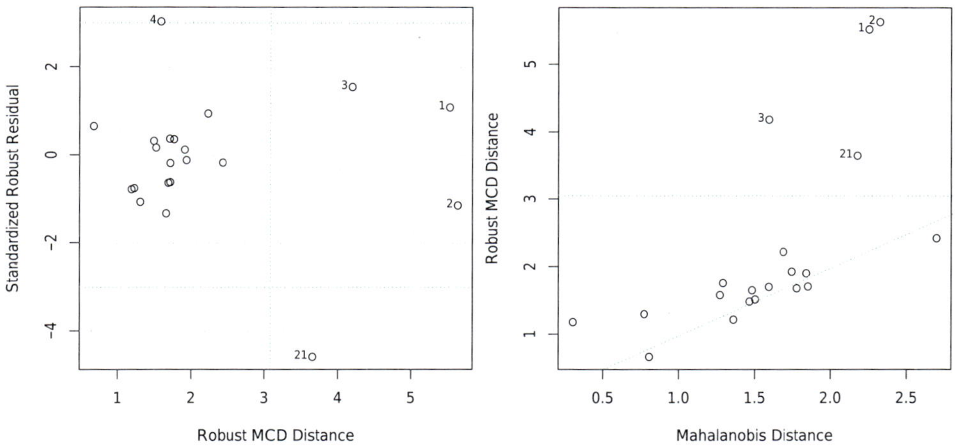

[그림 8.12] stackloss 자료에 대한 로버스트 회귀 결과: 특이값과 지렛값에 대한 분석

MASS 패키지의 **rlm**()을 이용한 적합 결과에 **plot**() 함수를 적용하면 [그림 8.12]를 얻을 수 있다.

```
fitM <- rlm(stack.loss ~ ., stackloss, method="M", psi=psi.bisquare)
plot(fitM, which=7:8)
```

[그림 8.12]에는 기준선으로 잔차에는 ± 3, MCD 거리에는 $\alpha = 0.025$ 하에서

```
> sqrt( qchisq(0.975, 3) )
[1] 3.057516
```

의 값이 표시되어있다. OLSE에 근거한 [그림 8.11]의 결과와 비교할 때, 특이점은 거의 동일하나, 17번째 관측치는 더 이상 높은 지렛점이 아니며, 대신 1, 2, 3번째 관측치가 높은 지렛점으로 판정되며, 또한 21번째 관측치도 이 범주에 새로이 포함되고 있다. 21번째 관측치와 같이 높은 지렛점이면서 동시에 특이점인 것을 **나쁜 지렛점**(bad leverage point)이라 한다.

이 자료에는 특이점과 높은 지렛점이 함께 존재하므로, 특이점에만 로버스트한 M 추정량 보다는 양쪽에 모두 로버스트한 MM 추정량을 사용하는 것이 바람직하다. □

8.3.4 *MM* 추정량

분석자료에 특이값이 많이 있는 경우에는 모수 θ의 추정량 $\hat{\theta}$이 의미가 전혀 없는 값을 줄 수 있다. 추정량 $\hat{\theta}$이 정상적인 추정값을 산출할 수 있는 한도 내에서 감당할 수 있는 특이값의 최대비율을 추정량의 **붕괴값**(breakdown value)이라 한다. 예를 들어, 중심위치를 추정할 때 표본평균은 0의 붕괴값을 가진다고 하는데, 이는 단 한 개의 특이값으로도 표본평균의 값이 아무 제한없이 변동되어 대표성을 상실할 수 있기 때문이다. 이에 반하여 자료를 크기 순으로 배열하였을 때 중앙값의 좌우 한쪽에 최대 50% 미만의 특이값들이 있더라도 중앙값은 변하지 않으므로 중앙값은 50%의 붕괴값을 가진다고 할 수 있다. 따라서 붕괴값이 높을수록 더 좋은 로버스트 추정량이 된다.

설명변수들에 있는 높은 지렛점의 경우에는 잔차가 크지 않을 수 있으므로, 앞절의 M 추정량은 설명변수들의 특이값에 대해서는 로버스트하지 않다고 알려져 있다. 이 경우에 사용할 수 있는 로버스트 회귀방법으로 LTS 추정량, S 추정량, MM 추정량 등이 있는데 이들 방법은 거의 50%의 붕괴값을 가지고 있어 통틀어 **높은 붕괴값**(high breakdown value) 추정방법이라 부른다.

최소절사제곱(least trimmed squares, LTS) 추정방법은 Rousseeuw(1984)가 제안한 방법으로 LTS 추정량 $\hat{\boldsymbol{\beta}}_{LTS}$는 목적함수

$$Q_{LTS}(\boldsymbol{\beta}) = \sum_{i=1}^{h} e_{(i)}^2$$

을 최소화하는 $\boldsymbol{\beta}$의 값으로 주어진다. 위에서 $e_{(1)}^2 \le e_{(2)}^2 \le \cdots \le e_{(n)}^2$은 잔차제곱 $e_i^2 = (y_i - \boldsymbol{x}_i'\boldsymbol{\beta})^2$ 들의 순서통계량이다. 잔차제곱들 중에서 큰 값을 제외하는 방법으로, 보통 h는 $(3n+p+1)/4$보다 작은 제일 큰 정수로 설정된다. 따라서 LTS 추정량의 붕괴값은 $(n-h)/n$이 된다.

S 추정은 Rousseeuw & Yohai(1984)가 제안한 높은 붕괴값 방법으로 LTS 추정보다 통계적 효율이 높다. MM 추정은 Yohai(1987)가 제안한 방법으로 높은 붕괴값 추정방법과 M 추정방법을 합친 것으로 해석되며, S 추정보다 높은 효율을 가진다. 이들 높은 붕괴값 추정량의 계산방법은 본 교재의 수준을 넘으므로 생략하기로 한다.

자료에 특이점만 있는 경우에는 M 추정량을 사용하는 것이 좋으며, 높은 지렛점만 있거나 또는 특이점과 함께 있으면 LTS 추정법과 MM 추정법을 사용할 수 있다. 그러나

MM 추정량의 계산에 내부적으로 LTS와 S추정량이 사용되며, LTS 추정의 경우에는 추정량의 표준오차가 제공되지 않는 등의 한계가 있다. 또한 MM 추정량이 LTS 추정량보다 효율이 높다고 알려져 있다. 따라서 간단하게 정리하면 자료에 특이점만 있는 경우에는 M 추정량을 사용하면 되고, 높은 지렛점만 있거나 또는 특이점과 함께 있으면 MM 추정량을 사용하기를 권한다.

한편 높은 붕괴값 추정방법은 모형에 범주형 설명변수나 적은 개수의 서로 다른 값을 갖는 연속형 설명변수가 있는 경우에는 적당하지 않은 방법이다. 이 경우에는 M 추정량을 사용하는 것이 바람직하다.

예제 8.8

자료 'cygnus'는 백조자리 성운 방향에 있는 47개 별들의 밝기(`light`, Y)와 표면온도(`temp`, X)를 조사한 것이다(Rousseeuw & Leroy, 1987). 주어진 값은 로그변환된 값이다. 이 자료에 대하여 MM 추정량을 사용한 로버스트 회귀분석을 실시하여라.

풀이 먼저 [그림 8.13]에 주어진 관측값들의 산점도를 보면 두 변수 사이에 약한 음의 상관관계가 있는 것처럼 보인다. 실제로 단순회귀모형을 적합시키면

$$\hat{Y} = 6.793 - 0.413X$$

```
> lm(light ~ temp, cygnus)
(...)
Coefficients:
(Intercept)         temp
     6.7935      -0.4133
```

을 얻는데 이것은 별의 표면온도가 높을수록 밝기가 클 것이라는 상식과 어긋나는 결과이다. 이는 좌측상단에 있는 4개의 특이값들의 영향력 때문이라 판단되며, 이 값들은 특이점이면서 높은 지렛점이라 짐작되므로 MM 추정량을 사용하는 것이 바람직하다.

```
> fitMM <- rlm(light ~ temp, cygnus, method="MM")
> summary(fitMM)
(...)

Coefficients:
            Value   Std. Error t value
(Intercept) -4.9702  0.9627    -5.1626
temp         2.2534  0.2229    10.1102

Residual standard error: 0.4714 on 45 degrees of freedom
```

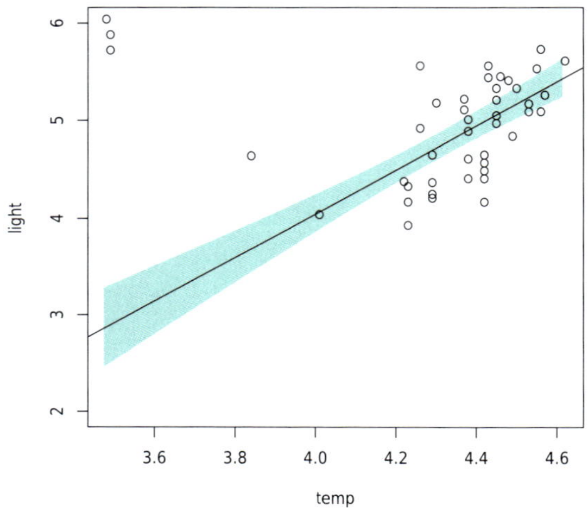

[그림 8.13] cygnus 자료의 산점도와 로버스트 회귀직선(*MM* 추정량)

적합된 로버스트 회귀직선은

$$\hat{Y} = -4.970 + 2.253X$$

로 주어지며, [그림 8.13]에 표시되어있다. 이 회귀식은 특이값들의 영향력을 최소화하면서 다른 대부분의 자료들을 잘 대표한다고 볼 수 있다. □

연습문제

8.1 본문 8.1절의 회귀모형 (8.5) $\boldsymbol{z} = \boldsymbol{Q\beta} + \boldsymbol{\delta}$ 에서

(1) 새로운 오차항 $\boldsymbol{\delta}$는 등분산성을 만족함을 보여라. 즉, $\text{Cov}(\boldsymbol{\delta}) = \sigma^2 \boldsymbol{I}$.

(2) 가중최소제곱추정량 $\hat{\boldsymbol{\beta}}_w$과 $\hat{\boldsymbol{\beta}}_w$의 분산-공분산행렬의 공식이 각각 다음과 같이 주어짐을 보여라.

$$\hat{\boldsymbol{\beta}}_w = (\boldsymbol{X}'\boldsymbol{W}\boldsymbol{X})^{-1}\boldsymbol{X}'\boldsymbol{W}\boldsymbol{y}$$

$$\text{Cov}(\hat{\boldsymbol{\beta}}_w) = (\boldsymbol{X}'\boldsymbol{W}\boldsymbol{X})^{-1}\sigma^2$$

(3) 가중최소제곱추정량 $\hat{\boldsymbol{\beta}}_w$은 $\boldsymbol{\beta}$의 비편향추정량이 됨을 보여라.

8.2 회귀분석에서 오차제곱합 *SSE*의 값은 R에서 `deviance()` 함수를 이용하여 구할 수 있다. [예제 8.3]에서 가중회귀분석을 했을 때의 잔차와 *SSE*의 값들을 구해보자. 이 예제에서 추정된 모형식과 가중치에 대하여 아래 명령문들을 실행하고 각 값들을 비교 설명하여라.

```
deviance(fit.wls)
sum(resid(fit.wls)^2)
sum(w*resid(fit.wls)^2)
```

8.3 모수 θ의 임의의 추정량 $\hat{\theta}$에 대해 평균제곱오차는 $\hat{\theta}$의 편향의 제곱과 분산의 합으로 주어짐을 보여라. 즉,

$$MSE(\hat{\theta}) = \text{E}[(\hat{\theta} - \theta)^2] = \text{Var}(\hat{\theta}) \ + \ [b(\hat{\theta})]^2$$

8.4 $n \times n$ 행렬 $\boldsymbol{A}$의 고유값과 고유벡터는 식 $\boldsymbol{Ax} = \lambda \boldsymbol{x}$를 만족하는 상수 λ와 $\boldsymbol{0}$ 아닌 벡터 $\boldsymbol{x}$로 정의된다. 행렬 $\boldsymbol{A} + \lambda_0 \boldsymbol{I}_n$의 고유값은 $\lambda + \lambda_0$가 됨을 보여라($\boldsymbol{I}_n$은 $n \times n$ 항등행렬).

8.5 본문의 [예제 8.7]에서 실시한 로버스트 회귀분석에서 σ의 로버스트 추정값이 2.282로 주어졌다. 이 값이 식(8.17)로 계산된 것임을 확인해보아라.

8.6 로버스트 회귀에서 가중치함수들의 조율상수의 값을 이용하면 로버스트한 정도를 조절할 수 있다. 본문의 [예제 8.7]에서는 이중제곱 가중치함수의 기본상수인 $c = 4.685$를 사용하였다. 이 상수값을 작게하면 가중치함수의 영역이 좁아져 특이점을 더 첨예하게 찾을 수 있다. [예제 8.7]에서 $c = 3.0$을 사용하여 분석을 다시 실시하고 결과를 비교하여라(R 명령문에 `c=3.0` 옵션을 추가하면 됨).

⋆ ⋆ ⋆

8.7 본문의 8.1.2절에서 반복관측치가 없는 경우 가중치의 추정방법으로 잔차의 절대값 $|e_i|$를 이용하여 분산함수를 추정하는 방법을 설명하였다. 자료 '`restaurant`'에 대해 아래에 주어진 순서를 따라 가중치를 추정하고 가중회귀분석을 실시하여라.

(1) 보통최소제곱추정법으로 매출액(Y)의 광고비(X)에 대한 단순회귀모형을 적합하고 잔차 e_i를 변수 `oresi`에 저장하여라.
(2) 변수 `oresi`의 절대값 $|e_i|$를 계산하여 변수 `aresi`에 저장하고, 변수 `aresi`의 광고비에 대한 산점도를 작성하여라.
(3) 산점도를 근거로 할 때 변수 `aresi`의 광고비에 대한 회귀모형으로 타당한 모형은 무엇이라고 판단되는가? 타당한 모형을 설정하고 적합하여라.
(4) 위에서 구한 회귀식에 각 관측값 x_i를 대입하여 $|\hat{e}_i|$, $i = 1, \cdots, 30$를 계산하여라.(또는 이 값은 (3)번에서의 예측값과 동일하므로 예측값을 저장하면 된다.)
(5) $|\hat{e}_i|$의 제곱의 역수를 가중치 w_i의 추정치로 하여 매출액(Y)의 광고비(X)에 대한 가중회귀분석을 실시하고, [예제 8.3]의 결과와 비교하여라.

8.8 자료 '`bloodpressure`'는 20세에서 60세 사이의 건강한 여성 54명에 대해 (이완기) 혈압과 나이를 조사한 것이다 : 혈압(`bp`), 나이(`age`). 출처 : Neter 외(1996).

(1) 혈압과 나이의 산점도를 작성하여라. 혈압의 산포가 나이에 따라 어떻게 변하는가?
(2) 보통최소제곱추정법으로 혈압의 나이에 대한 단순선형회귀모형을 적합하고, 잔차의 산점도, HC_0 값을 이용하여 이분산성 여부를 파악하여라.
(3) 위의 단순선형회귀모형에 대해 Breusch-Pagan 검정을 실시하여 이분산성 여부를 파악하여라.

(4) 이 예제의 경우에는 혈압의 산포가 나이에 따라 증가하고 있으므로 분산을 나이대별로 추정하여 가중치를 구할 수 있다. 나이를 20대, 30대, 40대, 50대의 4개 그룹으로 분류하여 각 그룹별로 표본분산 또는 표본표준편차를 구하여라. 이를 위해서는 먼저 아래의 첫 번째 명령문으로 나이대 변수가 추가된 데이터프레임을 만든다. 각 나이대별 표본표준편차는 [예제 8.3]에서 사용한 aggregate() 함수를 사용하거나 아래의 두 번째 명령문에서와 같이 구할 수 있다.

```
bp2 <- within(bloodpressure,
              agegroup <- cut(age, breaks=c(0, 30, 40, 50, Inf)))
with(bp2, sapply(split(age, agegroup), sd)
```

(5) 혈압의 나이에 대한 가중회귀분석을 실시하고, 잔차의 산점도를 살펴보아라. 그리고 보통최소제곱추정 결과와 가중최소제곱추정 결과에서 계수추정값들을 비교하여라. (참고: 나이의 각 그룹에 대해 구한 4개의 표본표준편차 값을 원래 자료에 병합할 필요가 있다. 다음 명령문들을 이용하여라.)

```
sdbp <- with(bp2, sapply(split(bp, agegroup), sd))
bp2 <- within(bp2, s <- sdbp[agegroup])
```

8.9 3장의 [연습문제 3.10]에서 소개되고, [연습문제 4.21]에서 분석된 자료 'longley'에 대한 능형회귀와 불완전 주성분회귀를 실시해보자.

(1) 6개의 설명변수들에 대한 산점도행렬을 작성하여 다중공선성의 가능성을 살펴보아라.(참고: 'longley'에서 처음 6개 변수가 설명변수들이고, 마지막 변수가 반응변수이다.)

(2) 반응변수 Employed에 대해 모든 설명변수들을 포함하는 중회귀모형을 적합하고, 옵션을 사용하여 *VIF*값과 고유값을 구하고 다중공선성의 가능성을 탐색하여라. 몇 개의 선형종속관계가 존재한다고 판단되는가?

(3) 능형트레이스를 작성하여라. 능형모수 λ의 값은 얼마가 적당한가?

(4) $\lambda = 0.04$로 설정하여 능형회귀를 실시하고, 계수추정값들의 크기와 부호들의 변화를 설명하여라.

(5) 적당한 개수의 주성분을 선택하여 불완전 주성분회귀를 실시하여라.

(6) 위에서 구한 세 가지 모형을 회귀계수들의 크기와 부호를 중심으로 비교하여라.

8.10 4장의 [연습문제 4.22]에서 소개된 자료 'bodyfat'에 있는 반응변수와 설명변수들에 대하여 [연습문제 8.9]의 분석을 반복하여라(단, 능형모수 λ는 0.3으로 설정).

8.11 자료 'gdpgrowth'는 61개 국가에 대해 1960년부터 1985년까지의 경제성장변수들을 조사한 것이다(De Long & Summers, 1991). 각 변수에 대한 설명은 다음과 같다. country(국가명), gdp(growth in gross domestic product per worker, 국내총생산), lfg(labor force growth, 노동력증가), eqp(equipment investment, 설비투자), neq(nonequipment investment, 비설비투자), gap(relative GDP gap). 아래에 주어진 순서를 따라 이 자료에 대한 로버스트 회귀분석을 실시하여라.

(1) 변수들에 대한 산점도행렬을 작성하고, 특이값의 존재에 대해 살펴보아라.
(2) gdp를 반응변수로, 나머지 변수들을 설명변수로 하여 OLS 회귀분석을 하여라. gdp에 유의한 영향을 주는 설명변수들은 무엇인가? 잔차의 산점도들을 살펴보고 특이값의 존재에 대해 살펴보아라.
(3) M 추정량을 이용한 로버스트 회귀분석을 수행하고, 특이점과 높은 지렛점 관측치의 존재 유무를 판단하여라.
(4) MM 추정량을 이용한 로버스트 회귀분석을 수행하고, OLS 추정과 M 추정의 결과와 비교하여라. 특히 설명변수들의 유의성에 차이가 있는가?

8.12 [예제 8.7]에서 'stackloss' 자료를 분석한 결과 특이점과 높은 지렛점이 동시에 존재하여 M 추정량보다는 MM 추정량이 바람직하다는 제안이 있었다. MM 추정방법으로 이 자료를 분석하고 [예제 8.7]의 결과와 비교하여라.

8.13 5장의 [연습문제 5.11]에서 분석되었던 자동차 판매실적 예제('carsale')에 대해

(1) 앞의 분석에서 유의하게 나왔던 영업장 면적(area, X_2)과 차량종류(car, X_3)만을 사용하여 반응변수인 총판매액(sale, Y)에 대한 회귀모형을 OLS 추정방법으로 적합하고, 특이점과 높은 지렛점의 존재여부를 파악하여라.
(2) 위의 모형을 M 추정방법으로 다시 적합하고, 특이점과 높은 지렛점의 존재여부를 파악하여라. (1)의 결과와 차이가 있는가?

8.14 5장의 [연습문제 5.9]에서 분석되었던 주택판매가격 예제('houseprice')에 대해 로버스트 회귀를 실시하고, 특이점과 높은 지렛점의 존재여부를 [연습문제 5.9]의 결과와 비교하여라. 어느 모형이 더 작은 잔차표준오차 s를 가지는가?

9

비선형회귀분석

선형회귀분석에서는 변수들의 관계를 선형함수로 나타내어 설명을 하였으나, 과학의 여러 분야에서 나타나는 현상들에서는 변수들의 관계가 비선형함수로 설명되는 것이 더욱 자연스러운 경우가 많다. 물론 변수들의 관계가 알려져 있지 않은 경우에는 근사적 방법으로 선형모형을 사용할 수 있지만, 과학과 기술의 발달로 더욱 많은 분야에서 비선형관계를 갖는 경우가 알려지고 있다. 회귀모형에 주어진 회귀식이 모수들의 비선형함수로 나타내어지는 경우 이러한 모형을 **비선형회귀모형**(nonlinear regression model)이라 한다. 비선형회귀모형에 대한 통계적 분석은 회귀계수들의 추정방법에서부터 선형회귀모형의 경우와 차이가 있으며, 대부분의 결과는 근사적 방법으로 유도된다.

9.1 비선형회귀모형

반응변수 Y 와 k 개의 설명변수들 $\boldsymbol{x} = (X_1, X_2, \cdots, X_k)'$ 간의 관계를 설명하는 일반적인 회귀모형은 다음과 같이 나타낼 수 있다.

$$Y_i = f(\boldsymbol{x}_i, \boldsymbol{\theta}) + \varepsilon_i, \quad i = 1, 2, \cdots, n \tag{9.1}$$

위의 식에서 $f(\boldsymbol{x}_i, \boldsymbol{\theta})$는 설명변수들 $\boldsymbol{x}$와 미지의 p차원 모수벡터 $\boldsymbol{\theta} = (\theta_1, \theta_2, \cdots, \theta_p)'$의 함수로 주어지는 회귀식을 나타낸다. 회귀식이 모수 $\boldsymbol{\theta}$들의 비선형함수로 주어지면 모형

(9.1)은 비선형회귀모형이 된다(비선형모형을 판정하는 방법은 3.1.2절에서 설명되었다). 그리고 ε_i는 오차항으로 선형회귀모형에서와 같은 성질을 갖는다고 가정한다. 즉, ε_i는 서로 독립인 확률변수들로 평균이 0이고 분산은 σ^2으로 주어진다.

일반적으로 비선형회귀모형을 사용하는 대부분의 문제들에서 회귀식 $f(\boldsymbol{x}_i, \boldsymbol{\theta})$의 형태는 경험이나 과학적 이론 또는 분석에 근거하여 알려져 있다. 예를 들어, 가장 간단한 형태의 화학반응을 생각해보자. 만일 A라는 화학물질이 반응을 일으켜 B라는 물질로 변해간다고 하고, 반응속도 θ가 현재 남아있는 A의 농도에 비례한다고 가정하면(이를 일차 반응속도식(first-order kinetics)이라 한다), 이 화학반응 시스템은 다음과 같은 미분방정식으로 표현될 수 있다.

$$\frac{\partial f_A(X,\theta)}{\partial X} = -\theta f_A(X,\theta), \qquad \frac{\partial f_B(X,\theta)}{\partial X} = \theta f_A(X,\theta) \quad (\theta > 0)$$

위에서 $f_A(X,\theta)$와 $f_B(X,\theta)$는 시간 X에서의 화학물질 A와 B의 농도를 나타낸다. 시간 $X = 0$에서 A의 농도는 100%이고, B는 전혀 없다고 가정하면 위의 미분방정식의 해는 다음과 같이 주어진다.

$$f_A(X,\theta) = e^{-\theta X}, \qquad f_B(X,\theta) = 1 - e^{-\theta X} \tag{9.2}$$

그러므로 반응이 시작된 후 적당한 간격의 시간들에서 A 또는 B의 농도를 측정하면 비선형회귀모형을

$$Y_A = e^{-\theta X} + \varepsilon$$

또는

$$Y_B = 1 - e^{-\theta X} + \varepsilon$$

으로 설정할 수 있을 것이다(Y_A와 Y_B는 각각 A와 B의 농도의 관측치를 나타낸다). 이와 같이 모형식은 과학적 이론에 의하여 자연스럽게 주어지므로, 비선형회귀분석에서는 모형의 설정보다는 모수의 추정에 더 큰 비중을 둔다고 할 수 있다. 실제로 위의 문제에서 분석의 주목적은 반응속도인 θ에 대한 추정과 추론이다. 다음 예제에서는 다른 형태의 비선형 회귀모형식을 소개한다.

[표 9.1] 식물의 성장에 관한 자료

i	1	2	3	4	5	6	7	8	9
X_i	1	1.5	2	3	4	5	6	7.5	8.5
Y_i	2.1	2.5	4.9	5.5	7.0	8.4	9.6	10.2	11.4
i	10	11	12	13	14	15	16	17	18
X_i	10	12.5	15	17.5	20	25	30	35	40
Y_i	12.5	13.1	14.6	17.0	16.8	18.6	19.7	21.3	21.6

예제 9.1

자료 '`growth1`'는 어느 식물의 성장 속도에 관한 실험 결과이다([표 9.1]). 성장치(Y)와 시간(X)의 관계를 나타내는 비선형회귀모형을 설정하여라.

풀이 동물이나 식물들의 성장에 관한 연구에서 성장치(Y)와 시간(X)의 관계를 나타내는 비선형회귀식들 중의 하나는 미캘리스-멘텐(Michaelis-Menten) 모형식으로, 다음과 같이 주어진다.

$$f(X, \theta_1, \theta_2) = \frac{\theta_1 X}{\theta_2 + X} \tag{9.3}$$

위의 자료에 대한 산점도는 [그림 9.1]에 주어져 있는데, 모형식 (9.3)은 이와 같은 산점도의 형태를 설명하기에 적당한 것이다. 그러므로 우리는 두 변수 간의 관계에 대한 비선형회귀모형을

$$Y_i = \frac{\theta_1 X_i}{\theta_2 + X_i} + \varepsilon_i, \quad i = 1, 2, \cdots, 18$$

와 같이 설정하여 분석할 수 있다. □

비선형회귀모형과 선형회귀모형의 차이점의 하나는 모수의 해석이다. 선형회귀모형에서 회귀계수는 설명변수의 변화량에 따른 반응변수의 평균변화량으로 해석되지만, 비선형회귀모형에서는 각 모수가 특정한 의미를 갖는다는 것이다. 이를테면, 위의 화학반응문제에서는 모수 θ가 반응속도로 해석된다. 그리고 모형식 (9.3)에서는 시간 X가

무한대로 가면 $f(X,\theta_1,\theta_2)$는 θ_1이 된다. 즉,

$$X \to \infty \quad \Rightarrow \quad f(X,\theta_1,\theta_2) = \frac{\theta_1}{\theta_2/X+1} \ \to \ \theta_1$$

그러므로 θ_1은 성장치가 접근하는 최대값으로 해석된다. 그리고 이 최대성장치의 반만큼 성장하기까지 걸리는 시간을 $X_{1/2}$이라 나타내면, 모형식에서 다음 식이 성립하며

$$\frac{1}{2}\theta_1 = \frac{\theta_1 X_{1/2}}{\theta_2 + X_{1/2}}$$

이 식을 정리하면 $\theta_2 = X_{1/2}$라는 결과를 얻는다. 즉, θ_2는 동식물이 자랄 수 있는 최대성장치의 반만큼 성장하기까지 걸리는 시간의 의미를 가지고 있다. 이 경우 우리는 모수의 값을 정확하게 추정하지 않더라도 대략적인 값을 알 수 있다. 이를테면, 위의 성장속도에 대한 예제에서는 θ_1이 최대성장치를 나타내므로 [그림 9.1]의 산점도에서 대략 22 정도의 값이 됨을 알 수 있고, θ_2는 이것의 반인 11에 해당하는 시간으로 9 정도의 값이 됨을 알 수 있다. 그러므로 비선형회귀분석에서는 각 모형에 포함된 모수들의 의미를 정확하게 파악하는 것이 모형의 해석과 분석에 필수적이다.

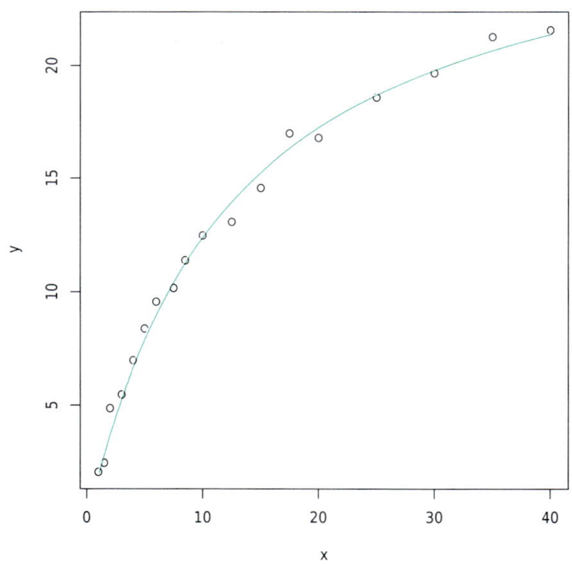

[그림 9.1] 식물 성장 자료의 산점도와 적합곡선

9.2 모수의 추정

9.2.1 최소제곱법

비선형회귀분석에서도 모수 $\boldsymbol{\theta}$의 추정방법으로 최소제곱법을 사용한다. 즉, $\boldsymbol{\theta}$의 최소제곱추정량 $\hat{\boldsymbol{\theta}}$은 오차의 제곱합

$$S(\boldsymbol{\theta}) = \sum_{i=1}^{n} \varepsilon_i^2 = \sum_{i=1}^{n} (Y_i - f(\boldsymbol{x}_i, \boldsymbol{\theta}))^2$$

을 최소화하는 $\boldsymbol{\theta}$의 값으로 주어진다. 선형회귀분석에서와 같이 제곱합 $S(\boldsymbol{\theta})$의 각 모수에 대한 편미분을 계산하면

$$\frac{\partial S}{\partial \theta_j} = (-2) \sum_{i=1}^{n} (Y_i - f(\boldsymbol{x}_i, \boldsymbol{\theta})) \frac{\partial f(\boldsymbol{x}_i, \boldsymbol{\theta})}{\partial \theta_j}\ , \quad j = 1, 2, \cdots, p$$

와 같이 주어지며, 이들을 0으로 놓고 정리한 후 $\boldsymbol{\theta}$ 대신에 추정량 $\hat{\boldsymbol{\theta}}$을 대입하면 다음의 정규방정식을 얻을 수 있다.

$$\sum_{i=1}^{n} f(\boldsymbol{x}_i, \hat{\boldsymbol{\theta}}) \frac{\partial f(\boldsymbol{x}_i, \boldsymbol{\theta})}{\partial \theta_j}\Big|_{\boldsymbol{\theta}=\hat{\boldsymbol{\theta}}} = \sum_{i=1}^{n} Y_i \frac{\partial f(\boldsymbol{x}_i, \boldsymbol{\theta})}{\partial \theta_j}\Big|_{\boldsymbol{\theta}=\hat{\boldsymbol{\theta}}}, \quad j = 1, 2, \cdots, p \tag{9.4}$$

그러나 위의 정규방정식은 $\hat{\boldsymbol{\theta}}$의 비선형방정식이므로 식을 만족하는 $\hat{\boldsymbol{\theta}}$의 값을 직접 구하지는 못하며, 뉴턴-랩슨(Newton-Raphson) 방법 등과 같은 반복추정방법을 사용해야 한다.

예를 들어, 앞의 화학반응 예제에서 주어진 회귀식

$$Y_i = e^{-\theta X_i} + \varepsilon_i$$

에서는

$$f(X_i, \theta) = e^{-\theta X_i}, \quad \frac{\partial f(X_i, \theta)}{\partial \theta} = (-X_i) e^{-\theta X_i}$$

이므로, 이들을 식(9.4)에 대입하여 정리하면 정규방정식은

$$\sum_{i=1}^{n} X_i\, e^{-2\hat{\theta}X_i} = \sum_{i=1}^{n} X_iY_i\, e^{-\hat{\theta}X_i}$$

로 주어지게 되나 이를 해 $\hat{\theta}$에 대한 식으로 나타내지는 못한다.

9.2.2 가우스-뉴턴 방법

비선형회귀분석에서 최소제곱추정량을 구하기 위하여 사용하는 반복추정방법들 중 가장 기본적인 것은 **가우스-뉴턴 방법**(Gauss-Newton method)(또는 선형화 방법)이다. 이 방법은 매 단계에서 비선형회귀식을 모수 $\boldsymbol{\theta}$에 대한 선형함수로 근사화하여 선형회귀분석에서의 방법으로 모수 $\boldsymbol{\theta}$를 추정해 나가는 것이다. 모수 $\boldsymbol{\theta}$에 대해 적절한 초기값 $\boldsymbol{\theta}^0 = (\theta_1^0, \theta_2^0, \cdots, \theta_p^0)'$ 이 주어진다고 가정하면, 일차 테일러(Taylor) 전개를 이용하여 비선형회귀식을

$$f(\boldsymbol{x}_i, \boldsymbol{\theta}) \approx f(\boldsymbol{x}_i, \boldsymbol{\theta}^0) \ + \ \sum_{j=1}^{p} \frac{\partial f(\boldsymbol{x}_i, \boldsymbol{\theta})}{\partial \theta_j}|_{\boldsymbol{\theta}=\boldsymbol{\theta}^0} (\theta_j - \theta_j^0) \tag{9.5}$$

와 같이 $\boldsymbol{\theta}$들의 선형함수로 근사화시킬 수 있다.(편미분 $\partial f(\boldsymbol{x}_i, \boldsymbol{\theta})/\partial \theta_j$ 에서는 $\boldsymbol{\theta}$ 대신에 초기값 $\boldsymbol{\theta}^0$를 대입하므로 상수가 된다.) 식(9.5)를 비선형회귀모형 (9.1)에 대입하면

$$Y_i = f(\boldsymbol{x}_i, \boldsymbol{\theta}^0) \ + \ \sum_{j=1}^{p} \frac{\partial f(\boldsymbol{x}_i, \boldsymbol{\theta})}{\partial \theta_j}|_{\boldsymbol{\theta}=\boldsymbol{\theta}^0} (\theta_j - \theta_j^0) \ + \ \varepsilon_i\ , \quad i = 1, 2, \cdots, n$$

가 되며, 이를 벡터와 행렬을 사용하여 다음과 같이 나타낼 수 있다.

$$\boldsymbol{y} = \boldsymbol{\eta}(\boldsymbol{\theta}^0) \ + \ \boldsymbol{V}(\boldsymbol{\theta} - \boldsymbol{\theta}^0) \ + \ \boldsymbol{\varepsilon} \tag{9.6}$$

위의 식에서

$$\boldsymbol{\eta}(\boldsymbol{\theta}^0) = (f(\boldsymbol{x}_1, \boldsymbol{\theta}^0), \cdots, f(\boldsymbol{x}_n, \boldsymbol{\theta}^0))'$$

이며, $\boldsymbol{V}$는 $n \times p$ 행렬로 (i, j) 원소는

$$v_{ij} = \frac{\partial f(\boldsymbol{x}_i, \boldsymbol{\theta})}{\partial \theta_j}\Big|_{\boldsymbol{\theta}=\boldsymbol{\theta}^0}$$

로 정의되며, $\boldsymbol{V}$를 **도함수행렬**(derivative matrix)이라 부른다.

식(9.6)에서 $\boldsymbol{\eta}(\boldsymbol{\theta}^0)$는 상수이므로 이 식을

$$\boldsymbol{y} - \boldsymbol{\eta}(\boldsymbol{\theta}^0) = \boldsymbol{V}(\boldsymbol{\theta} - \boldsymbol{\theta}^0) \ + \ \boldsymbol{\varepsilon} \tag{9.7}$$

으로 나타내면 위의 식은 반응변수의 벡터가 $\boldsymbol{y}^* = \boldsymbol{y} - \boldsymbol{\eta}(\boldsymbol{\theta}^0)$ 이고, 디자인행렬이 $\boldsymbol{V}$이며, 모수벡터가 $\boldsymbol{\beta} = (\boldsymbol{\theta} - \boldsymbol{\theta}^0)$인 선형회귀모형의 형태가 된다. 즉,

$$\boldsymbol{y}^* = \boldsymbol{V}\boldsymbol{\beta} \ + \ \boldsymbol{\varepsilon} \tag{9.8}$$

그러므로 선형회귀모형에서의 공식 (3.8)을 사용하면 $\boldsymbol{\beta}$의 최소제곱추정량은

$$\begin{aligned}\hat{\boldsymbol{\beta}} &= (\boldsymbol{V}'\boldsymbol{V})^{-1}\boldsymbol{V}'\boldsymbol{y}^* \\ &= (\boldsymbol{V}'\boldsymbol{V})^{-1}\boldsymbol{V}'(\boldsymbol{y} - \boldsymbol{\eta}(\boldsymbol{\theta}^0))\end{aligned} \tag{9.9}$$

로 주어진다. 이것은 첫 번째 단계에서의 추정량이므로 $\hat{\boldsymbol{\beta}}^{(1)}$이라 나타내면, $\boldsymbol{\beta} = (\boldsymbol{\theta} - \boldsymbol{\theta}^0)$의 관계식에서 $\boldsymbol{\theta}$의 첫 번째 단계에서의 추정량은

$$\hat{\boldsymbol{\theta}}^{(1)} = \hat{\boldsymbol{\beta}}^{(1)} \ + \ \boldsymbol{\theta}^0 \tag{9.10}$$

로 주어진다. 두 번째 단계에서는 위에서 구한 $\hat{\boldsymbol{\theta}}^{(1)}$의 값을 초기값으로 가정하여 식(9.5)에서 식(9.10)까지의 과정을 반복하면 두 번째 추정량을 얻을 수 있다. 이와 같은 단계들을 반복하여 얻는 추정량

$$\hat{\boldsymbol{\theta}}^{(i)} = \hat{\boldsymbol{\beta}}^{(i)} \ + \ \boldsymbol{\theta}^{(i-1)}, \quad i = 1, 2, \cdots \tag{9.11}$$

들은 오차제곱합 $S(\boldsymbol{\theta})$를 최소화하는 $\boldsymbol{\theta}$의 값에 수렴하게 된다.

식(9.11)의 반복과정은 $\hat{\boldsymbol{\theta}}^{(i)}$와 $\hat{\boldsymbol{\theta}}^{(i-1)}$의 값의 차이가 무시할 수 있을 정도로 작게 되면

끝나게 된다. 그리고 확실한 수렴을 확인하기 위하여 매 단계에서 제곱합 $S(\boldsymbol{\theta})$의 값을 계산하여 실제로 그 값이 감소하고 있는가를 검사할 필요가 있다.

결론적으로 가우스-뉴턴(Gauss-Newton) 방법은 비선형회귀식의 $\boldsymbol{\theta}$에 대한 선형근사화를 이용하여(가우스의 생각), $\boldsymbol{\theta}$의 최소제곱추정량을 반복적으로(뉴턴의 생각) 구해 나가는 것이라 할 수 있다.

9.2.3 초기값의 계산

앞 절에서 설명된 가우스-뉴턴 방법을 사용하기 위해서는 사전에 알려진 모수 $\boldsymbol{\theta}$의 초기값이 필요하다. 이 초기값으로는 과거의 분석에서 알려진 $\boldsymbol{\theta}$의 값이나, 또는 해당 전문가의 경험이나 지식에 의해 주어지는 값을 사용할 수 있다. 가우스-뉴턴 방법에서의 반복추정량이 제대로 수렴하기 위해서는 정확한 초기값의 선택이 중요하다. 오차제곱합 $S(\boldsymbol{\theta})$의 공간은 매우 복잡한 형태를 가질 수 있으므로 시작점에 따라 값이 다른 국소최적점(local optimum)에 수렴하는 경우가 있을 수 있다. 그러므로 정확한 초기값을 사용해야지만 대역최적점(global optimum)에 도달할 가능성이 높아진다.

이 절에서는 과거의 분석에서 알려진 $\boldsymbol{\theta}$의 값이 없는 경우, 현재의 관측치를 이용하여 $\boldsymbol{\theta}$의 적절한 초기값을 구하는 방법을 예제를 이용하여 알아보자. 일반적인 방법은 각 회귀식의 특성을 이용하는 것이다. 예를 들어, 화학반응의 예에서 모형식

$$f_A(X_i, \theta) = e^{-\theta X_i}$$

를 사용한다고 하자. 양변에 로그 함수를 취하면

$$\log f_A = -\theta X_i$$

로 θ의 선형함수를 얻게 된다. 그러므로 f_A 대신에 관측치 Y_i를 사용하여 $\log Y_i$의 $(-X_i)$에 대한 절편이 없는 선형회귀식을 적합시켜 구한 기울기를 θ의 초기값으로 사용하면 된다. 또는 간단한 방법으로, 특정한 관측값 (Y_i, X_i)를 사용하여 $Y_i = e^{-\theta X_i}$의 식을 만족하는 θ의 값을 구하여 사용할 수도 있다.

예제 9.2

식물의 성장에 관한 예제(자료 'growth1')에서 비선형회귀식 (9.3)에 나타나는 모수 θ_1과 θ_2의 초기값을 구하고, 가우스-뉴턴 방법을 이용하여 최소제곱추정값을 구하여라.

풀이 이 경우에도 이미 설명된 회귀식 (9.3)의 특성을 이용하면 된다. 즉, θ_1은 성장치의 최대값을 나타내므로 θ_1^0는 관측치 Y_i의 최대값보다 약간 큰 값으로 주면 되고, θ_2는 θ_1의 반만큼 성장할 때까지 걸리는 시간이므로 자료의 산점도에서 대충 짐작하여 θ_2^0의 값을 구할 수 있다. 이 자료에서 성장치의 최대값은 21.6이므로 θ_1^0은 22 정도로 생각할 수 있고, 이 값의 반인 성장치 11에 해당되는 시간의 대략적인 값은 [그림 9.1]의 산점도에서 9 정도 되므로 이 값을 θ_2^0로 하면 된다. 가우스-뉴턴 방법을 적용하기 위해서는 먼저 도함수행렬 $\boldsymbol{V}$를 계산해야 한다. 회귀식 (9.3)의 각 모수에 대한 도함수는

$$\frac{\partial f(X,\theta_1,\theta_2)}{\partial\theta_1} = \frac{X}{\theta_2 + X}, \quad \frac{\partial(X,\theta_1,\theta_2)}{\partial\theta_2} = -\frac{\theta_1 X}{(\theta_2 + X)^2} \tag{9.12}$$

이므로, 초기값 $\boldsymbol{\theta}^0 = (22, 9)'$와 X의 관측값을 대입하면 행렬 $\boldsymbol{V}$를 계산할 수 있다.

R에서 비선형회귀분석은 nls() 함수를 이용하여 할 수 있다. nls()는 기본적으로 lm()과 유사하나 각 모수의 이름을 사용자가 직접 설정하는 것과 비선형모형식을 구체적으로 명시해야 하는 점들에서 차이가 있다. 모수 θ_1과 θ_2의 이름을 각각 theta1, theta2라 하면 이 문제에 대한 명령문은 다음과 같이 작성하여 실행할 수 있다.

```
> growth1.nls <- nls(formula= y ~ theta1*x/(theta2 + x), data=growth1,
                     start=list(theta1=22, theta2=9), trace=TRUE)
54.47659 :  22  9
4.710087 :  27.54322 12.23545
4.302396 :  28.12124 12.55969
4.302271 :  28.13652 12.57386
4.302271 :  28.13703 12.57443
```

nls() 함수의 주요 인자들은 다음과 같다.(자세한 사항은 help(nls)를 참조하여라.)

formula : 모형식을 입력하는 인자. 반응변수와 함께 수식(formula) 방식으로 설정된다. 즉, ~ 왼쪽에 반응변수를 지정하고, 오른쪽에는 모형식을 R에서 사용할 수 있는 산술연산자와 산술함수(부록 A.1.2 참조)를 이용하여 설정한다. 모수 이름은 사용자가 마음대로 정할 수 있는데, 입력한 모형식에서 자료 데이터프레임에 있는 변수명이 아닌 것은 모두 모수 이름으로 간주한다.

data : 분석에 사용될 자료명(`growth1`)을 설정한다.

start : 각 모수들에 대한 초기값이 리스트 또는 벡터 형식으로 입력된다.

control : 반복횟수 등 반복추정과정과 관련된 값들을 변경할 수 있는 인자.

algorithm : 모수추정방법을 지정하는 인자. 기본적으로 가우스-뉴턴 방법이 사용된다.

trace : 반복추정의 각 단계에서 모수 값들의 출력여부를 설정하는 인자. 출력을 선택하면 각 단계에서 오차제곱합의 값과 모수 추정값들을 보여준다. 이 예제에서는 초기값에서 시작하여 4번의 반복만에 최종추정값이 얻어짐을 알 수 있다.

식(9.12)의 도함수식을 사용자가 직접 입력할 수도 있으나 대부분의 경우 입력할 필요가 없다. 과거에는 사용자가 입력하지 않은 경우에는 수치미분을 이용하여 근사적으로 도함수의 값을 계산하였으나, 최근에는 모형식에서 도함수식을 자동으로 직접 유도하는 방식(이를 기호계산(symbolic computation)을 이용한 해석적 미분(analytic derivative)이라 한다)을 사용하여 정확한 도함수값을 구할 수 있기 때문이다. 그리고 사용자가 직접 도함수를 입력하는 경우에는 많은 실수가 발생하기 때문에 굳이 입력할 필요가 없다.

모형 적합 결과도 선형회귀분석의 경우와 유사하게 주어진다.

```
> summary(growth1.nls)

Formula: y ~ theta1 * x/(theta2 + x)

Parameters:
       Estimate Std. Error t value Pr(>|t|)
theta1  28.1370     0.7280   38.65  < 2e-16 ***
theta2  12.5744     0.7631   16.48 1.85e-11 ***

Residual standard error: 0.5185 on 16 degrees of freedom

Number of iterations to convergence: 4
Achieved convergence tolerance: 7.278e-06
```

먼저 입력된 모형식을 보여주며('`Formula`'), 모수들의 점추정값은 $\hat{\theta}_1 = 28.1370$, $\hat{\theta}_2 = 12.5744$이며, 표준오차는 $\mathrm{SE}(\hat{\theta}_1) = 0.7280$, $\mathrm{SE}(\hat{\theta}_2) = 0.7631$로 각각 주어져 있다. 오른쪽의 '`t value`'는 점추정값을 각각의 표준오차로 나눈 값으로, 선형회귀분석에서와 같이 신뢰구간을 구하거나 가설검정에 사용된다. 그리고 다음으로 잔차표준오차인 $s = 0.5185$가 자유도 16과 함께 주어진다. 출력물의 하단에는 4번의 반복과정을 거쳐 최종추정값을 얻었음을 알려주고 있다. 마지막 줄에 있는 '`7.278e-06`'은 Bates &

Watts(1988)가 제안한 수렴측도의 값으로, 일반적으로 0.001보다 작으면 수렴이 완성되었다고 판정한다.

따라서 적합된 모형식은

$$\hat{Y} = \frac{28.1370X}{12.5744 + X}$$

로 주어지며, [그림 9.1]의 산점도에 표시되어 있다. 그림은 다음과 같이 그릴 수 있다.

```
plot(y ~ x, growth1)
theta <- coef(growth1.nls)
curve(theta[1]*x / (theta[2] + x), add=TRUE, col=2)
```

여기에서 curve()는 일정한 구간에서 임의의 함수에 대한 그래프를 그려주는 것으로 x 변수를 이용하여 함수를 표현하면 된다. add 옵션을 사용하여야 기존의 산점도 위에 곡선을 추가해 준다. 그렇지 않으면 곡선을 새로운 그래프로 그려준다.

비선형회귀분석을 수행할 때 모형식에 대한 이해를 높이기 위하여 가급적 모수들의 초기값을 직접 구해보는 것이 바람직하다. 한편 이러한 작업에 익숙하지 않은 사용자들을 위하여 R에서는 대표적 비선형모형식들에 대하여 초기값을 자동으로 구해주는 함수를 제공하고 있다. 이 함수들을 사용하면 모형식도 따로 표시할 필요가 없으므로 비선형회귀분석을 더욱 편리하게 수행할 수 있다. 예를 들어, 미캘리스-멘텐 모형은 SSmicmen()으로 지정되며, 이 함수에 대한 인수로 설명변수명, 모수명만 입력하면 된다. 따라서 앞의 예제에서의 명령문은 다음과 같이 줄 수도 있는데, 실행을 해보면 자동계산된 초기값의 정확도가 높아 이 문제의 경우에는 초기값이 곧장 최종추정값이 된다.

```
growth1.nls <- nls(y ~ SSmicmen(x, theta1, theta2), growth1, trace=TRUE)
```

[표 9.2]는 R에서 제공하는 초기값 자동계산 비선형모형식들의 목록을 보여주고 있다.

9.3 비선형회귀분석에서의 추론

반복 추정방법으로 모수 $\boldsymbol{\theta}$의 최소제곱추정량 $\hat{\boldsymbol{\theta}}$을 구한 다음에는, $\boldsymbol{\theta}$에 대한 신뢰구간을 구하거나 가설검정을 할 필요가 있다. 가우스-뉴턴 방법에서 알 수 있듯이 도함수행렬 $\boldsymbol{V}$는 선형회귀모형에서의 디자인행렬 $\boldsymbol{X}$와 같은 역할을 하는데 이는 추론의 과정에서도 마찬가지이다.

[표 9.2] R에서 제공하는 초기값 자동 계산 비선형모형식

모형	비선형모형식
Asymptotic Regression Model	`SSasymp`(x, `Asym=`θ_1, `R0=`θ_2, `lrc=`θ_3) $= \theta_1 + (\theta_2 - \theta_1)\exp(-e^{\theta_3}x)$
Asymptotic Regression Model with an Offset	`SSasympOff`(x, `Asym=`θ_1, `lrc=`θ_2, `c0=`θ_3) $= \theta_1[1 - \exp\{-e^{\theta_2}(x - \theta_3)\}]$
Asymptotic Regression Model through the Origin	`SSasympOrig`(x, `Asym=`θ_1, `lrc=`θ_2) $= \theta_1[1 - \exp(-e^{\theta_2}x)]$
Biexponential model	`SSbiexp`(x, `A1=`θ_1, `lrc1=`θ_2, `A2=`θ_3, `lrc2=`θ_4) $= \theta_1\exp(-e^{\theta_2}x) + \theta_3\exp(-e^{\theta_4}x)$
First-order Compartment Model	`SSfol`(`Dose=`D, x, `lKe=`θ_1, `lKa=`θ_2, `lCl=`θ_3) $= \dfrac{De^{\theta_1}e^{\theta_2}}{e^{\theta_3}(e^{\theta_2} - e^{\theta_1})}\{\exp(-e^{\theta_1}x) - \exp(-e^{\theta_2}x)\}$
Four-Parameter Logistic Model	`SSfpl`(x, `A=`θ_1, `B=`θ_2, `xmid=`θ_3, `scal=`θ_4) $= \theta_1 + \dfrac{\theta_2 - \theta_1}{1 + \exp[(\theta_3 - x)/\theta_4]}$
Gompertz Growth Model	`SSgompertz`(x, `Asym=`θ_1, `b2=`θ_2, `b3=`θ_3) $= \theta_1\exp(-\theta_2\theta_3^x)$
Logistic Model	`SSlogis`(x, `Asym=`θ_1, `xmid=`θ_2, `scal=`θ_3) $= \dfrac{\theta_1}{1 + \exp[(\theta_2 - x)/\theta_3]}$
Michaelis-Menten Model	`SSmicmen`(x, `Vm=`θ_1, `K=`θ_2) $= \dfrac{\theta_1 x}{\theta_2 + x}$
Weibull Growth Curve Model	`SSweibull`(x, `Asym=`θ_1, `Drop=`θ_2, `lrc=`θ_3, `pwr=`θ_4) $= \theta_1 - \theta_2\exp(-e^{\theta_3}x^{\theta_4})$

오차항 ε_i가 정규분포를 따르고, 표본의 크기 n이 어느 정도 크면 추정량 $\hat{\boldsymbol{\theta}}$은 평균이 $\boldsymbol{\theta}$이고 분산-공분산행렬이 $\sigma^2(\hat{\boldsymbol{V}}'\hat{\boldsymbol{V}})^{-1}$인 정규분포를 근사적으로 따르게 된다. 즉,

$$\hat{\boldsymbol{\theta}} \;\dot{\sim}\; N(\boldsymbol{\theta}, \sigma^2(\hat{\boldsymbol{V}}'\hat{\boldsymbol{V}})^{-1})$$

위에서 $\hat{\boldsymbol{V}}$은 $\boldsymbol{\theta} = \hat{\boldsymbol{\theta}}$에서 계산된 행렬 $\boldsymbol{V}$를 나타낸다.

오차분산 σ^2의 추정량도 선형회귀분석에서와 같이 잔차 $Y_i - \hat{Y}_i$의 제곱합을 자유도로

나눈 값으로 정의된다. 즉,

$$s^2 = \frac{1}{n-p}\sum_{i=1}^{n}(Y_i - \hat{Y}_i)^2$$
$$= \frac{1}{n-p}\sum_{i=1}^{n}(Y_i - f(\boldsymbol{x}_i, \hat{\boldsymbol{\theta}}))^2$$

위에서 주어진 $\hat{\boldsymbol{\theta}}$의 분포와 추정량 s^2을 이용하면 선형회귀분석에서와 동일한 공식을 사용하여 모수 $\boldsymbol{\theta}$에 대한 추론을 할 수 있다. 이를테면, 각 모수 θ_j에 대한 개별적인 추론을 하려면 추정량 $\hat{\theta}_j$의 표준오차

$$\mathrm{SE}(\hat{\theta}_j) = \sqrt{c_{jj}} \cdot s$$

를 이용하면 된다(위에서 c_{jj}는 $(\hat{\boldsymbol{V}}'\hat{\boldsymbol{V}})^{-1}$의 j번째 대각원소를 나타낸다). 즉, θ_j에 대한 $100(1-\alpha)\%$ 신뢰구간은

$$\hat{\theta}_j \;-\; t(\tfrac{\alpha}{2}; n-p)\mathrm{SE}(\hat{\theta}_j) \;<\; \theta_j \;<\; \hat{\theta}_j \;+\; t(\tfrac{\alpha}{2}; n-p)\mathrm{SE}(\hat{\theta}_j)$$

으로 주어지며, 가설 $H_0 : \theta_j = \theta_{j,0}$에 대한 검정은 t 통계량

$$t_j = \frac{\hat{\theta}_j - \theta_{j,0}}{\mathrm{SE}(\hat{\theta}_j)}$$

이 근사적으로 자유도가 $(n-p)$인 t 분포를 따른다는 것을 이용하여 할 수 있다.

잔차분석을 위한 방법도 선형회귀분석에서의 방법과 동일하다. 비선형회귀분석에서의 모자행렬(hat matrix)은

$$\boldsymbol{H} = \hat{\boldsymbol{V}}(\hat{\boldsymbol{V}}'\hat{\boldsymbol{V}})^{-1}\hat{\boldsymbol{V}}'$$

으로 정의되며, 이 행렬의 i번째 대각원소인 지렛값(leverage)을 h_{ii}라 하면, 표준화잔차는 다음과 같이 정의된다.

$$r_i = \frac{Y_i - \hat{Y}_i}{s\sqrt{1-h_{ii}}}$$

그러므로 잔차분석은 표준화잔차 r_i들의 설명변수 X_i들과 예측값 $\hat{Y}_i$에 대한 산점도와 r_i의 정규확률도를 이용하여 수행된다. 그 외 5장에서 설명된 회귀진단을 위한 각종

통계량들도 위에서 정의된 r_i와 h_{ii}를 이용하여 동일한 공식으로 계산할 수 있다.

예제 9.3

자료 'growth1'을 사용하는 식물의 성장에 관한 예제에서

(1) 오차분산 σ^2의 추정값인 s^2을 구하여라.
(2) 모수 θ_1과 θ_2에 대한 신뢰구간을 구하여라.
(3) 가설 $H_0 : \theta_1 = 30$에 대한 t 검정을 실시하여라.
(4) 잔차분석을 실시하여라.

풀이 (1) 앞의 예제에서 s의 값이 0.5185(자유도 16)로 주어졌으므로 σ^2의 추정값 s^2은 $(0.5185)^2 = 0.2688$로 주어진다. 또는 R에서 오차제곱합 $SSE = \sum e_i^2$의 값을 구하여 자유도로 나누어주면 선형회귀에서처럼 $MSE = s^2$으로 얻을 수 있다.

```
> deviance(growth1.nls) / df.residual(growth1.nls)
[1] 0.2688919
```

(2) 역시 앞의 예제에서 최소제곱추정값은 $\hat{\boldsymbol{\theta}} = (28.1370, 12.5744)'$로 주어졌으므로, 표준오차 $\mathrm{SE}(\hat{\theta}_1) = 0.7280$, $\mathrm{SE}(\hat{\theta}_2) = 0.7631$과 t 분포표의 값 $t(0.025; 16) = 2.120$을 사용하여 신뢰구간을 구할 수 있다. θ_1과 θ_2에 대한 근사적 95% 신뢰구간은 각각 $(26.5938, 29.6803)$, $(10.9568, 14.1920)$으로 주어진다. R을 이용하면 다음과 같이 구할 수 있다.

```
> coef(growth1.nls)[1] + qt(c(0.025,0.975),16)*sqrt(vcov(growth1.nls)[1,1])
[1] 26.59378 29.68027
> coef(growth1.nls)[2] + qt(c(0.025,0.975),16)*sqrt(vcov(growth1.nls)[2,2])
[1] 10.95683 14.19203
```

또는 regbook 패키지에서 제공하는 waldint() 함수를 사용하면 편리하다.

```
> waldint(growth1.nls)
           2.5%    97.5%
theta1 26.59378 29.68027
theta2 10.95683 14.19203
```

(3) 가설 $H_0 : \theta_1 = 30$에 대한 t 검정통계량의 값은

$$t = \frac{28.1370 - 30.0}{0.7280} = -2.559$$

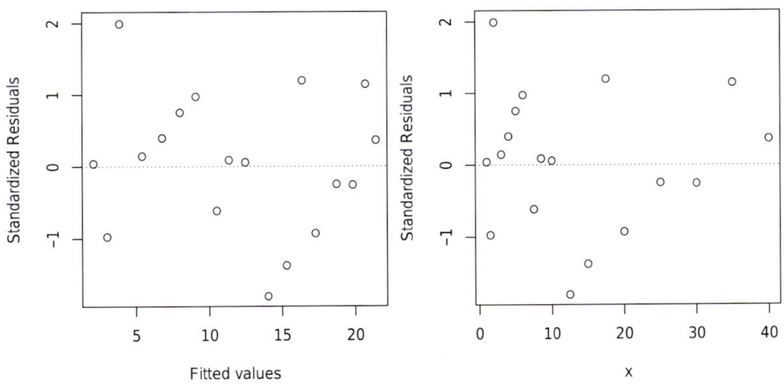

[그림 9.2] 표준화잔차의 예측값과 설명변수에 대한 산점도

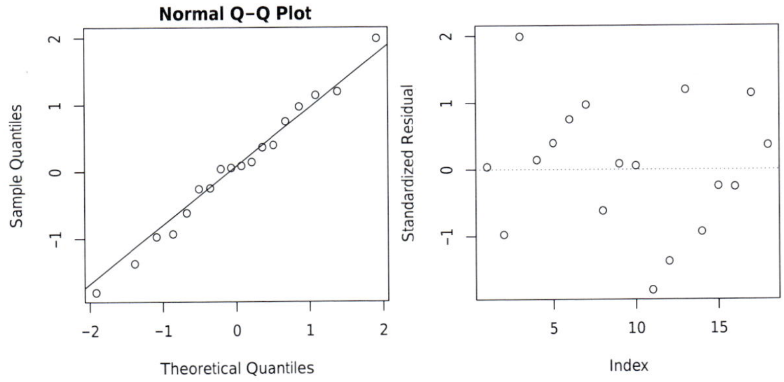

[그림 9.3] 표준화잔차의 정규확률도와 표준화잔차 대 관측순서

로 주어지며, 이 값의 절댓값은 $t(0.025; 16) = 2.120$ 보다 크므로 유의수준 0.05 하에서 귀무가설을 기각한다.

(4) `nls` 객체에 대한 `rstandard()` 함수는 설정되어 있지 않다. 대신 비선형회귀분석에서의 표준화잔차는 다음과 같이 구할 수 있다.

```
r <- residuals(growth1.nls, type="pearson")
```

[그림 9.2]에는 표준화잔차의 예측값과 설명변수에 대한 산점도가 주어져 있다. 각 그래프에서 특이한 점이 발견되지 않으므로 등분산성이 만족되고 현재모형의 설정에 문제가 없다고 판단된다. [그림 9.3]에는 표준화잔차의 정규확률도와 관측순서에 대한 산점도가 주어져 있다. 이들 그래프에서도 정규성과 독립성이 각각 만족된다고 할 수 있다.

위에서 알 수 있듯이 비선형회귀분석에서는 회귀식 $f(\boldsymbol{x}_i, \boldsymbol{\theta})$의 $\boldsymbol{\theta}$에 대한 선형근사화에 근거하여 선형모형에서의 방법을 그대로 사용하고 있다. 그러므로 모든 결과는 근사적으로 성립하며, 결과의 정확도는 회귀식의 선형근사화가 얼마나 정확한가에 의해 결정된다. 표본의 크기 n이 어느 정도 큰 경우에는 별 문제가 없지만, 그렇지 않은 경우에는 추론의 결과가 잘못된 결론을 유도할 수 있다.

선형근사화에는 실제로 두 가지 가정이 포함되어있다. 하나는 $\hat{\boldsymbol{\theta}}$ 근처에서 회귀면이 평면이라는 가정(planar assumption)이며, 또 다른 가정은 회귀면에서의 좌표체계가 균일좌표체계(uniform coordinate system)라는 것이다. 즉, 선형모형에서처럼 모수공간에서 축들이 서로 직각이며 좌표들이 일정한 간격을 이루고 있다는 가정이다. 비선형회귀 곡면에서는 실제로 이 가정들이 성립하지 않는다. 회귀면이 평면이 아니고 곡면으로 인한 곡률(curvature)은 모수의 형태와 무관하게 비선형모형식에 내재하는데 이를 **내재곡률**(intrinsic curvature)이라 한다. 그리고 회귀면에서의 좌표체계가 균일좌표체계가 아니라서 생기는 곡률을 **모수효과곡률**(parameter-effects curvature)이라 한다. 내재곡률은 제거하지 못하며, 모수효과곡률은 모형에 모수가 포함되는 형태에 따라 크기가 달라지므로 어느 정도 조정을 할 수 있다. 일반적으로 내재곡률은 모수효과곡률에 비하여 상대적으로 작다(Bates & Watts, 1988).

선형근사화에 기초한 신뢰구간보다 더 정확한 구간을 구하기 위하여 제곱합에 근거한 신뢰구간을 구하기도 한다. 제곱합함수는 모수효과곡률과는 무관하며, 상대적으로 크기가 작은 내재곡률에만 영향을 받는다는 장점이 있다. 이 방법에서는 가설 $H_0 : \theta_j = \theta_{j,0}$에 대한 부분 F 검정을 사용한다(4.1절 참조). 이 가설에서는 모수가 1개만 있으므로 식(4.4)의 F 검정통계량은 다음과 같이 주어진다. (모수 θ_j의 함수로 표현되지만 θ_j의 특정값이 주어지면 통계량이 된다.)

$$\begin{aligned} F(\theta_j) &= \frac{R(\theta_j|\hat{\boldsymbol{\theta}}_{(j)})}{s^2} \\ &= \frac{SSE(\hat{\boldsymbol{\theta}}_{(j)}|\theta_j) - SSE(\hat{\boldsymbol{\theta}})}{s^2} \end{aligned} \tag{9.13}$$

위의 식에서 분자의 자유도는 1 이며, s^2은 모든 모수가 포함된 모형에서의 오차분산 추정값이다. 그리고 $SSE(\hat{\boldsymbol{\theta}}_{(j)}|\theta_j)$는 θ_j가 특정한 값으로 주어질 때 나머지 모수들인 $\hat{\boldsymbol{\theta}}_{(j)}$에 대해 구한 SSE의 최소값을 나타낸다. 위의 식에서 θ_j 대신에 $\theta_{j,0}$를 대입하면 가설 $H_0 : \theta_j = \theta_{j,0}$에 대한 검정통계량값이 된다. 식(9.13)의 통계량 $F(\theta_j)$는 자유도 1과

$(n-p)$인 F 분포를 따른다. 그리고 이것의 제곱근에 부호를 감안한 통계량

$$\begin{aligned}\tau(\theta_j) &= \text{sign}(\theta_j - \hat{\theta}_j)\sqrt{F(\theta_j)} \\ &= \text{sign}(\theta_j - \hat{\theta}_j)\,\frac{1}{s}\,\sqrt{SSE(\hat{\boldsymbol{\theta}}_{(j)}|\theta_j) - SSE(\hat{\boldsymbol{\theta}})}\end{aligned} \tag{9.14}$$

은 자유도 $(n-p)$인 t 분포를 따른다. 이 함수를 **프로파일 t 함수**(profile t function)라 부르며, 기본적으로 θ_j에 대한 정확한 신뢰구간을 구하는데 사용한다. 즉, θ_j에 대한 $100(1-\alpha)\%$ 신뢰구간은 아래 구간에 속하는 θ_j 값들의 집합으로 주어진다.

$$-t(\tfrac{\alpha}{2};n-p) \;<\; \tau(\theta_j) \;<\; t(\tfrac{\alpha}{2};n-p)$$

선형근사화에 근거한 신뢰구간과는 다르게 프로파일 t 함수를 사용하여 구한 신뢰구간은 곡률의 정도가 클 때는 추정값 $\hat{\theta}_j$에 대해 비대칭으로 주어질 수 있다.

프로파일 t 함수의 또 다른 유용성은 $\tau(\theta_j)$의 그래프를 작성해보면 θ_j축 방향으로 곡률이 어느 정도인지를 시각적으로 알 수 있다. 물론 한 축에서만 파악할 수 있는 곡률의 정도이지만 비선형회귀분석을 더욱 정확하게 할 수 있는 매우 유용한 정보를 준다고 할 수 있다. R에서 프로파일 t 함수에 대한 모든 계산은 `profile()` 함수에서 이루어지며, 그 결과를 받아 신뢰구간은 `confint()` 함수로 구할 수 있고 그래프는 `plot()` 함수로 작성할 수 있다.

예제 9.4

식물의 성장에 관한 예제에서 프로파일 t 함수를 이용하여 모수들에 대한 신뢰구간을 구하고, 프로파일 t 함수의 그림을 작성하여 곡률의 정도에 대한 분석을 실시하여라.

풀이 R에서 프로파일 t 함수를 이용한 신뢰구간은 `confint()` 함수를 사용하여 구할 수 있다. `nls()`로 적합할 때 `trace=TRUE` 옵션을 사용하면 계산 중간과정의 값들을 제시해주므로 이 옵션을 먼저 제거하는 것이 좋다.

```
> growth1.nls <- update(growth1.nls, trace=FALSE)
> confint(growth1.nls)
Waiting for profiling to be done...
           2.5%    97.5%
theta1 26.64509 29.79721
theta2 11.03573 14.35154
```

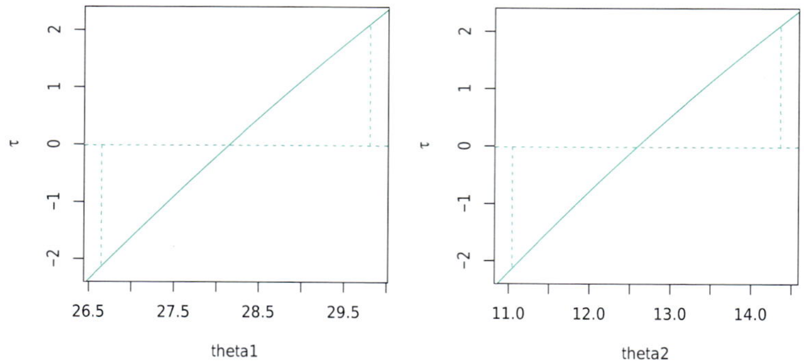

[그림 9.4] 자료 'growth1'과 모형식 (9.3)의 프로파일 t 함수 그림

기본적으로 95% 신뢰구간을 계산해주는데 다른 신뢰수준은 `level` 인자를 사용하여 명시할 수 있다. 첫 줄에 나오는 메세지는 `profile()` 함수에서 하는 계산량이 많아 시간이 걸리기 때문이다. 그리고 프로파일 t 함수의 그림은 간단하게 `plot()` 함수를 사용하여 작성할 수 있다. 각 모수에 대해 그림을 작성하므로 한 개의 창에 여러 개의 그림이 작성되도록 그래픽 인자를 설정해주어야 한다.

```
par(mfrow=c(1,2))
plot(profile(growth1.nls), absVal=FALSE, conf=0.95)
```

위의 결과를 [예제 9.3]에서 구한 선형근사화에 근거한 신뢰구간 값과 비교해보면 두 모수 모두에 곡률의 정도가 작아 근사 신뢰구간의 정확도도 어느 정도 높다고 할 수 있다. 이 사실은 [그림 9.4]의 프로파일 t 함수 그림에서도 알 수 있다. 각 그림에서의 함수가 직선에 가까우므로 곡률의 정도가 거의 없다고 할 수 있다. 그림에서 점선의 수직선과 점선의 수평선이 맞닿는 부분이 95% 신뢰구간의 하한과 상한을 나타낸다. 만약 `conf` 인자를 생략하면 기본으로 5개 신뢰수준에 해당되는 구간들을 보여준다.

선형근사화의 정확도는 같은 비선형회귀식을 사용하는 경우에도 설명변수들의 관측값에 따라 달라진다. 그러므로 각 비선형회귀식에 대해 일반적인 분석을 하는 것은 불가능하고 관측치를 포함한 각 문제마다 개별적으로 조사를 해야 한다는 어려움이 있다. 만약 특정 비선형모형식과 자료의 결합에서 비선형 정도가 심하여 선형근사화의 사용이 적합하지 않은 경우에는, 모형식에 포함된 모수의 형태를 변환하여 사용하면 해결되는 경우가 많다. 예를 들어, 어느 자료에 대해 식(9.3) 형태의 미캘리스-멘텐 모형식을 사용

하였을 때 선형근사화의 정확도가 문제가 되면, 모형식을

$$\frac{X}{\beta_1 + \beta_2 X} \tag{9.15}$$

와 같이 변형하여 사용하면 해결되는 경우가 있다. 두 모형식에서 모수들은 $\beta_1 = \theta_2/\theta_1$, $\beta_2 = 1/\theta_1$의 관계를 가지고 있다. 비선형회귀분석에서는 이와 같은 **모수변환**(parameter transformation)이 여러 가지 용도로 사용되는데, 예를 들어, [표 9.2]에 있는 모형식들에 있어서는 특정 모수의 경우 항상 양수가 되도록 e^{θ} 형태로 표현하고 있다. 선형근사화의 약점을 보완하는 다른 대안으로는 붓스트랩(bootstrap) 기법을 사용하여 신뢰구간을 구하는 것이다(Ritz & Streibig, 2008). R의 `nlstools` 패키지의 `nlsBoot()` 함수를 이용하여 수행할 수 있다.

예제 9.5

식물의 성장에 관한 예제에서 모형식 (9.15)를 사용하여 모형을 적합하고, 선형근사화의 정확도를 [예제 9.4]의 경우와 비교하여라.

풀이 모형식 (9.15)에 있는 β_1, β_2의 초기값은 θ_1, θ_2의 추정값을 이용하여 쉽게 구해진다. 이를 이용하여 추정하면 다음과 같다.

```
> fit <- nls(y ~ x/(beta1 + beta2 * x), growth1,
          start=list(beta1=12.5744/28.1370, beta2=1/28.1370))
> summary(fit)
(...)
Parameters:
       Estimate Std. Error t value Pr(>|t|)
beta1 0.4469001  0.0167856   26.62 1.12e-14 ***
beta2 0.0355403  0.0009195   38.65  < 2e-16 ***
```

`confint()`를 이용하여 구한 신뢰구간은 다음과 같다.

```
> confint(fit)
Waiting for profiling to be done...
            2.5%      97.5%
beta1 0.41174377 0.48432286
beta2 0.03356035 0.03753054
> par(mfrow=c(1,2))
> plot(profile(fit), absVal=FALSE, conf=0.95)
```

참고로 붓스트랩 신뢰구간은 다음과 같이 구할 수 있다.

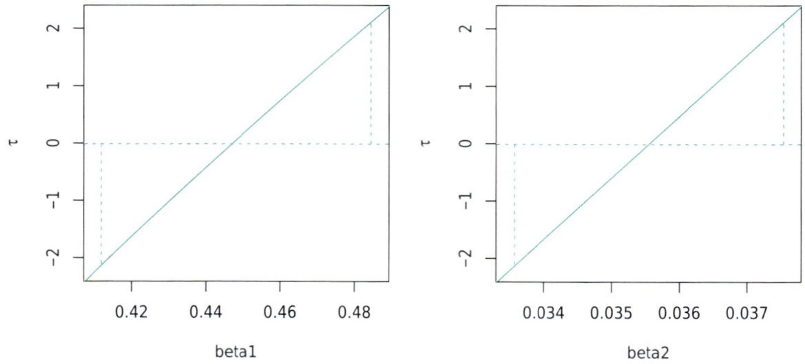

[그림 9.5] 자료 'growth1'과 모형식 (9.15)의 프로파일 t 함수 그림

```
> boot.ci <- nlstools::nlsBoot(fit)
> summary(boot.ci)
------
Bootstrap statistics
        Estimate   Std. error
beta1 0.44747355 0.0153258791
beta2 0.03551239 0.0008464122
------
Median of bootstrap estimates and percentile confidence intervals
          Median       2.5%      97.5%
beta1 0.44700282 0.41626647 0.47739305
beta2 0.03551248 0.03391711 0.03723029
```

큰 차이는 아니지만 [그림 9.5]의 프로파일 t 함수 그림이 [그림 9.4]의 경우보다 좀더 직선에 가깝다는 것을 알 수 있다. 따라서 이 문제의 자료에 대해서는 모형식 (9.15)를 사용하는 것이 추론의 정확도가 높다고 할 수 있다. 그러나 한편 모형식 (9.3)은 모수의 의미를 해석하기 쉽다는 장점을 가지고 있으므로 분석의 목적에 따라 선택하면 된다. □

연습문제

9.1 아래의 비선형회귀식에서 나타나는 각 모수의 초기값을 구하는 방법을 설명하여라.(단, 모수들은 모두 양수값을 가진다.)

(1) $f(X,\boldsymbol{\theta}) = \theta_1 + \theta_2 e^{-\theta_3 X}$
(2) $f(X,\boldsymbol{\theta}) = \dfrac{\theta_1}{1 + \theta_2 e^{-\theta_3 X}}$
(3) $f(\boldsymbol{x},\boldsymbol{\theta}) = \exp[-\theta_1 X_1 \exp(-\theta_2/X_2)]$

9.2 다음은 본문에서 설명된 화학반응에 관한 자료(`chemical`)이다. 이 실험에서는 각 시간대에서 A와 B의 농도를 모두 측정하였다.

시간	0.5	0.5	1	1	2	2	4	4	8	8
A의 농도	0.907	0.915	0.801	0.825	0.649	0.675	0.446	0.468	0.233	0.187
B의 농도	0.127	0.064	0.134	0.2	0.274	0.375	0.57	0.535	0.792	0.803

(1) A, B의 농도 대 시간의 산점도를 같은 그림에 작성하여라.
(2) A의 농도에 대해 비선형회귀식 $f_A(X,\theta) = e^{-\theta X}$ 을 적합시키고자 한다. 본문의 설명을 참고하여 모수 θ의 초기값을 구하고, 가우스-뉴턴 방법을 사용하여 θ의 추정값과 표준오차를 구하여라.
(3) B의 농도에 대해 비선형회귀식 $f_B(X,\theta) = 1 - e^{-\theta X}$ 을 적합시키고, θ의 추정값과 95% 신뢰구간을 구하여라.
(4) (2)와 (3)에서 구한 θ의 추정값을 비교하여라.
(5) (2)에 주어진 θ의 프로파일 t 함수 그림을 작성하고, 곡률의 정도를 파악하여라.

9.3 본문의 [예제 9.1]에서 사용된 미캘리스-멘텐 모형 외에도 성장곡선분석에 사용될 수 있는 비선형회귀모형은 많이 있다. 다음 모형식도 그 중의 하나이다.

$$f(X,\beta_1,\beta_2) = \beta_1(1 - e^{-\beta_2 X})$$

위의 모형식을 사용하여 [예제 9.1]의 자료 `growth1`을 다시 분석해보자.

(1) 위의 모형식에서 모수 β_1과 β_2의 초기값을 구하는 방법을 설명하여라.

(2) `nls()`를 이용하여 위의 모형을 적합하고, 모수 β_1과 β_2에 대한 추론을 실시하여라.

(3) 위의 모형은 [표 9.2]에 주어진 원점을 지나는 점근적 회귀모형 `SSasympOrig()`에 해당된다. 표에 있는 모형에서는 모수 β_2가 항상 양수가 되도록 e^{θ_2}로 변환하였다. 함수 `SSasympOrig()`를 이용하여 모형을 다시 적합하여라.

(4) 각 모형에서 계산되는 오차평균제곱 s^2의 값, 적합곡선의 정확도, 잔차의 산점도 등을 비교하여 위의 모형과 [예제 9.1]에서 사용된 미캘리스-멘텐 모형 중 어느 것이 이 자료에 적합한지를 판단하여라.

9.4 자료 'bug'에 대해 4장의 [예제 4.8]에서는 지수쇠퇴모형 $\beta_0 \exp(\beta_1 x)$을 선형변환하여 선형모형을 적합하였고, [연습문제 7.16]에서는 다항회귀모형을 적합하였다. [예제 4.8]의 회귀계수 추정값에서 β_0와 β_1의 초기값을 구하여 지수쇠퇴모형 $\beta_0 \exp(\beta_1 x)$에 대한 비선형회귀분석을 실시하여라. 그리고 자료의 산점도에 3가지 추정곡선을 나타내어 비교하여라.

9.5 7장의 [예제 7.5]에 주어진 자료 'enzyme'은 비선형회귀모형을 이용하여 분석하는 것이 타당하다. 이 자료에 대해 미캘리스-멘텐 모형을 이용한 비선형회귀분석을 하고, [예제 7.5]의 다항회귀 결과와 비교하여라. 간결함의 원칙에 의하면 어느 모형이 더 좋은가? 두 모형에서 오차평균제곱 s^2의 값을 계산하여 비교하여라.

9.6 R에서 기본적으로 제공되는 자료 'BOD'는 개울물의 생화학적 산소요구량을 측정한 것이다 : Y(`demand`), X(`Time`).

(1) R에서 `help(BOD)`를 실행하여 자료에 대한 정보를 읽어보아라.

(2) 점근적 회귀모형식 $\theta_1(1 - e^{-\theta_2 X})$을 적합시키고, 자료의 산점도 위에 적합된 모형식을 나타내어라.

(3) 모수들의 프로파일 t 함수 그림을 작성하고, 곡률의 정도를 파악하여라. 그리고 근사적 신뢰구간과 프로파일 함수를 사용한 신뢰구간을 계산하고 서로 비교하여라.

(4) 위의 모형식에서 모수 θ_2는 항상 양수가 되어야 하므로 이를 보장하기 위하여 $\theta_2 = \exp(\phi_2)$와 같이 모수변환을 하여 사용하기도 한다([표 9.2] 참조). 이 경우 모형식은 $\theta_1(1 - \exp(-(e^{\phi_2})X))$로 표현된다. 이 변환된 모형식에 대해 (3)번의 과정을 반복하고 결과를 비교하여라.

9.7 자료 'growth2'는 시간에 따른 식물의 성장치를 기록한 것이다 : 성장치(growth), 시간(time).

(1) 성장치의 시간에 따른 비선형모형을 미캘리스-멘텐 모형을 이용하여 적합하여라.
(2) 모수들의 프로파일 t 함수 그림을 작성하고, 곡률의 정도를 파악하여라. 그리고 근사적 신뢰구간과 프로파일 함수를 사용한 신뢰구간을 계산하고 서로 비교하여라.
(3) 이 자료에는 반복관측치가 있으므로 적합결여검정을 할 수 있다. 4.3.2절에 주어진 공식과 [연습문제 4.1]에 주어진 식을 참조하여 순오차제곱합을 계산하고, 적합결여검정을 실시하여라.

9.8 자료 'normaldensity'는 표준정규분포의 확률밀도함수에 적당한 크기의 오차를 더하여 생성한 자료이다(변수 : y, $x(0 \sim 3)$). 아래의 순서를 따라 비선형회귀모형을 적합하여라.

(1) 산점도를 작성하여라. 그리고 loess 곡선을 추가하여라.
(2) 표준정규분포의 확률밀도함수를 참조하면 타당한 비선형회귀식은 아래에 주어진 모수가 2개 또는 3개인 모형으로 설정할 수 있음을 설명하여라.

$$f(x;\boldsymbol{\theta}) = \theta_1 \exp(-\theta_2 x^2)$$
$$f(x;\boldsymbol{\theta}) = \theta_1 \exp(-\theta_2 x^2 - \theta_3 x)$$

(3) 첫 번째 모형을 적합하고자 한다. 모수 θ_1, θ_2의 적당한 초기값은 각각 얼마인가? 이 초기값을 사용하여 모형을 적합하여라.
(4) 두 번째 모형을 적합하여라. 모수 θ_3의 초기값으로는 0을 사용하면 된다. 그리고 추정값 $\hat{\theta}_3$에 대한 유의성검정을 실시하여라. 어느 모형이 타당한가?
(5) 위의 두 모형은 내포모형(nested model)이므로 부분 F 검정으로 비교할 수 있다. 두 모형을 적합한 객체를 각각 fit1(모수 2개 모형), fit2(모수 3개 모형)라 할 때 anova(fit1, fit2)를 실행하면 된다. 어느 모형이 좋은가?
(6) 선택된 모형에 있는 모수들의 프로파일 t 함수 그림을 작성하고, 곡률의 정도를 파악하여라. 그리고 근사적 신뢰구간과 프로파일 함수를 사용한 신뢰구간을 계산하고 서로 비교하여라.
(7) 선택된 모형에 대해 잔차의 산점도들을 작성하고 분석하여라.

9.9 R의 'DNase'는 쥐 혈청에 있는 재조합 단백질 DNase에 대해 ELISA 방법(단백질 양을 측정하는 방법)으로 분석하여 얻은 자료로, 단백질의 알려진 농도(conc)에서 측정된 광학밀도(density)의 값을 가지고 있다. 첫 번째 실험자료에 대해 비선형모형을 적합해보자.

```
DNase1 <- subset(DNase, Run==1)
```

(1) density의 log(conc)에 대한 산점도를 작성하여라.

(2) 설명변수로 log(conc)을 사용하여 [표 9.2]의 로지스틱 모형식 SSlogis()를 적합하여라.

(3) [표 9.2]의 모수가 4개인 로지스틱 모형식 SSfpl()을 적합하여라.

(4) anova() 함수를 사용하여 위의 두 모형 적합결과를 비교하여라([연습문제 9.8]의 문제 (5) 참조).

(5) (4)에서 선택된 모형의 적합식을 자료의 산점도 위에 나타내어라.

9.10 R의 'Puromycin'은 배양액의 농도에 따른 효소의 반응속도를 측정한 자료로, 농도(conc), 반응속도(rate), 배양액에 대한 Puromycin 처리여부(state: treated, untreated)의 값들을 가지고 있다. state=treated에 해당하는 자료는 [예제 7.5]와 [연습문제 9.5]에서 분석되었다.

(1) rate의 conc에 대한 산점도를 작성하여라.

```
plot(rate ~ conc, data = Puromycin, pch = as.integer(state),
     col = as.integer(state))
```

위에서 pch와 col은 state값에 따라 다른 기호와 색을 사용하기 위한 인자이다.

(2) [예제 9.2]을 참고하여 먼저 untreated된 자료에 대해 미켈리스-멘텐 모형식 $\frac{\theta_1 \texttt{conc}}{\theta_2+\texttt{conc}}$을 적합하여라. untreated된 자료만 사용하려면 nls() 함수에 subset= state=="untreated" 옵션을 추가하면 된다.

(3) 이제 전체 자료에 대한 모형을 구축해보자. 두 종류의 범주에 속하는 자료가 있으므로 선형회귀분석에서처럼 가변수를 사용할 수 있다. 즉, 가변수 z를

$$z = \begin{cases} 0 & untreated \\ 1 & treated \end{cases}$$

와 같이 정의하면 전체 자료에 대한 모형식을

$$\frac{(\theta_1 + \delta_1 z)\texttt{conc}}{(\theta_2 + \delta_2 z)\ +\ \texttt{conc}}$$

와 같이 설정할 수 있다. 위의 모형식에서 δ_1은 두 범주 간 최대반응속도의 차이, δ_2는 최대반응속도의 반에 해당되는 농도의 차이를 나타낸다고 볼 수 있다. 위의 모형식을 적합하여라. 자료의 산점도를 보면 δ_1의 값은 유의한 양의 값으로, δ_2의 값은 0에 가까운 값이 될 것이라고 짐작할 수 있다. 그리고 가변수 z는 다음과 같이 생성할 수 있다.

```
Puromycin <- within(Puromycin, z <- ifelse(state=="treated", 1, 0))
```

(4) δ_2가 0이라는 가설 하에서의 모형을 적합하고, **anova**() 함수를 이용하여 (3)에서 구축한 모형과 비교하여라.

부록 A

R을 이용한 통계분석

A.1 기초

A.1.1 시작하기

R은 통계 계산과 그래픽을 위한 프로그래밍 언어이며 통계 계산과 그래픽을 위한 소프트웨어 환경이자 통계 패키지이기도 하다. R이 가지는 특징이자 장점은 다음과 같다.

첫째, R은 '자유 소프트웨어(free software)'이다. 기본적으로 무료로 사용할 수 있을 뿐만 아니라 소스 코드가 공개되어 있으며, 누구라도 원한다면 마음대로 소스를 수정하고 배포할 수 있는 자유가 있다. 전세계 수많은 사용자들이 자신이 작성한 패키지들을 공유함으로써 R 생태계가 빠른 속도로 발전하고 있다.

둘째, R은 이식성과 확장성이 뛰어나다. R 소프트웨어는 유닉스(UNIX), 리눅스(Linux), 맥오에스(MacOS), 윈도우즈(Windows) 등 대부분의 컴퓨팅 환경을 지원할 뿐만 아니라, C, C++, FORTRAN, Java, Python 등 여러 프로그래밍 언어의 인터페이스를 지원한다.

셋째, R은 고품질의 자유로운 제어가 가능한 그래픽 기능을 제공한다. 어떠한 새로운 형태의 그래프가 필요하다면 스스로 만들어낼 수 있다. 한편 한 개인이 필요한 그래프 패키지를 구현하여 다른 사용자들과 공유하는 생태계 덕분에 모든 것을 혼자 만들지 않아도 된다. 많은 사람이 필요로 하는 형태의 그래프라면 이미 누군가에 의해 구현되어 있을 가능성이 높다.

넷째, 강력한 데이터 처리 기능을 제공한다. 통계모형을 분석하는 기능뿐만 아니라 원시자료에서부터 시작하여 통계 분석에 필요한 형태의 자료로 가공하는 전과정을 R을 이용하여 수행할 수 있다.

설치하기

R은 대부분의 운영체제를 지원하므로 자신이 사용하는 시스템을 위해 만들어진 바이너리 설치 파일을 구해서 설치하면 된다. R 프로젝트 홈페이지[1]에서 소프트웨어와 안내서 등을 다운로드 받을 수 있다. R에 관련된 자료의 저장소인 CRAN[2](Comprehensive R Archive Network)을 이용하면 편리하다. R의 개발에 참여하거나 소스 코드를 수정할 것이 아니라 단지 사용하기만 할 것이라면 자신의 운영체제를 선택한 후 'base' 배포판을 다운로드 받아 설치하는 것으로 충분하다.

실행하기

성공적으로 설치하였다면 R 명령을 내릴 수 있는 그래픽 사용자 인터페이스(GUI)를 사용할 수 있게 된다. Windows의 경우 Rgui.exe 프로그램을 실행시키면 [그림 A.1]과 같은 창이 뜬다. 이 창의 프롬프트(prompt)에서 R 명령을 수행할 수 있다. R의 기본 GUI는 프로그래밍을 하기에는 기능이 부족하다. 이 때문에 프로그래밍을 위한 편의성이 강화된 통합개발환경(IDE) 소프트웨어를 사용하는 것이 일반적인데 RStudio[3]가 그 중 대표적인 것이다.

R 프로그램은 [그림 A.1]에서 볼 수 있는 대화형 모드(interactive mode)에서 명령을 직접 입력하여 한 단계씩 수행해 나갈 수도 있으며 분석에 필요한 코드를 하나의 스크립트(script) 파일로 작성한 후 Rscript 프로그램으로 실행할 수도 있다.

도움말

R에서는 각 명령을 위한 도움말이 상세히 제공된다. 도움말의 내용을 검색하기 위해서는 `help.search`(*keyword*) 함수를 이용한다. 예를 들어, 표준편차를 계산하고 싶은데 어떤

[1] http://www.r-project.org
[2] http://cran.r-project.org
[3] https://rstudio.com

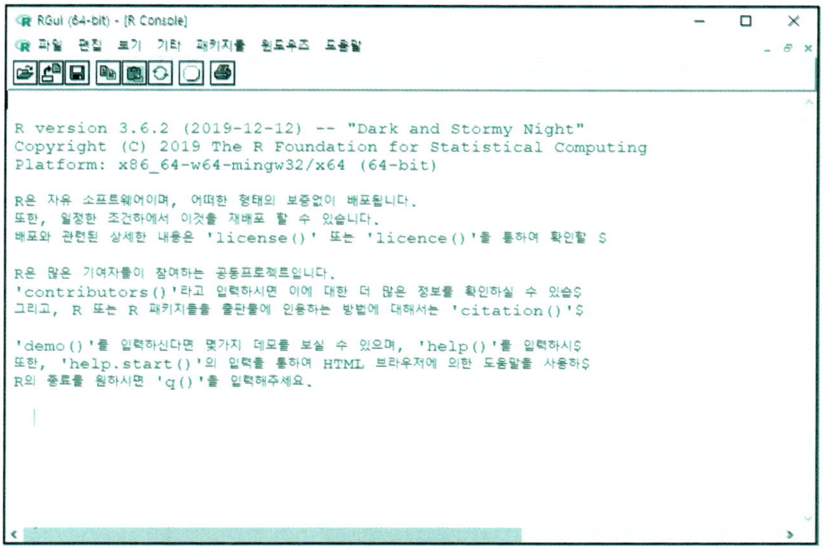

[그림 A.1] R 그래픽 사용자 인터페이스의 실행 모습

함수를 사용해야 하는지 모를 때

```
help.search("standard deviation")
```

와 같이 도움말 전체를 검색해 볼 수 있다. 검색 결과로 해당 검색어를 포함하는 도움말 문서의 목록이 문서의 제목과 함께 출력된다.

특정한 항목에 대한 도움말을 읽으려 할 때는 **help**() 함수를 이용한다. 예를 들어, 위와 같은 검색을 통해 알게 된 **sd**() 함수에 대해서 자세한 도움말을 읽고 싶다면

```
help("sd")
```

라고 명령을 내리면 된다. 이 명령은 간단하게 물음표를 이용하여 '?sd'로 대신할 수도 있다. 도움말의 상세한 내용을 읽는 대신에 사용 예제만을 간단하게 살피는 것으로 충분하다고 판단될 때는 **example**() 명령을 이용할 수 있다.

```
example("sd")
```

패키지

패키지(package)는 R 함수와 데이터, 때로는 다른 프로그래밍 언어로 작성한 실행 코드를 정해진 형식에 맞추어 모아놓은 것이다. 누구나 정해진 형식을 따른다면 자신의 패키지를 만들 수 있다. R을 설치할 때는 'base' 배포판만 설치하는 것이 일반적이며

이때에는 가장 기본적인 핵심 패키지만 함께 설치된다. 이외에도 전세계 연구자들이 작성한 수많은 R 패키지를 온라인 상에서 찾아볼 수 있다. 필요에 따라 자신이 사용하고자 하는 패키지를 손쉽게 추가로 설치할 수 있다.

패키지를 설치하기 위해서는 `install.packages()` 명령을 이용한다. R 프로젝트를 통해 공식적으로 지원되는 패키지는 이 명령을 통해 설치될 수 있다. 예를 들어, 'MASS' 패키지를 설치하려고 한다면 다음과 같은 명령을 내리면 된다.

```
install.packages("MASS")
```

설치된 패키지를 사용하기 위해서는 우선 `library()` 명령으로 로딩하는 것이 일반적이다. 예를 들어, 'MASS' 패키지를 사용하려 한다면 다음처럼 명령을 내리면 된다.

```
library(MASS)
```

R 프로젝트에서 지원하고 있는 패키지들의 목록과 간략한 설명 및 상세한 매뉴얼은 CRAN의 메뉴 중 Packages[4]에서 확인할 수 있다. 이 책을 위한 `regbook` 패키지는 CRAN과는 별도로 GitHub를 통해 관리 및 배포되고 있으며 설치 방법은 `regbook` 홈페이지[5]에 설명되어 있다.

A.1.2 계산하기

기본 연산자

R 사용에서 가장 기초가 되는 것은 연산자이다. 연산자는 크게 (1) 산술 연산자, (2) 비교 연산자, (3) 논리 연산자로 구분할 수 있으며, 어떤 값에 변수를 지정하기 위한 특수한 연산자로 할당 연산자가 있다([표 A.1]~[표 A.3] 참조).

산술 연산자 산술 연산자에는 덧셈, 뺄셈, 곱셈, 나눗셈의 사칙 연산자를 포함하여 제곱, 나머지, 몫 연산자가 제공된다. 산술 연산자를 이용하여 R을 계산기처럼 이용할 수 있다. 연산 우선 순위를 바꾸기 위해서 괄호를 사용할 수 있다.

```
> 3 * (4 + 5)
[1] 27
```

[4] http://cran.r-project.org/web/packages

[5] http://regbook.github.io

[표 A.1] R의 산술 연산자

연산자	의미	예제	값
+	더하기	3 + 2	5
-	빼기	5 - 2	3
*	곱하기	5 * 3	15
/	나누기	5 / 3	1.6666667
^, **	거듭제곱	2^10, 2**10	1024
%%	나머지	5 %% 2	1
%/%	몫	5 %/% 2	2

비교 연산자 비교 연산자는 값의 대소 또는 등가성을 비교하는 연산자이다. 비교 연산자도 산술 연산자와 마찬가지로 두 개의 값을 취하여 하나의 진리값을 내는 이항 연산자이다. 숫자 이외의 자료에 대해서도 비교 연산을 할 수 있다.

[표 A.2] R의 비교 연산자

연산자	의미	예제	값
<	작다	3 < 2	FALSE
<=	작거나 같다	5 <= 2	FALSE
>	크다	5 > 3	TRUE
>=	크거나 같다	5 >= 3	TRUE
==	같다	2 == 10	FALSE
!=	다르다	5 != 2	TRUE

논리 연산자 논리 연산자는 참과 거짓에 대한 연산을 수행하는 연산자이다. 조건에 따라 다르게 작동하도록 프로그래밍을 하기 위해서 필요하며, 조건에 맞는 데이터를 필터링하는 등 자료의 정리에도 필요할 때가 많다.

[표 A.3] R의 논리 연산자

연산자	의미	예제	값
!	NOT	!TRUE	FALSE
|, ||	OR	TRUE | FALSE	TRUE
&, &&	AND	TRUE & FALSE	FALSE

연접(AND)과 이접(OR)을 나타내는 연산자에서 단일 문자 연산자(&, |)와 이중 문자 연산자(&&, ||)는 서로 다르게 작동한다. 일반적으로 자료 처리에서는 단일 문자 형태의 &, |를 사용한다. 이중 문자 연산자(&&, ||)는 if문 등의 프로그래밍에서 사용하기 위한 것이다.

변수와 할당 연산자 할당 연산자는 변수에 어떤 값을 할당하기 위한 연산자이다. 변수 이름은 가능하면 영문자(a–z, A–Z)로 시작하고 이에 더해 숫자(0–9), 마침표(.), 밑줄(_)만을 사용하는 것이 좋다. 할당 연산자는 특별한 이유가 없다면 '<-'을 사용하는 것을 권장하며 편의상 '='를 사용할 수도 있다. 다음은 x 라는 이름으로 변수를 만들고 그 값을 3으로 할당한다.

```
x <- 3
```

변수와 값의 순서를 바꾸어 '3 -> x'와 같이 사용할 수도 있으며 좀더 복잡한 프로그래밍에서 '<<-' 할당 연산자가 쓰이기도 한다.

산술 함수

R에서 제공되는 다양한 함수 중 가장 기본적인 것은 수치 연산을 위한 함수들이다. 지수, 로그, 삼각함수를 비롯하여 유용한 산술 함수들이 제공된다. [표 A.4]에 기본적인 산술 함수들을 정리하였다.

[표 A.4] R의 산술 함수

함수	의미
abs(x)	절대값
ceiling(x), floor(x), trunc(x)	버림/올림
round(x), signif(x), zapsmall(x)	반올림
log(x), log10(x), log2(x), logb(x, base=b)	로그함수
exp(x)	지수함수
sign(x)	부호
sqrt(x)	제곱근
cos(x), sin(x), tan(x)	삼각함수
factorial(x)	계승
choose(n, k)	조합의 수

A.1.3 벡터

벡터(vector)는 R에서 가장 기본이 되는 자료형이다. 벡터는 동일한 유형의 자료를 순서대로 나열한 것이다.

벡터의 생성

벡터를 생성하는 기본적으로 방법을 살펴보자. 우선 특별한 연산자인 콜론(:)을 이용하는 것이다. 콜론의 좌우에 시작하는 정수와 끝나는 정수를 지정해주면 두 수를 포함하여 둘 사이의 모든 정수를 원소로 하는 벡터가 만들어진다.

```
> 1:10
 [1]  1  2  3  4  5  6  7  8  9 10
```

다음으로 임의의 벡터를 만드는 가장 일반적인 방법으로 `c()` 함수를 이용할 수 있다. 쉼표를 이용하여 원하는 원소들을 나열해 주면 벡터가 만들어진다.

```
> c(1, 1, 2, 3, 5, 8, 11, 19)
[1] 1 1 2 3 5 8 11 19
```

일정한 간격을 가지는 수치들로 이루어진 벡터는 `seq`(from, to, by)로 생성할 수 있다. 시작점, 끝점, 간격을 지정하여 주면 된다.

```
> seq(1, 10, 2)
[1] 1 3 5 7 9
```

동일한 자료의 n회 반복으로 이루어진 벡터는 `rep`(x, times=n)으로 생성할 수 있다. 이 함수의 옵션을 적절히 사용하면 다양한 결과를 얻을 수 있다.

```
> rep(1, 5)
[1] 1 1 1 1 1
> rep(1:3, 5)
 [1] 1 2 3 1 2 3 1 2 3 1 2 3 1 2 3
> rep(1:3, each=5)
 [1] 1 1 1 1 1 2 2 2 2 2 3 3 3 3 3
```

벡터의 연산

단일한 수와 벡터 사이에 수치 연산을 하는 경우 단일한 수가 벡터의 모든 원소에 동일하게 적용된다.

```
> 5 + c(4, 7, 17)
[1] 9 12 22
> c(4, 7, 17) + 5
[1] 9 12 22
```

동일한 크기의 벡터 사이에 수치 연산을 수행하는 경우 원소 대 원소로 연산이 이루어진다. 즉, 첫번째 원소는 첫번째 원소와, 두번째 원소는 두번째 원소와 연산이 된다.

```
> c(-1, 3, -17) + c(4, 7, 17)
[1]   3 10   0
> c(-1, 3, -17) * c(4, 7, 17)
[1]    -4    21 -289
```

서로 원소의 개수가 다른 벡터 사이에 수치 연산을 수행하는 경우 크기가 작은 벡터가 반복이 되어 크기가 큰 벡터의 원소에 대응되도록 늘어나 연산이 된다. 두 벡터의 크기가 배수 관계에 있는 경우에는 경고 없이 실행이 되며 그렇지 않은 경우 경고가 출력된다.

```
> c(1, 2, 3) + c(2, 4, 8, 12, 14, 18)
[1]  3  6 11 13 16 21
> c(1, 2, 3) + c(2, 4, 8, 12, 14, 18, 22)
[1]  3  6 11 13 16 21 23
Warning message:

In c(1, 2, 3) + c(2, 4, 8, 12, 14, 18, 22) :
  longer object length is not a multiple of shorter
  object length
```

위에서 세 가지 유형으로 나누어 설명하였으나 사실상 이들은 동일한 원리를 따르고 있다. R에서는 벡터가 기본 자료형이므로 단일한 숫자도 크기가 1인 벡터이다. 따라서 단일한 숫자와 벡터의 연산은 크기가 1인 벡터와 또 다른 벡터의 연산으로 처리된다.

벡터와 산술 함수

벡터를 산술 함수가 인자로 취하는 경우도 동일하다. 앞서 기본 수치 연산 함수를 논할 때는 마치 단일한 수치값을 인자로 취하는 것처럼 설명하였으나 R은 벡터가 기본 자료형이므로 수치 연산 함수는 기본적으로 벡터를 인자로 취한다.

```
> x <- c(2, 3, 5, 7)
> log(x)
[1] 0.6931472 1.0986123 1.6094379 1.9459101
> exp(x)
[1]    7.389056   20.085537  148.413159 1096.633158
```

[표 A.5] R의 기본적인 벡터 함수들

함수	의미
max(x), min(x)	최대값, 최소값
sum(x)	합계
mean(x)	평균
median(x)	중앙값
range(x)	범위
var(x)	표본분산
cor(x,y)	상관계수
sort(x)	정렬된 벡터
rank(x)	x값들의 순위 벡터
order(x)	x를 정렬시키는 인덱스(정수)의 벡터
rev(x)	x값들의 순서를 거꾸로 배열한 벡터
quantile(x)	n-분위수 (디폴트로 사분위수)

벡터 함수

벡터 함수는 산술 함수와는 달리 인자로 받은 벡터의 전체 원소를 대상으로 연산이 이루어지며 그 결과값은 하나의 수치, 즉, 크기 1인 벡터일 수도 있으며 여러 개의 원소로 이루어진 벡터일 수도 있다. 물론 결과값의 자료형이 벡터가 아닐 수도 있다. 가장 기초적인 벡터 함수의 목록을 [표 A.5]에 제시하였다. 주어진 벡터의 원소의 합을 계산하는 sum()의 사용 예를 보면 다음과 같다.

```
> x <- c(1, 4, 7, 2, 3, 5)
> sum(x)
[1] 22
```

인덱싱

벡터 내의 원소들에 개별적인 접근을 가능하게 해주는 장치를 인덱스(index) 또는 아래첨자(subscript)라고 한다. 인덱스(index)는 벡터에 들어 있는 원소들의 번호를 뜻한다. 아래첨자라고 하는 이유는 수학에서 흔히 $x_1, x_2, x_3, \cdots$ 과 같이 표기하기 때문이다. 벡터 이름 뒤의 꺾쇠 괄호 안에 번호를 써주면 해당 원소에 접근할 수 있다.

```
> a <- c(13, 7, 5, 11, 2, 21, 23, 3)
> a[2]
[1] 7
```

인덱스도 물론 벡터일 수 있다. 여러 개의 인덱스를 지정하여 해당하는 원소들로 이루어진 벡터를 얻을 수 있다.

```
> a[2:7]
[1]  7  5 11  2 21 23
> a[c(2, 3, 5, 7)]
[1]  7  5  2 23
```

인덱스에 음수를 사용하면 해당 번호를 제외한 나머지 모든 것이라는 의미이다.

```
> a[-3]
[1] 13  7 11  2 21 23  3
> a[-c(1, 3, 5)]
[1]  7 11 21 23  3
```

인덱스 번호 대신에 논리값 또는 조건식을 사용하여 원소를 선택할 수도 있다. 다음과 같이 벡터 이름 뒤의 꺾쇠 괄호 안에 조건식을 써주면 해당 조건을 만족하는 원소만으로 이루어진 벡터를 얻을 수 있다.

```
> a[a > 7]
[1] 13 11 21 23
```

벡터의 유형

R에서 벡터는 동일한 유형의 데이터를 순서대로 모아놓은 것이다. 이때 데이터의 유형에 따라 벡터의 유형을 구분할 수 있다. 통계 자료에서 널리 사용되는 것으로 수치형(`numeric`) 이외에 범주형(`factor`)과 순서형(`ordered`) 벡터가 있다.

범주형 벡터는 `factor()` 함수를 이용하여 만들 수 있다. 예를 들어, 남성을 '0', 여성을 '1'로 약속하여 10명에 대한 정보를 다음과 같이 입력하였다고 하자. 이것은 수치형 벡터이다.

```
> x <- c(0, 0, 0, 0, 0, 1, 1, 1, 1, 1)
```

이것을 아래와 같이 범주형 벡터로 바꿀 수 있다. 그 내용을 출력해 보면 수치형 벡터와는 달리 '`Levels`'라는 추가 정보가 덧붙어 있는 것을 볼 수 있다. 해당 범주형 변수가 가질 수 있는 수준의 목록을 출력해 주는 것이다.

```
> Gender <- factor(x)
> Gender
 [1] 0 0 0 0 0 1 1 1 1 1
Levels: 0 1
```

범주형 변수의 각 수준을 숫자로 코딩한 것은 쉽게 알아 보기 어려우므로 단어나 약어를 이용하여 이름을 붙이는 편리하다. 다음과 같이 factor()의 인자를 이용하여 각 수준에 이름표를 달 수 있다.

```
> Gender <- factor(x, levels=c(0, 1), labels=c("M", "F"))
> Gender
 [1] M M M M M F F F F F
Levels: M F
```

범주형 설명변수가 포함된 자료를 분석할 때 기준범주를 무엇으로 할 것인가가 문제가 되기도 한다. R에서는 첫번째 수준을 기준범주로 인식한다. 이미 만들어진 범주형 벡터에서 기준범주를 변경하고자 할 때에는 relevel() 함수를 이용한다. 다음과 같이 여성('F')을 기준범주로 바꿀 수 있다.

```
> Gender <- relevel(Gender, ref = "F")
> Gender
 [1] M M M M M F F F F F
Levels: F M
```

순서형 벡터는 기본적으로 범주형 벡터의 하나이며 수준의 순서에 대한 추가 정보를 가진다. 예를 들어, 소득 수준 상(High), 중(Mid), 하(Low) 등급을 3, 2, 1로 입력한 자료가 있다고 하자.

```
> x <- c(1, 1, 1, 2, 2, 2, 3, 3, 3)
```

순서형 벡터를 만드는 ordered()의 사용법은 factor()와 동일하다. 수준에 순서가 부여된다는 점에서 차이가 있다. 출력 결과의 'Levels'를 보면 부등호로 순서가 표시되어 있음을 알 수 있다.

```
> Income <- ordered(x, levels=1:3, labels=c("Low", "Mid", "High"))
> Income
[1] Low  Low  Low  Mid  Mid  Mid  High High High
Levels: Low < Mid < High
```

A.1.4 데이터프레임

벡터가 R을 구성하는 가장 기본 단위라면 데이터프레임(data frame)은 R에서 가장 널리 사용되는 자료구조이다. 이외에도 주요한 자료형이 존재하지만 벡터와 데이터프레임을 이용하면 대부분의 실제 데이터를 R 내부로 들여와 분석할 수 있다. 데이터프레임은 엑셀 등의 프로그램의 스프레드시트 하나에 대응한다.

데이터프레임 만들기

데이터프레임은 기본적으로 벡터를 결합하여 생성할 수 있다. 데이터프레임의 각 열은 하나의 벡터이다. 결합되는 각 벡터의 원소의 개수는 같아야 한다.

```
> x1 <- 1:6; x2 <- c(1,1,2,2,3,3); y <- c(9, 12, 10, 13, 8, 7);
> mydata <- data.frame(x1, x2, y)
> mydata
  x1 x2  y
1  1  1  9
2  2  1 12
3  3  2 10
4  4  2 13
5  5  3  8
6  6  3  7
```

인덱싱

데이터프레임은 행과 열로 이루어진 2차원 데이터이다. 인덱스도 2차원으로 주어진다. 행과 열을 순서대로 지정하면 된다. 자리를 비워놓으면 모든 인덱스를 선택하는 것과 동일한 의미가 된다. 인덱스에 열 이름을 사용해도 된다.

```
> mydata[1, 1]
[1] 1
> mydata[3:5, 2:3]
  x2  y
3  2 10
4  2 13
5  3  8
```

```
> mydata[1,]
  x1 x2 y
1  1  1 9
> mydata[,1]
[1] 1 2 3 4 5 6
> mydata[, "x1"]
[1] 1 2 3 4 5 6
```

데이터프레임은 벡터를 열로 묶어 놓은 것이다. 데이터프레임에 하나의 인덱스만 주면 열을 지칭하게 된다. 이때 얻어지는 결과는 데이터프레임이다.

```
> mydata[2]
  x2
1  1
2  1
3  2
4  2
5  3
6  3
```

```
> mydata[1:2]
  x1 x2
1  1  1
2  2  1
3  3  2
4  4  2
5  5  3
6  6  3
```

```
> mydata[c("x1","x2")]
  x1 x2
1  1  1
2  2  1
3  3  2
4  4  2
5  5  3
6  6  3
```

하나의 열만 선택할 때에는 데이터프레임 이름 뒤에 $를 붙이고 열의 이름을 사용할 수도 있다. 이때에는 결과가 벡터가 된다.

```
> mydata$x1
[1] 1 2 3 4 5 6
```

변수 추가 및 변환

데이터를 데이터프레임의 형태로 불러들인 후에 분석을 진행하는 과정에서 새로운 열을 추가해야 할 필요가 자주 발생한다. 기존의 데이터에서 주어진 열에 대해 어떤 연산을 하여 새로운 열을 만든 후에 분석을 해야할 경우 등에 그러하다. 가장 단순한 방법은 새로 추가할 열의 이름을 정한 후에 그것에 직접 값을 할당하는 것이다.

```
> mydata$logx1 <- log(mydata$x1)
> mydata
  x1 x2  y     logx1
1  1  1  9 0.0000000
2  2  1 12 0.6931472
3  3  2 10 1.0986123
4  4  2 13 1.3862944
5  5  3  8 1.6094379
6  6  3  7 1.7917595
```

within() 함수를 이용하여 다음과 같이 하여도 동일한 결과를 얻을 수 있다.

```
> mydata <- within(mydata, logx1 <- log(x1))
```

이 방법은 데이터프레임의 이름을 반복하지 않아도 된다는 장점이 있다. 여러 개의 변수를 동시에 변환해야 할 때는 더 유용하다.

```
> mydata <- within(mydata, {
      logx1 <- log(x1)
      logx2 <- log(x2)
      logy <- log(y)
})
> mydata
  x1 x2  y     logx1     logx2     logy
1  1  1  9 0.0000000 0.0000000 2.197225
2  2  1 12 0.6931472 0.0000000 2.484907
3  3  2 10 1.0986123 0.6931472 2.302585
4  4  2 13 1.3862944 0.6931472 2.564949
5  5  3  8 1.6094379 1.0986123 2.079442
6  6  3  7 1.7917595 1.0986123 1.945910
```

조건부 부분집합

벡터와 마찬가지로 인덱싱에서 조건식을 이용하여 원하는 조건에 맞는 데이터만 추출하는 것이 가능하나 데이터프레임을 위해서 조건부 부분집합을 추출하는 특화된 함수 subset()을 이용하는 것이 좋다.

```
> subset(mydata, y >= 10)
  x1 x2  y
```

```
2  2  1 12
3  3  2 10
4  4  2 13
> subset(mydata, x2==2 & y>=10)
  x1 x2  y
3  3  2 10
4  4  2 13
```

A.1.5 데이터 파일 입출력

자신의 데이터를 분석하기 위해서는 우선 파일 형태의 데이터가 준비되어야 한다. 데이터 파일은 CSV 파일을 사용하는 것이 편리하다. CSV 파일은 쉼표로 컬럼이 구분된 텍스트 파일일 뿐이기 때문에 특정 소프트웨어 없이도 손쉽게 접근할 수 있다. 최근의 거의 모든 데이터 분석 소프트웨어에서 지원하므로 호환성도 뛰어나다.

CSV 파일은 엑셀과 같은 스프레드시트에 자료를 입력한 후 CSV 형식으로 저장하면 다음과 같은 내용의 텍스트 파일이 된다.

```
diameter,height,volume
21,21.33,0.291
21.8,19.81,0.291
(...)
35,19.5,0.704
40.6,21.94,1.084
```

이런 CSV 파일을 R에서는 다음과 같이 읽을 수 있다. CSV 파일에서는 첫행이 기본적으로 컬럼명으로 처리된다.

```
> mydata <- read.csv('data/mydata.csv')
> head(mydata)
  diameter height volume
1     21.0  21.33  0.291
2     21.8  19.81  0.291
3     22.3  19.20  0.288
4     26.6  21.94  0.464
5     27.1  24.68  0.532
6     27.4  25.29  0.557
```

이와 같은 CSV 파일이 아니더라도 테이블 형태의 텍스트 파일이라면 `read.table()`을 이용하여 읽을 수 있으며 구분자가 탭인 경우에는 `read.delim()`을 이용하면 편리하다.

A.1.6 프로그래밍 도구

R은 주어진 기능을 이용하여 데이터를 분석하는 것을 넘어서 사용자가 새로운 기능을 프로그래밍할 수 있게 하는 도구를 제공한다. 프로그래밍의 가장 핵심이 되는 도구는 함수, 반복문, 조건문이다.

사용자 정의 함수

사용자가 자신만의 함수를 만들어 사용할 수 있다. 본격적인 통계 프로그래밍을 위해서도 필요하지만 반복적으로 사용하는 명령을 모아 함수 형태로 만들어 놓고 사용하는 것이 편리한 경우도 있다.

사용자 정의 함수를 만들 때에는 `function()`을 이용한다. 예를 들어, 다음의 수학 함수들을 R로 구현해 보자.

$$f(x) = x + 1, \quad g(x, y) = x + y + 1, \quad S(\boldsymbol{x}) = \sum_{i=1}^{n}(x_i - \overline{x})^2$$

R에서 함수를 정의할 때에는 함수의 이름, 함수의 인자, 함수의 본체가 필요하다. 아래의 두번째 예에서 g는 함수의 이름, x와 y는 함수의 인자, `x + y + 1`은 함수의 본체이다.

```
f <- function(x) x + 1
g <- function(x, y) x + y + 1
S <- function(x) sum((x - mean(x))^2)
```

이렇게 함수를 정의한 후에는 다음과 같이 사용할 수 있다.

```
> g(2, 3)
[1] 6
```

R의 함수가 반드시 수학적인 함수에 대응되는 형태일 필요는 없다. 실행할 명령을 순서대로 모아놓은 것도 함수가 될 수 있다. 함수의 본체가 한 행 이상일 때에는 중괄호로 묶어 주어야 하며 인자를 다른 함수에 전달할 때는 '...'을 이용한다. 다음은 벡터가 주어지면 히스토그램을 그리고, 표본평균과 표본분산을 이용하여 정규분포 곡선을 추가하는 함수이다.

```
myhist <- function(x, ...) {
    xs <- seq(min(x), max(x), length.out = 100)
    ys <- dnorm(xs, mean(x), sd(x))
    hist(x, breaks=sqrt(length(x)), probability=TRUE, ...)
    lines(xs, ys)
}
```

히스토그램과 정규분포 곡선이 함께 있는 그래프를 여러 개 반복적으로 그려야 한다면 위와 같은 사용자 정의 함수를 정의하여 사용하는 것이 유용할 것이다. 사용자 정의 함수는 스크립트 파일로 작성하여 저장해 두면 재사용이 가능하며 쓸모가 많은 함수라면 패키지로 만들어 체계적으로 관리하고 배포하는 것도 가능하다.

반복문

반복문은 `for`와 `in`을 사용하여 작성할 수 있다. `for` 다음의 괄호 안에는 반복될 대상을 지정하고 중괄호 안에는 반복될 내용을 작성한다.

`for` (*variable* `in` *sequence*) { *body* }

R은 벡터화(vectorization)된 연산 기능을 통해 내부적으로 반복을 처리하기 때문에 다른 프로그래밍 언어와 달리 반복문을 명시적으로 사용할 일이 많지 않다. 반복문이 필요한 대표적인 경우는 다음과 같이 매 단계의 연산이 이전 단계에 의존하는 경우이다.

```
x <- numeric(100)
for (i in 3:length(x)) {
    x[i] <- 0.5*x[i-1] + 0.5*x[i-2] + rnorm(1)
}
plot(x, type="l")
```

조건문

조건문은 `if`와 `else`를 사용하여 작성할 수 있다. `if` 다음의 괄호 안에는 조건을 지정하고 중괄호 안에는 실행할 내용을 작성한다. 조건이 참일 때에는 `if` 다음의 중괄호 부분이, 거짓일 때에는 `else` 다음의 중괄호 부분이 실행된다.

`if` (*condition*) { *body* }
`else` { *body* }

예를 들어, 다음 조건문은 분석하려는 변수가 수치형일 때에는 히스토그램, 범주형일 때에는 막대그래프를 그려준다.

```
if (is.numeric(x)) {
    hist(x)
} else {
    barplot(table(x))
}
```

조건문과 반복문을 적절히 이용하면 분석 중간 단계를 사람이 일일이 확인하지 않고 상황에 따라 다르게 작동하게 하는 자동화가 가능해진다. 예를 들어, 다음은 여러 개의 변수를 가지는 데이터프레임이 주어졌을 때 각 변수에 대해 히스토그램 또는 막대그래프를 그려주는 함수를 작성한 것이다.

```
myplot <- function(data) {
  for (j in 1:ncol(data)) {
    x <- data[,j]
    if (is.numeric(x)) {
      hist(x)
    } else {
      barplot(table(x))
    }
  }
}
```

이 사용자 정의 함수를 이용하여 그래프를 파일로 저장하면 많은 변수를 가지는 데이터에 대해서도 손쉽게 그래프 보고서를 생성할 수 있다.

A.2 그래픽스

R의 강력한 그래픽 기능은 출판 가능 수준의 정교하고 미려한 그래프를 작성할 수 있게 해 준다. 사용자가 그래픽 요소를 직접 제어할 수 있어 필요에 따라 새로운 형태의 통계 그래픽을 쉽게 개발할 수 있다. 현재 R에는 `graphics` 패키지를 통한 표준 그래픽과 `grid` 패키지를 통한 격자 그래픽 기능을 기본적으로 제공하고 있으며, 이외에 다양한 그래픽 패키지를 추가로 설치하여 이용할 수 있다.

R의 표준 그래픽 함수는 크게 고수준, 저수준, 인터랙티브 그래픽 함수로 구별된다. 고수준 그래픽 함수(high-level plotting functions)는 새로운 그림을 그린다. 제목, 축, 눈금 등 그래프의 기본적인 요소들을 갖추어 목적에 맞게 맞춤 제작된 그래프를 그려준다. 저수준 그래픽 함수(low-level plotting functions)는 기존의 그림에 그래픽 요소를 추가한다. 점, 선, 면, 문자, 좌표축, 범례 등 그래픽 요소를 개별적으로 제어할 수 있다. 인터랙티브 그래픽 함수(interactive graphics functions)는 이미 그려진 그래프에 특정 정보를 추가하거나 뽑아낼 때 마우스 등의 포인팅 장치를 이용할 수 있게 해 준다.

A.2.1 고수준 그래픽 함수

고수준 그래픽 함수는 새로운 그림을 시작한다. 제목, 축, 눈금 등 그래프의 기본적인 요소들을 갖추어 분석 목적에 맞게 맞춤 제작된 그래프를 제공한다. R에서는 기본 패키지의 하나인 `graphics`를 통해 [표 A.6]과 같은 기본적인 고수준 그래픽 함수를 제공하고 있다.

가장 널리 사용되는 고수준 그래픽 함수는 `plot`()이다. 두 수치형 변수에 대한 산점도를 그리는 것이 `plot`()의 기본 기능이라 할 수 있으나, 인자로 어떤 자료가 주어지느냐에 따라 다양한 그래프를 그릴 수 있다.

두 수치형 벡터 x, y가 주어졌을 때 그 관계를 시각화하기 위하여 산점도가 널리 이용된다. 가로축에 x, 세로축에 y를 배치한 산점도는 `plot`(x, y) 또는 `plot`$(y \sim x)$ 명령으로 그릴 수 있다. R에 포함된 기본 데이터 '`cars`'는 자동차의 속도에 따른 제동거리 측정 자료이다. 다음과 같이 산점도를 그릴 수 있다.

```
plot(dist ~ speed, cars)
```

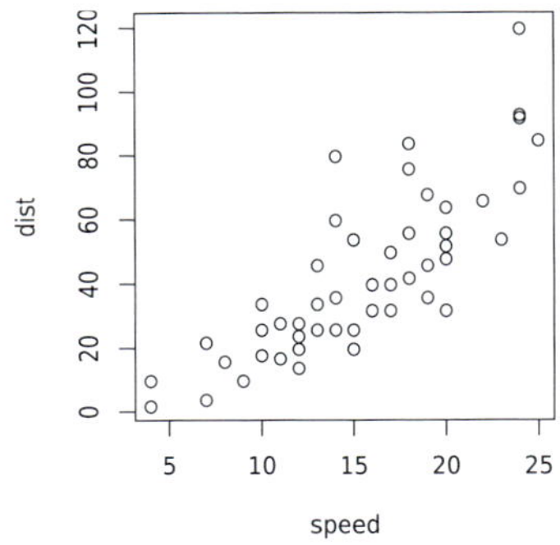

하나의 데이터프레임 안에 들어 있는 두 변수 사이의 관계를 보기 위해서는 이와 같이 `formula` 형식을 사용하는 것이 더 편리하다.

[표 A.6] 기본적인 고수준 그래픽 함수

2차원 그림		3차원 그림	
`plot`()	산점도	`persp`()	투시도
`pairs`()	산점도행렬	`image`()	색상그림
`hist`()	히스토그램	`contour`()	등고선
`boxplot`()	상자그림		
`barplot`()	막대그림		
`pie`()	원그림		
`stripchart`()	띠그림		
`dotchart`()	점그림		

하나의 수치형 변수 x에 대해 **plot**(x) 명령은 x 값을 세로축으로, 인덱스를 가로축으로 하는 그래프를 그려준다. R의 기본 데이터 중 하나인 '**airquality**'는 1973년 5월부터 9월 사이의 미국 뉴욕의 일일 기상관측 자료이다. 기온에 대한 그래프를 그려보자.

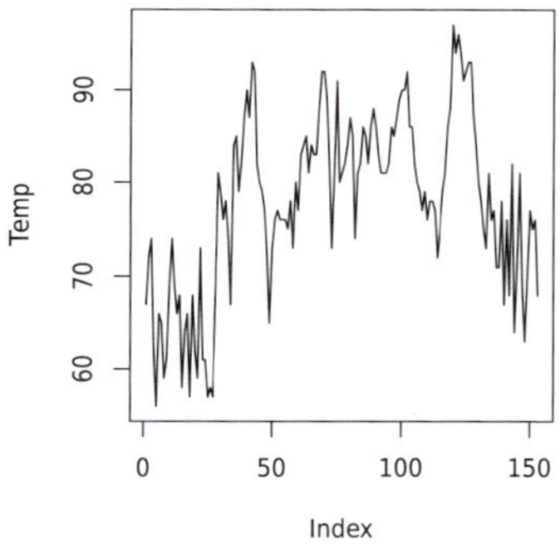


```
with(airquality, plot(Temp, type="l"))
```

이러한 관측값 대 관측순서의 그림은 특히 시공간적 순서에 따라 관측한 자료로 인접한 값들이 밀접한 관계를 가지는 경우에 널리 사용된다. 이때에는 `type="l"` 옵션으로 선을 그리거나, `type="b"` 옵션을 주어 선과 점을 함께 그리기도 한다.

수치형 변수 y와 범주형 변수 a로 이루어진 자료의 시각화에는 a의 각 수준에 따른 y의 상자그림이 널리 이용된다. 상자그림을 그리는 전용 함수인 **boxplot**($y \sim a$)를 이용하여 그릴 수 있으며 **plot**($y \sim a$)로도 동일한 결과를 얻을 수 있다.

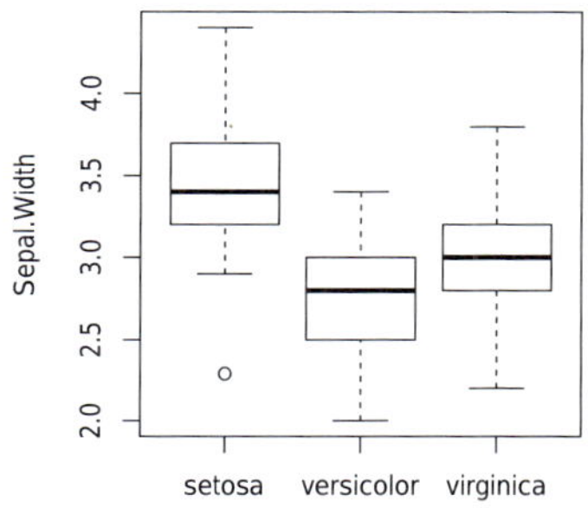


```
boxplot(Sepal.Width ~ Species, iris)
```

R의 기본 데이터 '**iris**'는 붓꽃 3종의 꽃받침(sepal)과 꽃잎(petal)의 너비와 길이를 측정한 자료이다. 상자그림을 통해 종에 따른 꽃받침의 너비의 분포의 차이를 시각적으로 살펴볼 수 있다.

여러 변수들 사이의 관계를 한눈에 파악하기 위하여 모든 변수 쌍의 산점도를 행과 열로 배치한 산점도 행렬도 자주 사용된다. 데이터가 행렬 x로 주어졌을 때 **pairs**(x)로 산점도행렬을 그릴 수 있다. 데이터프레임 d가 주어졌을 때에는 **pairs**(d) 또는 **plot**(d)로 모든 변수에 대한 산점도행렬을 그릴 수 있다.

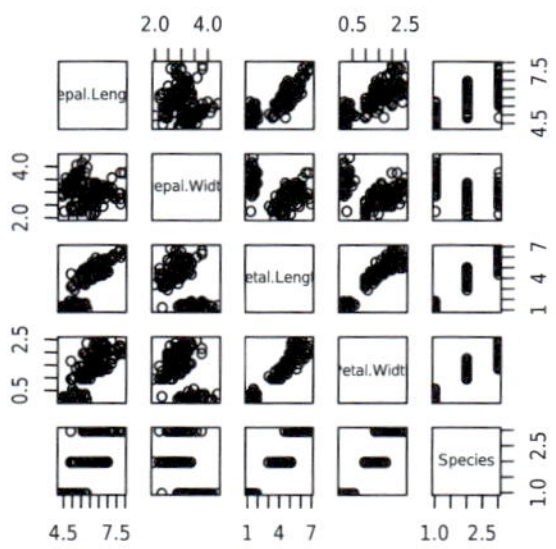


```
pairs(iris[1:4])
```

위 예와 같이 일부 변수에 대해서만 산점도행렬을 그리고자 할 때에는 해당 변수 열의 번호를 지정하여 주거나 `formula` 형식을 이용하여

```
pairs(~ Petal.Width + Petal.Length, iris)
```

와 같이 산점도행렬에 포함되기를 원하는 변수의 이름을 지정하여 줄 수 있다.

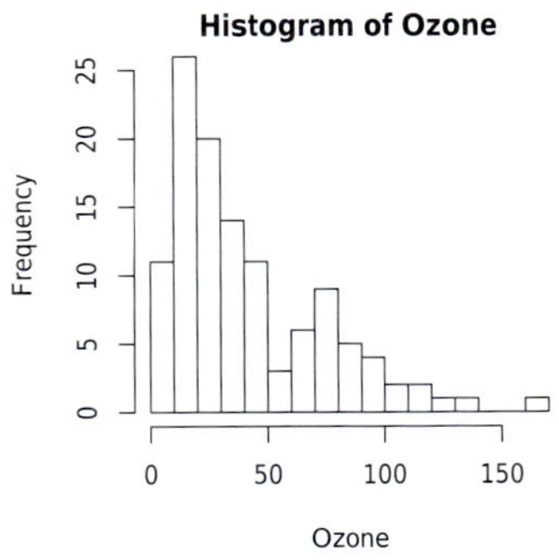

산점도와 상자그림 외에도 [표 A.6]과 같이 기본적으로 많이 사용되는 형태의 그래프를 그릴 수 있다. 예를 들어, 히스토그램은 하나의 수치형 자료가 주어졌을 때 그 분포 형태를 가늠하기 위하여 중요하게 사용된다. 수치형 벡터 x의 히스토그램은 hist(x)로 그릴 수 있다. 앞서 살펴본 'airquality' 자료의 오존 농도의 히스토그램을 그려보자. 히스토그램을 그릴 때 breaks 인자를 통해 구간의 경계값 또는 구간의 개수를 지정해 줄 수 있다.

```
with(airquality, hist(Ozone, breaks=sqrt(length(Ozone))))
```

이 외에도 qqplot(), qqnorm(), qqline(), mosaicplot(), symbols(), assocplot(), stars(), matplot(), sunflowerplot(), fourfoldplot(), curve(), filled.contour() 등 다양한 그래프가 기본적으로 제공된다.

A.2.2 저수준 그래픽 함수

저수준 그래픽 함수는 [표 A.7]에 정리된 점, 선, 면 등 기본 도형뿐만 아니라 문자, 좌표축, 범례 등 그래픽 요소를 개별적으로 제어할 수 있는 함수이다. 고수준 그래픽 함수가 새로운 그래픽을 시작하는 것과 달리 저수준 그래픽 함수는 기존의 그림에 그래픽 요소를 추가하는 방식으로 작동한다.

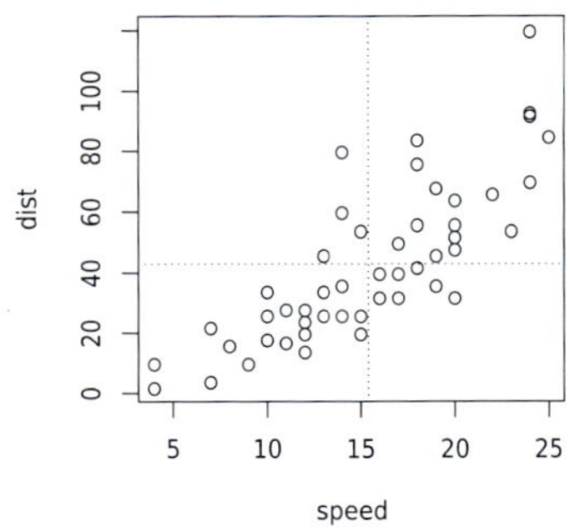

직선은 abline()을 이용해 추가할 수 있다. abline(a, b)는 그래프에 $y = a + bx$ 직선을 추가하고, abline(v=v, h=h)는 수평선 $y = h$와 수직선 $x = v$를 추가한다. 앞서 보았던 'cars' 자료의 제동거리와 속도의 산점도에 제동거리의 평균을 나타내는 수평선과 속도의 평균을 나타내는 수직선을 추가해보자.

```
plot(dist ~ speed, cars)
with(cars, abline(h=mean(dist), v=mean(speed), lty=3))
```

여기에서 lty 인자는 'line type'의 의미로 1은 실선, 2는 파선, 3은 점선 등으로 지정할 수 있다.

그래프에 점을 추가하기 위해서는 points(x, y)를 이용한다. 이 함수는 plot(x, y)와 같이 산점도를 그려준다. 차이점은 plot()은 새로운 그래프를 시작하고 points()는 이미 생성된 그래프에 점을 추가한다는 데에 있다.

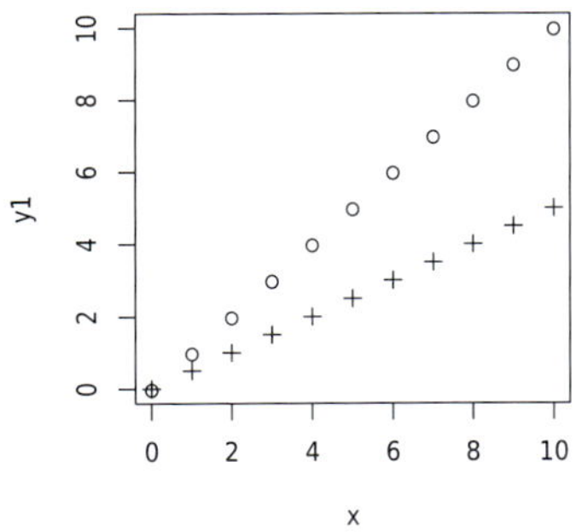


```
> x <- 0:10; y1 <- x; y2 <- 0.5 * x
> plot(x, y1)
> points(x, y2, pch=3)
```

여기서 pch는 'point character'의 의미로 정수 또는 하나의 문자로 산점도에 표시하는 데에 사용할 기호를 지정할 수 있다.

A.2.3 lattice

지금까지 살펴본 기본적인 그래프는 graphics 패키지를 통해 제공된다. 이와 함께 R 에서는 grid 패키지를 통해 좀 더 진보된 형태의 그래픽 기능을 제공하고 있다. 이에 기반하여 다양한 고급 그래픽 패키지들이 개발되고 있는데 lattice와 ggplot2가 대표적이다. 이중 lattice는 하나의 패널에 여러 개의 독립적인 그래프를 배열하여 비교 분석을 쉽게 해주는 것으로, 다변량 데이터에서 변수들 사이의 관계나 특성을 파악할 때 유용하게 사용된다. 1993년 벨 연구소의 Bill Cleveland의 *Visualizing Data*에서 처음

[표 A.7] 기본 도형을 그리기 위한 저수준 그래픽 함수: 함수의 인자로 주어지는 A, B, X, Y 등은 수치형 벡터이고 소문자 a_i, b_i, x_i, y_i 등은 각 벡터의 i번째 원소를 가리킨다. 예를 들어, X = c($x_1, x_2, \cdots, x_n$), Y = c($y_1, y_2, \cdots, y_n$).

함수	설명
abline(A, B)	절편 a_i, 기울기 b_i인 직선 ($y = a_i + b_i x$)
abline(v=X)	x-축 위의 점 $(x_i, 0)$을 지나는 수직선
abline(h=Y)	y-축 위의 점 $(0, y_i)$을 지나는 수평선
points(X, Y)	점 (x_i, y_i)
lines(X, Y)	점 (x_i, y_i)를 순서대로 연결한 선
segments(X_0, Y_0, X_1, Y_1)	점 (x_{0i}, y_{0i})에서 (x_{1i}, y_{1i})까지 선분
arrows(X_0, Y_0, X_1, Y_1)	점 (x_{0i}, y_{0i})에서 (x_{1i}, y_{1i})로 화살표
rect(X_0, Y_0, X_1, Y_1)	점 (x_{0i}, y_{0i})와 (x_{1i}, y_{1i})을 연결한 직사각형
polygon(X, Y)	점 (x_i, y_i)를 순서대로 연결한 다각형

그 아이디어가 제시되었고, 이후 1993–1996년의 개발 과정을 거쳐 S 언어 기반으로 구현되었으며, R에서는 2001–2004년을 거쳐 `lattice` 패키지로 구현되었다.

산점도는 기본적으로 `xyplot`($y \sim x$)을 이용하여 그릴 수 있다. `groups` 인자를 이용하면 하나의 그래프 안에서 집단별로 점의 색깔 또는 모양을 달리하는 산점도를 그릴 수 있다. R의 기본 예제 '`iris`'에 대해 다음 명령을 내려보자.

```
xyplot(Sepal.Length  ~ Petal.Length,
       groups = Species,
       data = iris, auto.key=TRUE)
```

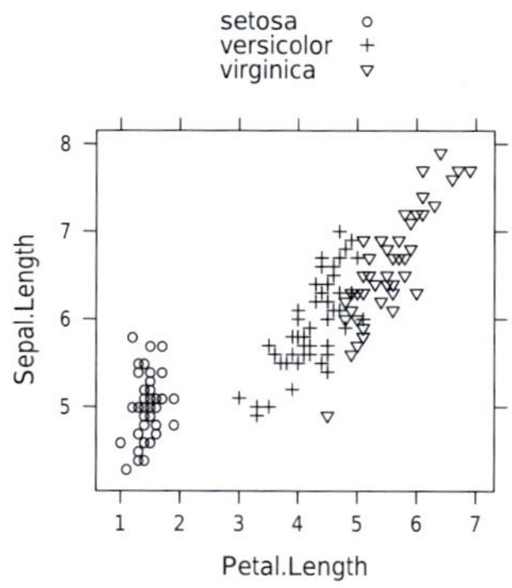

위 명령으로 오른쪽과 같이 붓꽃의 종을 구별하여 꽃받침의 길이를 세로축, 꽃잎의 길이를 가로축으로 하는 산점도를 그릴 수 있다.

각 집단마다 개별적인 그래프로 그릴 수도 있다. 전체 그래픽 영역을 격자로 나누어 여러 개의 그래프를 배치하는 것이다. `lattice` 패키지에서는 개별 그래프가 그려지는 영역을 패널(panel)이라고 한다. 집단 변수를 g라고 할 때 `xyplot`($y \sim x \mid g$) 형식으로 지정해 주면 자동으로 패널을 구분하여 여러 개의 산점도를 그려준다.

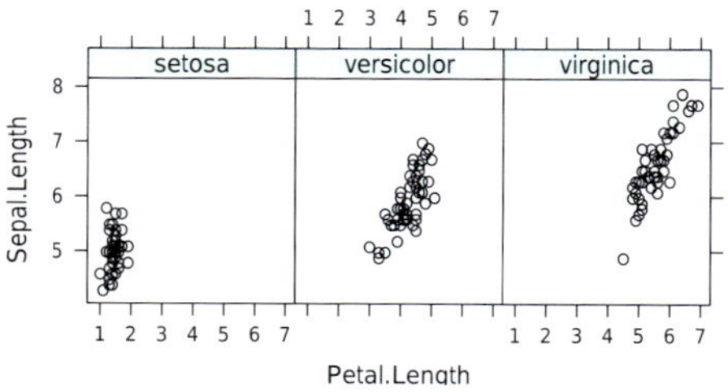

[표 A.8] 기본 `graphics` 패키지와 `lattice` 패키지의 비교

`graphics` 패키지	`lattice` 패키지
`plot`()	`xyplot`()
`pairs`()	`splom`()
`hist`()	`histogram`()
`boxplot`()	`bwplot`()
`barplot`()	`barchart`()
`stripchart`()	`stripchart`()
`dotchart`()	`dotplot`()
`qqplot`()	`qqmath`()
`persp`()	`wireframe`()
`image`()	`levelplot`()
`contour`()	`contourplot`()

```
xyplot(Sepal.Length  ~ Petal.Length | Species, data = iris,
       layout = c(3, 1))
```

여기서 `layout` 인자는 한 화면에 배치할 열과 행의 개수를 지정하여 주기 위한 것이다.

A.2.4 그래픽 결과의 파일 출력

R의 그래픽 결과를 다른 곳에서 이용하기 위해서는 그래픽 결과를 파일의 형태로 저장하는 것이 좋다. 윈도우즈에서는 그래픽 결과 창에서 메뉴를 이용하여 여러가지 형식의 파일로 저장할 수 있으나, 스크립트를 작성할 때는 만들려는 그래픽 파일의 형식에 따라 적절한 명령을 이용하여 그래픽 파일을 생성하는 것이 좋다. 가능한 그래픽 파일의 형식은 어떤 운영 체제에서 작업하느냐에 따라 달라지지만 일반적인 이미지 파일과 PDF는 대부분의 경우 생성 가능하다.

이미지 파일

이미지 파일은 문서에 삽입했을 때 품질이 떨어지기 때문에 출판 목적을 위해서는 사용하기 어렵다. 하지만 어떤 운영체제나 응용 소프트웨어에서도 문제없이 사용 가능하다는 장점이 있다. 호환성이 중요할 때는 이미지 파일을 사용하되 충분히 크게 만드는 것도 한 방법이다.

이미지 파일에도 여러가지 형식이 있다. `bmp()`, `jpeg()`, `png()`, `tiff()` 명령이 각각의 확장자를 가지는 파일을 만들어 준다. 이들은 상황에 따라 장단이 있으나 대부분의 경우 `png()`를 사용하는 것이 좋다.

다음과 같은 방법으로 사용한다. 예를 들어, 수치형 벡터 `x`가 있다고 하자. 그것의 상자그림을 그려서 `myboxplot.png`라는 이름의 파일로 저장하려면 다음과 같은 순서로 한다.

```
png("myboxplot.png")
boxplot(x)
dev.off()
```

`png()`로 새로운 파일을 만들고, `boxplot()`으로 그 파일에 그래프를 쓴 후에, `dev.off()`로 파일을 닫는 것이다. 마지막 `dev.off()` 명령을 내려야 파일이 완성된다.

이미지 파일의 크기는 옵션으로 조절할 수 있다. 위의 명령 대신 다음과 같이 옵션을 주면 가로 1280, 세로 1024 픽셀의 그림 파일이 만들어진다.

```
png("myboxplot.png", width=1280, height=1024, units="px", points=36)
```

여기서 points 인자는 글자의 크기를 지정하는 것이다. 그림의 크기에 따라 글자의 크기도 적당히 키워주어야 보기 좋은 결과를 얻을 수 있다.

PDF

그래프를 직접 PDF 파일로 만들 수 있다. 우수한 품질의 그래픽을 얻을 수 있는 가장 좋은 방법이다. PDF를 직접 삽입할 수 있는 기능을 가진 LATEX 등의 시스템을 사용하여 문서를 작성하는 경우에 그래프를 PDF로 만든다. 사용 방법은 다음과 같다.

```
pdf("myboxplot.pdf")
boxplot(x)
dev.off()
```

이미지 파일의 경우와 마찬가지로 pdf()도 여러가지 인자를 가지고 있다. 도움말을 참조하라.

다른 문서에 포함시킬 것이 아니라 R의 그래프 결과만을 모으려고 할 때에는 하나의 PDF 파일에 여러 페이지의 그림을 출력할 수도 있다.

```
pdf("myplots.pdf")
boxplot(x)
boxplot(y)
plot(x)
dev.off()
```

이렇게 pdf()와 dev.off() 사이에 그래프를 그리는 명령을 내리면 그래픽 하나가 한 페이지를 차지하는 PDF 문서가 만들어진다. 위 경우에는 3페이지짜리 PDF가 만들어진다.

A.3 확률분포

A.3.1 R의 분포 함수

R에서 제공하는 분포 함수의 이름은 분포의 이름에 적절한 접두사가 붙은 형태이다. 접두사 'd'는 'density'의 첫글자를 딴 것으로 확률밀도함수(pdf, probability density function), 'p'는 'probability'의 첫글자를 딴 것으로 누적분포함수(cdf, cumulative distribution function)를 의미한다. '`q`'는 'quantile'의 첫글자를 딴 것으로 누적확률을 넣어주면 그에 해당하는 분위수를 알려주는 함수에 붙는 접두사이다. '`r`'은 'random'의 첫글자를 딴 것으로 해당 분포에서 난수를 발생시킨다.

'density'	`d___`(x, θ)	$f_X(x)$
'probability'	`p___`(q, θ)	$F_X(q) = P(X \leq q)$
'quantile'	`q___`(p, θ)	$F_X^{-1}(p)$
'random'	`r___`(n, θ)	n개의 난수

R은 `stats` 패키지를 통해 20여개의 기본적인 분포의 계산을 위한 함수를 제공하고 있다. 그 목록은 '`Distributions`' 도움말 페이지에서 확인할 수 있다. 이 책에서는 정규분포, χ^2 분포, t 분포, F 분포가 주요하게 사용된다.

분포	R 함수	R 도움말
$N(\mu, \sigma^2)$	`_norm(..., mean=`μ`, sd=`σ`)`	`Normal`
$\chi^2(r)$	`_chisq(..., df=`r`)`	`Chisquare`
$t(r)$	`_t(..., df=`r`)`	`TDist`
$F(r_1, r_2)$	`_f(..., df1=`r_1`, df2=`r_2`)`	`FDist`

A.3.2 정규분포

`dnorm(`x`, mean=`μ`, sd=`σ`)`
`pnorm(`q`, mean=`μ`, sd=`σ`)`
`qnorm(`p`, mean=`μ`, sd=`σ`)`
`rnorm(`n`, mean=`μ`, sd=`σ`)`

정규분포 $N(\mu, \sigma^2)$의 확률밀도, 누적확률, 분위수 계산과 난수 생성은 왼쪽과 같은 R 함수를 이용하여 할 수 있다. 평균과 표준편차를 지정하지 않으면 표준정규분포 $N(0,1)$에 대한 계산을 수행한다.

표준정규분포의 확률밀도함수(pdf)를 $\phi(z)$, 누적분포함수(cdf)를 $\Phi(z)$로 흔히 표기한다. 특정 지점 x에서 표준정규분포의 확률밀도 $\phi(x)$는 `dnorm(`x`)`을 이용하여 구할 수 있다.

```
> dnorm(1)
[1] 0.2419707
```

이것으로 $\phi(1) \approx 0.242$임을 알 수 있다.

특정 분위수 q에서 누적확률 $\Phi(q)$은 pnorm(q)를 이용하여 계산한다. 오른쪽 그림에서 보듯이 q보다 작은 영역의 넓이에 해당한다.

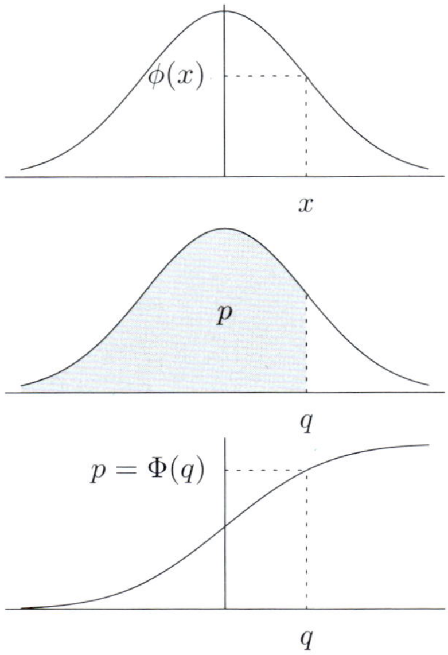


```
> pnorm(1)
[1] 0.8413447
```

이것으로 표준정규분포를 따르는 확률변수 $Z \sim N(0,1)$에 대해 $P(Z < 1) \approx 0.841$임을 알 수 있다.

분위수 함수는 누적분포함수의 역함수로 확률 p에 해당하는 분위수가 함수값이 된다. qnorm(p)를 이용해 누적확률이 p가 되는 분위수 q를 찾을 수 있다.

```
> qnorm(c(0.025, 0.975))
[1] -1.959964  1.959964
```

이것으로 95% 신뢰구간을 구하기 위한 상위 분위수는 $z(0.025) \approx 1.96$임을 확인할 수 있다. 상위 분위수로 계산하고 싶다면 다음과 같이 옵션을 추가한다.

```
> qnorm(0.025, lower.tail=FALSE)
[1] 1.959964
```

주어진 z-통계값의 유의확률을 구할 때에는 pnorm(q)를 이용한다. 예를 들어, $z = 2.5$이고 양측검정이라면 다음과 같이 계산할 수 있다.

```
> 2 * (1 - pnorm(2.5))
[1] 0.01241933
```

A.3.3 t 분포

dt(x, df=r)
pt(q, df=r)
qt(p, df=r)
rt(n, df=r)

t 분포의 확률밀도, 누적확률, 분위수 계산과 난수 생성은 왼쪽의 R 함수들을 이용하여 할 수 있다. t 분포는 0을 중심으로 대칭이며 표준정규분포와 비슷하나 다음 그림에서 보듯이 표준정규분포보다 꼬리 부분이 더 두꺼운 형태이다. 자유도가 커질수록 표준정규분포에 더 가깝게 된다.

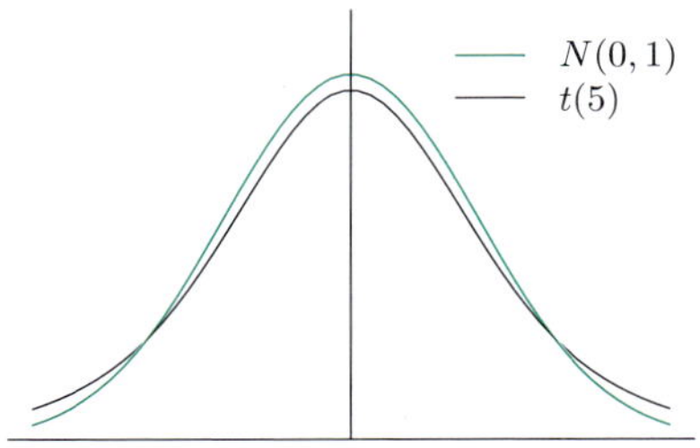

자유도 r 인 t 분포의 상위 α 분위수 $t(\alpha, r)$ 은 qt($1-\alpha$, df=r)을 이용하여 구할 수 있다. 유의수준 $\alpha = 0.05$ 인 양측검정에서 표준정규분포의 분위수와 자유도를 달리하는 t 분포의 분위수를 비교하면 다음과 같다.

```
> qnorm(0.975)
[1] 1.959964
> qt(0.975, df=c(5, 10, 30, 60, 120, 240, 360))
[1] 2.570582 2.228139 2.042272 2.000298 1.979930 1.969898 1.966575
```

표준정규분포보다 꼬리가 두껍다는 사실과 자유도가 커질 수록 0.975 분위수가 표준정규분포에 가깝게 된다는 사실을 확인할 수 있다.

A.3.4 χ^2 분포

dchisq(x, df=r)
pchisq(q, df=r)
qchisq(p, df=r)
rchisq(n, df=r)

카이제곱분포는 서로 독립인 표준정규분포를 따르는 확률변수 $Z_1, \cdots, Z_r$ 의 제곱의 합의 분포이다. 즉,

$$V = Z_1^2 + \cdots + Z_r^2 \quad \sim \quad \chi^2(r)$$

이것을 자유도가 r 인 카이제곱분포라고 하며 기대값은 $\mathrm{E}(V) = r$, 분산은 $\mathrm{Var}(V) = 2r$ 이다.

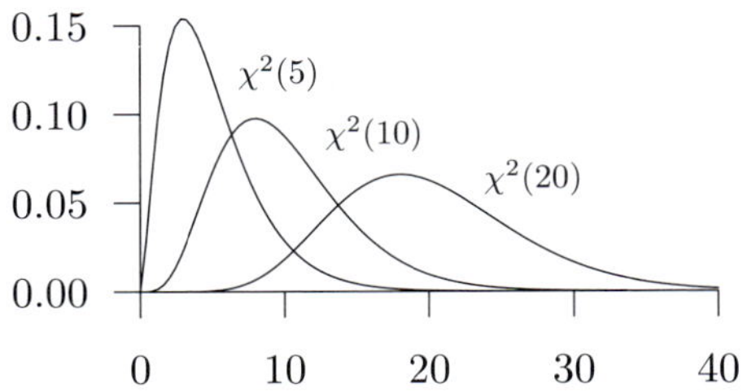

카이제곱분포는 오른쪽 그림에서 볼 수 있듯이 자유도에 따라 분포의 형태가 달라진다. 자유도 r 인 카이제곱분포의 상위 α 분위수 $\chi^2(\alpha, r)$ 은 qchisq($1-\alpha$, df=r)로 구할 수 있다.

```
> qchisq(0.95, df=5)
[1] 11.0705
```

이것은 어떤 통계량이 귀무가설 하에서 카이제곱분포 $\chi^2(r)$ 을 따를 때 유의수준 α 에서의 기각역에 해당한다.

A.3.5 F 분포

df(x, df1=r_1, df2=r_2)
pf(q, df1=r_1, df2=r_2)
qf(p, df1=r_1, df2=r_2)
rf(n, df1=r_1, df2=r_2)

서로 독립인 카이제곱분포를 따르는 확률변수 $V_1 \sim \chi^2(r_1)$, $V_2 \sim \chi^2(r_2)$가 주어졌을 때

$$F = \frac{V_1/r_1}{V_2/r_2} \quad \sim \quad F(r_1, r_2)$$

의 분포를 자유도가 r_1, r_2인 F 분포라고 한다. 이러한 정의에서 쉽게 유추할 수 있듯이 $1/F$의 분포는 $F(r_2, r_1)$이 된다. 한편 t 분포를 따르는 확률변수 $T \sim t(r)$의 제곱은 F 분포, 즉, $T^2 \sim F(1, r)$이 된다.

F 분포는 오른쪽 그림에서 볼 수 있듯이 자유도에 따라 확률밀도함수의 모양이 크게 달라진다.

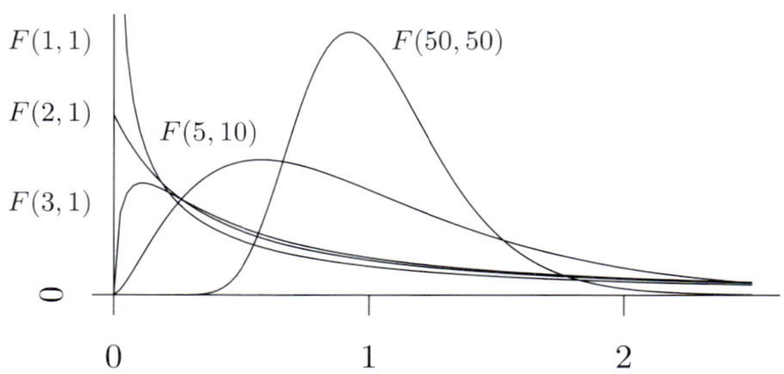

분산분석의 F 검정에서 사용되는 $F(r_1, r_2)$ 분포의 상위 α 분위수는 qf($1-\alpha$, r_1, r_2)를 이용하여 구할 수 있다. 어떤 통계량이 귀무가설하에서 $F(1, 28)$ 분포를 따를 때 기각역은 다음 결과를 이용하여 구할 수 있다.

```
> qf(0.95, 1, 28)
[1] 4.195972
```

표본에서 주어진 F 값을 이용해 유의확률을 구하기 위해서는 pf(q, r_1, r_2)를 이용한다. 자유도가 1, 28이고 F 값이 4라면 유의확률은 다음과 같다.

```
> 1 - pf(4, 1, 28)
[1] 0.05528524
```

여기에서 $t(r)$ 분포를 따르는 확률변수의 제곱이 $F(1, r)$ 분포가 된다는 사실을 확인하면 다음과 같다. 위의 값은 $t(28)$ 분포를 따르는 검정통계량의 값이 2가 나왔을 때 양측검정에서의 유의확률과 동일하다.

```
> 2 * (1 - pt(2, 28))
[1] 0.05528524
```

A.4 행렬 계산

A.4.1 행렬의 생성과 기본 사용

행렬(matrix)은 동일한 유형의 데이터를 행과 열로 배치한 2차원 배열이다. 수학에서의 행렬 개념과 일치한다. 행렬은 2차원이라는 점에서 데이터프레임과 같지만 본질적으로 큰 차이가 있다. 데이터프레임은 각 열이 다른 유형의 자료로 이루어질 수 있다. 예를 들어, 첫째 열은 성별을 나타내는 문자열, 둘째 열은 나이를 나타내는 숫자로 이루어진 데이터프레임이 가능하다. 이와 달리 행렬은 모든 값이 동일한 유형에 속해야 한다.

행렬은 기본적으로 벡터를 이용하여 만들 수 있다. 하나의 벡터에 행과 열 정보를 추가하거나 여러 개의 벡터를 묶어서 행렬을 만들 수 있다. 다음과 같은 명령들을 이용한다.

`matrix`(x, `nrow`=r, `ncol`=c)	벡터 x에서 $r \times c$ 행렬 생성
`as.matrix`(x)	x를 행렬로 변환
`cbind`($A, B, \cdots$)	행렬 또는 벡터를 좌우로 묶어 행렬 생성
`rbind`($A, B, \cdots$)	행렬 또는 벡터를 상하로 묶어 행렬 생성

행렬은 기본적으로 `matrix`()로 만든다. 원소를 일렬로 나열한 벡터와 행 또는 열의 수를 지정하면 행렬을 만들 수 있다. 특별히 옵션을 지정하지 않을 경우 다음과 같이 첫번째 열부터 순서대로 원소가 채워진다.

```
> matrix(c(1, 2, 3, 4, 5, 6), 3)
     [,1] [,2]
[1,]    1    4
[2,]    2    5
[3,]    3    6
```

첫번째 행부터 원소를 채워넣으려고 할 때에는 '`byrow=TRUE`' 옵션을 지정해 주어야 한다. 열의 수를 지정하려면 '`ncol`' 인자에서 지정한다.

```
> matrix(c(1, 2, 3, 4, 5, 6), byrow=TRUE, ncol=3)
     [,1] [,2] [,3]
[1,]    1    2    3
[2,]    4    5    6
```

이미 존재하는 데이터 객체를 `as.matrix`()를 이용하여 행렬로 바꿀 수도 있다. 데이터프레임을 행렬로 바꿀 필요가 있다면 다음과 같은 명령을 사용한다.

```
> d <- data.frame(x=c(1, 2, 3), y=c(4, 5, 7), z=c(2, -1, 1))
> as.matrix(d)
     x y  z
[1,] 1 4  2
[2,] 2 5 -1
[3,] 3 7  1
```

R에서 행렬은 기본적으로 벡터이며 차원(`dim`) 속성이 추가된 것일 뿐이다. 따라서 사칙연산과 여러 함수들은 벡터에 대한 방식과 동일하게 작동한다. 행렬 연산이 아니라는 점에 주의해야 한다.

```
> A
     [,1] [,2]
[1,]    1    3
[2,]    2    4

> B
     [,1] [,2]
[1,]    1    1
[2,]    2    2
```

```
> A * B
     [,1] [,2]
[1,]    1    3
[2,]    4    8

> A^B
     [,1] [,2]
[1,]    1    3
[2,]    4   16
```

```
> sqrt(A)
         [,1]     [,2]
[1,] 1.000000 1.732051
[2,] 1.414214 2.000000

> log(A)
          [,1]     [,2]
[1,] 0.0000000 1.098612
[2,] 0.6931472 1.386294
```

A.4.2 행렬 연산

행렬의 합과 차, 상수배는 벡터 사이의 산술 연산을 사용하면 된다.

```
> A
     [,1] [,2]
[1,]    1    5
[2,]    3    7

> B
     [,1] [,2]
[1,]    2    6
[2,]    1   -3
```

```
> A + B
     [,1] [,2]
[1,]    3   11
[2,]    4    4

> A - B
     [,1] [,2]
[1,]   -1   -1
[2,]    2   10
```

```
> 3 * A
     [,1] [,2]
[1,]    3   15
[2,]    9   21

> A / 2
     [,1] [,2]
[1,]  0.5  2.5
[2,]  1.5  3.5
```

행렬의 곱은 `%*%` 연산자를 사용한다.

```
> A %*% B
     [,1] [,2]
[1,]    7   -9
[2,]   13   -3
```

```
> B %*% A
     [,1] [,2]
[1,]   20   52
[2,]   -8  -16
```

일차연립방정식과 역행렬

일차연립방정식을 행렬로 표현하고 행렬의 계산을 이용하여 해를 구하는 문제를 살펴보자. 다음과 같이 미지수가 3개이고 3개의 방정식으로 이루어진 예를 생각해 보자.

$$3x_1 + x_2 + 2x_3 = 3$$
$$x_1 + 3x_2 + 5x_3 = 2$$
$$7x_1 - 2x_2 + 4x_3 = -1$$

이 연립방정식에서 계수행렬을 $\boldsymbol{A}$, 미지수 벡터를 $\boldsymbol{x}$, 상수 벡터를 $\boldsymbol{b}$이라 하면 즉,

$$\boldsymbol{A} = \begin{bmatrix} 3 & 1 & 2 \\ 1 & 3 & 5 \\ 7 & -2 & 4 \end{bmatrix}, \quad \boldsymbol{x} = \begin{bmatrix} x_1 \\ x_2 \\ x_3 \end{bmatrix}, \quad \boldsymbol{b} = \begin{bmatrix} 3 \\ 2 \\ -1 \end{bmatrix}$$

라고 하면 위 연립방정식은

$$\boldsymbol{Ax} = \boldsymbol{b}$$

와 같이 나타낼 수 있으며, $\boldsymbol{A}$의 역행렬이 존재할 때 해는

$$\boldsymbol{x} = \boldsymbol{A}^{-1}\boldsymbol{b}$$

이다. R에서는 `solve`$(\boldsymbol{A}, \boldsymbol{b})$를 이용하여 해를 구할 수 있다.

```
> A <- matrix(c(3, 1, 2, 1, 3, 5, 7, -2, 4), nrow=3, byrow=T)
> b <- c(3, 2, -1)
> solve(A, b)
[1]  1  2 -1
```

이 명령은 $\boldsymbol{A}$의 역행렬, 즉 $\boldsymbol{A}^{-1}$를 계산하지는 않는다. 만약 $\boldsymbol{A}^{-1}$를 직접 계산하고 싶다면 `solve`$(\boldsymbol{A})$ 명령을 이용하면 된다.

```
> solve(A)
           [,1]        [,2]        [,3]
[1,]  0.4313725 -0.15686275 -0.01960784
[2,]  0.6078431 -0.03921569 -0.25490196
[3,] -0.4509804  0.25490196  0.15686275
```

행렬식

정방행렬 $\boldsymbol{A}$의 행렬식은 det($\boldsymbol{A}$)로 구할 수 있다. 예를 들어,

```
> det(A)
[1] 51
```

와 같이 계산할 수 있다. $\boldsymbol{A}$의 행렬식이 0이 아니므로 $\boldsymbol{A}$는 역행렬을 가진다.

전치행렬

행렬 $\boldsymbol{A}$의 전치행렬은 t($\boldsymbol{A}$)를 이용하여 구할 수 있다.

```
> A
     [,1] [,2] [,3]
[1,]    3    1    2
[2,]    1    3    5
[3,]    7   -2    4
```

```
> t(A)
     [,1] [,2] [,3]
[1,]    3    1    7
[2,]    1    3   -2
[3,]    2    5    4
```

벡터도 1행 또는 1열의 행렬이므로 벡터에 대해서도 전치를 할 수 있다. R에서 벡터 객체는 명시적으로 열벡터도 아니고 행벡터도 아니지만 기본적으로는 열벡터로 다루어진다. 단, 벡터와 행렬의 곱 연산을 수행할 때는 위치에 따라서 다르게 처리된다. 벡터가 왼쪽에서 곱해질 때는 행벡터로, 벡터가 오른쪽에서 곱해질 때는 열벡터로 계산된다.

```
> A
     [,1] [,2] [,3]
[1,]    3    1    2
[2,]    1    3    5
[3,]    7   -2    4
```

```
> x <- c(1, 1, 1)
> x %*% A
     [,1] [,2] [,3]
[1,]   11    2   11
```

```
> A %*% x
     [,1]
[1,]    6
[2,]    9
[3,]    9
```

대각성분과 대각행렬

정방행렬 $\boldsymbol{A}$의 대각성분은 diag($\boldsymbol{A}$)로 구할 수 있다. 트레이스는 모든 대각원소들의 합이므로 sum()을 이용하면 된다.

```
> A
     [,1] [,2] [,3]
[1,]    3    1    2
[2,]    1    3    5
[3,]    7   -2    4
```

```
> diag(A)
[1] 3 3 4
```

```
> sum(diag(A))
[1] 10
```

한편 동일한 함수를 이용하여 대각성분으로 벡터 $\boldsymbol{x}$를 가지는 대각행렬을 diag($\boldsymbol{x}$)로 만들 수도 있다. 크기 n인 항등행렬 $\boldsymbol{I}_n$을 만들 때는 diag(n)을 이용하면 편리하다.

```
> diag(c(1, 2, 3))
     [,1] [,2] [,3]
[1,]    1    0    0
[2,]    0    2    0
[3,]    0    0    3
```

```
> diag(3)
     [,1] [,2] [,3]
[1,]    1    0    0
[2,]    0    1    0
[3,]    0    0    1
```

A.4.3 표본평균벡터

변수가 p개 있고, 각 변수에 대해 n개의 관측값이 있는 자료를 행렬로 배치한 경우를 생각해보자. 그리고 j번째 변수의 i번째 관측값을 x_{ij}라고 하면 모든 관측값을 $n \times p$ 행렬 $\boldsymbol{X}$에 담을 수 있다. 즉,

$$\boldsymbol{X} = \begin{bmatrix} x_{11} & x_{12} & \cdots & x_{1p} \\ x_{21} & x_{22} & \cdots & x_{2p} \\ \vdots & \vdots & \ddots & \vdots \\ x_{n1} & x_{n2} & \cdots & x_{np} \end{bmatrix}$$

이때 j번째 변수의 표본평균을 $\overline{x}_j$라고 하면 이들 평균을 각 원소로 갖는 벡터

$$\overline{\boldsymbol{x}} = (\overline{x}_1, \cdots, \overline{x}_p)'$$

를 표본평균벡터라고 한다. R에서 표본평균벡터는 `colMeans()` 명령으로 구할 수 있다. R에서는 이외에도 다음과 같이 행 또는 열 기준의 합과 평균을 구하는 함수를 제공하고 있다.

```
> A
     [,1] [,2] [,3]
[1,]    1    2    7
[2,]    3    4    3
[3,]    5    5    7
```

```
> colSums(A)
[1]  9 11 17

> colMeans(A)
[1] 3.000 3.667 5.667
```

```
> rowSums(A)
[1] 10 10 17

> rowMeans(A)
[1] 3.333 3.333 5.667
```

A.4.4 표본공분산행렬

여러 개의 변수로 이루어진 자료를 행렬로 배치한 경우, j번째 변수의 i번째 관측값을 x_{ij}라고 했을 때, j번째 변수와 k번째 변수 사이의 표본공분산

$$s_{jk} = \frac{1}{n-1}\sum_{i=1}^{n}(x_{ij} - \overline{x}_j)(x_{ik} - \overline{x}_k)$$

를 (j,k) 원소로 갖는 $p \times p$ 행렬을 표본공분산행렬이라고 한다. 이 행렬의 대각성분은 s_{jj}로 j번째 변수의 표본분산이 되고, s_{jk}와 s_{kj}는 정의상 동일한 값을 가지므로 표본공분산행렬은 대칭행렬이 된다.

R에서 데이터프레임 또는 행렬에 `cov()` 또는 `var()`를 적용하면 표본공분산행렬을 얻을 수 있다. 예를 들어, R에 포함된 기본 데이터 '`attitude`'의 7개 변수에 대해 표본공분산행렬을 계산하면 다음과 같다.

```
> cov(attitude)
             rating complaints privileges learning   raises critical  advance
rating     148.1713   133.7793    63.4644  89.1046  74.6885  18.8425  19.4230
complaints 133.7793   177.2828    90.9517  93.2552  92.6414  24.7310  30.7655
privileges  63.4644    90.9517   149.7057  70.8460  56.6713  17.8253  43.2161
learning    89.1046    93.2552    70.8460 137.7575  78.1391  13.4678  64.1977
raises      74.6885    92.6414    56.6713  78.1391 108.1023  38.7736  61.4230
critical    18.8425    24.7310    17.8253  13.4678  38.7736  97.9092  28.8460
advance     19.4230    30.7655    43.2161  64.1977  61.4230  28.8460 105.8575
```

이 행렬의 대각원소는 표본분산이고 비대각원소는 표본공분산이다. 몇가지 경우를 확인해 보면 다음과 같다.

```
> with(attitude, var(rating))
[1] 148.1713
> with(attitude, cov(rating, complaints))
[1] 133.7793
```

표본상관계수행렬은 `cor()`로 얻을 수 있다. 대각원소는 항상 1이다.

```
> cor(attitude)
             rating complaints privileges learning   raises critical  advance
rating     1.000000   0.825418   0.426117 0.623678 0.590139 0.156439 0.155086
complaints 0.825418   1.000000   0.558288 0.596736 0.669197 0.187714 0.224580
privileges 0.426117   0.558288   1.000000 0.493331 0.445478 0.147233 0.343293
learning   0.623678   0.596736   0.493331 1.000000 0.640314 0.115965 0.531620
raises     0.590139   0.669197   0.445478 0.640314 1.000000 0.376883 0.574186
critical   0.156439   0.187714   0.147233 0.115965 0.376883 1.000000 0.283343
advance    0.155086   0.224580   0.343293 0.531620 0.574186 0.283343 1.000000
```

[표 A.9] R의 행렬 연산 함수

연산	의미
$\boldsymbol{A}$ %*% $\boldsymbol{B}$	행렬 곱. $\boldsymbol{AB}$
$\boldsymbol{A}$ %o% $\boldsymbol{B}$	외적(outer product). $\boldsymbol{AB}'$
crossprod($\boldsymbol{A}$,$\boldsymbol{B}$)	$\boldsymbol{A}'\boldsymbol{B}$
crossprod($\boldsymbol{A}$)	$\boldsymbol{A}'\boldsymbol{A}$
t($\boldsymbol{A}$)	전치(transpose). $\boldsymbol{A}'$
diag($\boldsymbol{A}$)	행렬 $\boldsymbol{A}$의 대각원소
diag($\boldsymbol{x}$)	벡터 $\boldsymbol{x}$가 주어졌을 때, 대각원소가 $\boldsymbol{x}$인 대각행렬 생성
diag(k)	자연수 k가 주어졌을 때, $k \times k$ 항등행렬 생성
solve($\boldsymbol{A}$, $\boldsymbol{b}$)	선형연립방정식 $\boldsymbol{Ax} = \boldsymbol{b}$의 해. $\boldsymbol{A}^{-1}\boldsymbol{b}$
solve($\boldsymbol{A}$)	정방행렬 $\boldsymbol{A}$의 역행렬. $\boldsymbol{A}^{-1}$
det($\boldsymbol{A}$)	$\boldsymbol{A}$의 행렬식(determinant)
eigen($\boldsymbol{A}$)	고유값(eigenvalues)과 고유벡터(eigenvectors)
svd($\boldsymbol{A}$)	비정칙치 분해(singular value decomposition). $\boldsymbol{A} = \boldsymbol{UDV}'$.
chol($\boldsymbol{A}$)	촐레스키 분해(Choleski factorization). $\boldsymbol{A} = \boldsymbol{R}'\boldsymbol{R}$.
qr($\boldsymbol{A}$)	QR 분해. $\boldsymbol{A} = \boldsymbol{QR}$.

A.4.5 고유값과 고유벡터

행렬의 스펙트럴 분해는 eigen()으로 수행할 수 있다. 출력 결과 중 $values가 고유값, $vectors가 고유벡터들이다.

```
> A
     [,1] [,2]
[1,]    1    4
[2,]    9    1

> eigen(A)
$values
[1]  7 -5

$vectors
          [,1]       [,2]
[1,] 0.5547002 -0.5547002
[2,] 0.8320503  0.8320503
```

A.4.6 행렬의 분해

R에서 QR 분해는 `qr()`, 촐레스키 분해는 `chol()`, 비정칙치 분해는 `svd()`를 이용하여 구할 수 있다. 이 중 QR 분해는 $\boldsymbol{X}'\boldsymbol{X}$의 역행렬을 구할 때 특히 유용하다. R의 `lm()`은 기본적으로 QR 분해를 이용하여 계산한다. 최초제곱추정량 $\hat{\boldsymbol{\beta}}$은 다음 방정식을 만족하는 값이다.

$$(\boldsymbol{X}'\boldsymbol{X})\hat{\boldsymbol{\beta}} = \boldsymbol{X}'\boldsymbol{y}$$

R에 기본으로 포함되어 있는 'stack.loss' 자료에 선형회귀모형을 적합한 결과는 다음과 같다.

```
> coef(lm(stack.loss ~ stack.x))
     (Intercept)   stack.xAir.Flow stack.xWater.Temp stack.xAcid.Conc.
     -39.9196744         0.7156402         1.2952861        -0.1521225
```

QR 분해를 이용하여 계산하면 다음과 같다.

```
> X <- cbind(1, stack.x)
> y <- stack.loss
> qr.solve(qr(X), y)
               Air.Flow  Water.Temp  Acid.Conc.
-39.9196744   0.7156402   1.2952861  -0.1521225
```

표 A.9에 행렬 연산에 관련된 연산자와 함수들의 목록을 정리하였다.

A.5 회귀분석 관련 함수

선형회귀모형은 `lm()` 함수를 이용하여 'm <- `lm`$(y \sim x)$'와 같은 형식으로 적합할 수 있다. 이때 결과로 얻어지는 `lm` 객체인 m에 대해 표 A.10에 제시된 함수를 이용하여 다양한 추가 정보를 얻고 그래프를 그리거나 이어지는 분석을 진행할 수 있다.

이외에도 능형회귀, 주성분회귀, 로버스트회귀, 비선형회귀를 위한 함수를 비롯하여 회귀분석과 관련된 여러 함수들이 있다. 이 함수들은 표 A.10의 아래쪽에 제시되어 있다. 이를 통해 얻어지는 결과 객체들도 `lm` 객체와 유사하게 다양한 함수를 이용하여 추가적으로 처리되거나 정보를 추출할 수 있다.

[표 A.10] R의 회귀분석 관련 함수

함수	설명
AIC(m)	AIC
BIC(m)	BIC
abline(m)	단순선형회귀모형의 경우 회귀직선
add1(m, scope)	현재 모형에 모든 가능한 항을 하나씩 추가
anova(m)	회귀의 분산분석표
bptest(m)	(lmtest) Breusch-Pagan이분산성 검정
coef(m)	회귀계수 추정값. $\hat{\boldsymbol{\beta}}$
coeftest(m, vcov)	(lmtest) 분산-공분산행렬 vcov를 이용한 유의성 검정
confint(m, level)	회귀계수의 신뢰구간
cooks.distance(m)	쿡의 거리
covratio(m)	$COVRATIO$
deviance(m)	SSE (RSS)
df.residual(m)	SSE의 자유도
dfbetas(m)	$DFBETAS$. 참고: dfbeta(m)
dffits(m)	$DFFITS$
drop1(m)	현재 모형에서 모든 항을 하나씩 제거한 결과
dwtest(m)	(lmtest) 더빈-왓슨 검정
ellipse(m)	(ellipse) 공동신뢰영역 타원
fitplot(m)	(regbook) 단순선형회귀 적합 결과의 그림
fitted(m)	적합값. $\hat{\boldsymbol{y}}$
hatvalues(m)	지렛값. h_{ii}
influence.measures(m)	영향력 측도
lmbeta(m)	(regbook) 표준화 회귀계수
model.matrix(m)	디자인행렬 $\boldsymbol{X}$. 참고: model.frame(), model.response()
plot(m)	회귀 진단 그림
predict(m, newdata)	예측값. newdata가 없으면 원래 설명변수에서의 예측값.
press(m)	(regbook) 예측잔차제곱합. $PRESS$
resid(m)	잔차. 관련 함수: residuals(), rstandard(), rstudent()
rpredict(m)	(regbook) 예측잔차. $\hat{y}_{i(i)}$
stdcoef(m)	(regbook) 표준화 회귀계수
step(m)	단계별 회귀
summary(m)	결과 요약
update(m, formula)	모형식을 갱신
vcovHC(m, type)	(sandwich) HC
vcov(m)	분산-공분산행렬. Cov($\hat{\boldsymbol{\beta}}$)의 추정값
vif(m)	(regbook) VIF (분산팽창인수)
aov($y \sim x$)	분산분석
lm.ridge($y \sim x$)	(MASS) 능형회귀
lowess(x, y)	loess 평활곡선. 참고: loess()
meanvar($y \sim x$)	(regbook) x의 각 수준에서 y의 평균 계산
nlsBoot(obj)	(nlstools) nls 객체에 대해 붓스트랩 신뢰구간 계산
nls($y \sim x$)	비선형회귀
pcr($y \sim x$, ncomp)	(regbook) 주성분회귀
regsubsets($y \sim x$, nbest)	(leaps) 변수 선택
rlm($y \sim x$, method, psi)	(MASS) 로버스트회귀
summaryf(obj)	(regbook) regsubsets 객체의 정보 요약

참고 문헌

강근석, 김성철, 김지현, 이윤오, 이정진, 이창수, 이항석(2003), 「통계학」, 자유아카데미.

강근석, 김충락(2013), 「SAS를 활용한 선형회귀분석」, 교우사.

김충락, 강근석(2010), 「회귀분석」, 교우사.

박성현(1990), 「회귀분석」, 대영사.

기술표준원, 한국인 인체치수조사사업(Size Korea), `http://sizekorea.kats.go.kr`.

질병관리본부, `http://www.cdc.go.kr`.

한국야구위원회, `http://www.koreabaseball.com`.

SK 엔카, `http://www.encar.com`.

Akaike, H. (1973). Information theory and an extension of the maximum likelihood principle. *Proceedings of the 2nd International Symposium on Information Theory*(eds Petrov and Csaki), 267–281.

Akaike, H. (1974). A New Look at the Statistical Identification Model. *IEEE Trans. Automat Control*, 19, 716–723.

Atkinson, A. C. (1985). *Plots, Transformations, and Regression.* New York: Oxford University Press.

Allen, D. M. (1971). Mean square error of prediction as a criterion for selecting variables. *Technometrics*, 13, 469–475.

Bates, D. M., and Watts, D. G. (1981). A Relative Offset Orthogonality Convergence Criterion for Nonlinear Least Squares. *Technometrics*, 123, 179–183.

Bates, D. M., and Watts, D. G. (1988). *Nonlinear Regression Analysis and Its Applications.* New York: Wiley.

Baty, F., Ritz, Ch., Charles, S., Brutsche, M. Flandrois, J.-P., Delignette-Muller, M.-L. (2015). A Toolbox for Nonlinear Regression in R: The Package nlstools. *Journal of Statistical Software*, 66(5), 1-21. `http://www.jstatsoft.org/v66/i05/`.

Belsley, D. A., Kuh, E., and Welsch, R. E. (1980). *Regression Diagnostics.* New York: Wiley.

Box, G. E. P., and Cox, D. R. (1964). An analysis of transformations(with discussion). *Journal of the Royal Statistical Society*, Series B, 26, 211–246.

Box, G. E. P., Hunter, W. G., and Hunter, J. S. (2005). *Statistics for Experimenters.* New York: Wiley.

Box, G. E. P., and Tidwell, P. W. (1962). Transformation of the independent variables. *Technometrics*, 4, 531–550.

Brownlee, K. A. (1965). *Statistical Theory and Methodology in Science and Engineering* (2nd ed.). New York: John Wiley & Sons, Inc.

Carroll, R. J. and Ruppert, D. (1988). *Transformation and Weighting in Regression.* Chapman and Hall, New York.

Chatterjee, S., and Hadi, A. S. (2012). *Regression Analysis By Example* (5th ed.). New York: John Wiley & Sons, Inc.

Cleveland, W. S. (1993). *Visualizing Data.* Summit, NJ: Hobart Press.

Cook, R. D. (1977). Detection of influential observations in linear regression. *Technometrics*, 19, 15–18.

Cook, R. D. (1979). Influential observations in regression. *Journal of the American Statistical Association, 74, 169–174.*

Cook, R. D., and Weisberg, S. (1999). *Applied Regression Including Computing and Graphics.* New York: Wiley.

Daniel, C., and Wood, F. S. (1980). *Fitting Equations to Data* (2nd ed.). New York: Wiley.

De Long, J. B., and Summers, L. H. (1991). Equipment Investment and Economic Growth. *Quarterly Journal of Economics.* 106, 445–501.

Draper, N. R., and Smith, H. (1998). *Applied Regression Analysis* (2nd ed.). New York: Wiley.

Durbin, J., and Watson, G. S. (1951). Testing for serial correlation in least squares regression, II. *Biometrika*, 37, 409–428.

Fox, J. and Weisberg S. (2011). *An R Companion to Applied Regression*, Second Edition. Thousand Oaks CA: Sage. `http://socserv.socsci.mcmaster.ca/jfox/Books/Companion`

Graybill, F. A. (1976). *An Introduction to Linear Statistical Models.* New York: McGraw-Hill.

Hald, A. (1952). *Statistical Theory with Engineering Applications.* New York: Wiley.

Hocking, R. R. (1976). The Analysis and Selection of Variables in Linear Regression. *Biometrics*, 32, 1–50.

Hoerl, A. E., and Kennard, R. W. (1970). Ridge regression: biased estimation for nonorthogonal problems. *Technometrics*, 12, 55–67.

Hoerl, A. E., Kennard, R. W. and Baldwin, K. F. (1975). Ridge regression: some simulations. *Communications in Statistics*, 4, 105–123.

Hougaard, P. (1982). Parameterizations of Non-linear Models. Journal of the Royal Statistical Society, Series B, 244–252.

Hougaard, P. (1985). The Appropriateness of the Asymptotic Distribution in a Nonlinear Regression Model in Relation to Curvature. *Journal of the Royal Statistical Society*, Series B, 103–114.

Huber, P. J. (1973). Robust Regression: Asymptotics, Conjectures and Monte Carlo. *Ann. Stat.*, 1, 799–821.

Huber, P. J. (1981). *Robust Statistics.* New York: John Wiley & Sons, Inc.

Hurvich, C. M., Simonoff, J. S., and Tsai, C. L. (1998). Smoothing parameter selection in nonparametric regression using an improved Akaike information criterion. *Journal of the Royal Statistical*, Series B, 60, 271–293.

Kim, C., and Storer, B. E. (1996). Reference values for Cook's distance. *Communications in Statistics-Simulations and Computations*, 25, 691–708.

Longley, J. W. (1967). An Appraisal of Least Squares Programs for the Electronic Computer from the Viewpoint of the User. *Journal of the American Statistical Association*, 62, 819–841.

Lumley, T. using Fortran code by Alan Miller (2009). leaps: regression subset selection. R package version 2.9. `http://CRAN.R-project.org/package=leaps`

MacKinnon, J. G., and White, H. (1985). Some Heteroskedasticity Consistent Covariance matrix Estimators with Improved Finite Sample Properties. *Journal of Econometrics*, 29, 53–57.

Mallows, C. L. (1973). Some comments on C_p. *Technometrics*, 15, 661–675.

Marske, D. M., and Polkowski, L. B. (1972). Evaluation of methods for estimating biochemical oxygen demand parameters. *J. Water Pollut. Control Fed.*, 44.

Miller, R. G. (1964). A Trustworthy Jackknife. *Annals of Mathematical Statistics*, 35, 1594–1605.

Montgomery, D. C., and Peck, E. A. (1992). *Introduction to Linear Regression Analysis.* New York: Wiley.

Myers, R. H. (1976). *Response Surface Methodology.* Blacksburg: Virginia Polytechnic Institute and State University.

Myers, R. H. (1990). *Classical and Modern Regression with Applications* (2nd ed.). PWS-Kent Publishers, Boston.

Nelder, J. A. (2000). There are no outliers in the stack-loss data. *Student*, 3, 211–216.

Neter, J., Kutner, M. H., Nachtsheim, C. J., and Wasserman, W. (1996). *Applied Linear Regression Models* (3rd ed.). Irwin, Chicago.

R Core Team (2015). R: A language and environment for statistical computing. R Foundation for Statistical Computing, Vienna, Austria. `https://www.R-project.org/`.

Ratkowsky, D. (1990). *Handbook of Nonlinear Regression Models.* New York and Basel: Marcel Dekker.

Rawlings, J. O. (1988). *Applied Regression Analysis: A Research Tool*, Belmont, CA: Wadsworth.

Ritz, C. and Streibig, J. C. (2008). *Nonlinear Regression with R*, Springer, New York.

Rousseeuw, P. J. (1984). Least Median of Squares Regression. *Journal of the American Statistical Association*, 79, 871–880.

Rousseeuw, P., Croux, Ch., Todorov, V., Ruckstuhl, A., Salibian-Barrera, M., Verbeke, T., Koller, M. and Maechler, M. (2015). robustbase: Basic Robust Statistics. R package version 0.92-5. `http://CRAN.R-project.org/package=robustbase`

Rousseeuw, P. J., and Leroy, A.M. (1987). Robust Regression and Outlier Detection. New York: John Wiley & Sons, Inc.

Rousseeuw, P. J., and Yohai, V. (1984). Robust Regression by Means of S Estimators. in *Robust and Nonlinear Time Series Analysis*, ed. J. Franke, W. Härdle, and R. D. Martin, New York: Springer-Verlag, 256–274.

Sakamoto, Y., Ishiguro, M., and Kitagawa, G. (1986). *Akaike information criterion statistics.* Tokyo: KTK Scientific Publishers.

Sarkar, D. (2008). *Lattice: Multivariate Data Visualization with R.* Springer, New York. ISBN 978-0-387-75968-5

Sawa, T. (1978). Information Criteria for Discriminating among Alternative Regression Models. *Econometrica*, 46, 1273–1282.

Schwarz, G. (1978). Estimating the Dimension of a Model. *Annals of Statistics*, 6, 461–464.

Seber, G. A. F. (1977). *Linear Regression Analysis.* New York: Wiley.

Snee, R. D. (1977). Validation of regression models: Methods and examples. *Technometrics*, 19, 415–428.

Venables, W. N. & Ripley, B. D. (2002). *Modern Applied Statistics with S* (4th ed.). Springer, New York.

Velilla, S. (1993). A note on the multivariate Box-Cox transformation to normality. *Statistics and Probability Letters*, 17, 259–263.

Wahba, G., Golub, G. H., and Heath, C. G. (1979). Generalized cross validation as a method for choosing a good ridge parameter. *Technometrics*, 21, 215–223.

Wang, J., Zamar, R., Marazzi, A., Yohai, V., Salibian-Barrera, M., Maronna, R., Zivot, E., Rocke, D., Martin, D., Maechler M. and Konis, K. (2014). robust: Robust Library. R package version 0.4-16. `http://CRAN.R-project.org/package=robust`

Weisberg, S. (1985). *Applied Linear Regression.* New York: Wiley.

White, H. (1980). A Heteroskedasticity-Consistent Covariance Matrix Estimator and a Direct Test for Heteroskedasticity. *Econometrics*, 48, 817–838.

Wickham, H. (2009). *ggplot2: elegant graphics for data analysis.* Springer New York.

Woods, H., Steinour, H. H., and Starke, H. R. (1932). Effect of composition of Portland cement on heat evolved during hardening. *Industrial and Engineering Chemistry*, 24, 1207–1214.

Yohai, V. J. (1987). High Breakdown Point and High Efficiency Robust Estimates for Regression. *Annals of Statistics*, 15, 642–656.

Zeileis A. and Hothorn T. (2002). Diagnostic Checking in Regression Relationships. R News 2(3), 7-10. `http://CRAN.R-project.org/doc/Rnews/`

Zeileis, A. (2004). Econometric Computing with HC and HAC Covariance Matrix Estimators. *Journal of Statistical Software 11(10)*, 1-17. `http://www.jstatsoft.org/v11/i10/`.

찾아보기

영문

R

예제 자료

R을 활용한 선형회귀분석

4쇄발행 2024년 7월 15일

지은이 강근석·유현조
펴낸이 오판근
펴낸곳 (주) 교우
주 소 서울시 동대문구 약령시로 8 교우빌딩 2층 (주)교우
전 화 02-925-2861 / **팩 스** 02-925-2860. **편집부** 02-925-2825
홈페이지&북스토어 www.kyowoo.co.kr / **이메일** kyowoo@kyowoo.co.kr

등 록 1994년 3월 24일 제1994-000013호
ISBN 979-11-251-0150-5 (93410)

Published by Kyowoo Co., Ltd. Printed in Korea

값 40,000원

교우미디어는 (주) 교우의 Imprint 사입니다.
수학정원. 과학정원은 (주) 교우의 새로운 브랜드명입니다.

잘못된 책은 구입하신 서점에서 교환해 드립니다.